Strukturelle Vorgaben der Strafprozessordnung für die Vernehmung zur Sache

Deutsches, europäisches und internationales Strafrecht und Strafprozessrecht

Herausgegeben von
Martin Waßmer

Band 11

PETER LANG

Strukturelle Vorgaben der Strafprozessordnung für die Vernehmung zur Sache

Martin Wilke

Strukturelle Vorgaben der Strafprozessordnung für die Vernehmung zur Sache

Die Entstehung der Vernehmungsstruktur des § 69 StPO unter besonderer Berücksichtigung der Teilhabemöglichkeiten der Verteidigung – zugleich eine Gegenüberstellung mit aussagepsychologischen Grundsätzen

PETER LANG

Bibliografische Information der Deutschen Nationalbibliothek
Die Deutsche Nationalbibliothek verzeichnet diese Publikation in der Deutschen Nationalbibliografie; detaillierte bibliografische Daten sind im Internet über http://dnb.d-nb.de abrufbar.

Zugl.: Köln, Univ., Diss., 2019

Die Promotion wurde von der Friedrich Naumann Stiftung für die Freiheit mit Mitteln des Bundesministeriums für Bildung und Forschung (BMBF) gefördert.

Gedruckt auf alterungsbeständigem, säurefreiem Papier.
Druck und Bindung: CPI books GmbH, Leck

D 38
ISSN 2197-8417
ISBN 978-3-631-80267-0 (Print)
E-ISBN 978-3-631-81333-1 (E-PDF)
E-ISBN 978-3-631-81334-8 (EPUB)
E-ISBN 978-3-631-81335-5 (MOBI)
DOI 10.3726/b16590

Peter Lang – Berlin · Bern · Bruxelles · New York · Oxford · Warszawa · Wien

Diese Publikation wurde begutachtet.

www.peterlang.com

Inhaltsverzeichnis

1. Teil: Einleitung und Problemstellung

A. Einführung

Das vordringliche Ziel des Strafprozesses ist die Ermittlung der materiellen Wahrheit. Sie zu ergründen soll als prägender Grundgedanke[1] durch alle Verfahrensstadien hin zu einem gerechten – das materielle Strafrecht verwirklichenden – Urteil führen.[2] Die Hauptverhandlung als Kernstück des wahrheitssuchenden Strafprozesses soll dafür das Tatgeschehen endgültig aufklären und durch ihr prozessuales Regelungswerk die größtmögliche Gewähr für die Erforschung der Wahrheit und damit für ein gerechtes Strafurteil bieten.[3]

Die entscheidungserheblichen Tatsachen werden im Rahmen der Beweisaufnahme ermittelt; die so rekonstruierte Abbildung des wahren Sachverhalts dient der Überzeugungsbildung des Gerichts. Wahrheit als Zielvorgabe muss dabei zwangsläufig mit ihren limitierten Erkenntnismöglichkeiten kollidieren. Die Idealvorstellung von absoluter Wahrheitskenntnis in einem Strafprozess kann niemals erreicht werden. Menschliche Informationsverarbeitung ist fehleranfällig, die richterliche Beweiswürdigung dadurch mit einem Fehlerrisiko behaftet. Die Grenzen kognitiver Leistungsfähigkeit beeinflussen nachhaltig den Annäherungsprozess an das historische Tatgeschehen. Das der richterlichen Würdigung zugeführte Ergebnis der Beweisaufnahme kann nur die bestmögliche Rekonstruktion des tatsächlichen Sachverhalts sein.

Die notwenige Minimierung von Fehlerrisiken im Strafverfahren muss daher bei der richterlichen Entscheidungsgrundlage ansetzen. Das Gericht gewinnt

---

1 Graf-StPO-*Eschelbach*, § 261 Rn. 4 spricht von der Notwendigkeit, die Wahrheitssuche über die Prozessstadien hinweg als Leitidee zu erhalten.

2 Vgl. BVerfGE 57, 250, 275; BGHSt 50, 40, 63; BGH NStZ-RR 2007, 307, 309; *Albrecht* NStZ 1983, 486, 487; *Malek*, StV 2011, 559 f. Zum Bedeutungsverlust der Suche nach „Wahrheit" bzw. ihrer Instrumentalisierung s. *Kühne*, GA 2008, 361 ff.

3 BVerfGE 74, 358, 372 = NJW, 1987, 2427, 2428; 86, 288, 318; KK-*Pfeiffer/Hannich*, Einleitung Rn. 52. Dass die Hauptverhandlung heute nicht mehr den ihr eigentlich zugedachten herausragenden Dreh- und Angelpunkt des Strafprozesses bildet, hat bereits *Karl Peters*, Fehlerquellen im Strafprozeß, Bd. 1 S. 299 dargelegt und darin die weichenstellende Funktion des Ermittlungsverfahrens, „die sprichwörtliche Rutschbahn beschrieben, die das Ermittlungsverfahren für alles Spätere darstellt", s. *Jahn*, Das heutige strafprozessuale Ermittlungsverfahren, S. 36. Gleichwohl erfährt die Wahrheitssuche von Rechts wegen erst in der Hauptverhandlung ihren Höhepunkt, vgl. BVerfGE 86, 288, 318; BGHSt 46, 349, 352, 353.

seine freie, aus dem Inbegriff der Verhandlung geschöpfte Überzeugung durch Bewertung der Sachverhaltsrekonstruktionen nach der Frage, ob diese das angeklagte Verhalten projizieren. Für den Angeklagten[4] agiert der Verteidiger in der Hauptverhandlung. Er muss effektiv an der Rekonstruktion des Sachverhalts mitwirken können, um so Einfluss auf die Entscheidungsbildung auszuüben. Für ein gerechtes Urteil müssen die strafprozessualen Regelungen gleichsam beides verwirklichen: größtmögliche Gewähr für die Erforschung der Wahrheit und bestmögliche Verteidigung des Angeklagten.[5] Bestmögliche Verteidigung setzt insbesondere wirksame Einwirkungsmöglichkeiten auf die Sachverhaltsfeststellungen voraus.

B. Aktueller Befund: Vernehmung vs. Befragung

Der wichtigste Faktor für die Sachverhaltserforschung ist nach wie vor der Zeuge.[6] Als häufigstes Beweismittel[7] im Strafprozess ist seine herausgehobene Bedeutung dokumentiert.[8] Eine verlässliche Sachverhaltsaufklärung wäre ohne Zeugen größtenteils nicht möglich; unmittelbaren Informationen zu

---

4 Aus Gründen der besseren Lesbarkeit wird auf die gleichzeitige Verwendung männlicher und weiblicher Sprachformen bzw. Gendergap-Sprachformen verzichtet. Die nachfolgend verwendete männliche Form bezieht selbstverständlich alle Geschlechterformen mit ein.

5 S. BVerfGE 74, 358, 372 = NJW, 1987, 2427, 2428.

6 S. *Eisenberg*, JZ 1984, 912 („quantitative Vorrangstellung"). Zur „überragenden Bedeutung" des Personal- bzw. Zeugenbeweises für die Einleitung von Ermittlungsverfahren und der Aufklärung von Sachverhalten im Vergleich zu anderen Beweismitteln s. *Dölling*, Polizeiliche Ermittlungstätigkeit I, S. 258 f., der herausstellt, dass die polizei- und staatsanwaltliche Kenntniserlangung von der Tat in mehr als 95 % aller Fälle auf Zeugenangaben zurückzuführen sei und der die auf Angaben des Opfers oder sonstiger Zeugen zurückzuführende Aufklärungsquote bei (geklärten) Raub-, Vergewaltigungs- und Betrugsfällen auf 80 % beziffert. Nach *Lisken*, ZRP 1993, 124 sind 90 % der Ermittlungserfolge auf die Angaben von Auskunftspersonen zurückzuführen.

7 S. *Pfeiffer*, StPO, Vorbemerkungen §§ 48 ff. Rn. 1; *Schünemann*, Zeugenbeweis auf dünnem Eis, S. 385.

8 S. *Barton*, Fragwürdigkeiten des Zeugenbeweises, S. 23 (das „klassische" Beweismittel); *Jansen*, Zeuge und Aussagepsychologie, Einführung S. XIX; KK-StPO-*Pfeiffer/Hannich*, Einleitung Rn. 95; *Saldit*, StraFo 1990, 54 („Star des Personalbeweises"); *Schünemann*, Zeugenbeweis auf dünnem Eis, S. 385. Zur Bedeutung des Zeugenbeweises s. ferner *Geppert*, Jura 1991, 80; *Peters*, Fehlerquellen, Bd. 2, S. 49 ff.; *Schmidt*, Die Rechte des Zeugen, S. 9, 12.

den relevanten – auch inneren[9] – Tatvorgängen bleiben ohne Zeugenaussagen zumeist verschlossen. Urkunden- und Augenscheinsbeweis konservieren verfahrensrelevante Sachverhalte nur fragmentarisch.[10] Erst die Aussagen der Zeugen können ein Bild von den entscheidenden Sachverhaltsmomenten vermitteln.

Die zentrale Bedeutung des Zeugenbeweises im Strafverfahren steht in beachtenswertem Gegensatz zu den kargen gesetzlichen Regelungen zur Abschöpfung dieses Beweismittels. Den Zeugen betreffende Vorschriften finden sich überwiegend im sechsten Abschnitt des Ersten Buchs der StPO (§§ 48 – 71) und umfassen – neben der Statuierung der Zeugenpflichten in § 48 StPO – im Wesentlichen seine Vereidigung und die verschiedenen Möglichkeiten der Zeugnis- bzw. Auskunftsverweigerung. Über die Vernehmung des Zeugen enthält die Strafprozessordnung nur die wenigen Bestimmungen der §§ 58, 68 – 69, 241a StPO.

I. Zeuge im Strafverfahren

Der Begriff des Zeugen ist im Gesetz nicht geregelt. Wer Zeuge in einem Strafverfahren ist kann formell oder materiell bestimmt werden. Materiell ist Zeuge eine Person, die Tatsachen *wahrgenommen hat* und über diese Auskunft geben *kann*.[11] Die vorliegende Untersuchung indes richtet den Blick auf die formelle (Verfahrens-)Situation der Zeugenvernehmung in der Hauptverhandlung, für die einzig der formelle Zeugenbegriff Relevanz entfaltet, wonach Zeuge ist, wer vor Gericht in einem nicht gegen sich selbst gerichteten Verfahren über die Wahrnehmung von Tatsachen Auskunft nach den verfahrensrechtlichen Vorgaben geben *soll*.[12] Strafprozessual wird der Auskunftsperson damit die Verfahrensrolle „Zeuge" zugewiesen,[13] wobei es irrelevant ist, ob eine Person tatsächlich die erwartete Auskunft über wahrgenommene Tatsachen gibt oder sie sich z. B. auf ein Zeugnisverweigerungsrecht beruft.

---

9 Man denke nur an den Nachweis des subjektiven Tatbestands.

10 *Eisenberg*, JZ 1984, 912.

11 S. *Zacharias*, Der gefährdete Zeuge, S. 30.

12 S. *Blum*, Gerichtliche Zeugenbetreuung, S. 32; *Zacharias*, Der gefährdete Zeuge, S. 30. Relevant wird die Bestimmung des Zeugenbegriffs in erster Linie für die im Rahmen des Art. 6 Abs. 3 EMRK umstrittene Frage, ob das Konfrontationsrecht des Angeklagten nur gegenüber bereits (formell) geladenen Zeugen gilt oder unter dem Begriff des Zeugen auch nicht geladene Sachverständige, Mitangeklagte, gesperrte V-Personen und geheime Informanten erfasst sind, vgl. hierzu LR-*Gollwitzer*, Art. 6 MRK R. 214, *Mahler*, konfrontative Befragung, S. 51 ff; *Zacharias*, Der gefährdete Zeuge, S. 34 f. m. w. N. aus der Rpsr. des BGH und EGMR.

13 Vgl. *Eisenberg*, Beweisrecht, Rn. 1000.

Der für die Zuweisung der Zeugenrolle konstitutive, objektiv manifestierte Wille des zuständigen Strafverfolgungsorgans ist die Ladung bzw. der Beschluss zur Zeugenvernehmung.[14] Dabei trifft den Zeugen vor Gericht und bei der Staatsanwaltschaft grundsätzlich die Pflicht, zur Vernehmung zu erscheinen und – wahrheitsgemäß[15] – auszusagen.[16] Mit dieser Pflicht korrespondiert die staatliche Befugnis zu ihrer zwangsweisen Durchsetzung.[17] Die Auskunftspflicht kann entfallen, wenn eines der Weigerungsrechte nach den §§ 52 ff. StPO greift[18], was zwar bereits bei der Prüfung etwaiger Zwangsmaßnahmen zu berücksichtigen ist,[19] jedoch nicht von der Pflicht zum Erscheinen befreit.[20]

Der Zeuge tritt als persönliches Beweismittel erst durch seine Aussage in Funktion.[21] Gegenstand der Zeugenaussage ist die Bekundung der persönlichen Wahrnehmung über einen in der Vergangenheit liegenden Vorgang.[22] Der Zeuge soll Auskunft geben über die Wahrnehmung von Tatsachen,[23] wobei es irrelevant ist, aus welchem Anlass er die Wahrnehmungen gemacht hat, über die er

---

14 SK-*Rogall*, Vor § 48 Rn. 21; *Zacharias*, Der gefährdete Zeuge, S. 31.

15 S. § 57 Satz 1 StPO. Die unwahre Aussage ist als solche ist nur in der richterlichen Vernehmung strafbar, vgl. §§ 153 ff. StGB. Bei einer Falschaussage gegenüber der Polizei oder der Staatsanwaltschaft kommen die §§ 145d, 164, 258 StGB in Betracht.

16 S. § 48 Abs. 1 StPO, der durch das 2. OpferRRG v. 2009 eingefügt wurde und die bereits zuvor allgemein anerkannten Zeugenpflichten zum Erscheinen und Aussagen nunmehr ausdrücklich statuiert, vgl. BVerfGE 49, 280, 284 = NJW 1979, 32; BVerfG NJW 1988, 879, 898; *Meyer*, ZStW 95 (1983), S. 834; *Meyer-Goßner/Schmitt*, Vor § 48 Rn. 5. Über § 161a Abs. 1 S. 2 StPO findet § 48 Abs. 1 StPO auch für Vernehmungen bei der Staatsanwaltschaft Anwendung. Zu den weiteren (Neben-)Pflichten wie der Duldung von Gegenüberstellung (§ 58 II) und der Teilnahme an Augenscheinseinnahmen s. *Meyer-Goßner/Schmitt*, Vor § 48 Rn. 6 m. w. N. S. auch den Überblick über die allgemeinen Pflichten und Rechte des Zeugen bei *Eisenberg*, Beweisrecht, Rn. 1055 ff. und bei MüKo-StPO-*Maier/Percic*, Vor § 48 Rn. 32 ff.

17 S. §§ 48 Abs. 2, 51, 70, 161a Abs. 2 StPO.

18 Daneben existieren Weigerungsrechte z. B. aus dem Beratungsgeheimnis (§ 43 DRiG), aus dem Wahlgeheimnis (Art. 38 I GG) und für Abgeordnete des Bundestages aus Art. 47 S. 1 GG (s. § 53).

19 Aussageverweigerungsrechte schließen die Erzwingung der Aussage durch Haft aus, vgl. BVerfG NJW 2000, 3775; BGH NStZ 1998, 204.

20 Gleichwohl hat das Gericht i. d. R. kein Interesse am Erscheinen einer sich auf ihr Zeugnisverweigerungsrecht berufenden Person, s. BGH StV 2008, 57, 58; *Kühne*, Strafprozessrecht, S. 526.

21 S. *Meyer-Goßner/Schmitt*, Einl. Rn. 49.

22 S: BGH NJW 1969, 1219.

23 S. RGSt 52, 289; Alsberg/*Dallmayer*, Beweisantrag, Rn. 336; *Peters*, Strafprozeß, S. 342.

aussagen soll.[24] Auch der Zeuge vom Hörensagen bekundet eigene Wahrnehmungen, nämlich solche, die jemand ihm gegenüber zu einem bestimmten Vorgang gemacht hat, weshalb auch er taugliches Beweismittel ist.[25] Der Zeuge kann zudem über innere Tatsachen vernommen werden, soweit es sich um Vorgänge seines eigenen Bewusstseins handelt (sog. eigenpsychische Tatsachen).[26] Vorgänge im Inneren eines anderen Menschen (sog. fremdpsychische Vorgänge)[27] hingegen entziehen sich seiner Wahrnehmung.[28] Insoweit dürfen nur diejenigen Tatsachen Gegenstand seiner Aussage sein, die Schlussfolgerungen auf fremdpsychische Vorgänge zulassen.[29] Reine Werturteile, Meinungen oder Schlussfolgerungen zu wahrgenommenen Geschehnissen hingegen sollen grundsätzlich nicht Inhalt der Zeugenaussage sein können.[30]

Jede sinnliche Wahrnehmung für sich ist jedoch bereits mit subjektiver Wertung verbunden, weshalb auch die Wiedergabe an wahrgenommene (subjektive) Realität nie wertungsfrei erfolgen kann.[31] Eine Aufspaltung der Aussage in Wahrnehmungs- und Schlussfolgerungsbestandteile ist daher schlicht nicht möglich.[32] Den zulässigen Gegenstand der Zeugenaussage bestimmt mithin nicht eine Abgrenzung von Tatsachen oder Werturteilen, sondern vielmehr die Funktion des Zeugen im Strafprozess als Beweismittel zur Sachaufklärung.[33] In dieser Funktion gibt der Zeuge Auskunft über den Inhalt seiner Erinnerung an ein subjektiv bewertetes tatsächliches Geschehen.[34]

Dazu fähig ist grundsätzlich jeder Mensch, der Wahrnehmungen machen und in irgendeiner Weise darüber Auskunft geben kann. Körperliche oder geistige Defizite führen nur dann zur Zeugenunfähigkeit, wenn eine eigene

---

24 BGHSt 33, 178, 181.

25 Vgl. *Eisenberg*, Beweisrecht, Rn. 1027 ff. m. w. N.; *Meyer-Goßner/Schmitt*, Einl. Rn. 49.

26 S. Alsberg/*Dallmeyer*, Beweisantrag, Rn. 338 ff.

27 S. Alsberg/*Dallmeyer*, Beweisantrag, Rn. 342 ff.

28 BGH NStZ 2004, 690; *Meyer-Goßner/Schmitt*, Einl. Rn. 49.

29 Vgl. BGH StV 1984, 61; BGHSt 39, 251 = NJW 1993, 2881; OLG Zweibrücken StV 1990, 440; MüKO-StPO-*Maier/Percic*, Vor § 48 Rn. 5.

30 S. hierzu *Eisenberg*, Beweisrecht, Rn. 1003 m. w. N.

31 Vgl. *Alsberg/Dallmeyer*, Beweisantrag, Rn. 346 f.; *Hamm*, StV 1993, 454, 457; *Kühne*, Strafprozessrecht, S. 526.

32 *Widmaier*, NStZ 1993, 602, 603.

33 Vgl. *Zacharias*, Der gefährdete Zeuge, S. 39.

34 S. *Schneider*, Nonverbale Zeugnisse, S. 16; *Zacharias*, Der gefährdete Zeuge, S. 54.

Wahrnehmung und ihre Wiedergabe vor Gericht nicht möglich sind.[35] Kinder können grundsätzlich ohne festgelegtes Mindestalter Zeugen im Strafprozess sein, wenn eine verständliche Aussage zu erwarten ist.[36] Die Aussagetüchtigkeit bei Kindern unter viereinhalb Jahren wird in der Regel jedoch nicht sehr ausgeprägt sein.[37]

II. Begriff der (Zeugen-)Vernehmung

Die verfahrensrelevanten Wahrnehmungen des Zeugen werden über seine Vernehmung in den Strafprozess transportiert. Diese war und ist der Mittelpunkt der gerichtlichen Beweiswürdigung; hier wird das Wissen des Zeugen abgeschöpft.

Was eine Vernehmung ist, wird vom Gesetz nicht definiert und ist eine der umstrittensten Fragen des Strafverfahrens der Gegenwart.[38] Gleichwohl entfaltet die gegenwärtige Diskussion zur inhaltlichen Begriffsbestimmung für die hier interessierenden Fragen nach der Ausgestaltung der Zeugenvernehmung und der Teilhabemöglichkeit des Angeklagten und seiner Verteidigung – soweit erkennbar – keine Auswirkungen. Denn das Meinungsbild[39] zur inhaltlichen Begriffsbestimmung konzentriert sich auf die Problematik der verdeckten Befragung[40] und die Frage, welche (Verwertungs-)Konsequenzen die in der „heimlichen" Befragung erlangten Informationen nach sich ziehen. Dabei erschöpft sich die Diskussion zum Vernehmungsbegriff in einer Gegenüberstellung des sog. formellen Vernehmungsbegriffs und des sog. materiellen bzw. funktionalen Vernehmungsbegriffs.

35 Vgl. BGHSt 2, 269, 270; 43, 62. Auch ein taubstummer Mensch ist zeugnisfähig, wenn er mit Fingerbewegungen über das Geschehen berichtet, *Kühne*, Strafprozessrecht, S. 523.

36 S. *Gley*, StV 1987, 405 ff.; *Kühne*, Strafprozessrecht, S. 523; s. auch *Rieck*, StraFo 2000, 405. BGH StB 1995, 293 weist darauf hin, dass ohne Einholung eines Glaubwürdigkeitsgutachtens die Aussagen eines vierjährigen Kindes kaum Beweiswert haben.

37 *Arntzen*, DRiZ 1976, 20.

38 Zum Rechtsbegriff der Vernehmung i. S. d. StPO s. *Schumann*, Vernehmung, S. 3 ff., 177 ff.

39 S. den Überblick zum Meinungsstand bei *Schumann*, Vernehmung, S. 3 ff. m. w. N.

40 Die verdeckte Befragung kennzeichnet sich dadurch, dass in der Befragung der Auskunftsperson zu einem Tatgeschehen der amtliche Strafverfolgungscharakter der Befragung nicht offengelegt wird. S. hierzu monographisch *Mahlstedt*, verdeckte Befragung, 2011; *Wang*, Einsatz Verdeckter Ermittler, 2015.

Nach dem formellen Vernehmungsbegriff der Rechtsprechung[41], dem auch Teile der Literatur folgen,[42] versteht man unter einer Vernehmung eine Befragung, die von einem Repräsentanten des Staats in amtlicher Funktion mit dem Ziel der Gewinnung einer Aussage durchgeführt wird.[43] Die maßgeblichen Kriterien sind hiernach die amtliche Funktion des Fragenden und deren Erkennbarkeit.

Im Unterschied dazu definiert der materielle Vernehmungsbegriff die Vernehmung als jede amtliche Befragung, die darauf gerichtet ist, dem Befragten Informationen zu entlocken.[44] Maßgeblich ist nach dieser Auffassung also nicht der offene förmliche Charakter der Befragungssituation, sodass auch nicht öffentlich ermittelnde Beamte der Polizei oder verdeckte Ermittler eine offizielle Vernehmung vornehmen können und auch in diesen Fällen die erforderlichen Belehrungen zu erteilen sind. Ließe sich die verdeckte Befragung unter den Begriff der Vernehmung subsumieren, müsste der Befragte unter Umständen – und das wird bei der Auskunftsperson der Regelfall sein – auf sein Recht zur Aussageverweigerung hingewiesen werden.[45] Unterbleibt die erforderliche Belehrung, könnten bei einer Aussageverweigerung in einer späteren förmlichen Vernehmung die in der verdeckten Befragung erlangten Informationen grundsätzlich nicht verwertet werden.

Den konträren Standpunkten scheint jedenfalls die Auffassung gemein, dass es sich bei einer Vernehmung um die (amtliche) Befragung eines Zeugen, Sachverständigen oder Beschuldigten[46] im Rahmen und für die Zwecke des Strafprozesses – d. h. zur Aufklärung einer Straftat – handelt. Ob der Begriff der Vernehmung auch das offene Auftreten des Amtsträgers und die Erkennbarkeit des Zwecks der Befragung für die befragte Person verlangt, also die in der StPO de lege lata geregelte förmliche Vernehmung die einzige Form der Befragung im

---

41 St. Rspr. seit BGHSt 40, 211, 213; BGHGSt 42, 139, 149; vgl. nur BGHSt 52, 11, 15; 55, 138, 142 f.; BGH 3 StR 400/10.

42 S. LR-*Ignor/Berthaeu*, § 68 Rn. 1; SK-StPO-*Rogall*, § 136 Rn. 14; SK-StPO-*Wohlers* § 163a Rn. 39 m. w. N. in Fn. 108; zu den – nicht vorhandenen – Vorgaben des EGMR zum Vernehmungsbegriff i. S. d. EMRK vgl. *Arslan*, Aussagefreiheit, S. 599 ff.

43 Vgl. BGHGSt 42, 139, 149.

44 Vgl. LG Stuttgart NStZ 1985, 586 f.; LR-*Gleß*, § 136 Rn. 12 m. w. N.; *Seebode*, JR 1988, 427, 428.

45 S. §§ 52 ff., 136 Abs. 1 S. 2, 163a StPO.

46 Sog. Numerus clausus des Personalbeweises. Der Beschuldigte die Wahl hat, ob er als „Beweismittel gegen sich selbst“ zur Verfügung stehen will, vgl. hierzu *Rogall*, Beweismittel gegen sich selbst, S. 54 ff.

Strafverfahren ist – was die Untersuchung von *Schumann* nahelegt[47] – kann für die vorliegende Arbeit außer Betracht bleiben. Den Ausgangspunkt der Untersuchung bilden die förmliche Zeugenvernehmung im Rahmen der Hauptverhandlung, ihre Strukturvorgaben und die Teilhabemöglichkeiten des Angeklagten und seines Verteidigers. Fehlen derartige strukturelle Durchführungsregeln in Bezug auf die Vernehmung des Beschuldigten, enthält die StPO in den §§ 68, 68a, 68b, 69 StPO zumindest rudimentäre Vorschriften zum Ablauf der Zeugenvernehmung, sodass sich die Frage erübrigt, wie Gang und Inhalt einer solchen förmlichen Vernehmung des Zeugen von Gesetzes wegen ausgestaltet sein könnten. Eine Teilhabemöglichkeit des Angeklagten ist über § 240 Abs. 2 StPO nur im Rahmen der Hauptverhandlung vorgesehen, weshalb sich der Gegenstand der hiesigen Untersuchung auf das Zusammenspiel insbesondere der §§ 69, 240 StPO beschränkt.

Die Zeugenvernehmung verfolgt dabei einen anderen Zweck als die Vernehmung des Beschuldigten bzw. Angeklagten, da letztere keine Strafverfolgungsmaßnahme darstellt, sondern nach § 136 Abs. 2 StPO dem Beschuldigten die Gelegenheit zur Verteidigung gegenüber dem Tatvorwurf einräumen soll.[48] Wie bereits erwähnt liegt der Zweck der Vernehmung des Zeugen hingegen in der „Erforschung der Wahrheit". Zeugenvernehmung und Teilhabemöglichkeit müssen deshalb grundsätzlich das Ziel verfolgen, das tatsächliche Wissen der Auskunftsperson über den zu untersuchenden Vorgang so umfassend wie möglich in Erfahrung zu bringen. § 69 StPO gibt dem Vernehmenden eine Anleitung an die Hand, wie zu diesem Zwecke vorzugehen ist.

III. Grundlage der Zeugenexploration: § 69 StPO

1. Struktur des § 69

Der Wortlaut des § 69 StPO[49] teilt die Vernehmung zur Sache in die anfängliche Entgegennahme des sog. zusammenhängenden Berichts (Abs. 1) und das

47 Zu den sich daraus ergebenden Konsequenzen insb. im Hinblick auf die Zulässigkeit verdeckter Befragungen, s. *Schumann*, Vernehmung, S. 202 f., 204 ff.

48 Durch die Vernehmung zur Sache wird dem Beschuldigten rechtliches Gehör gewährt, s. BGHSt 25, 325, 332.

49 § 69 Abs. 1 S. 1 StPO lautet: „Der Zeuge ist zu veranlassen, das, was ihm von dem Gegenstand seiner Vernehmung bekannt ist, im Zusammenhang anzugeben." § 69 Abs. 2 S. 1 StPO lautet: „Zur Aufklärung und zur Vervollständigung der Aussage sowie zur Erforschung des Grundes, auf dem das Wissen des Zeugen beruht, sind nötigenfalls weitere Fragen zu stellen."

darauffolgende sog. Verhör (Abs. 2).[50] Der Gesetzgeber hat auf den ersten Blick mit § 69 StPO eine klare „Regieanweisung“ für die Vernehmung zur Sache gegeben: Danach muss und darf der Zeuge zunächst eigenständig und unbeeinflusst von Zwischenfragen im Zusammenhang angeben, was ihm vom Beweisthema bekannt ist. Erst im Anschluss daran setzt die Befragung zwecks weiterer Aufklärung und Vervollständigung ein.

Ausgehend vom Wortlaut der Norm wird den anfänglichen zusammenhängenden Erklärungen in der Zeugenaussage die größte Bedeutung beigemessen. Die Veranlassung des Zeugen, das, was ihm von dem Gegenstand seiner Vernehmung bekannt ist, im Zusammenhang anzugeben, bildet danach den Kern- und Ausgangspunkt der Zeugenvernehmung zur Sache. Aus Sicht des Gesetzes ist das Beweismittel des Zeugen nach Entgegennahme des freien Berichts prinzipiell erschöpft. Denn nur „nötigenfalls“ sind hiernach – zur Aufklärung und zur Vervollständigung der Aussage sowie zur Erforschung des Grundes, auf dem das Wissen des Zeugen beruht – weitere Fragen zu stellen (§ 69 Abs. 2).

2. *Verständnis in Rspr. und Literatur*

a) *Veranlassung zum freien Zeugenbericht, § 69 Abs. 1 S. 1 StPO*

Dieser von Gesetzes wegen vermittelte erste Eindruck deckt sich im Wesentlichen mit dem gegenwärtigen Verständnis der Normstruktur in Literatur und Rechtsprechung. Der zusammenhängende Bericht gilt unbestritten als das *Kernstück*[51] der Zeugenvernehmung und allgemein als der beste Weg, um das für die Entscheidung bedeutsame Wissen des Zeugen vollständig und unverfälscht zu erfahren.[52] Der Norm wird von der Rechtsprechung „grundsätzliche Bedeutung“[53] zugesprochen. Der Bericht sei nicht nur Pflicht, sondern auch Recht des Zeugen, der seine Aussage nur verantworten könne, wenn er vollständig gehört worden sei.[54] Dieser grundsätzliche Anspruch des Zeugen darauf, sein Wissen über den Gegenstand der Vernehmung unbeeinflusst von Fragen und Vorhalten selbstständig und im Zusammenhang abzugeben,[55] soll auch im Falle seiner

---

50 Gängige Terminologie, s. nur LR-*Ignor/Bertheau*, § 69 Rn. 1; *Meyer-Goßner/Schmitt*, § 69 Rn. 5 f.; *Schünemann*, Zeugenbeweis auf dünnem Eis, S. 389.

51 Vgl. HK-StPO-*Gercke*, § 69 Rn. 5; KK-StPO-*Senge*, § 69 Rn. 4. *Bender/Nack/Treuer*, Rn. 562 sprechen von dem „Fundament“ der Tatsachenfeststellung.

52 S. *Linnemann*, Fehlerhafter Zeugenbeweis, S. 120 f.; *Prüfer*, DRiZ 1975, 334.

53 BGH MDR 1951, 658.

54 S. BVerfGE 38, 105, 117 = NJW 1975, 103, 104; RGSt 74, 35; OLG Braunschweig NJW 1952, 119; *Peters*, Strafprozess, § 42 IV Rn. 1; *Rostek*, StraFo 2011, 386.

55 S. hierzu *Kassebohm*, FS-Gauweiler, S. 333.

wiederholten Vernehmung in derselben Strafsache gelten.[56] Über die unbeeinflusste zusammenhängende Zeugenerklärung soll erkennbar werden, was der Zeuge aus lebendiger Erinnerung weiß und was er erst bei Nachhilfe durch das Gericht bekunden kann.[57] Damit kann dem Gericht und den anderen Verfahrensbeteiligten ein authentischer Eindruck vom wahrgenommenen Geschehen sowie von der Person und der Glaubwürdigkeit des Zeugen vermittelt werden.[58] Erst hierdurch sollen Zuverlässigkeit des Zeugen und Beweiswert seiner Aussage richtig beurteilt werden können.

Ob § 69 Abs. 1 einen rigoros „freien" Bericht verlangt, wird unterschiedlich bewertet, wobei der Diskurs auf Grundlage prozessökonomischer Erfahrungen bzw. Erwägungen und nicht vor dem Hintergrund aussagepsychologischer Erkenntnisse geführt wird. Das Meinungsspektrum ist vielschichtig und nicht schlechtweg harmonisch, lässt sich meines Erachtens aber im Wesentlichen in zwei Lager einteilen:

- Auf der einen Seite finden sich diejenigen Standpunkte, nach denen die Ableistung eines freien, unbeeinflussten Zeugenberichts – jedenfalls unter gewissen Voraussetzungen – zu restringieren ist. Die Vorschrift des § 69 Abs. 1 schließe ganz allgemein nicht aus, dass der Zeuge während seiner Sachverhaltserläuterungen durch Zwischenfragen, Vorhalte früherer Aussagen, Angaben anderer Personen, Urkunden, Erfahrungstatsachen oder allgemeinkundigen Tatsachen und durch lenkende Hinweise unterbrochen wird, wenn das zur Erlangung einer wahrheitsgemäßen, klaren und vollständigen Aussage angemessen erscheint.[59] Nach *Dallinger* dürfe man die Vorschrift nicht in „formalistischer Weise handhaben".[60] § 69 Abs. 1 StPO verlange außerdem nicht, dass Weitschweifigkeiten, Nebensächlichkeiten und offenbare Unwahrheiten in der Berichterstattung durch den Richter widerspruchslos hinzunehmen sind, nur um die zusammenhängende Schilderung des Zeugen nicht zu unterbrechen.[61] Ob der Bericht eine Unterbrechung erfährt, wird in das Ermessen des Vernehmenden gestellt.[62] Argumente für ihre Auffassung

---

56 RGSt 62, 147.

57 Vgl. BGHSt 3, 281, 284.

58 SSW-StPO-*Franke*, § 69 Rn. 2.

59 Vgl. BGH bei *Dallinger*, MDR 1966, 25; BGH Urt. v. 26.09.1978 - 1 StR 293/78; BGHSt 43, 63, 64; BGH NStZ 2011, 422, 423; AK-StPO-Lemke, § 69 Rn. 5; LR-*Dahs*, § 69 Rn. 6; *Salditt*, StraFo 1990, 57.

60 *Dallinger* MDR 1966, 25.

61 LR-*Dahs*, § 69 Rn. 6; *Meyer-Goßner/Schmitt*, § 69 Rn. 5; SK-StPO-*Rogall*, § 69 Rn. 17.

62 S. BGH bei *Dallinger*, MDR 1966, 25.

bleiben die Restriktionsbefürworter überwiegend schuldig; das Abstellen auf die Notwendigkeit, Nebensächlichkeiten und Weitschweifigkeiten in der Berichterstattung nach Bedarf abzuschneiden, deutet jedoch erkennbar auf prozessökonomischen Beweggründe hin. In Bezug auf die Vorhaltepraxis wird das Interesse an einer „zügigen Verfahrensführung" sogar ausdrücklich hervorgehoben.[63]

- Die wohl herrschende Auffassung hingegen sieht den Wortlaut des § 69 Abs. 1 StPO als bindende Vorgabe für eine sämtlich unbeeinflusste, zusammenhängende Sachdarstellung des Zeugen. Gerade abschweifende Berichtsinhalte könnten gewichtige Anhaltspunkte für die Glaub- oder Unglaubwürdigkeit eines Zeugen liefern.[64] Die Vorschrift des § 69 Abs. 1 S. 1 StPO sei als Garant dafür gedacht, dass der Zeuge sein tatsächliches Wissen unbeeinflusst von Fragen und Vorhalten selbstständig und zusammenhängend wiedergeben kann. Vorhalte seien erst dann zulässig, wenn der Zeuge seine Erinnerung aus eigener Kraft ausgeschöpft hat.[65] Zudem begründe ein Vorhalt – hier: früherer Aussagen – die Gefahr, dass sich der Zeuge durch seine frühere Aussage an seine bisherige Darstellung gebunden fühle und seine Unbefangenheit verliere.[66]

Ungeachtet dieser Unstimmigkeiten in Bezug auf die kategorische Einhaltung der „freien" Berichterstattung besteht jedenfalls Einigkeit, dass das anfängliche Einfordern des freien Zeugenberichts unerlässlich ist. Die Vorschrift des § 69 Abs. 1 StPO gilt insoweit als zwingendes Recht;[67] ihre Verletzung kann deshalb gerügt werden. Allein für den Fall, dass dem Zeugen eine zusammenhängende Aussage unmöglich ist, soll der Versuch genügen, den Zeugen zu einem freien Bericht zu veranlassen.[68]

---

63 BGH NStZ 2011, 422, 423.

64 *Prüfer,* DRiZ 1979, 334; *Prüfer,* StV 1993, 605. LR- *Ignor/Bertheau* § 69 Rn. 7 stufen die herrschende Meinung zumindest als „problematisch" ein.

65 Vgl. RGSt 62, 147, 148; 65, 273, 274; 74, 35; BGHSt 3, 281, 284; BGH JZ 1953, 121, 122 mit Anm. *Lay;* BGH Urt. v. 07.12.1954 – 1 StR 317/53; BGH Beschl. v. 17.03.1981 – 1 StR 113/81; BGH NStZ 1984, 31-32.

66 Vgl. RGSt 74, 35, 36.

67 RG JW 1934, 173; JW 1938, 658 Nr. 3; RGSt 62, 147; 74, 35; BGH JZ 1953, 121, 122 mit Anm. Lay; NJW 1953, 231; BGH StV 1981, 269; BGH bei *Pfeiffer/Miebach,* NStZ 1983, 212; OLG Braunschweig NJW 1952, 119; KK-StPO-*Senge* § 69 Rn. 8; *Meyer-Goßner/Schmitt,* § 69 Rn. 13.

68 RGSt 74, 35; BGH bei *Dallinger,* MDR 1966, 25; OLG Hamm JMbINRW 1953, 44; LR-*Ignor/Bertheau,* § 69 Rn. 7.

Weitgehend diskussionslos wird auch die mit dem Wortlaut vorgefundene strikte Zweiteilung der Zeugenvernehmung in freien Bericht und anschließendes „Verhör" angenommen und ihre Einhaltung wird als zwingend[69], unverzichtbar[70] und revisibel[71] angesehen, da durch ihre Nichtbeachtung die Wahrheitsfindung erheblich beeinträchtigt werden könne.[72] Danach hat der Zeuge sein Wissen zunächst im Zusammenhang anzugeben, während ihm erst anschließend im Verhör (ergänzende) Fragen gestellt werden dürfen.[73]

b) Das Verhör, § 69 Abs. 2 S. 1 StPO

Erst wenn der Zeuge seinen zusammenhängenden Bericht abgeschlossen hat oder ihm aus Gründen, die in seiner Person liegen, ein solcher nicht möglich ist (z. B. aufgrund von Gedächtnis- oder Geistesschwäche) sollen weitere (Anstoß-) Fragen an den Zeugen ggf. erforderlich[74] und auch erst ab diesem Zeitpunkt zulässig sein.[75] Das Verhör in § 69 Abs. 2 S. 1 StPO bezweckt also – so die einhellige Auffassung – lediglich die Vervollständigung des Berichts.[76] Durch die ergänzenden Fragen sollen Unklarheiten und Widersprüche beseitigt und Lücken in der Aussage geschlossen werden. Außerdem soll geklärt werden, was der Zeuge auf Grund eigener Wahrnehmung weiß und was er lediglich durch andere erfahren oder durch eigene Schlussfolgerungen zusammengesetzt hat.[77] Im Rahmen der Befragung sei es dann nicht zu beanstanden, wenn der Tatrichter nach längeren (erfolglosen) Versuchen zur Herbeiführung einer zusammenhängenden

---

69 S. nur BGHSt 3, 281, 284; *Meyer-Goßner/Schmitt*, § 69 Rn. 3.

70 RG JW 1934, 175; 38, 658 mit Anm. *Rilk*; BGH bei KK-*Senge*,§ 69 Rn. 8.

71 Vgl. BGH NJW 1953, 35; 213; StV 1981, 269; *Meyer-Goßner/Schmitt*, § 69 Rn. 13; LR-*Ignor/Bertheau*, § 69 Rn. 16.

72 S. RGSt 74, 35 f.; AK-*Lemke*, § 69 Rn. 9.

73 KK-StPO-*Senge* § 69 Rn. 5; *Kassebohm*, NJW 2009, 200; *Schünemann*, Zeugenbeweis auf dünnem Eis, S. 389 f. Die Grenze zwischen Abs. 1 und Abs. 2 dürfe nicht „verwischt" werden, weshalb Vorhalte erst im Verhör zulässig seien, SSW-StPO-*Franke* § 69 Rn. 4.

74 Vgl. BGH NJW 1953, 115; *Burhoff*, Hauptverhandlung, Rn. 3122; KK-StPO-*Senge* § 69 Rn. 5; s. auch *Kassebohm*, FS-Gauweiler, S. 333.

75 RG Urt. v. 14.12.1911 – 1 D 1075/11 = Recht 1912 Nr. 348; RGSt 74, 35; BGH NJW 1953, 35; BGH, Urt. v. 15.01.1958 - 2 StR 526/57; BGH Urt. v. vom 28. Juni 1957 – 5 StR 234/57; KK-StPO-*Senge* § 69 Rn. 5; SSW-StPO-*Franke* § 69 Rn. 2; *Peters*, Strafprozeß, S. 361.

76 S. nur KK-StPO-*Senge* § 69 Rn. 5; *Meyer-Goßner/Schmitt*, § 69 Rn. 7.

77 KK-StPO-*Senge* § 69 Rn. 5; *Meyer-Goßner/Schmitt* § 69 Rn. 7.

Aussage zum Zwecke der Aufklärung von der Möglichkeit der §§ 69 Abs. 2, 253 StPO durch Vorhalte und Fragen Gebrauch macht.

Von wesentlicher Bedeutung seien (auch) in diesem Zusammenhang Vorhalte, die sich auf Beweisgegenstände, frühere eigene Aussagen und Angaben anderer Auskunftspersonen, sonstige Beweisergebnisse, eigenes Wissen des Vernehmenden und offenkundige Tatsachen erstrecken können.[78]

c) Zusammenfassung

Es lässt sich festhalten, dass die strikte Vorgabe des Gesetzestextes die Interpretation des § 69 StPO bestimmt. Rechtsprechung und Literatur heben übereinstimmend die herausragende Bedeutung des freien Berichts hervor. Praxisempfehlungen legen der Verteidigung zudem nahe, darauf zu achten, dass die Vernehmung nicht in ein „Frage-Antwort-Spiel mit dem Vorsitzenden" übergehe,[79] worauf mit „äußerster Strenge"[80] durch den Verteidiger hingewirkt werden müsse.[81] Erst dann, wenn ein zusammenhängender Bericht nicht zu erlangen sei oder dieser erschöpfend vorliege, seien weitere Fragen an den Zeugen zulässig.[82]

Die Bedeutung der Vorschrift des § 69 Abs. 1 StPO wird also gerade in der Herbeiführung einer eigenen zusammenhängenden und erschöpfenden (!) Sachverhaltsdarstellung des Zeugen erblickt, die zur freien Beweiswürdigung durch das Gericht unerlässlich sei.[83] Erst hiernach dürfe eine Befragung einsetzen. Auch die Ansicht, die Vorhalte und Anstoßfragen während des Berichts in Ausnahmefällen für zulässig erachtet, betont im Übrigen – in Übereinstimmung mit den Gegenstimmen – die grundsätzliche Notwendigkeit des unbeeinflussten freien Berichts. Die Vorschrift gilt auch im Kreuzverhör (§ 239) sowie dann, wenn der Vorsitzende den Verfahrensbeteiligten die Vernehmung überlässt, was z.B. bei präsenten Zeugen (§ 245) nicht selten geschehe.[84]

Auffallend ist, dass in der Diskussion bei der Auslegung der Kommunikationsvorgabe des § 69 Abs. 1 StPO Grundsätze der Vernehmungs- und

---

78 *Meyer-Goßner/Schmitt*, § 69 Rn. 7.

79 *Sommer*, ZAP 1994, 101, 110; *Sommer*, StraFo 2010, 102; s. auch *Malek*, Verteidigung in der Hauptverhandlung, Rn. 338.

80 *Salditt*, StraFo 1990, 54, 56.

81 HK-StPO-*Gercke*, § 69 Rn. 5; *Malek*, Verteidigung in der Hauptverhandlung, Rn. 338.

82 BGH NJW 1953, 115.

83 RG JW 1934, 173.

84 LR-*Ignor/Bertheau*, § 69 Rn. 2.

Aussagepsychologie nahezu vollständig außer Acht bleiben.[85] Nur gelegentlich findet sich der Hinweis, die traditionelle Zweiteilung in § 69 StPO entspreche aussagepsychologischen Grundsätzen[86] bzw. die Norm enthalte rudimentäre Aspekte der Vernehmungslehre.[87] Dieser Befund konzentriert sich indes allein auf die dem freien Bericht mit § 69 Abs. 1 StPO eingeräumte zentrale Stellung innerhalb des Vernehmungsablaufs. Ob der Einschätzung des Gesetzes, weitere Fragen seien nur „nötigenfalls" zu stellen, ebenfalls Erkenntnisse der Vernehmungs- und Aussagepsychologie zugrunde liegen und das Beweismittel des Zeugen mit der Ableistung seiner freien Geschichtserzählung grundsätzlich als erschöpft gelten muss, wird nicht diskutiert.

IV. Teilhabe an der Zeugenexploration: § 240 Abs. 2 StPO

1. Fragerecht nach § 240 Abs. 2 StPO als Einwirkungs- und Mitwirkungsrecht

Das entscheidende Einwirkungs- und Mitwirkungsrecht des Angeklagten und seiner Verteidigung an der Zeugenexploration bildet das Fragerecht nach § 240 Abs. 2 StPO. Es dient der umfassenden Sachaufklärung und damit dem übergeordneten Ziel des Strafverfahrens, der Ermittlung der Wahrheit.[88] Als eine für ein rechtsstaatliches Verfahren grundlegende Befugnis[89] soll es den Prozessbeteiligten ermöglichen, von sich aus aktiv die vollständige Erörterung des Verfahrensgegenstandes und auf die bestmögliche Ausschöpfung der persönlichen Beweismittel „in jede Richtung"[90] hinzuwirken. Für den Verteidiger bildet sein Fragerecht die notwendige Voraussetzung, um die Verteidigung effektiv führen

---

85 Beachtenswert ist auch die bei *Dallinger* zu findende Bewertung durch den 4. Strafsenat des BGH zur der Auswirkung von Grundsätzen der Vernehmungspsychologie für den Vernehmungsablauf: „Zu dem Vorwurf der Revisionsbegründung, die Art der Vernehmung eines Zeugen habe den Grundsätzen der Vernehmungspsychologie widersprochen, bemerkt der Senat, daß die Erfahrungsregeln über die zweckmäßige Gestaltung einer Vernehmung keine Rechtssätze sind, deren Verletzung mit der Revision gerügt werden könnte.", BGH Urt. v. 30.07.1965 – 4 StR 343/65 bei *Dallinger*, MDR 1966, 25.

86 S. *Eisenberg*, Beweisrecht, Rn. 1356.

87 S. *Schumann*, Vernehmung, S. 4 Fn. 5 a. E.

88 S. LR-*Becker*, § 240 Rn. 1.

89 S. BGHSt 9, 24, 27 für das Fragerecht des Angeklagten.

90 S. HK-StPO-*Julius*, § 240 Rn. 1.

zu können.[91] Erst die Ausübung des Fragerechts in angemessener Form trägt entscheidend dazu bei, dass die Hauptverhandlung den Erfordernissen eines rechtsstaatlichen fairen Verfahrens im Sinne des Art. 6 Abs. 1 der Europäischen Menschenrechtskonvention (EMRK) genügt, in dem alle Umstände angesprochen werden können, die einem Beteiligten wichtig erscheinen.[92]

2. *Aktuelles Verständnis: „Vernehmung" vs. „Befragung"*

Das überwiegende Verständnis der Regelung in § 240 Abs. 2 StPO ist offenbar eindeutig: Es wird davon ausgegangen, der Fragende müsse einzelne, genau umrissene und auf einen bestimmten Sachumstand beschränkte Fragen stellen. Er sei nicht berechtigt, zusammenhängende Erklärungen über einen ganzen Tatsachenkomplex zu verlangen, denn die *Befragung* dürfe nicht zur *Vernehmung* werden.[93] Während der Richter nach § 69 Abs. 1 S. 1 StPO berechtigt und verpflichtet sei, den Zeugen zu einem freien Bericht zu veranlassen, d. h. ihn zu „vernehmen",[94] gestatte § 240 Abs. 2 StPO lediglich das Recht zur Fragestellung. Bei dem Erwirken von zusammenhängenden Berichten handele es sich um eine allein dem Vorsitzenden obliegende Vernehmung.[95]

Soweit ersichtlich scheint in der Rechtsprechung hiervon einzig das Landgericht Essen abzuweichen, das mit Beschluss vom 27. November 1990 konstatierte, dass allen Verfahrensbeteiligten zunächst das Recht zustünde, „unter Beachtung der Grundsätze der StPO §§ 69, 136, den Zeugen nach seiner jetzigen Erinnerung zu befragen".[96] Erst nachdem *allen Verfahrensbeteiligten* die Möglichkeit zuteil geworden sei, „die Erinnerung des Zeugen abzufragen", dürften

91 Zur Verankerung des Fragerechts des Angeklagten in seiner von der Verfassung vorgegebenen Stellung als Prozesssubjekt und seinem daraus folgenden Recht auf Verteidigung vgl. *Eisenberg*, Beweisrecht, Rn. 793.

92 HK-StPO-*Julius*, § 240 Rn. 1.

93 S *Bär*, Fragerecht, S. 33 f.; *Eb. Schmidt*, Lehrkommentar II, § 240 Rn. 2; Graf-StPO-*Gorf*, § 240 Rn. 8; LR-*Becker* § 240 Rn. 16; *Meyer-Goßner/Schmitt*, § 240 Rn. 5; SK-StPO-*Frister* § 240 Rn. 9; SSW-StPO-*Franke* § 240 Rn. 6; KK-*Schneider*, 6. Aufl. 2008, § 240 Rn. 5, der aber in Aufl. 7 (2013) in Abkehr zur Vorauflage die Auffassung vertritt, dass zusammenhängende Erklärungen jedenfalls zu einem bislang nicht erörterten Themenkomplex möglich seien, den der Zeuge aber von sich aus ansprechen müsse.

94 S. *Schretzmeier*, Fragerecht, S. 8.

95 S. *Peters*, Strafprozeß, S. 361 unter Verweis auf § 238 Abs. 1 StPO; *Schretzmeier*, Fragerecht, S. 8.

96 LG Essen, Beschl. v. 27.11.1990 – 22a Ks 17/88.

dem Zeugen Vorbehalte aus früheren Vernehmungen gemacht werden. Dies gebiete der Grundsatz der Chancengleichheit.

Die Engführung des Fragerechts wird von Teilen der Literatur kritisiert. Das formale Argument, eine Befragung sei keine Vernehmung, überzeuge vor dem Hintergrund nicht, dass § 69 StPO gerade als die zweckmäßigste Form der wahrheitserforschenden Einvernahme anerkannt sei.[97]

Hingewiesen wird auch darauf, dass es wie bei der aussagepsychologischen Exploration Ziel der Verteidigervernehmung sei, möglichst umfassendes Aussagematerial zu produzieren. Hierzu gehörten auch das Abfragen der Entstehung und Entwicklung der Beschuldigung sowie der Versuch der Erfassung der kognitiven Fähigkeiten des Zeugen. In dieser Konstellation gebe es keinen substantiellen Unterschied zwischen der Vernehmung durch den Verteidiger und der Befragung durch aussagepsychologische Sachverständige.[98]

Andere Teile der Literatur wiederum vertreten die Auffassung, es sei der Verteidigung in Ausübung ihres Fragerechts jedenfalls nicht verwehrt, auf einen zusammenhängenden Zeugenbericht hinzuwirken, sofern die befragte Auskunftsperson auf einen bislang noch nicht erörterten Themenbereich angesprochen wird.[99] Teilweise wird zudem bemerkt, eine nach der Methode des kognitiven Interviews durchgeführte „Befragung" durch den Rechtsanwalt könne vom Richter kaum beanstandet werden, da der Anwalt lediglich von seinem *Fragerecht* Gebrauch mache.[100] Schließlich weist *Prüfer* – allerdings begründungslos – daraufhin, die Verteidiger könnten im Falle des von Richterseite versäumten Einforderns des freien Zeugenberichts durch Anstoßfragen zunächst „das, was die Vorgänger etwa versäumt haben, in beschränktem Umfang nachholen, indem sie als letzte den Zeugen berichten lassen".[101]

V. Zusammenfassung und Fragen

Eine Zusammenschau der vorstehenden Diskussionen und Auffassungen zeichnet folgendes Bild: Rechtsprechung und Literatur untermauern die in § 69 Abs. 1 und Abs. 2 StPO vorgenommene Wertung des Gesetzes und heben die generelle

97 HK-StPO-*Julius*, § 240 Rn. 7.

98 S. *Püschel*, in: Decker/Köhnken, S. 224.

99 S. *Sommer*, StraFo 2010, 102, 108; KK-StPO-*Schneider*, § 240 Rn. 5, der aber voraussetzt, dass der Zeuge diesen bislang nicht erörterten Themenkomplex von sich aus anspricht.

100 S. *Treuer/Schönberg/Treuer*, Leitfaden zur Zeugenvernehmung, Rn. 333.

101 S. *Prüfer*, StV 1993, 602, 605 f.

Bedeutung des freien Zeugenberichts für die Sachverhaltsermittlung hervor. Die Bedeutung der Vorschrift des § 69 Abs. 1 StPO liegt nach einhelliger Auffassung gerade in der eigenen zusammenhängenden und erschöpfenden Sachverhaltsdarstellung des Zeugen. Das „nötigenfalls" zum Zwecke der Vervollständigung und Überprüfung der freien Geschichtserzählung durchzuführende Verhör dürfe grundsätzlich erst einsetzen, wenn der freie Bericht abgeschlossen oder nicht zu erlangen ist. Diese strikte Zweiteilung der Zeugenvernehmung, insbesondere die Betonung der unbeeinflussten Berichterstattung, entspreche heutigen Grundanforderungen der Aussagepsychologie.

Dieser Befund, dass die in § 69 StPO normierte Vernehmungsstruktur aussagepsychologische Erkenntnisse abbildet, erscheint schon vor dem Hintergrund überprüfenswert, dass die ältere Aussagepsychologie ihre Anfänge erst um das Jahr 1900[102] nimmt und die Forschung sich zu dieser Zeit naturgemäß noch in einer experimentellen Frühphase befand. Eine eigentliche empirische Fundierung setzte erst ab den 1950er Jahren ein.[103] Der heutige § 69 wurde bereits 1877 – als damaliger § 68 mit einem nahezu identischen Wortlaut[104] – in die Strafprozeßordnung aufgenommen. Aspekte der Aussagepsychologie können auf den Gesetzgebungsprozess keinen Einfluss genommen haben. Daher stellt sich zunächst die Frage, welche gesetzgeberischen Motive die Normierung der zweigeteilten Vernehmungsstruktur für die Zeugenvernehmung begleiteten und welche konkrete Form der Befragung der Gesetzgeber im Kopf hatte. Außerdem muss überprüft werden, ob die strukturelle Zweiteilung der Vernehmung tatsächlich aussagepsychologische Grundsätze wiederspiegelt.

---

102 Die Anfänge bereitete im Wesentlichen *William Stern*, Zur Psychologie der Aussage, ZStW 22 (1902), 315 ff. mit seinen zentralen Konstrukten zu Aussagegenauigkeit, -tüchtigkeit und -zuverlässigkeit. Zur Geschichte der Aussagepsychologie s. *Greuel*, Wirklichkeit, S. 22 f.; *Jansen*, Zeuge und Aussagepsychologie, S. 3 ff.

103 S. *Arntzen*, Psychologie der Zeugenaussage, S. 3; *Undeutsch*, Exploration, S. 323

104 § 68 Abs. 1: Der Zeuge ist zu veranlassen, dasjenige, was ihm von dem Gegenstande seiner Vernehmung bekannt ist, im Zusammenhange anzugeben. Vor seiner Vernehmung ist dem Zeugen der Gegenstand der Untersuchung und die Person des Beschuldigten, sofern ein solcher vorhanden ist, zu bezeichnen. § 68 Abs. 2: Zur Aufklärung und zur Vervollständigung der Aussage, sowie zur Erforschung des Grundes, auf welchem die Wissenschaft des Zeugen beruht, sind nötigenfalls weitere Fragen zu stellen.

- Ist das Gedächtnis einer Auskunftsperson bereits nach einer einmaligen zusammenhängenden Berichterstattung grundsätzlich vollständig ausgeschöpft, wie es der Wortlaut in § 69 StPO unmissverständlich normiert?
- Sind (weitere) Fragen in der Regel entbehrlich und nur „nötigenfalls“ zu stellen?

Auch das Verhältnis des § 69 StPO zu § 240 Abs. 2 StPO verdient eine vertiefte Erörterung. Der Wortlaut des § 240 Abs. 2 StPO sieht vor, dass dem Verteidiger auf Verlangen zu gestatten ist, *Fragen* an den Zeugen zu richten. Daraus wird überwiegend gefolgert, der Verteidiger dürfe nur scharf umrissene Fragen stellen. Alles andere würde auf das dem Richter vorbehaltene „Vernehmungsrecht“ hinauslaufen. Das Verhältnis der beiden Vorschriften zueinander ist ungeklärt und wird als solches nicht erörtert. Wenn allerdings das herrschende Verständnis das Fragerecht der Verteidigung im Verhältnis zu einem dem allein Richter zustehenden „Vernehmungsrecht“ enger interpretiert, liegt der Schluss nahe, dass dieses Verständnis von der in § 69 Abs. 1 und Abs. 2 StPO vorgenommenen Wertung geprägt ist, Fragen seien nur „nötigenfalls“ zu stellen. Hieraus ergibt sich für die vorliegende Untersuchung die weitere Frage nach dem Abhängigkeitsverhältnis zwischen § 69 und § 240 Abs. 2 StPO. Auf den ersten Blick scheinen die Vorschriften untrennbar miteinander assoziiert. Ist das „Fragerecht“ der Verteidigung Bestandteil des Verhörs nach § 69 Abs. 2, wird es also erst durch dieses legitimiert? Oder kommt § 240 Abs. 2 StPO eine eigenständige Bedeutung zu?

In der Folge stellt sich auch die Frage nach einem qualitativen Unterschied zwischen einer „Vernehmung“ durch den Richter und einer „Befragung“ durch den Verteidiger. Gibt es inhaltliche Unterschiede, welche die Form der Befragung von der Person des Fragenden abhängig machen?

Zudem stellt sich die Frage, welche Rolle in der Bewertung die in § 239 StPO vorgesehene Möglichkeit spielt, dem Verteidiger die „Vernehmung“ zu übertragen. Meint „Vernehmung“ unter Umständen nur das Recht auf die „erste“ Befragung, welches die StPO ganz ihrem inquisitorischen Modell folgend zunächst in die Hände des Richters als Verhandlungsleiter (§ 238 StPO) legt?

VI. Gang der Untersuchung

Die vorliegende Arbeit will das gesetzliche Konzept der Vernehmung zur Sache und die Teilhabemöglichkeit des Angeklagten hieran – sein „Fragerecht“ – kritisch durchleuchten. Ziel der Beweisaufnahme in der Hauptverhandlung ist die Rekonstruktion des Tatgeschehens. Die sachgerechte Vernehmung von Zeugen stellt hier den zentralen Bestandteil dar. Das Fragerecht der Verteidigung gemäß

§ 240 Abs. 2 StPO soll im Kontext der Vernehmung zur Sache nach § 69 StPO im Hinblick auf gedächtnis- und aussagepsychologische Grundsätze näher bestimmt werden. Ausgangspunkt der Untersuchung bilden dabei die §§ 69, 240 StPO.

Um zu einer angemessenen Lösung der Problematiken zu gelangen, sollen zunächst Wurzeln und Regelungszweck der Vernehmungsstruktur geklärt werden. Denn, wie *Peters* konstatiert, das, was im geltenden Strafprozess geschieht, lässt sich erst durch einen Vergleich zur vergangenen Rechtsgestaltung verstehen.[105] Welche Absichten der Gesetzgeber verfolgte, als er den Ablauf der Zeugenvernehmung in § 69 festlegte und wie sich diese Strukturvorgabe in der Rechtsentwicklung in Deutschland allmählich herausschälte, beleuchtet die historische Darstellung des nachfolgenden Untersuchungsteils. Sie unternimmt einen werten Rückblick in die Ausgestaltung von Vernehmungen und Befragungen im Beweisverfahren der vergangenen Epochen. Im Anschluss an den historischen Rückblick, der von den Anfängen des germanischen Rechts bis zur Kodifizierung des § 69 in der Strafprozessordnung reicht, werden aktuelles Verständnis der Vernehmungsstruktur und geschichtliche Entwicklung kritisch gegenübergestellt.

In einem zweiten Schritt werden die aussagepsychologischen Erkenntnisse zur effektiven Gedächtnisexploration untersucht. Erst die Aussagepsychologie gibt Hinweise darauf, wie die Suche nach der Wahrheit bei der Auswertung des Zeugenbeweises effektiv zu betreiben ist.[106] Anhand der gewonnenen Erkenntnisse sollen anschließend das gesetzliche Regelungskonzept und das in Wissenschaft und Praxis vorherrschende Verständnis einer vergleichenden Überprüfung unterzogen werden.

Schließlich soll geklärt werden, inwieweit die notwendige prozessuale Teilhabe- und Einflussmöglichkeit des Angeklagten an der Zeugenexploration in der Hauptverhandlung durch seinen Verteidiger über das Fragerecht nach § 240 Abs. 2 StPO gewährleistet ist und den Erkenntnissen aus den vorausgegangenen Kapiteln, insbesondere den herausgearbeiteten psychologischen Erkenntnissen Rechnung trägt. Anhand der gewonnen Befunde wird die von Wissenschaft und Praxis bislang vorgenommene Auslegung des Fragerechts der Verteidigung in § 240 Abs. 2 StPO einer kritischen Überprüfung unterzogen. Ziel der Untersuchung ist eine an aussagepsychologischen Erkenntnissen orientierte Interpretation der kommunikativen Einwirkungsmöglichkeit des Angeklagten und seiner Verteidigung auf die urteilsbildende Sachverhaltserforschung in der Hauptverhandlung.

105 *Peters*, Strafprozeß, S. 59.

106 BGHSt 17, 382, 385; *Deckers*, FS-Hamm, 53, 55; Graf-StPO-*Eschelbach*, § 261 Rn. 1.2.

2. Teil: Historische Grundlegung

Die nachfolgende Skizzierung des historischen Entstehungsprozesses soll die Fragen klären:

- Mit welchem Umfang und Inhalt hat der Gesetzgeber der Gesetzgeber der Strafprozessordnung für das Deutsche Reich vom 1. Februar 1877[107] die Strukturvorgaben für die Zeugenvernehmung zur Sache normiert?
- Stimmt die aktuelle Norminterpretation in Literatur und Rechtsprechung mit dem Gesetz gewordenen objektivierten Willen des Gesetzgebers überein?

Der Wille des Gesetzgebers wird bei der Auslegung des Gesetzes nur insoweit berücksichtigt, als er in der gesetzlichen Regelung selbst einen hinreichend bestimmten Ausdruck gefunden hat.[108] Aus Sicht des Gesetzgebers müsste der festgelegte Vernehmungsablauf deshalb als die bestmögliche Methode zur Erlangung umfassender Informationen und Eindrücke des Zeugen zum Tatgeschehen gewertet werden.

Die Entstehung der in § 69 StPO verankerten Vernehmungsstruktur nimmt – synchron zu unserem Strafprozess – ihren Anfang im Wesentlichen mit der Constitutio Criminalis Carolina (Carolina; CCC), der Peinlichen Gerichtsordnung Kaiser Karls V. aus dem Jahre 1532. Zum Verständnis des dort errichteten Fundaments unseres heutigen Strafverfahrens können die vorherigen Epochen jedoch nicht gänzlich außer Acht gelassen werden. Die CCC selbst ist vielmehr den Schlussstein komplexer Rechtsentwicklungen. Um die Bedeutung der dort geregelten Vernehmungsvorgaben hinreichend einschätzen zu können, ist zu untersuchen, wie die vorangegangen Epochen die Rechtsentwicklung bis zu diesem Zeitpunkt prägten.

Es ist im Rahmen dieser Arbeit weder möglich noch angestrebt, die gesamte Geschichte des Straf- und Beweisverfahrens in Deutschland im Detail nachzuzeichnen. Das vordringliche Anliegen der Untersuchung beschränkt sich darauf, die Entwicklung rechtsgeschichtlicher Grundtendenzen der Zeugenvernehmungen und ihrer Einbettung in den Kontext des jeweiligen Beweisverfahrens vergangener Epochen aufzuzeigen. Die nachfolgenden Ausführungen skizzieren die wesentlichen, der jeweiligen Epoche gemeinsamen Grundsätze, auf deren Grundlage die Strukturvorgaben und die Bedeutung der Befragungen von

107 In Kraft getreten am 1.10.1879.

108 BVerfGE 1, 299, 312; 10, 234, 244; 11, 126, 129 f..

Auskunftspersonen im Kontext des jeweiligen Verfahrens- und Beweisrechts als Ergebnis einer zeitgeschichtlichen Entwicklung herausgestellt werden. Die Vernehmung des Zeugen kann dabei nicht isoliert von der Vernehmung des Verdächtigen betrachtet werden. Beide entwickeln sich im Gleichlauf und beeinflussen sich gegenseitig. Darüber hinaus wurde eingangs die Frage aufgeworfen, ob sich das Vernehmungsrecht des Richters nicht vielmehr als erstes Recht der Befragung äußert. Eine Strukturuntersuchung der Zeugenvernehmung muss insofern auch die Ausgestaltung der Vernehmung des Verdächtigen bzw. Angeklagten in den Blick nehmen.

A. Befragungen im alten deutschen Recht bis zum Beginn der Neuzeit

Das alte germanische Recht war Flickwerk. Zusammenhängende, allgemeingültige Rechtsquellen existierten nicht. Erst ab Beginn der Neuzeit vollzog sich erkennbar eine gewisse Rechtsvereinheitlichung. Die nachfolgenden Darstellungen beziehen daher auf die wesentlichen Ströme und Grundzüge, wie sie in den einzelnen Rechtsgebieten der jeweiligen Epochen größtenteils zur Anwendung gelangten.

I. Ausgestaltung von Befragungen in Germanischer Zeit

Im alten Germanischen Recht[109] war eine staatliche Strafrechtspflege nur rudimentär vorhanden. Das Strafrecht wurde in erster Linie als Privatangelegenheit des Verletzten und seiner Sippe angesehen. Die verschiedenen Sippen und Volksstämme nahmen ihren Verband als Friedensgemeinschaft wahr; Rechtsverletzungen wurden als Friedensbrüche aufgefasst.[110] Wer den Frieden brach, setzte sich selbst außer Recht und verlor den Schutz der Gemeinschaft; er wurde „friedlos".[111]

---

109 Der Begriff „Germanisches Recht" umschreibt grundsätzliche Übereinstimmungen des in den damaligen germanischen Sippen, Stämmen und Volksgruppen jeweils herrschenden Gewohnheitsrechts im Zeitraum von ca. 100 v. Chr. bis zur Zusammenführung der Stämme im Frankenreich ab ca. 476 n. Chr. Aufgrund der lückenhaften Quellenüberlieferung aus dieser Zeit lassen sich Rückschlüsse auf das dort geltende Recht vor allem aus den zu frühfränkischer Zeit niedergelegten Volksrechten gewinnen.

110 *Conrad*, Deutsche Rechtsgeschichte I, S. 49; *Henkel*, Strafverfahrensrecht, S. 23; *Schmitz*, Beweiswürdigung, S. 21; *Schröder/Künßberg*, Rechtsgeschichte, S. 79.

111 *Brunner*, Grundzüge, S. 17 f.; *Conrad*, Deutsche Rechtsgeschichte I, S. 49; *Eb. Schmidt*, Einführung, S. 25 ff. Als Folge der Friedlosigkeit wurde der Täter entweder der

Verhaltensdevianzen („Missetaten") eines Außenstehenden gegen einen Sippenangehörigen schafften den Zustand der Fehde. Der Verletzte und seine Sippe konnten gegenüber dem Täter und dessen Sippe private Rache in Form verschiedener Gewaltmaßnahmen nehmen.[112] Auch konnte die Fehde beendet werden durch einen Sühnevertrag, der eine Bußzahlung[113] beinhaltete. War ein solches Einvernehmen zwischen den Parteien nicht zu erzielen, konnte die verletze Partei das Gericht anrufen und den Täter zur Sühneleistung verurteilen lassen.[114]

Neben die private Ahndung von Missetaten trat bei einigen Kapitalverbrechen die öffentliche Strafe.[115] Schwerwiegende Vergehen gegenüber der Gemeinschaft und ihren Göttern[116] wurden als Bruch des gemeinschaftlichen Friedens

---

Feindschaft des Verletzten und seiner Sippe preisgegeben oder er wurde zum Feind der Gesamtheit, vgl. *Henkel*, Strafverfahrensrecht, S. 23: „beschränkte Friedlosigkeit"; *Schröder/Künßberg*, Rechtsgeschichte, S. 85: „relative Friedlosigkeit".

112 *Brunner*, Grundzüge, S. 18; *Conrad*, Deutsche Rechtsgeschichte I, S. 15 f.; *Eb. Schmidt*, Einführung, S. 22 ff.; *Schmidt*, Grundsätze, S. 6.; *Sellert/Rüping*, Studien- und Quellenbuch I, S. 52. Zu diesen Maßnahmen zählten u. a. die Tötung des Fehdegegners, die Tötung des stärksten Mannes aus der Sippe des Täters, das Eindringen in das Haus des Gegners oder die Brandstiftung, vgl. *Conrad*, Deutsche Rechtsgeschichte I, S. 47.

113 Als Sühneleistung kam z. B. in Betracht: Darbringen von Vermögenswerten wie Waffen, Pferde, Vieh oder die Zahlung von Geldbußen; s. dazu *Brunner*, Grundzüge, S. 17 f.; *Conrad*, Deutsche Rechtsgeschichte I, S. 47, 169; *Eb. Schmidt*, Einführung, S. 25 f.; *Hippel*, Deutsches Strafrecht I, S. 42 ff.; *Sellert/Rüping*, Studien- und Quellenbuch I, S. 52. Ausführlich zu den Bußen in germanischer Zeit *Wilda*, Strafrecht der Germanen, S. 314 ff.

114 *Armbrüster*, Die Entwicklung der Verteidigung, S. 21; *Conrad*, Deutsche Rechtsgeschichte I, S. 47 f., 169 f., 437 f.

115 *Eb. Schmidt*, Einführung, S. 25 ff. u. 38 sieht es als „bedenklich" an, bei den ritualisierten Tötungen „überhaupt von Strafen" zu sprechen.

116 Dazu zählten bspw. Zauberei, Verletzung der Heiligtümer, Verrat, Fahnenflucht zum Feind oder Feigheit vor Feind und Krieg, vgl. *Henkel*, Strafverfahrensrecht, S. 23; *Eb. Schmidt*, Einführung, S. 25. S. dazu auch Kap. 12 der Germania des Tacitus, abgedruckt bei *Sellert/Rüping*, Studien- und Quellenbuch I, S. 53 f.: „(Aburteilung von Verbrechen auf dem Thing) Man kann beim Thing auch Klage führen und [ein Verfahren] auf Leib und Leben anhängig machen. Die Strafen werden unterschieden nach der Art des Vergehens. Verräter und Überläufer hängen sie an den Bäumen auf, Feiglinge, Kriegsscheue und körperlich Geschändete versenken sie in Morast und Sumpf und werfen ein Geflecht darüber. Die Verschiedenheit der Bestrafung hat den Sinn, daß man Verbrechen während der Bestrafung öffentlich zeigen will; Schandtaten [dagegen] will man verbergen. Aber auch bei leichteren Vergehen richtet sich die Strafe nach der Art des Vergehens: mit einer Anzahl Pferde oder Rinder werden die Überführten bestraft. Ein Teil der Strafe wird an den König oder Stamm, ein Teil an den Verletzten

aufgefasst und waren ursprünglich unsühnbar[117]. Sie verlangten den Tod des Missetäters. Nach vorherigem Urteil[118] wurde er von der Gemeinschaft den Göttern geopfert.[119] Erschien der Täter nicht vor Gericht, erging statt des Todesurteils ein an die Gesamtheit gerichteter „Tötungsbefehl"[120]; der friedlose Täter wurde ausgestoßen und war vogelfrei[121].

1. Allgemeines Verfahren

Dem germanischen Rechtsgang[122] war die Unterscheidung in Zivil- und Strafprozess fremd[123]. Das Verfahren hatte nahezu ausschließlich strafrechtlichen

---

oder seine Verwandten [Sippe] gezahlt." Kap. 12 der Germania findet sich auszugsweise auch bei *Gmür/Roth*, Grundriss, S. 13 Rn. 20. Eine ausführliche Erläuterung der Germania liefert *Much*, Germania (zu Volksversammlung und Gerichtsbarkeit s. S. 201 ff.).

117 Vgl. *Henkel*, Strafverfahrensrecht, S. 23; *Sellert/Rüping*, Studien- und Quellenbuch I, S. 52. Mit der Zeit nahm man hier eine Abstufung vor. In leichteren Fällen stand dem Friedlosen das Recht zu, sich durch einen Sühnezahlung wieder in den Rechtsfrieden der Gesamtheit einzukaufen, vgl. *Brunner*, Grundzüge, S. 18; *Henkel*, Strafverfahrensrecht, S. 23.

118 Aufgrund der nur lückenhaften Quellenüberlieferung ist über das genaue Procedere bei solchen Kapitalvergehen in den Anfängen der Germanischen Zeit wenig bekannt. *Eb. Schmidt*, Einführung, S. 38, leitet aus Kap. 12 der Germania des Tacitus (s. o. Fn. 39) ab, dass Tötungen „nach vorangegangener Thing-Entscheidung" von der „Landsgemeinde" ausgegangen seien. *Schröder/Künßberg*, Rechtsgeschichte, S. 82 f. folgern aus dem System der verschiedenen Todesstrafen, dass vorher ein „Gerichtsurteil festgesetzt" worden sei.

119 Vgl. *Brunner*, Grundzüge, S. 18; *Eb. Schmidt*, Einführung, S. 25 ff. *Henkel*, Strafverfahrensrecht, S. 23. Im Germanischen Recht waren verschiedene Todesstrafen sakralen Charakters vorgesehen, die sich nach den verschiedenen Arten der Verbrechen richteten, so z. B. „bei Tempelschändung die Strafe des Ertränkens", „bei Zauberei und Spionage der Scheiterhaufen", vgl. *Schröder/Künßberg*, Rechtsgeschichte, S. 82 in Fn. 20 m. w. N.

120 *Schröder/Künßberg*, Rechtsgeschichte, S. 83. „Die Verfolgung des Friedlosen ist öffentliche Pflicht der Volksgenossen", *Brunner*, Grundzüge, S. 18.

121 früher: „wolfsfrei", s. *Amira*, Grundriss, S. 237; *Brunner*, Grundzüge, S. 18.

122 Die aus den Volksrechten ab dem 5. Jh. gezogenen Rückschlüsse zeichnen nur ein unvollständiges Bild und das fast ausschließlich von Gerichtsverhandlungen über sühnbare Sachen, vgl. *Eb. Schmidt*, Einführung, S. 38 und *Schröder/Künßberg*, Rechtsgeschichte, S. 90.

123 Eine Klage bspw. auf Herausgabe einer beweglichen Sache kannte das germanische Recht nicht; es existierte nur die – strafrechtliche – Verfolgung wegen Diebstahl

Charakter[124] und entwickelte sich in erster Linie dort, wo der Verletzte die vom Fehdegegner verweigerte Sühnegeldzahlung vor Gericht einklagte.[125]

Die Einleitung des gerichtlichen Verfahrens lag in der Hand des Verletzten und seiner Sippe (Anklageverfahren)[126] und unterlag strengsten artifiziellen Formvorschriften[127]. Ein Verfahren von Amts wegen existierte nicht. Der Prozess selbst war durch die Parteihandlungen geprägt und spielte sich als streitiges Verhandeln vor Gericht ab.[128] War der Beklagte vor Gericht erschienen[129], trug der Kläger in streng formalisierter Rede und unter feierlicher Beteuerung seines Rechts den Klagevorwurf in Frageform vor[130] und forderte den Beklagten zur

oder rechtswidriger Vermögensvorenthaltung, vgl. *Planitz*, Germanische Rechtsgeschichte, S. 39.

124 *Planitz*, Germanische Rechtsgeschichte, S. 39 konstatiert: „der germanische Prozeß war Strafprozeß. Ein privatrechtlicher Anspruch in unserem Sinne konnte nur dann Gegenstand eines Prozesses werden, wenn er sich zu einem delictischen gesteigert hatte", was durch „Ungehorsam des Verpflichteten gegenüber einer vom Recht anerkannten Prozeßhandlung" geschah. *Schröder/Künßberg*, Rechtsgeschichte, S. 90 führen aus, bei den Germanen sei „die staatliche Rechtspflege auf das strafrechtliche Gebiet beschränkt" gewesen, denn auch „privatrechtliche Ansprüche konnten nur in den Formen der letzteren verfolgt werden, indem der Kläger den Beklagten durch eine erfolglos gebliebene Aufforderung, seine Ansprüche zu befriedigen, in formelles Unrechte versetzte, so daß er (…) eine Buße für sein Verharren im Widerstande gegen die Rechtsordnung zu leisten hatte".

125 *Brunner*, Grundzüge, S. 19; *Henkel*, Strafverfahrensrecht, S. 23 f. Vgl. auch *Eb. Schmidt*, Einführung, S. 38, der zweifelt, ob man die im Falle schwerer Friedensbrüche „zur Vernichtung des Missetäters führenden kultischen Riten" überhaupt als Prozeß bezeichnen kann.

126 *Armbrüster*, Die Entwicklung der Verteidigung, S. 21; *Eb. Schmidt*, Einführung, S. 38; *Gerland*, Strafprozess, S. 15 („Wo kein Kläger, das ist auch kein Recht"); *Henkel*, Strafverfahrensrecht, S. 24 („Wo kein Kläger, da kein Richter"); *Hettinger*, Fragerecht, S. 85; *Wilda*, Strafrecht der Germanen, S. 211 f.

127 Die Klageerhebung erfolgte mündlich vor Gericht unter Berührung eines Stabes und dem Ausspruch vorgegebener Wortformeln, vgl. *Eb. Schmidt*, Einführung, S. 39.

128 *Planitz*, Germanische Rechtsgeschichte, S. 40; *Henkel*, Strafverfahrensrecht, S. 24; *Schröder/Künßberg*, Rechtsgeschichte, S. 90.

129 Versäumnis vor Gericht führte zu Buße, fortgesetzter Ungehorsam zur Friedlosigkeit, vgl. *Hippel*, Deutsches Strafrecht I, S. 106.

130 S. dazu *Planck*, Gerichtsverfahren I, S. 224.

Antwort auf.[131] Dieser antwortete – ebenfalls in förmlicher Rede – zumeist mit ja oder nein.[132]

Als Gericht fungierte eine Volksversammlung („Thing“). Sie setzte sich aus ausgewählten, wehrhaften Männern zusammen und entschied in allen öffentlichen Angelegenheiten.[133] Das Verfahren vor dem Thing war öffentlich und mündlich[134] und zeichnete sich ebenfalls durch strengen Formalismus aus. Auf Einhaltung dieser strengen Formalien hatte der Richter als Leiter des Prozesses hinzuwirken. Darin erschöpfte sich auch im Wesentlichen sein Aufgabenbereich.[135] Als bloßer Verhandlungsleiter war er nur „Frager“, nicht „Finder“ des Rechts.[136] Die Entscheidung des Rechtsstreits lag bei der gesamten Thinggemeinde, im weiteren Verlauf der Epoche bei den vom Volk gewählten Schöffen.[137] War der Beklagte nicht geständig[138], d. h. bestritt er das vom Kläger bezeichnete Unrecht, war der Beweis erforderlich. In diesem Fall erging ein von der Volksversammlung gefälltes Urteil auf eine bestimmte Art des zu führenden Beweises, den die Parteien in einem Beweisvertrag festhielten.[139]

131 *Brunner*, Grundzüge, S. 20; *Henkel*, Strafverfahrensrecht, S. 24; *Kube*, Beweisverfahren, S. 13; *Planitz*, Germanische Rechtsgeschichte, S. 40; *Schröder/Künßberg*, Rechtsgeschichte, S. 90 f.; *Vargha*, Vertheidigung, S. 144.

132 *Henkel*, Strafverfahrensrecht, S. 24. Auch eine bedingte Zustimmung oder Ablehnung war möglich, *Planitz*, Germanische Rechtsgeschichte, S. 40.

133 *Hippel*, Deutsches Strafrecht I, S. 106; *Sellert/Rüping*, Studien- und Quellenbuch I, S. 52.

134 *Armbrüster*, Die Entwicklung der Verteidigung, S. 21; *Brunner*, Grundzüge, S. 19; *Hippel*, Deutsches Strafrecht I, S. 106; *Planitz*, Germanische Rechtsgeschichte S. 39 f.; *Vargha*, Vertheidigung, S. 91.

135 *Armbrüster*, Die Entwicklung der Verteidigung, S. 22 f.; *Holdefleiß*, Augenscheinsbeweis, S. 2; *Schmitz*, Beweiswürdigung, S. 22; *Otte*, Zeugen, S. 20.

136 S. *Armbrüster*, Die Entwicklung der Verteidigung, S. 22 f.

137 S. *Henkel*, Strafverfahrensrecht, S. 25.

138 Auch das Geständnis selbst erschöpfte sich der Ableistung eines Formalakts. Mit der formalen Geständniserklärung – i. S. e. schlichten Verifizierung des Vorwurfs – wurde jede weitere Beweisführung obsolet, *Eb. Schmidt*, FS-Siber, S. 118.

139 Das Urteil ist also zugleich Beweis- und Endurteil, *Brunner*, Zeugen und Inquisitionsbeweis, S. 6; *Eb. Schmidt*, Einführung, S. 41 („zweizüngiges Urteil“); *Gerland*, Strafprozess, S. 16 f.; *Schmitz*, Beweiswürdigung, S. 22. Der Beweispflichtige versprach, den Beweis zu erbringen und nach Maßgabe des Urteils zu leisten, der Gegner des Beweisführers wiederum versprach, den Beweis entgegenzunehmen, vgl. *Brunner*, Zeugen und Inquisitionsbeweis, S. 6 f.; *Eb. Schmidt*, Einführung, S. 39.

2. Beweisverfahren

Das Beweisverfahren war dem Urteil nachgelagert und vollzog sich außerhalb des gerichtlichen Verfahrens. Der Beweis – und dadurch die Entscheidung im Rechtsstreit – wurde durch bestimmte Formalakte zwischen den Parteien geführt, die in einem Beweisvertrag zwischen den Parteien festgehalten wurden.[140] Als Hauptbeweismittel existierten Eid und Gottesurteil.

Gängige Gottesurteile[141] waren diverse Feuer- und Wasserproben[142] sowie der Zweikampf, bei dem es zum unmittelbaren Duell der Kontrahenten kam. Nach Ansicht der Germanen urteilten hier die Götter zugunsten des Obsiegenden und verhalfen so der stärkeren Rechtsposition zur Durchsetzung. Ein Sieg in der körperlichen Auseinandersetzung galt daher als Sieg des Rechts; wer im Zweikampf unterlag, dessen Behauptung galt als unwahr.[143]

Der Eid bedeutete den unter Aussprache einer zeremoniellen Eidesformel[144] zu leistenden Schwur auf die Richtigkeit der eigenen Angaben.[145] Grundsätzlich war der Beklagte zum Eid berechtigt. Dieser konnte sich auf diese Weise von dem Klagevorwurf „reinigen“[146] (sog. „Reinigungseid“). Bei schwerwiegenden Klagevorwürfen musste der Eid bekräftigt werden durch eine bestimmte Anzahl von Eideshelfern.[147] Sie beschworen allein die (auf persönlicher Einschätzung beruhende) Glaubwürdigkeit des Beklagten und damit die Wahrheit seiner

---

140 S. *Brunner*, Zeugen und Inquisitionsbeweis, S. 6 f.; *Brunner*, Schwurgerichte, S. 67; *Eb. Schmidt*, Einführung, S. 39.

141 Ausführlich hierzu *Nottarp*, Gottesurteilsstudien, S. 15 ff.

142 S. hierzu *Brunner*, Grundzüge, S. 21; *Hippel*, Deutsches Strafrecht I, S. 106; *Ignor*, Geschichte, S. 57. Eine beliebte Wasserprobe stellte der „Kesselfang“ dar: aus einem Kessel mit kochendem Wasser musste der Beklagte einen Ring herausholen. Heilten Arm und Hand schnell, war der Beweis erbracht, *Nottarp*, Gottesurteilsstudien, S. 255 f.; *Planitz*, Germanische Rechtsgeschichte S. 41 f.

143 *Henkel*, Strafverfahrensrecht, S. 26.

144 *Planitz*, Germanische Rechtsgeschichte S. 40 („Zauberformel“).

145 Im Falle des Beklagten also: Bestätigung oder Negierung des Klagevorwurfs. Unter bestimmten Voraussetzungen war dem Beklagten allerdings die Reinigung durch Eid versagt und er musste den Beweis durch Gottesurteil antreten. Das war bspw. der Fall, wenn der Kläger den Vorwurf des Meineides erhob, was durch Wegziehen der Schwurhand geschah (sog. Eidesschelte), vgl. *Planitz*, Germanische Rechtsgeschichte S. 41.

146 Deshalb „Reinigungseid“, vgl. *Henkel*, Strafverfahrensrecht, S. 25; *Planitz*, Germanische Rechtsgeschichte S. 40 („Reinigungsrecht“); *Schmitz*, Beweiswürdigung, S. 23 f.

147 Ihre Zahl wiederum korrelierte mit der Schwere des Vorwurfs, vgl. *Schröder/Künßberg*, Rechtsgeschichte, S. 93.

Eidesleistung, weshalb ursprünglich nur Sippenangehörige als Eideshelfer zugelassen waren.[148]

a) Beweis durch Zeugen

Daneben trat peripher der Beweis durch Zeugen, den das germanische Recht in Form des Zeugeneides kannte.[149] Zum Zeugnis zugelassen waren lediglich zwei Arten von Zeugen:

Zunächst existierten sog. Nachbar- oder Gemeindezeugen, die aufgrund besonderer Erfahrung ortskundige, allgemein bekannte Tatsachen darlegten.[150] Dies betraf in erster Linie offenkundige Eigentumsverhältnisse etwa in Bezug auf ein streitiges Stück Land.

Des Weiteren existierten sog. Geschäftszeugen, die ausdrücklich zu einer später zu bekundenden Rechtshandlung hinzugezogen oder, bei zufälliger Anwesenheit, zu deren späteren Bekundung aufgefordert wurden.[151] Üblich war dies bei der Begründung oder Beendigung von Rechtsverhältnissen oder bei der Vornahme verfahrensrechtlicher Handlungen.[152]

Als Zeugen kamen nur freie Männer in Betracht – beim Gemeindezeugnis war zudem der Nachweis eines Mindestvermögens notwendig.[153] In dem als

---

148 Vgl. *Henkel*, Strafverfahrensrecht, S. 25; *Planitz*, Germanische Rechtsgeschichte S. 40 f.; *Schröder/Künßberg*, Rechtsgeschichte, S. 93; *Schwerin/Thieme*, Rechtsgeschichte, S. 33.

149 *Zacharias*, Der gefährdete Zeuge, S. 62. Ausführlich zur Bedeutung von Zeugen im germanischen Recht: *Brunner*, Deutsche Rechtsgeschichte II, § 105 („Der Zeugeneid"), S. 391 ff.; *Rogge*, Gerichtswesen der Germanen, Viertes Kapitel („Von den Germanischen Zeugen und Urkunden"), S. 96 ff.

150 *Brunner*, Grundzüge, S. 21; *ders.*, Zeugen, S. 11 f.; *Conrad*, Deutsche Rechtsgeschichte I, S. 29; *Planitz*, Germanische Rechtsgeschichte S. 41; *Schwerin/Thieme*, Rechtsgeschichte, S. 33.

151 *Brunner*, Grundzüge, S. 21; *ders.*, Zeugen, S. 11 f.; *Planitz*, Germanische Rechtsgeschichte S. 41; *Rogge*, Gerichtswesen der Germanen, S. 98 ff. („erwählte oder herbeigezogene" Zeugen); *Schröder/Künßberg*, Rechtsgeschichte, S. 92 f.; *Schwerin/Thieme*, Rechtsgeschichte, S. 33. Hinzugezogen wurde der Betreffende, indem er am Ohr gezupft und zur Kenntnisnahme aufgefordert wurde, vgl. *Brunner*, Deutsche Rechtsgeschichte II, S. 392.

152 So musste der Kläger den Beklagten in Gegenwart von Zeugen förmlich vor Gericht laden. Erschien der Beklagte nicht vor Gericht, bekundeten die Zeugen die ordnungsgemäße Ladung und der Beklagte wurde für friedlos erklärt, vgl. *Henkel*, Strafverfahrensrecht, S. 24.

153 Vgl. *Brunner*, Deutsche Rechtsgeschichte II, S. 396 m.w.N. zu den verschiedenen Stammesrechten.

Parteiprozess ausgestalteten Verfahren brachten die Parteien ihre Zeugen bei.[154] Erging das Urteil im Thing auf den Beweis durch Zeugen, versprach die beweispflichtige Partei den Zeugenbeweis zu erbringen und bei etwaigem Misslingen den Gegner zu befriedigen.[155] Der Zeuge gab zugunsten der ihn benennenden Partei Zeugnis ab, indem er das durch Urteil vorgezeichnete Beweisthema Wort für Wort eidlich beschwor.[156] Beschworen wurde demnach – ebenso wie bei den Eidhelfern – allein die von der Partei aufgestellte Behauptung.[157] Vor Ablegung des Zeugnisses konnte der Gegner den Zeugen schelten; in diesem Fall wurde der Zweikampf ausgetragen.[158]

Eine Ausnahme im germanischen (Beweis-)Verfahrensgang bildete das sog. Handhaftverfahren. Ein auf frischer Tat oder auf der Flucht betroffener („handhafter") Täter konnte festgenommen und direkt vor Gericht gebracht werden.[159] Voraussetzung einer Überführung im Handhaftverfahren war, dass der Betroffene vor oder nach Ergreifen des Täters das sog. Gerüfte oder Gerüchte[160] erhob, indem er mittels Geschrei sämtliche Nachbarn bzw. Sippegenossen („Schreimannen") zum Zeugnis über die Rechtmäßigkeit der Ergreifung herbeirief.[161] Den Tatnachweis erbrachten die augenfällige Beweislage in Form des mit

154 Die Berufung auf zufällige Augen- und Ohrenzeugen war unzulässig, *Henkel*, Strafverfahrensrecht, S. 25; *Ruth*, Zeugen und Eideshelfer, S. 2; *Schröder/Künßberg*, Rechtsgeschichte, S. 92 f.

155 *Brunner*, Schwurgerichte, S. 52.

156 *Brunner*, Zeugen und Inquisitionsbeweis, S. 12; *Glaser*, Beweis, S. 195.

157 *Glaser*, Beweis, S. 195; *Planitz*, Germanische Rechtsgeschichte S. 41. Grundsätzlich schworen die Zeugen zusammen „mit gesamten Munde". Die Ausführung des Schwurs konnte je nach Volksstamm leicht abweichen. So sprachen und schwuren bspw. bei den Saliern, Burgundern und Alemannen alle Zeugen zusammen und ohne die sie beibringende Partei; bei den Angelsachsen hingegen sprach und schwur die Partei zusammen mit einem der Zeugen und bei den Bayern wiederum sprach und schwur nur ein ausgeloster Zeuge, vgl. *Brunner*, Deutsche Rechtsgeschichte II, S. 435 f.; *Rogge*, Gerichtswesen der Germanen, S. 122.

158 *Brunner*, Deutsche Rechtsgeschichte II, S. 436; *Planitz*, Germanische Rechtsgeschichte S. 41.

159 Eingehend zum Handhaftverfahren *Brunner*, Deutsche Rechtsgeschichte II, § 116 („Das Verfahren auf handhafte Tat"), S. 481 ff. und *Holdefleiß*, Augenscheinsbeweis, S. 15 ff.

160 Dieses musste sowohl bei Ergreifung als auch vor Gericht erhoben werden, *Brunner*, Deutsche Rechtsgeschichte II, S. 481.; *Holdefleiß*, Augenscheinsbeweis, S. 17.

161 *Eb. Schmidt*, Einführung, S. 40; *Henkel*, Strafverfahrensrecht, S. 25; *Holdefleiß*, Augenscheinsbeweis, S. 17 f., *Otte*, Zeugen, S. 22; *Rogge*, Gerichtswesen der Germanen,

aufgebundenen Beweisstücken vorgeführten Täters sowie der durch die Schreimannen bekräftigte klägerische Überführungseid. Die Aufgabe der Schreimannen erschöpfte sich darin, die Richtigkeit des klägerischen Vortrags eidlich zu beschwören. Dadurch war dem Beklagten die grundsätzliche Möglichkeit des Reinigungseides versagt.[162]

b) Bedeutung und Ausgestaltung von Befragungen

Der germanische Rechtsgang bezweckte in erster Linie nicht die Rekonstruktion des (wahren) Sachverhalts. Es ging vielmehr um die Frage, welche Partei die formell glaubwürdigere Behauptung aufgestellt hatte.[163] Ziel war es, die stärkere Rechtsposition herauszuschälen. Diese galt als die wahre. Rechtsstreitigkeiten wurden als Privatangelegenheit der Parteien wahrgenommen. Insoweit war es nur konsequent, das Beweisverfahren in die Hände der Parteien zu legen und der Mitwirkung des Gerichts zu entziehen. Bewerkstelligt werden konnte dies allein durch einen strengen Formalismus und die (formelle) Wirkung eines Beweisausfalls als unmittelbaren Schuldnachweis.[164] In einem derart konzipierten Beweisverfahren konnte eine Vernehmung mit dem Ziel der Ermittlung tatsächlicher Sachverhaltsmomente keinen Platz haben. Zeugen, Eideshelfer und Schreimannen erfüllten die kongruente Aufgabe, die Glaubhaftigkeit des Parteivorbringens durch Eid zu untermauern. Zwar unterschied sich der Eid der Zeugen von dem der anderen Aussagepersonen insoweit, als dass die Zeugen ihren Eid auf Grundlage der eigenen Wahrnehmung des Beweisthemas leisteten.[165] Jedoch erschöpfte sich die Aussage sowohl der Zeugen als auch der Eideshelfer in der Ableistung eines Formalaktes. Die Zeugen leisteten unter Anrufung der Gottheit den Schwur auf die Richtigkeit des parteiischen Vorbringens. Die Beweiskraft lag daher nicht im Inhalt, sondern in der Form der Aussage.[166] Diese beinhaltete keine entscheidungserhebliche

S. 104; *Schwerin/Thieme*, Rechtsgeschichte, S. 33 f.; *Zacharias*, Der gefährdete Zeuge, S. 64.

162 Vgl. *Brunner*, Deutsche Rechtsgeschichte II, S. 485 f.; *Henkel*, Strafverfahrensrecht, S. 25; *Otte*, Zeugen, S. 22; *Schwerin/Thieme*, Rechtsgeschichte, S. 34.

163 *Armbrüster*, Die Entwicklung der Verteidigung, S. 27; *Vargha*, Vertheidigung, S. 91.

164 *Eb. Schmidt*, Einführung, S. 39.

165 Obgleich es nicht ausgeschlossen war, dass sie das Tatgeschehen wahrgenommen hatten, bezog sich ihr Eid einzig auf die Richtigkeit des Haupteides und damit die Rechtschaffenheit des Eidesleistenden, vgl. *Brunner*, Deutsche Rechtsgeschichte II, S. 397; *Görtz-Leible*, Beschlagnahmeverbote, S. 13; *Westhoff*, Grundlagen, S. 53; *Zacharias*, Der gefährdete Zeuge, S. 62.

166 *Brunner*, Zeugen und Inquisitionsbeweis, S. 12; *ders.*, Schwurgerichte, S. 54.

Tatsachen, sondern vielmehr ein Urteil.[167] Allein die Ableistung des Schwurs entschied die Rechtsstreitigkeit zugunsten des Zeugenführers. Auf die förmliche Frage des Gerichts folgte die nach artifiziellen Riten vorgegebene förmliche Schwurableistung. Eine Vernehmung mit dem Ziel der Reproduktion des tatsächlichen Sachverhalts auf Grundlage der Zeugenerinnerung fand nicht statt.

II. Ausgestaltung von Befragungen in Fränkischer Zeit

Mit der Zusammenführung der germanischen Stämme im Fränkischen Reich[168] ging in der darauffolgenden Epoche eine fortwährende Umgestaltung des Rechts- und Gemeinwesens einher. Die Ursachen für die Veränderungen auch der Strafrechtspflege in dieser Zeit liegen in dem wachsenden Einfluss des Christentums und dem Erstarken der staatlichen Gewalt als unmittelbare Folge des stetigen Ausbaus des Staatswesens.[169] Vor allem letzteres führte zu einer kontinuierlichen Auflösung der Sippenverbände und zur Treuepflicht des Einzelnen gegenüber dem König. Daraus ergaben sind Änderungen um Beweisverfahren.

1. Veränderungen im allgemeinen (Beweis-)Verfahren

Verbrechen wurden zwar weiterhin als Friedensbrüche wahrgenommen; oberstes Organ der Friedenswahrung war nunmehr jedoch der König. Ihm nach oblag verbreiteter Ansicht der Strafschutz seiner Untertanen und er hatte für die Verfolgung von Missetaten Sorge zu tragen.[170]

---

167 Vgl. *Glaser*, Beweis, S. 195; *Rogge*, Gerichtswesen der Germanen, S. 98, 123; *Zacharias*, Der gefährdete Zeuge, S. 62.

168 Als Folge der Völkerwanderung und dem Einbruch der Germanen in das Römische Reich kam es zu neuen Reichsgründungen der germanischen Stämme, unter denen das Fränkische Königreich im Verlauf des Frühen Mittelalters im 5. bis 9. Jahrhundert bald das mächtigste darstellte und am Ende dieser Epoche unter Karolingischer Herrschaft fast den gesamten europäischen Kontinent unter sich vereinte, s. dazu ausführlich *Planitz*, Germanische Rechtsgeschichte S. 43 ff; *Wesel*, Geschichte, S. 267 ff. Die sich in dieser Epoche stetig herausbildende Rechtsanwendung nennt man allgemein „Fränkisches Recht“, vgl. *Brunner*, Grundzüge, S. 25 ff.; *Mitteis/Lieberich*, Rechtsgeschichte, S. 50 ff. Auch das Frankenreich wurde „nicht als Institution gedacht, sondern als die Summe einer Vielfalt von Gruppen und sozialen und religiösen Gemeinschaften (…).“, *Rexroth*, Mittelalter, S. 34.

169 *Brunner*, Grundzüge, S. 55 ff.; *Conrad*, Deutsche Rechtsgeschichte I, S. 98, 168 ff.; *Eb. Schmidt*, Einführung, S. 41; *Henkel*, Strafverfahrensrecht, S. 26; *Kube*, Beweisverfahren, S. 26; *Planitz*, Germanische Rechtsgeschichte, S. 49 ff., 95 ff.; *Rogge*, Gerichtswesen der Germanen, S. 232 ff.

170 Vgl. *Henkel*, Strafverfahrensrecht, S. 27.

Die Strafverfolgung als originäre Aufgabe der Sippe wurde dadurch immer mehr zur staatlichen Pflicht. Als Folge wurde die dem Staatsgedanken widerstrebende private Selbsthilfe in Form des Fehderechts kontinuierlich eingeschränkt und zugunsten der Sühneleistung an den Verletzten (Kompositionensystem)[171] und der öffentlichen Strafen[172] immer weiter zurückgedrängt.[173] Der aufkommende Staatsgedanke führte darüber hinaus zu der Annahme, dass aus dem staatlichen Strafverfolgungsinteresse eine Pflicht zur Unterstützung des Verletzten folge[174] und der Prozessausgang nicht ausschließlich von den persönlichen Parteihandlungen abhängig gemacht werden könne. Mit der Abschwächung des Parteigedankens korreliert eine Zunahme gerichtlicher Autorität und Mitwirkung,[175] insbesondere des Richters, dessen Posten ein vom König ernannter Graf als sein Stellvertreter übernahm[176].

Der frühe mittelalterliche Rechtsgang war weiterhin ein öffentlicher und mündlicher Parteienstreit und vollzog sich stufenförmig als sog. Frage und Urteil.[177] Die Parteien stellten ihre Anträge in Form von Urteilsfragen an den

---

171 Das ungeschriebene Recht machte in steigendem Maße der Rechtsaufzeichnung Platz, die sich in den sog. Volksrechten (Leges barbarorum) und in den Verordnungen der Könige (Kapitularien) vollzog. Die Volksrechte, in denen königliche Satzungen mit dem Gewohnheitsrecht des jeweiligen Stammes verbunden waren, galten für das Gebiet eines Stammes und wurden durch Befragung des Volkes erhoben, vgl. *Schwerin/Thieme*, Rechtsgeschichte, S. 97.

172 Als öffentliche Strafen erschienen neben neuen Ehren- und Leibesstrafen vorwiegend die bereits aus germanischer Zeit bekannte Friedlosigkeit (nunmehr „Acht" genannt) und die Todesstrafe. Bei letzterer bewirkte das Erstarken des Christentums eine Abkehr von den heidnischen Opferritualen der germanischen Zeit und ließ sie als ein für den (Königs-)Friedensbruch öffentlich verhängtes Übel erscheinen, vgl. *Conrad*, Deutsche Rechtsgeschichte I, S. 170 f.; *Henkel*, Strafverfahrensrecht, S. 27.

173 *Brunner*, Grundzüge, S. 70.; *Conrad*, Deutsche Rechtsgeschichte I, S. 169 f.; *Henkel*, Strafverfahrensrecht, S. 27; *Planitz*, Germanische Rechtsgeschichte, S. 96; *Schröder/Künßberg*, Rechtsgeschichte, S. 372 f.

174 *Brunner*, Schwurgerichte, S. 62; *Schröder/Künßberg*, Rechtsgeschichte, S. 390.

175 So erfolgte die Ladung sowohl des Beklagten als auch der Zeugen und Eidhelfer nicht mehr durch Parteihandlung, sondern erging als richterlicher „Erscheinungsbefehl" (bannitio), vgl. *Eb. Schmidt*, Einführung, S. 41; *Planitz*, Germanische Rechtsgeschichte, S. 98; *Schröder/Künßberg*, Rechtsgeschichte, S. 390. Im Prozess ersetzte die richterliche Aufforderung an den Beklagten zur Antwort auf den Klagevorwurf und der richterliche Befehl an die Urteiler zur Urteilsfindung die Formalakte der Parteien, vgl. *Brunner*, Grundzüge, S. 72; *Schröder/Künßberg*, Rechtsgeschichte, S. 390 f.

176 *Conrad*, Deutsche Rechtsgeschichte I, S. 141; *Mitteis/Lieberich*, Rechtsgeschichte, S. 77.

177 *Conrad*, Rechtsgeschichte I, S. 388; *Henkel*, Strafverfahrensrecht, S. 31.

prozessleitenden Richter, der diese – ebenfalls in Frageform – den Urteilern und Schöffen zur Entscheidung vorlegte.[178] Die artifizielle Formstrenge des alten germanischen Rechtsganges erfuhr insoweit noch eine Steigerung. Bereits der geringste Formverstoß einer Partei (z. B. Versprechen bei einer Wortformel) bedeutete die Gefahr der Prozessniederlage.[179]

Das Beweisverfahren selbst war weiterhin durch einen ausgeprägten Formalismus gekennzeichnet. Hauptbeweismittel waren auch in fränkischer Zeit das Gottesurteil und der Parteieid.[180] Der in germanischer Zeit nur peripher zur Anwendung kommende Zeugenbeweis verzeichnete als Folge des schwindenden Sippengefüges in fränkischer Zeit jedoch einen deutlichen Zuwachs.[181]

2. „inquisitio" und Herausbildung spezieller Verfahren

Als erhebliche Neuerung in fränkischer Zeit erscheinen die unterschiedlichen Ausprägungen der „inquisitio"[182], durch die – jedenfalls in Teilen – entscheidende erste Ansätze materieller Wahrheitserforschung in das gerichtliche Verfahren eindrangen. Die „inquisitio" erhielt Eingang sowohl in das ordentliche

---

178 *Planitz*, Germanische Rechtsgeschichte, S. 233. Einfluss auf die Urteilsfindung gewann der Richter erst im Verlauf des Spätmittelalters, in dessen Entwicklung Vorsitzender und Schöffen schließlich nach vorheriger Beratung gemeinsam das Urteil fällten (Kollegialgrundsatz), s. *Henkel*, Strafverfahrensrecht, S. 31.

179 Vgl. *Conrad*, Rechtsgeschichte I, S. 388. Die Formstrenge selbst bezeichnete man deshalb als „Gefahr" (vare), *Planitz*, Germanische Rechtsgeschichte, S. 233; *Schröder/Künßberg*, Rechtsgeschichte, S. 844. Um dieser Gefahr im Prozess nicht zu erliegen, konnten sich die Parteien eines sog. Vorsprechers bedienen, der die schwierigen Wortformeln für sie vortrug. Seine Erklärungen bedurften der nachträglichen Bestätigung durch die Partei, der überdies das Recht zustand, die Genehmigung zu versagen oder die abgegebenen Erklärungen zu korrigieren, vgl. *Armbrüster*, Die Entwicklung der Verteidigung, S. 27; *Henkel*, Strafverfahrensrecht, S. 31; *Knapp*, Der Verteidiger, S. 14; *Schröder/Künßberg*, Rechtsgeschichte, S. 844.

180 *Brunner*, Grundzüge, S. 71 ff.; *Henkel*, Strafverfahrensrecht, S. 29; *Planitz*, Germanische Rechtsgeschichte, S. 98; *Schröder/Künßberg*, Rechtsgeschichte, S. 93, 391; *Schmitz*, Beweiswürdigung, S. 29. Bei der zunehmend auf Misstrauen stoßenden Eideshilfe versuchte mach die Glaubwürdigkeit der Eideshelfer durch getrennte Schwurableistung zu erhöhen, vgl. *Henkel*, Strafverfahrensrecht, S. 29; *Planitz*, Germanische Rechtsgeschichte, S. 98.

181 Vgl. *Henkel*, Strafverfahrensrecht, S. 29; *Schmitt*, Beweiswürdigung, S. 93. Zum Zeugeneid s. *Brunner*, Rechtsgeschichte II, S. 391 ff.

182 S. hierzu *Brunner*, Zeugen und Inquisitionsbeweis, S. 8 ff., der den Begriff der „Inquisitio" aus dem lateinischen Wort „inquirire" (untersuchen) herleitet.

Zeugenverfahren des volksgerichtlichen Parteiprozesses als auch in die sich daneben[183] herausbildenden speziellen Verfahrensarten des Königsgerichts und des Rügeverfahrens. In eingehender Untersuchung hat *Brunner* nachgewiesen, dass sich dieses inquisitorische Moment in den jeweiligen Verfahrensarten in grundlegend unterschiedlicher Form präsentiert: zum einen als Beweismittel, zum anderen als eine Art Voruntersuchung.[184]

a) discussio testium im Zeugenverfahren

Aufgrund den sich auflösenden Sippenverbänden traten im Beweisverfahren an die Stelle von Eidhelfern oder Sippegenossen vermehrt Zeugen. Der Beweis der Zeugen in fränkischer Zeit stellte sich ganz im Lichte des germanischen Zeugenbeweises als reine Eidesleistung dar.[185] Das Beweisverfahren schloss sich nach wie vor an das von den Urteilern gefundene zweizüngige Urteil auf Zeugenbeweis und den darauffolgenden Beweisvertrag der Parteien an.[186]

Zum Zeugnis zugelassen waren auch in fränkischer Zeit nur der ortskundigen Gemeindezeuge und der hinzugezogene Geschäftszeuge.[187] Letzterer musste von der Partei zur Kenntnisnahme aufgefordert worden sein; eine zufällige Wahrnehmung begründete auch in fränkischer Zeit keine Zeugnisfähigkeit.[188] Zeugenfähig waren zudem weiterhin nur besonders glaubwürdige und freie Männer[189], wobei deren Glaubwürdigkeit nunmehr an besondere Voraussetzungen wie den Nachweis eines bestimmten Vermögensmaßes[190] und eine bestimmte Grafschaftszugehörigkeit[191] gekoppelt wurde.

---

183 Das volksgerichtliche Verfahren blieb daneben uneingeschränkt bestehen, *Eb. Schmidt*, Einführung, S. 44; *Mitteis/Lieberich*, Rechtsgeschichte, S. 78.

184 Zur inhaltlichen und begrifflichen Unterscheidung der verschiedenen Arten der inquisitio s. *Brunner*, Zeugen- und Inquisitionsbeweis, S. 9 ff.

185 Vgl. *Schmitt*, Beweiswürdigung, S. 93 mit Fn. 102.

186 *Brunner*, Schwurgerichte, S. 67. Das Urteil erkennt auf Beweisfälligkeit und bestimmt neben Beweisort und -termin auch, was zu beweisen ist, vgl. *Brunner*, Deutsche Rechtsgeschichte II, S. 369.

187 *Brunner*, Deutsche Rechtsgeschichte II, S. 393; *Schröder/Künßberg*, Rechtsgeschichte, S. 396.

188 *Zacharias*, Der gefährdete Zeuge, S. 65.

189 *Willmann*, GA 65 (1918), S. 507.

190 Vgl. *Schwerin/Thieme*, Rechtsgeschichte, S. 99. Ein Zeuge musste zumindest so viel Vermögen haben, um die Buße für ein falsches Zeugnis bezahlen zu können, *Zacharias*, Der gefährdete Zeuge, S. 65.

191 *Henkel*, Strafverfahrensrecht, S. 29.

Zusätzliche Legitimationsvoraussetzung für die Zulassung zum Zeugeneid war neben den gesteigerten Glaubwürdigkeitskennzeichen die Kenntnis des Zeugen von dem Beweisthema. Um Meineiden vorzubeugen, verordnete Karl der Große im Jahr 1805 die Einführung einer sog. inquisitio – ein der Zulassung zum Zeugeneid vorgelagertes formloses richterliches „Verhör" der Zeugen, das in den Quellen auch als „discussio testium" erscheint.[192] Der Zweck dieses vorgeschalteten Verhörs offenbart seine inhaltliche Ausgestaltung. Das Verhör diente allein dem Nachweis der Berechtigung zur Ableistung des Zeugeneids. Die *discussio testium* sollte also feststellen, ob der Zeuge überhaupt Kenntnis von dem zum beeidenden Beweisthema hat.[193] Entgegen der Schwurleistung der Eideshelfer bekräftigte der Zeuge mit seinem Eid insofern nicht lediglich die persönliche Glaubwürdigkeit des Zeugenführers, sondern stand mit dem Zeugnis seiner Kenntnis von dem Beweisthema für die Richtigkeit der (behaupteten) materiellen Rechtslage ein.[194]

Gleichwohl gab der Zeuge nicht wieder, *was* er von dem zugrunde liegenden Beweisthema wusste. Lediglich das *ob* der Kenntnis war Gegenstand seiner Aussage in der *discussio testium*, nicht die Reichweite derselben.[195] Denn diese war in dem streng formalen Beweisverfahren für den Prozessausgang nach wie vor irrelevant. Da sich das Zeugenverhör an dasjenige Urteil anschloss, welches auf Zeugenbeweis erkannte und den Inhalt der Beweisfrage bereits abschließend vorgab, konnte das Verhör keinen Einfluss auf den Inhalt des sich anschließenden – durch das Urteil bereits feststehenden – Zeugeneides ausüben.

Ziel der *discussio testium* in diesem Kontext war die Feststellung der Zulassungsvoraussetzungen für den Zeugeneid zugunsten des jeweiligen Zeugenführers. Eine Aussage zugunsten des Beweisgegners war dem Zeugen versagt.[196] Die in der *discussio testium* vor dem Richter getätigte Aussage der Zeugen erschöpfte sich daher im Wesentlichen darin, die zur Zulassung zum Zeugeneid notwendige Kenntnis von dem Beweisthema formal zu bestätigen.

Analog dazu gestaltete sich die *discussio testium* in Bezug auf Gemeindezeugen, nachdem 817 in den Kapitularen von Ludwig dem Frommen die Aufstellung von Gegenzeugen zugelassen wurde. Für den speziellen Fall des Gemeindezeugnisses wurde das Recht des Gegners zur Benennung von Gegenzeugen statuiert.

---

192 Vgl. *Brunner*, Schwurgerichte, S. 57, 67. Teilweise auch als „inquisitio testium" bezeichnet, *Brunner*, Zeugen und Inquisitionsbeweis, S. 26.

193 Vgl. *Brunner*, Schwurgerichte, S. 67.

194 So auch *Kube*, Beweisverfahren, S. 32.

195 *Brunner*, Schwurgericht, S. 67.

196 Vgl. *Kries*, Beweis, S. 20.

Machte er von diesem Recht Gebrauch, folgte – wiederum vor Ableisten des jeweiligen Zeugeneides – ein richterliches Verhör der Zeugen und Gegenzeugen.[197] Bei sich widersprechenden Aussagen wählte der Richter aus beiden Zeugenreihen je einen Kämpfer aus, die nach Ablegung ihrer (konträren) Zeugeneide die Wahrheit im Zweikampf suchten, um damit die beeidete Parteibehauptung durchzusetzen.[198]

Das sich an die Aufstellung von Gegenzeugen anschließende Verhör bezog sich zwar auf deren Kenntnis von der streitigen Tatsache.[199] Vor dem Hintergrund der Zweckrichtung der *discussio testium* als formaler Legitimationsakt war aber weiterhin nur das *ob* der Kenntnis ausschlaggebend, nicht ihre Reichweite. Die Überprüfung der Zeugenaussagen durch den Richter erschöpfte sich in einem einfachen Abgleich der jeweiligen Zeugenstellung. Aufgrund der prozessualen Einordnung der *discussio testium* zwischen Urteil und feststehendem Zeugeneid, hatte auch hier das Verhör von Zeugen und Gegenzeugen keinerlei Auswirkungen auf die Formulierung des Zeugeneids.[200] Der Wahrheitsgehalt divergierender Zeugenaussagen wurde im Zweikampf überprüft.

Es ist festzuhalten, dass sich die *discussio testium* als ein dem Zeugeneid vorausgehendes Verhör nahtlos in das streng formale Beweisverfahren der fränkischen Epoche einfügte, auch wenn ihr eine formlose Befragung der Zeugen zugrunde lag. Sie diente nicht der Erforschung eines vergangenen Sachverhalts auf Grundlage der Wahrnehmungen der Zeugen von der zugrunde liegenden Tatsache. Vielmehr hatte das Verhör lediglich die Aufgabe, die Glaubwürdigkeit des Zeugenbeweises zu verifizieren und bei festgestellter gegenläufiger (glaubwürdiger) Zeugenpositionen diese durch das Gottesurteil des Zweikampfes zu überprüfen.

Die Ausgestaltung der Befragung lag im Ermessen der Verhörsperson. Eine festgelegte Vernehmungsstruktur war nicht vorgesehen. So nahe der Schluss auch liegt, dass zur Überprüfung des *Ob* der Kenntnis von dem Beweisthema anschließend auch nach der Reichweite der Kenntnis gefragt worden ist, lassen sich daraus keine weiteren Schlüsse für die tatsächliche inhaltliche Ausgestaltung und insbesondere den Ablauf des Verhörs ziehen. Hatte der Zeuge die Hürde der formalen Zulassungsvoraussetzungen genommen, dürfte sich seine

197 *Brunner*, Zeugen und Inquisitionsbeweis, S. 28. Machte er von diesem Recht hingegen keinen Gebrauch, blieb es bei der formalen Beweiskraft des ungescholtenen Zeugeneids, *Mitteis/Lieberich*, Rechtsgeschichte, S. 102.

198 Vgl. *Brunner*, Schwurgerichte, S. 68.

199 *Brunner*, Zeugen und Inquisitionsbeweis, S. 33.

200 *Brunner*, Schwurgerichte, S. 68.

Aussage vielmehr in einer kurzen Bestätigung der Kenntnis vom dem Beweisthema - als des *Ob* - erschöpft haben. Für eine weitergehende Untersuchung bestand schlicht kein Bedürfnis. Die materielle Wahrheitserforschung war nicht Ziel des Verfahrens.

b) Inquisitionsbeweis im königsgerichtlichen Verfahren

Mit dem sog. Königsgericht bildete sich eine - über der ordentlichen stehende[201] - eigene Gerichtsbarkeit des Königs heraus. Die Verhandlungsleitung übten neben dem König selbst die mit dem königlichen Bann ausgestatteten Sendboten (missi dominici) aus.[202] Das Königsgericht hatte keinen festen Sitz und tagte regelmäßig in den jeweiligen Königspfalzen. Erstinstanzlich war es zuständig bei schwerwiegenden Verstößen wie Heeresflucht und Eidesverweigerung oder in Adelsangelegenheiten und Verfahren gegen den Fiskus und Klerus.[203] Darüber hinaus besaß der König ein umfassendes Evokationsrecht.[204] Die Grundlage des königsgerichtlichen Verfahrens bildeten die Grundsätze des formstrengen volksgerichtlichen Verfahrens. Der Richter blieb lediglich Frager des Rechts, welches weiterhin von den Urteilern gefunden wurde.[205] Wesentliche Neuerung im Vergleich zum volksgerichtlichen Verfahren war nunmehr das Vorrecht des Königs, den Prozess unter Billigkeitsgesichtspunkten[206] entscheiden zu lassen, wodurch die Formstrenge im königsgerichtlichen Verfahren eine deutliche Entschärfung erfuhr.

Das königsgerichtliche Verfahren brachte zudem ein neues Beweismittel hervor: den Inquisitionsbeweis. Bei dem in den Quellen ebenfalls als „inquisitio" erscheinende Beweismittel[207] handelt es sich um das dem König bzw. den von

---

201 *Eb. Schmidt*, ZStW 85 (1973), S. 3.

202 *Eb. Schmidt*, Einführung, S. 43 f.

203 Vgl. *Mitteis/Lieberich*, Rechtsgeschichte, S. 77 f. „Strafrechtliche" Angelegenheiten wurden selten verhandelt, da diese im Wesentlichen zunächst über die Fehde und später über das Kompositionensystem ihre Erledigung fanden, vgl. *Volkert*, Lexikon, S. 216.

204 Der König konnte jede Sache abfordern und an sein (Hof-)Gericht ziehen, die vor einem Volksgericht anhängig war, vgl. *Mitteis/Lieberich*, Rechtsgeschichte, S. 78.

205 *Armbrüster*, Die Entwicklung der Verteidigung, S. 22 f; *Mitteis/Lieberich*, Rechtsgeschichte, S. 78. Eine rein persönliche Rechtsprechung übte der König nicht aus, *Brunner*, Deutsche Rechtsgeschichte II, S. 134.

206 „ex aequitate", *Brunner*, Deutsche Rechtsgeschichte II, S. 135. Zum königsgerichtlichen Verfahren s. *Brunner*, Deutsche Rechtsgeschichte II, S. 522 ff.

207 vgl. *Brunner*, Zeugen und Inquisitionsbeweis, S. 9 f.

ihm besonders legitimierten Sendboten oder Pfalzgrafen zustehende Recht[208], zum Beweis einer streitigen Tatsache von Amts wegen eine Zeugenbefragung anzuordnen. In scharfer Abkehr zum volksgerichtlichen Zeugenverfahren brachten nicht die Parteien ihre Zeugen bei, sondern der Richter selbst wählte die sog. Inquisitionszeugen aus.[209]

Der Anwendungsbereich des Inquisitionsbeweises im königsgerichtlichen Verfahren beschränkte sich im Wesentlichen auf Eigentumsverhältnisse betreffend königliche Grundstücke oder Leibeigene[210], mithin zur Sicherung fiskalischer Ansprüche[211]. Da zur Klärung dieser Besitzstandsstreitigkeiten ortskundige Verhältnisse und Zustände ausschlaggebend waren, wurde die *inquisitio* nur mit den glaubwürdigsten und angesehensten Gemeindezeugen durchgeführt.[212] Der Inquisitionsbeweis wurde geführt, indem der Richter die Zeugen nach Abnahme eines Wahrheitsversprechens zur Angabe ihres Wissens über die vorgelegte Beweisfrage aufforderte und die Gemeindezeugen zu Gunsten des Klägers oder Beklagten aussagten.[213] Blieb die Befragung erfolglos, wurde zunächst die Befragung erneut mit anderen Gemeindezeugen durchgeführt und im Falle des erneuten Beweisausfalls das volksrechtliche Beweisverfahren angeordnet.[214] Zwar ist auch die Beantwortung der Beweisfrage nicht mehr als eine reine Schwurleistung auf die Richtigkeit der einen oder der anderen Parteibehauptung. Die Freiheit des Zeugen, in beide Richtungen auszusagen, erscheint jedoch vom Wesen her als Tendenz zur materielle Wahrheitserforschung mit direktem Einfluss auf den Ausgang des Verfahrens. Darin wird das Bestreben

---

208 Grundsätzlich bedurfte die Anwendung des Inquisitionsbeweises eines besonderen königlichen Mandats, *Ruth*, Zeugen und Eideshelfer, S. 37. Soweit daneben vereinzelt gewissen Prozessparteien das Recht zugestanden wurde, durch Verlangen der Inquisitio das Beweisverfahren zu veranlassen („ius inquisitiones"), handelte es sich dabei um solche Parteien, die eine herausgehobene öffentliche Stellung einnahmen (wie bspw. den königlichen Fiskus), vgl. *Brunner*, Deutsche Rechtsgeschichte II, S. 525 f.; *Brunner*, Zeugen und Inquisitionsbeweis, S. 63.

209 *Brunner*, Deutsche Rechtsgeschichte II, S. 524.

210 *Brunner*, Zeugen und Inquisitionsbeweis, S. 71 f., der insoweit von „Fiscalprocessen" spricht. So durfte bspw. jede Kirche den durch sie behaupteten dreißigjährigen Besitz des Streitguts durch die *Inquisitio* feststellen lassen, *Brunner*. Deutsche Rechtsgeschichte II, S. 526 unter Rekurs auf die Wormser Kapitularien von 829 in Fn. 8 (Cap. Worm. v. J. 829, c. 8, II 13).

211 *Mitteis/Lieberich*, Rechtsgeschichte, S. 111.

212 Vgl. *Brunner*, Deutsche Rechtsgeschichte II, S. 524.

213 *Brunner*, Deutsche Rechtsgeschichte II, S. 524.

214 *Brunner*, Deutsche Rechtsgeschichte II, S. 524.

erkennbar, der Entscheidung im Verfahren die objektive Wahrheit zugrunde zu legen. Die Zeugen waren nicht mehr an ihre Stellung zugunsten einer Partei gebunden, sondern konnten die Beweisfrage frei zugunsten des Kläger oder Beklagten tätigen. Jedenfalls in (materiellen) Zivilsachen ist in fränkischer Zeit daher ein gesteigertes Interesse an der materiellen Sachverhaltserforschung zu beobachten. Dabei ist aber auch zu berücksichtigen, dass die Befragung keiner festgelegten Struktur folgte, sondern im freien Ermessen der Verhörsperson lag. Die erkennbare Tendenz hin zur materiellen Wahrheitsermittlung lässt auch hier nur den naheliegenden Schluss zu, dass auch die Reichweite der Kenntnis abgefragt worden ist. Was und insbesondere wie die Zeugen befragt worden sind, d. h. welchem Ablauf die jeweilige Befragung folgte, kann allein aus diesem Umstand indes nicht abgeleitet werden.

c) *inquisitio im Rügeverfahren*

Die in der fränkischen Epoche keimende Auffassung einer staatlichen Strafverfolgungs- und prozessualen Mitwirkungspflicht zeigt sich am deutlichsten in der Neubildung des sog. Rügeverfahrens. Es entwickelte sich aus dem Bestreben, Straftaten zu verfolgen, bei denen es an der noch immer notwendigen Klage des Verletzten zur Einleitung des Verfahrens mangelte.[215]

Am Anfang des Rügeverfahrens wurden die vom Richter ausgewählten[216] angesehensten und glaubwürdigsten Männer am jeweiligen Gerichtsbezirk, die sog. Rügegeschworenen[217], vorgeladen und eidlich dazu verpflichtet, bestimmte Verbrechen im Gerichtsbezirk von vornherein zu rügen. Darüber hinaus oblag ihnen die Pflicht, im Falle ihrer Befragung durch den Richter, der „inquisitio", wahrheitsgetreu darüber Auskunft zu geben, ob in dem jeweiligen Gerichtsbezirk Verbrechen begangen wurden und wer als Verdächtiger der jeweiligen Straftat in Betracht kam.[218] Die Berechtigung zur Durchführung dieser *inquisitio* setzte königliche Vollmacht voraus, sodass die Befragung in erster Linie durch die *missi domici* und die vom König legitimierten Pfalzgrafen vorgenommen

---

215 Etwa weil der Verletzte aus Angst vor Repressalien keine Klage erhob oder schlicht kein Verletzter mehr existierte (z. B. wegen Tötung des Opfers), vgl. *Westhoff*, Grundlagen, S. 58. Das Rügeverfahren fand ausschließlich in „Strafsachen" Anwendung, vgl. *Brunner*, Zeugen, S. 10.

216 Die Auswahl der Rügegeschworenen stand im freien Ermessen des Richters, vgl. *Brunner*. Deutsche Rechtsgeschichte II, S. 490; *Schwerin/Thieme*, Rechtsgeschichte, S. 101.

217 In den Quellen: „iuratores", vgl. *Brunner*. Deutsche Rechtsgeschichte II, S. 490 m. w. N. in Fn. 11.

218 *Brunner*, Deutsche Rechtsgeschichte II, S. 490.

wurde.[219] Auf die unanfechtbare Bezichtigung oder die Rüge eines Rügegeschworenen hin wurde der Bezichtigte von Amts wegen vorgeladen und musste sich, wenn er den Vorwurf leugnete, durch Eid oder Gottesurteil reinigen.[220] Rüge und Bezichtigung ersetzten mithin die formell notwendige Klage des Verletzten. Die *inquisitio* stellt damit eine Art Voruntersuchung vom Amts wegen zum Zweck der Verbrechensverfolgung dar. Das amtliche Rügeverfahren mündete schließlich in der Verbrechensverfolgung ex officio.

Grundlage der inquisitio als wesentlicher Teil der mit dem Rügeverfahren implementierten Strafverfolgungsmöglichkeit von Amts wegen bildete demnach zwar die unmittelbare Wahrnehmung des jeweils befragten Rügegeschworenen von dem Beweisthema. Gegenstand der Befragung waren folglich Wahrnehmungen über beweisrelevante tatsächliche Sachverhaltsmomente, worin erste Ansätze einer materiellen Sachverhaltserforschung in dieser amtlichen Befragung zum Ausdruck kommen. Es wird aber nicht der gesamte Sachverhalt unter Zuhilfenahme rationaler Erkenntnismittel aufgeklärt, vielmehr bleibt es bei der Verwendung formeller Beweismittel, die unmittelbar die Prozessentscheidung herbeiführen.[221] Als Glaubhaftigkeitsgarant der Aussage gilt weiterhin das mit der vorgelagerten Eidesleistung getätigte Wahrheitsversprechen. Die Aussage selbst wird nicht durch den Richter überprüft. Vielmehr wird die Beweislast dem Bezichtigten auferlegt, der den Beweis seiner Unschuld durch die Formalbeweismittel des Eides oder des Gottesurteils leisten muss. Die *inquisitio* im Rügeverfahren diente einzig der Ermöglichung einer Strafverfolgung von Amts wegen. Bei Straftaten fehlte es oftmals an einem Kläger. Der aufkommende Staatsgedanke und die daraus resultierende Schutzpflicht gegenüber dem Bürger konnten ungesühnte Straftaten aber nur schwerlich zulassen. Vor diesem Hintergrund stellt sich die Implementierung einer Strafverfolgungsmöglichkeit von Amts wegen in Form des Rügeverfahrens als konsequentes Mittel dar.[222]

d) Bedeutung und Ausgestaltung von Befragungen

Die Umgestaltungen in fränkischer Zeit konnten nicht den strengen Formalismus des volksgerichtlichen Verfahrens überwinden. Mit der Abschwächung des

219 Vgl. *Brunner*, Deutsche Rechtsgeschichte II, S. 492; *Eb. Schmidt*, Einführung, S. 44.

220 Ein durch die öffentliche Rüge ermutigter Verletzter konnte aber auch selbst das ordentliche Verfahren einleiten, s. *Mitteis/Lieberich*, Rechtsgeschichte, S. 111.

221 *Eb. Schmidt*, Einführung, S. 44.

222 Zu Recht weist daher *Brunner*, Zeugen und Inquisitionsbeweis, S. 139 darauf hin, dass das Rügeverfahren mit seiner amtlichen Initiative als „historische Wurzel" des Inquisitionsprozesses gesehen werden kann.

Parteigedankens korreliert indessen eine steigende Tendenz hin zur gerichtlichen Sachverhaltsaufklärung. Die verschiedenen Ausprägungen der *inquisitio* sind dabei nicht weniger als entscheidende Annäherungsschritte an die materielle Wahrheitserforschung und eine Strafverfolgung von Amts wegen.

Die *inquisitio* präsentiert sich in fränkischer Zeit im Wesentlichen in dreierlei Ausgestaltung. Den verschiedenen Formen ist gemein, dass sie im weitesten Sinne jeweils eine Befragung von Zeugen über den Gegenstand des Beweisthemas darstellen. In ihrer Bedeutung in den unterschiedlichen Verfahrensarten divergieren sie aber zum Teil erheblich: Im ordentlichen Beweisverfahren erscheint die *inqusitio* als ein dem Zeugeneid vorgelagertes Verhör zur Feststellung der Glaubwürdigkeit des Zeugen. Die Befragung war im Wesentlichen auf das *Ob* der Kenntnis des Zeugen von dem Beweisthema beschränkt und diente lediglich als Formalvoraussetzung für die beweiserzeugende Eidesleistung. Im Rügeverfahren wurde die im Parteiprozess nach wie vor notwendige Klage durch die *inquisitio* ersetzt, und zwar als richterliche Voruntersuchung in Form eines Zeugenverhörs, aus dem sich eine verfolgbare Handlung und die Person des Beschuldigten ergaben und dadurch die weitere Strafverfolgung ihre Legitimation fand. Gegenstand der Befragungen waren demnach (auch) Wahrnehmungen des Zeugen, ihre Aussage sollte aber die Frage nach dem *Ob* und *Wer* eines Verbrechens klären und die weitere gerichtliche Untersuchung einleiten. Darin dominierten weiterhin die formalen Beweismittel.

Im Gegensatz dazu erfuhr die Rekonstruktion des Sachverhalts in Fiskalsachen (Königsgericht), in denen die *inqusitio* die richterliche Generierung von Zeugen von Amts wegen bedeutet, eine deutlich intensivere Ausprägung. Der Zeugenbeweis erbringt hier „echten" Beweis, indem der Zeuge in der Richtung seiner Aussage frei entscheiden kann. Die Beweiskraft des Zeugnisses beruhte aber weiterhin nicht auf der Wahrnehmungswiedergabe, sondern auf dem Eid, mit welchem der Zeuge das Beweisthema für eine der Parteien bestätigte.[223]

Insgesamt kann festgehalten werden, dass in fränkischer Zeit in Fiskalsachen die Zeugen zur ihren Wahrnehmungen befragt wurden, weil dort der materielle Wahrheitsermittlung eine im Vergleich zu peinlichen Sachen gesteigerte Bedeutung beigemessen wurde. Die beweiserbringende „Aussage" blieb indes die Bestätigung der Behauptung der beweispflichtigen Partei.[224]

Für die im Rahmen der Arbeit interessierende Frage nach der Implementierung von Strukturvorgaben für die Zeugenvernehmung und die etwaige

223 S. *Schmitt*, Beweiswürdigung, S. 93.
224 Vgl. *Zacharias*, Der gefährdete Zeuge, S. 65.

Teilhabemöglichkeit der Verteidigung ergeben sich daraus keine weiteren Erkenntnisse. Denn die Quellen legen den Ablauf der jeweiligen *inquisitio* nicht fest, sondern geben den Verhörspersonen nur die Möglichkeit der Durchführung in die Hand. Die Ausgestaltung der Befragung obliegt ihrem freien Ermessen. Eine Befragungs- oder Vernehmungsstruktur hieraus herzuleiten allein auf der Basis des Wissens um die Formlosigkeit der Befragung selbst, kann nicht geleistet werden.

III. Ausgestaltung von Befragungen im weiteren Verlauf des Mittelalters

Der Niedergang und die Teilung des frühmittelalterlichen Fränkischen Reiches im 9. und 10. Jahrhundert führten in der darauffolgenden Epoche zu einer permanenten Zerklüftung der einzelnen Reichsteile. Die Macht des Königs schwand, während die zahlreichen weltlichen und geistlichen Territorialfürsten an Einfluss gewannen. Die entstehenden regionalen Grafschaften, Herzog- und Bistümer und speziell die prosperierenden Städte übernahmen zunehmend eigene Aufgaben der Rechtsetzung und Rechtsprechung.[225] Dadurch wurde eine fortschreitende Zersplitterung des Rechts- und Gerichtswesens[226] begünstigt, der lediglich die sich verbreitenden Landfrieden, Rechtsbücher und Stadtrechte des 11. bis 13. Jahrhunderts[227] – in begrenztem Umfang – Einhalt gebieten konnten.

Die bereits in fränkischer Zeit keimende Auffassung, dass der Staat Verbrechen im Interesse der Allgemeinheit zu bekämpfen habe und ihm die Aufgabe der Strafverfolgung zukomme, setzte sich nunmehr endgültig durch[228] und führte zu einer Verfahrenstrennung in bürgerliche und peinliche Klagen.[229] Mit der staatlichen Bestimmung zur Verbrechensbekämpfung korrelierte die

225 S. hierzu *Conrad*, Rechtsgeschichte I, S. 323 ff., 346 f., 355 ff.; *Hirsch*, Gerichtsbarkeit, S. 13 ff.; *Schulte*, Lehrbuch, S. 188 ff.; *Wesel*, Geschichte, S. 305 f.

226 Veranschaulicht bei *Wesel*, Geschichte, S. 314.

227 Unter diesen Rechtsbüchern, die zunächst nicht mehr als private Niederschriften überlieferter (Gewohnheits-)Rechtsgrundsätze darstellten und erst im Spätmittelalter als Rechtsquellen den Status von Gesetzen erlangten, bildeten aufgrund ihrer beachtlichen Verbreitung der Mainzer Landfrieden, der Sachsen- und der Schwabenspiegel die bedeutendsten, vgl. *Conrad*, Rechtsgeschichte I, S. 351; *Mitteis/Lieberich*, Rechtsgeschichte, S. 286 f.

228 *Eb. Schmidt*, FS-Siber, S. 149 f.; *Henkel*, Strafverfahrensrecht, S. 30; *Görtz-Lieble*, Beschlagnahmeverbote, S. 15.

229 *Conrad*, Rechtsgeschichte I, S. 385; *Planitz*, Germanische Rechtsgeschichte, S. 232 f.; *Schröder/Künßberg*, Rechtsgeschichte, S. 845.

Notwendigkeit einer Durchsetzung des staatlichen Strafanspruchs mit eigenen Machtmitteln. So vollzieht sich im Verlauf des Hochmittelalters ein Übergang von dem auf einer privatrechtlichen Verbrechensauffassung basierenden Kompositionensystem hin zu einem öffentlichen Strafensystem. Die peinlichen[230] Strafen sollten das sich ausbreitende Berufsverbrechertum eindämmen,[231] das als Folge des Städtewachstums und des florierenden Handels im Mittelalter eine steigende Anzahl an Gewalttaten mit sich brachte.[232]

1. Änderungen im allgemeinen (Beweis-)Verfahren

In dem noch immer streng formalen Beweisverfahren mit einseitiger Beweisverteilung[233] vollzog sich allmählich eine Rationalisierung der Beweismittel. Zunächst verschwanden die irrationalen Beweismittel des Zweikampfs und des Gottesurteils schrittweise aus der Rechtsanwendung[234], nachdem sich 1215 das vierte Lateralkonzil im Wesentlichen dagegen positioniert hatte.[235] Aufgrund der veränderten gesellschaftlichen Verhältnisse stieß zudem der Reinigungseid des Beklagten zunehmend auf Misstrauen. Den Berufsverbrechern fiel es nicht schwer, aus ihren Reihen Eidhelfer zu stellen, die zur Meineidsleistung für sie bereit waren.[236] Um dieser Entwicklung zu begegnen trat an die Stelle des

---

230 „Pein" für „Strafe, Qual, Schmerz" wurde im 8. Jahrhundert mit dem Christentum in das Germanische entlehnt. Das Verb „peinigen" für „quälen, Schmerzen zufügen" und davon abgeleitet die Peinigung, entstanden ebenfalls im 9. Jahrhundert, s. *Pfeifer*, Etymologische Wörterbuch im DWS, https://www.dwds.de/wb/Pein, abgerufen am 29.06.2018.

231 *Kube*, Beweisverfahren, S. 36. Zweck war die „Abschreckung und Vergeltung" durch ein grausames Strafensystem, *Conrad*, Rechtsgeschichte I, S. 438. Zur Entwicklung des peinlichen Strafensystems im Mittelalter s. *Eb. Schmidt*, Einführung, S. 57 ff.

232 *Planitz*, Germanische Rechtsgeschichte, S. 230.

233 In erster Linie stand dem Beklagten der Reinigungseid mit oder ohne Eidhelfer zu, *Conrad*, Rechtsgeschichte I, S. 389; *Kries*, Beweis, S. 44.

234 So bereits der Mainzer Landfrieden von 1235.

235 Das Konzil untersagte im 18. Dekret mit dem Titel „Über Bluturteile und das Verbot von Zweikämpfen für Kleriker" ihren geistlichen Würdenträgern die Mitwirkung an Gottesurteilen und hielt ein bereits zuvor angeordnetes Verbot der Teilnahme an Zweikämpfen aufrecht, vgl. *Foreville*, Lateran I-IV, S. 416. Hierdurch wurde ein gewichtiges Signal an die von einem starken christlichen Glauben geprägte Rechtsgemeinschaft gesetzt, vgl. *Eb. Schmidt*. Einführung, S. 76 f.; *Kube*, Beweisverfahren, S. 44; *Kries*, Beweis, S. 15; *Mitteis/Lieberich*, Rechtsgeschichte, S. 308.

236 *Kube*, Beweisverfahren, S. 50 f.; *Vogt*, ZRG GA 68 (1951), S. 290.

Reinigungseides immer häufiger der klägerische Überführungseid mit Tatzeugen.[237] Deren Zulassung wurde im weiteren Verlauf des Mittelalters von der Voraussetzung der Wahrnehmung des gesamten Tathergangs abhängig gemacht,[238] die durch die vorherige *inquisitio* formell sichergestellt wurde.

2. Herausbildung formfreier Inquisitionsverfahren

Daneben entwickelte sich der Inquisitionsprozess in Gestalt eines auf Offizial- und Instruktionsmaxime[239] basierenden (vorgerichtlichen) Untersuchungsverfahrens. Die zum Durchbruch gelangte Auffassung der öffentlichen Strafverfolgungsaufgabe ließ die Abhängigkeit der Verfolgung in erster Linie von der Initiative des Verletzten nicht mehr zu.[240] In den Städten ging die Obrigkeit dazu über, Straftaten von Amts wegen (*ex officio*) zu verfolgen und bereits auf bloßen Verdacht hin Verhaftungen vorzunehmen.[241] Mit dieser amtlichen Initiative zur Verbrechensverfolgung ging ein gesteigertes staatliches Interesse an der Ergründung bzw. Bestätigung dieser Verdachtsmomente und damit an der Aufklärung des zugrundeliegenden Geschehens einher. Die Ermittlung der

---

237 So z. B. im Straßburger Stadtrecht von 1270 und im Schwabenspiegel von 1275, vgl. *Eb. Schmidt*, Einführung, S. 78 f. m. w. N. Sehr deutlich lässt sich das Vordringen des klägerischen Zeugenbeweises in den Veränderungen im Handhaftverfahren ablesen, in dem der Reinigungseid dem Beklagten nunmehr gänzlich versagt wurde. Es oblag allein dem Kläger mithilfe seiner Schreimannen den handhaften und vor Gericht gebrachten Täter durch seinen Eid und den der Schreimannen zu überführen. Der Kläger konnte mit sechs Schreimannen den Beklagten „übersiebnen", d. h. durch Schwurableistung des Klägers und sechs Schreimannen den Nachweis der Schuld erbringen, vgl. *Conrad*, Rechtsgeschichte I, S. 390.

238 S. *Eb Schmidt*, Einführung, S. 82; *Kries*, Strafprozess, S. 15; *Planitz*, Germanische Rechtsgeschichte, S. 229.

239 Offizialmaxime meint, dass die Strafverfolgung grundsätzlich staatliche Aufgabe ist; Instruktionsmaxime meint die amtliche Erforschung der materiellen Wahrheit (Ermittlungsgrundsatz).

240 *Conrad*, Rechtsgeschichte I, S. 388; *Eb. Schmidt*, Einführung, S. 76; *Henkel*, Strafverfahrensrecht, S. 30; *Planitz*, Germanische Rechtsgeschichte, S. 234.

241 *Eb. Schmidt*, FS-Siber, S. 112 ff., 149 f.; *Wächter*, Beiträge, S. 269 f. Das Offizialprinzip ist neben den Landfriedensgesetzen, welche das private Fehderecht durch ein staatliches Verfolgungs- und Ahndungsrecht des Friedensbrechers ersetzten, vor allem dem Verfahren gegen landschädliche Leute (Gewohnheitsverbrecher) immanent: Polizeiliche Schutzstaffeln fahndeten im Gebiet des Landfriedens nach schädlichen Leuten, wobei ihr Tätigwerden nicht von der Klage eines Verletzten oder einer Rüge abhängig war, vgl. *Vogt*, ZRG GA 68 (1951), S. 249 ff., 263.

materiellen Wahrheit wurde zunehmend Leitgedanke der obrigkeitlichen Strafverfolgungstätigkeit.

Hier trat die Unvereinbarkeit von amtlichem Einschreiten einerseits und der Bindung staatlicher Organe an die überkommenen Prozess- und Beweisformen anderseits immer deutlicher hervor. Die einseitige Beweisverteilung und die Verwendung rein formalistischer Beweismittel passten nicht mehr zu der staatlichen Strafverfolgungstätigkeit und der zum Prozessziel erhobenen Sachverhaltsaufklärung.[242] Aus verfahrensökonomischen Gründen konnte das Bedürfnis einer erschöpfenden Sachverhaltsaufklärung nicht erst durch das vollständige Gerichtskollegium im Rahmen des Endlichen Rechtsgangs bewerkstelligt werden.[243] Dies führte dazu, dass sich die Ermittlungstätigkeit zunehmend in formfreien vorgerichtlichen Untersuchungen bündelte, die weithin – losgelöst von jeglichen förmlichen Beweisregeln – in das freie Ermessen einer kleinen Kommission aus Schöffen (*iurati*) oder Ratsmitgliedern (*consiliarii*) unter Mitwirkung eines Richters bzw. Schultheißen gestellt wurden.[244] Die Grundlage ihrer Ermittlungstätigkeit bildete dabei neben einer verstärkten Anwendung des Augenscheinsbeweises und der Auskunft von Sachverständigen[245] die Befragung von Zeugen und das Verhör des ermittelten Beschuldigten selbst.[246]

a) Geständnis und Folter

Bloße Indizien, gleich welchen Grad der Gewissheit von dem zugrunde liegenden Tatgeschehen sie begründen mochten, reichten als Urteilsgrundlage nicht aus.[247] Von dem Erfordernis eines Formalbeweises konnte man sich im Mittelalter nicht lösen. Die Zurückdrängung der an die Ehrhaftigkeit und den persönlichen Ruf der Parteien anknüpfenden Beweismittel wurde allmählich durch eine Formalisierung des Tatnachweises ersetzt und die als Vollbeweis (*plena probatio*)

---

242 *Eb. Schmidt*, FS-Siber, S. 117.

243 *Vogt*, ZRG GA 68 (1951), S. 242.

244 *Eb. Schmidt*, FS-Siber, S. 135, 140, 150; *Wächter*, Beiträge, S. 269 ff. m. w. N.

245 Im Rahmen gerichtlicher Untersuchungen wurden erstmals das Tatwerkzeug, das Tatobjekt, die Verletzungen des Opfers und der Tatort durch das Gericht in Augenschein genommen. Zudem wurde die Todesursache teilweise von vereidigten Wundärzten anhand der von ihnen vorgenommenen Leichenschau festgestellt, vgl. *Holdefleiß*, Augenscheinsbeweis, S. 16; *Kries*, *Beweis*, S. 34 f., 36; *Kube*, Beweisverfahren, S. 48; *Schmitt*, Beweiswürdigung, S. 99 f.

246 Vgl. *Eb. Schmidt*, FS-Siber, S. 133.

247 *Rüping/Jerouschek*, Grundriss, Rn. 78.

bezeichnete Überführung des Täters durch zwei unmittelbare Tatzeugen zur Voraussetzung einer Verurteilung.[248]

Waren zum Tatnachweis keine zwei Tatzeugen vorhanden[249] und versprachen die begrenzten kriminalistischen Möglichkeiten keine Aufklärung, wäre eine effektive Strafverfolgung nicht möglich gewesen. So rückte zwangsläufig der Beschuldigte selbst als Informationsgeber in den Fokus der Untersuchung. Als höchsten Grad der gerichtlichen Klarheit über den zugrundeliegenden Sachverhalt musste dabei konsequent die durch den Beschuldigten selbst getätigte Bestätigung des Vorwurfs, mithin sein Geständnis dienen.[250] Vor dem Hintergrund der oft nur zu erringenden „halbvollen Beweisung“ (*semiplena probatio*) bei Vorliegen lediglich eines Tatzeugen oder eines gewichtigen Verdachtsgrades[251], welche keine tragfähige Urteilsgrundlage darstellten, verwundert es nicht, dass ein Geständnis alsbald das vordringliche Ziel der obrigkeitlichen Ermittlungstätigkeit bildete.[252]

Die Geständnisbereitschaft der Beschuldigten war angesichts der Aussicht auf peinliche Bestrafung indes nicht sehr hoch, weshalb zunehmend die Folter[253] angewandt wurde.[254] War ein Geständnis nicht zu bekommen und fehlte

248 *Rüping/Jerouschek*, Grundriss, Rn. 78; Teilweise war die Überführung mit drei Tatzeugen Voraussetzung, *Nehlsen-v.Stryk*, ZRG GA 117 (2000), S. 11. Das formale Erfordernis zweier unmittelbarer Tatzeugen dürfte auf christliche Einflüsse zurückzuführen sein, vgl. *Sickor*, Geständnis, S. 187.

249 Nicht nur das Erfordernis der Tatbeobachtung durch zwei Tatzeugen wird nur in wenigen Fällen erfüllt gewesen sein; Zeugen mussten zudem die weiterhin strengen Zulassungsvoraussetzungen erfüllen, vgl. *Nehlsen-v.Stryk, ZRG G 117 (2000), S. 21 ff.*

250 Zudem wurde in dem von einem starken christlichen Glauben geprägten mittelalterlichen Denken das Geständnis im Sinne eines Bekenntnisses zu den eigenen Sünden und damit als Grundlage der Erlösung von diesen aufgefasst, *vgl. Sickor*, Geständnis, S. 34 ff.

251 Vgl. *Sickor*, Geständnis, S. 187.

252 Das Geständnis des Beschuldigten wurde in der Praxis zur sog. *regina probationum*, vgl. *Eb. Schmidt*, FS-Siber, S. 54; *Eb. Schmidt*, Einführung, S. 89 f.; *Kube*, Beweisverfahren, S. 55; *Sickor*, Geständnis, S. 187.

253 Insbesondere seit dem Ende des 13. Jahrhunderts wurde die Folter zunehmend übliche Praxis. Gängige Folterpraktiken waren neben der unmittelbaren physischen Einwirkung z. B. auch (teilweise monatelange) Einwirkungen durch Hunger, Kälte, Dunkelheit, Nässe oder Ungeziefer, vgl. *Eb. Schmidt*, FS-Siber, S. 126 ff., 154; *Kries*, Beweis, S. 145 ff.; *Rüping/Jerouschek*, Grundriss, Rn. 83. Zur Entwicklung der Folter ab dem 13. Jahrhundert vgl. *Schünke*, Folter, S. 15 ff.

254 *Görtz-Lieble*, Beschlagnahmeverbote, S. 16; *Wesel*, Geschichte, S. 332; Zur Folter und dessen Anwendung s. *Eb. Schmidt*, Einführung, S. 91 ff.

es darüber hinaus an anderweitigen Überführungsmöglichkeiten, wurde der Beschuldigte auf freien Fuß gesetzt.[255] Für das in den herkömmlichen Formen abgehaltene öffentliche Gerichtsverfahren auf dem Endlichen Rechtstag hingegen war das Vorliegen eines Geständnisses zwingende Voraussetzung im Untersuchungsverfahren.[256] Es musste zur Beweisführung von dem Angeklagten auf dem Endlichen Rechtstag ohne unmittelbare Zwangseinwirkung wiederholt werden.[257] Dabei wurde aber nicht etwa der dem Vorwurf zugrunde liegende Sachverhalt eingeräumt, sondern in formalisierter Rede erklärt, dass der Beklagte sich zur Tat bekennt. Das Geständnis hatte hier also rein formelle Bedeutung.[258]

Das übergeordnete Ziel jeder Untersuchung wurde damit die Erlangung eines Geständnisses,[259] und der Schwerpunkt des Verfahrens verlagerte sich auf die Ermittlungstätigkeit in den nichtöffentlichen und formfreien Voruntersuchungen.[260] Soweit der öffentliche Gerichtstermin in den Verfahrensordnungen nicht insgesamt abgeschafft wurde,[261] verkümmerte er damit zu einem bloßen Verkündungstermin nach Feststellung des tatsächlichen Vorliegens eines Geständnisses.[262] Der Inhalt des Geständnisses selbst wurde nicht Gegenstand des gerichtlichen Verfahrens, lediglich die formale Feststellung, dass der Angeklagte ein solches im vorgerichtlichen Untersuchungsverfahren abgelegt hatte.

b) Beweis durch Zeugen

Der Überführungsbeweis durch Zeugen vor Gericht folgte ganz den herkömmlichen strengen Formen des aus germanischer und fränkischer Zeit bekannten

---

255 *Conrad*, Rechtsgeschichte I, S. 391; *Eb. Schmidt*, FS-Siber, S. 133, 150.

256 *Eb. Schmidt*, Einführung, S. 100; *Kube*, Beweisverfahren, S: 42. Die Ellwanger Halsgerichtsordnung erörtert die Möglichkeit eines Nichtgeständnisses erst gar nicht und lässt den Endlichen Rechtstag nur im Falle eines vorher abgelegten Geständnisses zu, vgl. *Eb. Schmidt*, FS-Siber, S. 146.

257 *Rüping/Jerouschek*, Grundriss, Rn. 78; *Sellert*; Studien- und Quellenbuch, S. 112 f.

258 *Kries*, Beweis, S. 143.

259 Geständnisse waren dem altdeutschen Rechtsgang nicht fremd. Gleichwohl dürfte mit *Eb. Schmidt*, FS-Siber, S. 118, 133 davon auszugehen sein, dass in dem als reinem Parteienstreit ausgestalteten Rechtsgang kein übergeordnetes gerichtliches Interesse an der Erlangung eines Geständnisses bestand.

260 *Eb. Schmidt*, FS-Siber, S. 133; *Schmidt*, Grundsätze, S. 21 f.; *Vogt*, ZRG GA 68 (1951), S. 243.

261 So konnte z. B nach dem im Jahr 1403 von Ruprecht erweiterten Privilegs Karls IV. für Freiburg v. 1361 direkt nach Ablegung des Geständnisses im Gefängnis ein Urteil ergehen, vgl. *Eb. Schmidt*, FS-Siber, S. 141.

262 Vgl. die Nachweise bei *Eb. Schmidt*, FS-Siber, S. 141 ff.

Verfahrens. Wiederholte der Angeklagte sein in der Voruntersuchung abgelegtes Geständnis vor Gericht in der Form nicht, konnte er durch das eidliche Zeugnis der bei dem Folterverhör anwesenden Schöffen bzw. Ratsmitgliedern über das im Untersuchungsverfahren abgelegte Geständnis überführt werden.[263] Deren gerichtliche Aussage wiederum war ebenfalls von strengem Formalismus geprägt: Die beiden Zeugen erhielten je einen Fürsprecher, der in streng formalisierter Rede erklärte, dass der Zeuge mitsamt dem Richter den Beschuldigten im Gefängnis aufgesucht und dieser die Tat gestanden habe.[264] Danach wurden – auf Antrag eines nunmehr öffentlichen Anklägers[265] – die gerichtlichen Schöffen um das Urteil befragt, welches nur auf Verurteilung lauten konnte.[266]

Die den Endlichen Rechtstag vorausgehenden formfreien Untersuchungsverfahren bündelten die Ermittlungstätigkeit der Strafverfolgungsbehörden. Grundlage der Ermittlungen bildete hier unter anderem auch die Befragung von Zeugen.[267] Sie waren verpflichtet, auf amtliche Ladung zu erscheinen und auszusagen.[268]

Die an der materiellen Wahrheitserforschung ausgerichtete Ermittlungstätigkeit in den formfreien Inquisitionsverfahren lässt wiederum nur bedingt Schlüsse auf die Ausgestaltung der Zeugenbefragungen zu. Das Ziel der Voruntersuchung, ein Tatgeschehens von Amts wegen aufzuklären, legt die Annahme nahe, dass die Zeugen eingehender zu ihren Wahrnehmungen über Tathergang befragt wurden, als dies den ordentlichen (peinlichen) Verfahren der Fall gewesen sein dürfte. Strukturelle Vorgaben für die Zeugenbefragungen lassen sich mangels positivrechtlicher Normierung des Inquisitionsverfahrens an sich nicht vermerken. Die hier getätigten Aussagen dienten zudem in erster Linie zur Verhaftung des Beschuldigten.

263 *Conrad*, Rechtsgeschichte I, S. 391; *Eb. Schmidt*, Einführung, S. 95 f.; *Sickor*, Geständnis, S. 114 m. w. N. in Fn. 402.

264 „Er heist mich Rede / Das er / mitsampt dem Richter bey yn / Ine der gefencknuß gewesen sey / vnd das er des / vnd des stücks / der er eins / oder zway nennen soll / mitsampt annder dieberey bekent hab.“, s. hierzu auch *Eb Schmidt*, Inquisitionsprozess, S. 149; *Sickor*, Geständnis, S. 114 f.

265 *Eb Schmidt*, FS-Siber, S. 151.

266 *Eb Schmidt*, FS-Siber, S. 148 f.

267 Vgl. *Eb. Schmidt*, FS-Siber, S. 133.

268 Zu den einzelnen Quellennachweisen vgl. *Ruth*, Zeugen und Eideshelfer, S. 55.

c) *Bedeutung und Ausgestaltung von Befragungen*

Die Befragung von Zeugen und Beschuldigten auf dem Endlichen Rechtstag und deren Aussagen folgten ganz den herkömmlichen strengen Formen des aus germanischer und fränkischer Zeit bekannten Verfahrens. Der Inhalt des Zeugenspruchs und des Geständnisses – im Sinne eines Bekenntnisses – war durch Wortformeln vorgegeben, deren Ausspruch schlechthin den Beweis erbrachte. Das Geständnis beinhaltete ganz im überkommenen Sinne nicht mehr als die vor Gericht abgegebene Erklärung in Form eines Formalaktes, der als Beweis für den zu bestätigenden Vorwurf verwendet wurde. Das gerichtliche Verfahren auf dem Endlichen Rechtstag hatte auch nicht dem Zweck, die materielle Wahrheit zu erforschen, sondern lediglich den im vorgelagerten Untersuchungsverfahren erbrachten und die Urteilsgrundlage bildenden Tatnachweis in Form eines Geständnisses oder des Spruchs zweier Zeugen festzustellen.

Die Voruntersuchung wiederum war in das freie Ermessen eines kleinen Untersuchungsgremiums gestellt, dessen Ermittlungstätigkeit sich vor allem auf das Verhör von Zeugen und des Beschuldigten konzentrierte.[269] Ausschließliches Ziel des Beschuldigtenverhörs war die Erlangung des für den Urteilsspruch notwendigen Geständnisses, welches zunehmend der Folter durchgesetzt wurde.[270] Diese wurde in den Quellen des Hoch- und Spätmittelalters zwar gestattet;[271] gleichwohl existierten keinerlei Regelungen für die Form ihrer Anwendung.[272] Auch die Folter war damit dem freien Ermessen des Rats und der Schöffen überlassen.[273] Einzig die Bekundung der Tat durch ein oder zwei unmittelbare Tatzeugen wurde zur Voraussetzung für die Anwendung der Folter gemacht, wobei deren Wissen auch auf Hörensagen beruhen konnte.[274]

Die Durchführung des Verhörs sowohl der Zeugen als auch des Beschuldigten wird – dem Wesen des nicht kodifizierten Untersuchungsverfahrens

---

269 Vgl. *Eb. Schmidt,* FS-Siber, S. 133.

270 *Eb. Schmidt*, Siber-FS, S. 119 f.; *Kries*, Beweis, S. 147; *Kube*, Beweisverfahren, S. 55; *Vogt*, ZRG GA 68 (1951), S. 302.

271 Die anfängliche Skepsis gegenüber der Folter als Geständniszerzwingungsmittel war schnell überwunden. Bereits Ende des 14. Jahrhunderts existierten kaum mehr Quellen, die sich gegen die Berücksichtigung des durch die Folter erpressten Geständnisses aussprachen. Als die beiden gewichtigsten Quellen benennt *Eb. Schmidt,* FS-Siber, S. 131 f. das Recht der Wiener Neustadt und die Blume des Sachsenspiegels.

272 *Conrad*, Rechtsgeschichte I, S. 391; *Eb. Schmidt*, Einführung, S. 102, 105; *ders.*, FS-Siber, S. 125; *Kries*, Beweis, S. 149; *Kube*, Beweisverfahren, S. 42.

273 *Kries*, Beweis, S. 154.

274 *Eb Schmidt*, FS-Siber, S. 125

entsprechend – ganz in das Ermessen der Untersuchungspersonen gestellt. Dabei lässt das Verfahrensziel der Ergründung der materiellen Wahrheit zwar den Schluss zu, dass sich die Befragung der Zeugen nicht mehr rein im Lichte der noch in fränkischer Zeit durchgeführten *inquisitio* darstellt, in der nur nach dem Ob des Wissens gefragt wurde, sondern dass Gegenstand der Befragung vielmehr die Kenntnis des Zeugen von dem zu untersuchenden Tatgeschehen gewesen sein dürfte. Denn Ziel des Zeugenverhörs war gerade die Erlangung tatsächlicher Verdachtsmomente, die auf den Tathergang und einen konkreten Täter hindeuteten.

Weitergehende Erkenntnisse für die hier interessierende Frage nach der tatsächlichen Ausgestaltung der Befragung lassen sich daraus indes nicht ziehen. Reichte die isolierte Beschuldigung durch einen Tatzeugen bereits für die Anordnung der Verhaftung und des Folterverhörs aus, so steht zu vermuten, dass die inquirierende Tätigkeit in Bezug auf die Angaben des Zeugen keine allzu eindringliche gewesen sein wird. Dies auch, weil eine Überprüfung der Angaben aus den Zulassungsvoraussetzungen, mithin aus der Glaubwürdigkeit des Zeugen selbst abgeleitet wurde. Der Verdacht selbst ließ sich schließlich durch das Verhör des Beschuldigten erhärten.

Eine nähere Ausgestaltung des Verhörs des Beschuldigten lässt sich den Quellen indes ebenso wenig entnehmen. Geregelt wird lediglich, dass sofern die Obrigkeit hinsichtlich des Festgenommenen „die frag vnd mater" anordnete, der Richter eine Verhörskommission bestehend aus drei Ratsmitgliedern oder Schöffen bilden musste, um in deren Gegenwart das Verhör und notfalls die Folterung des Beschuldigten vorzunehmen.[275] Das Ziel, die Erlangung des Geständnisses, verdeutlicht hier den Inhalt der Kommunikationssituation: „Frag" meint die Frage an den Beschuldigten, ob er sich zu der Tat bekennt.[276] Sofern er die Tat leugnet, wird mit der Folter fortgefahren, um ihn zum Geständnis zu bewegen. Entweder der Beschuldigte bekannte sich also auf die „Frag" hin zu der Tat oder es wurde mithilfe der „marter" versucht, das Leugnen zu „überprüfen". „Fragen" meint in diesem Zusammenhang daher das Zusammenspiel zwischen Foltereinwirkung und der Frage nach der Bekenntnisbereitschaft, oder kurz: „Fragen" meint Foltern.[277] Die Folter als rein formelles

275 So die Regelungen in der Radolzfeller und Tiroler Halsgerichtsordnung, vgl. *Eb. Schmidt*, FS-Siber, S. 161.

276 Vgl. *Niehaus*, Das Verhör, S. 206.

277 Zur Gleichstellung von Befragung und Folter s. *Niehaus*, Verhör, S. 151 ff. In anderen Quellen wird gar nicht auf „frag vnd marter" erkannt, sondern es ist nur von „fragen" die Rede; vgl. *Wesel*, Geschichte, S. 332 ff.

Mittel[278] diente damit allein dem Zweck, von dem Beschuldigten als formelles Zugeständnis sein Geständnis zu erlangen und damit jede weitere Beweisführung durch zwei (oft nicht zu erlangende) Zeugen überflüssig zu machen.[279]

Die Folter stand allein in der Willkür des Inquirenten. Es gab keinen geregelten Befragungsverlauf, sondern die Peinliche Befragung äußerte sich als freie Anwendung verschiedener Folterinstrumente..[280] Ein Vernehmungsverlauf lässt sich hieraus nur in der Form ableiten, dass der Festgenommene notfalls mit der Folter zum Bekenntnis veranlasst wurde.

IV. Ausgestaltung der Verteidigung und Teilhabemöglichkeiten an den Befragungen der Zeugen im alten deutschen Rechtsgang

Ein abschließender Blick gilt der Ausgestaltung der Verteidigung und ihrer Teilhabemöglichkeit an den Zeugenbefragungen im altdeutschen Rechtsgang. Im ordentlichen mittelalterlichen, insbesondere im germanischen und fränkischen Rechtsgang bildeten die Parteireden die Urteilsgrundlage. Für den Ausgang des Strafverfahrens war nicht die Rekonstruktion eines Sachverhalts maßgeblich, sondern allein entscheidend war, welche Partei in dem „Kampf mit Worten“[281] die formell glaubwürdigere Behauptung erhoben hatte.[282]

Dem Inhalt nach waren die artifiziell vorgetragenen Wortformeln der Parteien rechtliche Behauptungen. Das Vortragen dieser Schwurformeln barg ein nicht unerhebliches Prozessrisiko. In dem strengformalen Frageverfahren hatten leichteste Formfehler beim Vortrag der Wortformeln – wie ein Stottern oder Versprechen – den Prozessverlust zur Folge.[283] Um dieser Gefahr wirksam zu begegnen, wurde es den Parteien gestattet, ihre Rechtsansicht durch einen sog. Vorsprecher vortragen zu lassen.[284] Bei diesem handelte es sich um eine auf

---

278 *Niehaus*, Das Verhör, S. 207.

279 vgl. *Kries*, Beweis, S. 140. *Eb. Schmidt*, FS-Siber, S. 119 f. konstatiert, dass hier bereits das staatliche Bedürfnis an der Erlangung tatsächlicher Sachverhaltsmomente zutage tritt.

280 S. *Sickor*, Geständnis, S. 187.

281 S. *Armbrüster*, Die Entwicklung der Verteidigung, S. 27

282 S. hierzu *Siegel*, Gefahr, S. 2 ff.; *Vargha*, Vertheidigung S. 143 ff.; *Schröder*, Deutsche Rechtsgeschichte, S. 750 f.

283 S. *Planitz*, Germanische Rechtsgeschichte, S. 233.

284 S. *Knapp*, Der Verteidiger, S. 14 ff.; *Schneider*, Der Rechtsanwalt, S. 28 ff.; *Vargha*, Vertheidigung, S. 144; *Weißler*, Geschichte, S. 23 f. Der Vorsprecher hatte nach seiner Bestellung das Recht auf Unterredung mit seinem Mandanten (sog. „Achte“), s. *Armbrüster*, Die Entwicklung der Verteidigung, S. 36; *Schröder*, Deutsche Rechtsgeschichte, S. 750; *Vargha*, Vertheidigung, S. 158.

Antrag der Partei vom Gericht bestellte,[285] zunächst ehrenamtlich tätige Person. Der Vorsprecher fungierte in erster Linie nicht als Vertreter der Parteiinteressen, sondern als Beauftragter des Richters im öffentlichen Interesse.[286] Weil der altdeutsche Rechtsgang nicht das Recht durchsetzen, sondern lediglich das Recht finden wollte, wurde es als zulässig erachtet, dass der Vorsprecher im Prozess mehrere Aufgaben wahrnimmt. Deshalb konnten auch Schöffen zum Vorsprecher berufen werden und damit zum einen die Funktion als Urteiler, zum anderen die Funktion als Parteivertreter erfüllen.[287] Die Partei konnte die Worte des Vorsprechers auf Nachfrage des Gerichts genehmigen oder zurückweisen, wodurch etwaige Formfehler des Vorsprechers keine für die Partei nachteilige Prozesswirkung entfalteten.[288]

Im weiteren Verlauf des Mittelalters wurden die Vorsprecher unterstützt zum einen durch sog. Warner, die deren Rede auf Fehler hin überwachten und die Partei notfalls warnten, zum anderen durch sog. (An-)Weiser, die rechtliche Ratschläge erteilen konnten.[289] Diese waren meist rechtskundiger als die Vorsprecher selbst.[290] Zudem waren sie ausschließlich für den Vorsprecher einer Partei tätig und damit unmittelbar dem Parteiinteresse verpflichtet,[291] fungierten also als „Beistand" insbesondere des Beschuldigten.[292]

Später wurde den Vorsprechern allmählich die Urteilsfunktion entzogen, nachdem man die Gefahr der Befangenheit des Urteilens in eigener Sache bzw. in Sachen der eigenen Partei erkannte.[293] In der Folge wurde die bislang ehrenamtliche als freie Berufstätigkeit umgestaltet, womit ein beachtlicher Ansehensverlust des Amtes einherging, da der Vorsprecher nunmehr einzig den Parteiinteressen verpflichtet war und keine gerichtlichen Aufgaben mehr wahrnahm.[294]

---

285 S. *Weißler*, Geschichte, S. 27 ff. mit zahlreichen Quellennachweisen.

286 S. *Weißler*, Geschichte, S. 37.

287 S. *Knapp*, Der Verteidiger, S. 15 in Fn. 70 unter Rekurs auf das Stadtbuch von Landshut aus dem Jahr 1441; s. auch *Weißler*, Geschichte, S. 24.

288 S. *Knapp*, Der Verteidiger, S. 15 f.; *Vargha*, Vertheidigung, S. 144.

289 Vgl. *Vargha*, Vertheidigung, S. 144 ff.

290 S. *Weißler*, Geschichte S. 69 f.

291 S. *Schorn*, Der Strafverteidiger, S. 13 f.

292 S. *Armbrüster*, Die Entwicklung der Verteidigung, S. 31.

293 S. *Weißler*, Geschichte S. 67 f. m. w. N.

294 S. *Weißler*, Geschichte S. 67 f. Vor der Hintergrund der gerichtlichen Beauftragung und des Agierens im öffentliche Interesse hatte der Vorsprecher ursprünglich keinen Anspruch auf Vergütung, auch die Annahme ihm freiwillig angebotener Honorare wurde anfangs als unehrenhaft bzw. als Bestechung angesehen, s. hierzu *Weißler*, Geschichte, S. 53 ff. Dadurch wurde das Amt des Vorsprechers als Last empfunden,

Die Funktion der Verteidigung im altdeutschen (ordentlichen) Rechtsgang ergibt folgendes Bild: Der Vorsprecher war zunächst bloßer Wortführer der jeweiligen Partei,[295] die Warner und Anweiser vergleichbar mit Rechtsberatern oder Rechtsgehilfen. Die sich im Spätmittelalter herausbildenden formfreien Inquisitionsverfahren hingegen sind durch die Abstinenz von Verteidigern und Verteidigungsmöglichkeiten charakterisiert. Die Verteidigung hatte schon kein Anwesenheits- und daraus resultierend auch kein Mitwirkungsrecht.

V. Zusammenfassung

Von den Anfängen des altgermanischen Rechtsgangs bis in die formfreien Inquisitionsprozesse des Hoch- und Spätmittelalters konnte sich eine allgemeingültige Vernehmungsstruktur im Strafverfahren nicht herausbilden. Das frühe germanische und mittelalterliche Recht bezweckte nicht die Rekonstruktion des (wahren) Sachverhalts und kannte dementsprechend keine Vernehmungen von Zeugen oder des Angeklagten in Form der Befragung mit dem Ziel der Aufklärung einer Straftat. Den Schwerpunkt des alten germanischen Rechtsgangs bildete das Beweisrecht der Parteien – und hier in erster Linie des Beklagten. Den Beweis erbrachte vornehmlich die Eidesleistung, d. h. der in vorgegebenen Wortformeln zu leistende Schwur auf die Richtigkeit des eigenen Parteivorbringens.

Im fränkischen Rechtsgang wurden zwar zunehmend unmittelbare Tatzeugen zur Überführung des Beklagten gefordert. Deren Wahrnehmung von dem zugrundeliegenden Tatgeschehen bildete indes nur die Voraussetzung zur Zulassung zum Zeugeneid, was durch die formelle Frage (*inquisitio* oder *discussio testium*) nach dem *Ob* der Kenntnis von dem Beweisthema sichergestellt wurde. Die darauf getätigte Aussage im Thing musste sich aber vor dem Hintergrund des streng formalen Beweisverfahrens in der schlichten Bestätigung der Kenntnis, – eben des *Ob* – und nicht der Reichweite einer solchen erschöpfen. Eine Aussage über materielle Sachverhaltsmomente, welche die gerichtliche

---

weshalb die Bereitschaft zur Übernahme der Tätigkeit stetig sank. In der Folge wurde die Vergütungsmöglichkeit eingeführt, was wiederum dazu führte, dass niemand mehr unentgeltlich das Amt ausüben wollte, s. *Vargha*, Vertheidigung, S. 169. Ende des 14. Jahrhundert begegnete man dieser Entwicklung, indem man die Anzahl gerichtlich zugelassener Vorsprecher limitierte und diese unter gerichtliche Aufsicht, aber auch Bezahlung stellte, vgl. *Weißler*, Geschichte, S. 163; *Vargha*, Vertheidigung, S. 170 f.

295 S. *Knapp*, Der Verteidiger, S. 15.

Entscheidungsgrundlage hätten bilden können, leisteten weder die Zeugen noch der Beschuldigte. Daneben entwickelte sich im Rügeverfahren eine richterliche Voruntersuchung in Form eines Zeugenverhörs (ebenfalls *inqusitio*), welches als Legitimationsgrundlage weiterer Strafverfolgungstätigkeit auf die Ersetzung der formellen Klage abzielte. Hinsichtlich der Durchführung der Zeugenverhöre enthalten die mittelalterlichen Quellen keine Vorgaben; vielmehr unterlagen sie dem Ermessen der Verhörsperson.

Im Hoch- und Spätmittelalter entwickelten sich formfreie Inquisitionsverfahren. Darin offenbarte sich das gewachsene Bedürfnis nach Erforschung der materiellen Wahrheit. Die in das freie Ermessen der Strafverfolger gestellte Ermittlungstätigkeit umfasste vor allem das Verhör von Zeugen und des Beschuldigten. Ausgehend von dem Verfahrensziel der Wahrheitserforschung liegt der Schluss nahe, dass die Befragung der Zeugen auf die Rekonstruktion möglichst umfassender Sachverhaltsangaben abzielte. Gesetzliche Vorgaben für die Durchführung der Befragung waren gleichwohl nicht vorhanden.

Gleiches gilt für die Befragung des Beschuldigten, die sich als reines Folterverhör zur Erlangung des Geständnisses vollzog, welches allmählich die alleinige Urteilsgrundlage bildete. Es existierten keinerlei gesetzliche Vorgaben für die Voraussetzungen der Anwendung der Folter[296] und die Durchführung der Peinlichen Befragung lag allein im Ermessen einer kleinen Untersuchungskommission. Das Inquisitionsverfahren entwickelte sich bis zum Ende des 14. Jahrhunderts zu einem von richterlicher Willkür beherrschten Verfahren, dem die Beschuldigten schutzlos ausgeliefert waren.

B. Befragungen in der Frühen Neuzeit bis zur Abschaffung der Folter

Nachdem im Jahr 1495 das Reichskammergericht seine Tätigkeit aufgenommen hatte, gingen dort zahllose Beschwerden über die Missstände in der Strafjustiz, insbesondere über den willkürlichen Einsatz der Folter und die Schutzlosigkeit der Beschuldigten ein. Das Bedürfnis nach einer Ordnung des Inquisitionsprozesses wurde so groß, dass im Jahr 1498 der Reichstag von Freiburg eine Reform der Strafrechtspflege beschloss.[297] Sie wurde

296 S. *Conrad*, Rechtsgeschichte I, S. 391; *Eb. Schmidt*, Einführung, S. 102, 105; *Kries*, Beweis, S. 149.

297 S. *Eb. Schmidt*, Einführung, S. 106 f.; *ders.*, FS-Siber, S. 172 f.; *Hippel*, Deutsches Strafrecht I, S. 165; *Vogt*, ZRG GA 68 (1951), S. 236.

entscheidend geprägt durch die Aufnahme fremden italienisch-kanonisches Rechts.[298]

Die Strafrechtspflege in Deutschland war in einigen Bereichen bereits stark von inquisitorischen Grundsätzen geprägt. Die italienischen Vorbilder mit den formfreien inquisitorischen Inquisitionsverfahren stießen daher auf fruchtbaren Boden. Dies führte nicht zu einer vollständigen Adaption an das fremde Recht. Es wurden lediglich Teile in das eigene deutsche Recht eingefügt (Rezeption), was zu einer Kombination beider Rechtssysteme führte. Die Rezeption bewirkte insofern im Kern eine (umfangreiche) Weiterbildung der mittelalterlichen deutschen Rechtspflege.[299]

I. Constitutio Criminalis Carolina und „peinliche Frage"

Auf dem Gebiet des Straf- und Strafprozessrechts wurde die Weiterführung des überkommenen Rechts bewerkstelligt durch die Constitutio Criminalis Carolina (CCC, Carolina), die Peinliche Gerichtsordnung Kaiser Karls V. von 1532[300]. Ziel der Carolina war eine Vereinheitlichung des Rechts im Heiligen Römischen Reich Deutscher Nation. Außerdem sollte es Ordnung bringen in die bis dahin willkürliche und landesspezifisch unterschiedliche Strafgerichtsbarkeit.[301]

---

298 In Italien entwickelte sich der weltliche Inquisitionsprozess auf Grundlage einer von Papst Innozenz III. vorgenommenen Umgestaltung des kirchlichen Inquisitionsverfahrens zur Disziplinierung des Klerus, s. hierzu *Biener*, Beiträge, S. 19 ff.; *Hirte*, Strafverfahren gegen Kleriker, S. 21 ff., 180 ff.; *Trusen*, ZRG (KA) 74 (1988), 168, 200 ff.

299 S. *Eb. Schmidt*, Einführung, S. 111; *Eb. Schmidt*, FS-Siber, S. 172; *Kube*, Beweisverfahren, S. 60; *Mitteis/Lieberich*, Rechtsgeschichte, S. 334.

300 Benutzt wird die Original-Ausgabe von *Ivo Schöffer* von 1532 (Erscheinungsdatum 1533) mit dem Titel „Des allerdurchleuchtigsten großmechtigsten vnüberwindtlichsten Keyser Karls des fünfften: vnnd des heyligen Römischen Reichs peinlich gerichts ordnung / auff den Reichsztägen zu° Augspurgk vnd Regenspurgk / inn jaren dreissig / vnd zwey vnd dreisssig gehalten / auffgericht vnd beschlossen.", online verfügbar unter *https://de.wikisource.org/wiki/Keyser_Karls_des_fünfften:_vnnd_des_heyligen_Römischen_Reichs_peinlich_gerichts_ordnung* (letzter Aufruf am 29.6.2018).

301 Dies geht schon aus der Präambel der Carolina hervor: „Wir Karl der fünfft von gotts gnadenn Römischer Keyser zu allen zeitten merer des Reichs (…) Bekennen offentlich (…) Vnnd daß auß dem selben an viel orten offtermals wider recht vnd gute vernunfft gehandelt / vnnd entweder die vnschuldigen gepeinigt vnd getödt / oder aber die schuldiger / durch vnordenliche geuerliche vnd verlengerliche handlung den peinlichen klegern / vnd gemeinem nutz zu grossem nachtheyl gefristet / weggeschoben vnd erledigt werden / vnd das nach gelegenheyt Teutscher land inn disen allen / altem langwirigem gebrauch vnnd herkommen nach / die peinlichen gericht an manchen orten / mit rechtuerstendigen erfarn vnd geübten personen nit besetzt werden mögen.

Aufgrund ihrer enormen Verbreitung erlangte die CCC alsbald den Charakter eines Reichsgesetzes mit allgemeingültiger Wirkung – jedenfalls in den größten Teilen des Kaiserreichs.[302] Die Carolina war in erster Linie eine Verfahrensordnung zur Anwendung der Folter,[303] enthielt aber auch zahlreiche Bestimmungen des materiellen Strafrechts.

1. Grundzüge des Verfahrensrechts der CCC

In Übereinstimmung mit der älteren mittelalterlichen Verfahrensausgestaltung beschreibt die CCC den als Parteiverfahren strukturierten Akkusationsprozess mit Kläger und Beklagtem.[304] Das Verfahren ist auf die Ermittlung der materiellen Wahrheit gerichtet und basiert auf einer rationalen Tatsachenermittlung (Instruktionsmaxime),[305] und lässt sich mithin als inquisitorisch geprägter Akkusationsprozess charakterisieren.[306]

Die Carolina unterscheidet im Wesentlichen zwei Möglichkeiten der Einleitung des Strafverfahrens. Als grundsätzlich vorgesehene Form der Verfahrenseinleitung sieht die Carolina in den Art. 11 – 13 CCC das auf der formellen Privatklage des Verletzten beruhende Anklageverfahren[307] vor. Daneben sehen die Art. 6 – 10 CCC bei Vorliegen einer sonstigen Anzeige, eines durch glaubwürdige Indizien hervorgerufenen Verdachts oder bei Offenkundigkeit einer Tat[308] den von Amts wegen durchzuführenden Inquisitionsprozess

---

Demnach haben wir sampt Churfürsten / Fürsten vnd Stende auß gnedigem geneygtem willen etlichen gelerten trefflichen erfaren personen beuolhen eyn begrieff / wie vnd welcher gestalt inn peinlichen sachen / vnd rechtfertigungen / dem rechten vnd billicheyt am gemeßten gehandelt werden mag / zumachen / inn eyn form zusammen zu ziehen / Welchs wir also inn druck zubringen verschafft haben / daß alle vnd jede vnser vnnd des Reichs vnderthanen sich hinfürter inn peinlichen sachen / inn bedenckung der groß vnd ferligkeyt der selben / jetzt angezeygten begrieff / dem gemeynen rechten / billicheyt vnd loblichen herbrachten gebreuchen gemeß halten mögen (…). S. auch Schoetensack, Carolina, S. 193.

302 Vgl. *Hippel*, Deutsches Strafrecht I, S. 211 f.; *Sellert/Rüping*, Studien- und Quellenbuch I, S. 191 ff.

303 S. *Wesel*, Geschichte, S. 384.

304 S. *Biener*, Beiträge, S. 142, 158; *Kleinheyer*, Carolina, S. 21 f.; *Rüping/Jerouschek*, Grundriss, Rn. 104; s. auch *Schoetensack*, Carolina, S. 95.

305 S. *Conrad*, Rechtsgeschichte II, S. 413; *Eb. Schmidt*, Einführung, S. 126.

306 S. *Kleinheyer*, Carolina, S. 7, 10; *Schumann*, Vernehmung, S. 71.

307 S. *Eb. Schmidt*, Einführung, S. 125; *Sellert/Rüping*, Studien- und Quellenbuch I, S. 206.

308 S. Art. 16 CCC.

vor.[309] Dabei verweisen die Art. 7 – 10 CCC im Wesentlichen auf die Vorschriften zum Klägerverfahren; lediglich in Art. 6 CCC wird unter der Überschrift „Annemen (…) von ampts wegen“ das Inquisitionsverfahren näher beleuchtet.[310]

Aufgrund der Regelungen der CCC, wonach der private Kläger im Fall des Freispruchs des Angeklagten diesem Entschädigung zu zahlen hatte,[311] trat das Anklageverfahren immer stärker in den Hintergrund und der Inquisitionsprozess wurde die Regelform der Prozesseinleitung.[312]

Das sich an die Verfahrenseinleitung anschließende Strafverfahren war in ein geheimes, schriftliches Untersuchungsverfahren und einen endlichen Rechtstag unterteilt.[313] Zudem wurde die konventionelle Trennung von Verfahrensleitung und Urteilsfindung aufgegeben. In der Person des Untersuchungsrichters wurden alle wesentlichen Prozessrechte vereint. Das Gericht war nunmehr sowohl für die Strafverfolgungstätigkeit insgesamt, als auch die Anklageerhebung und den Urteilsspruch zuständig. Der Richter hatte nicht mehr lediglich die Aufgabe, nach der Rechtsfindung zu fragen, war also nicht mehr bloßer Frager des Rechts, sondern er entschied als Vorsitzender im Kollegium mit den Schöffen.[314]

Die Urteilsgrundlage wurde im Untersuchungsverfahren geschaffen. Die bereits im Hoch- und Spätmittelalter zu beobachtende Verkümmerung des

---

309 Art. 6 CCC mit der Überschrift „Annemen der angegeben übelthetter / von der oberkeyt vnnd ampts wegen“ lautet: „Item so jemandt eyner übelthat durch gemeynen leumut / berüchtiget oder andere glaubwirdige anzeygung verdacht vnd argkwonig / vnnd derhalb durch die oberkeyt vonn ampts halben angenommen würde / der soll doch mit peinlicher frage / nit angegriffen werden / es sei dann zuuor redlich / vnd derhalb gnugsame anzeygung vnnd vermutung von wegen derselben missenthat auff jnen glaub wirdig gemacht. Darzu soll auch eyn jeder richter / inn disen grossen sachen vor der peinlichen frag / souil müglich vnd nach gestalt vnd gelegenheyt eyner jeden sachen / beschehen kan / sich erkundigen / vnd fleissig nachfragens haben / ob die missethat darumb der angenommen berüchtiget vnnd verdacht / auch beschehen sei oder nit / vie hernach / inn diser vnser ordnung ferner erfunden wirdet“. „Annehmen“ in diesem Kontext meint dabei die Verhaftung des Beschuldigten, s. *Kleinheyer*, Carolina, S. 7, 10.

310 Daneben kennt die Carolina in den Art. 88, 89, 165, 188, 201 als ein Relikt aus altgermanischer Zeit die „Klage von Amts wegen“, bei der ein staatlich bestellter Ankläger (Fiskal) auftritt, vgl. hierzu *Biener*, Beiträge, S. 144, 154; *Mitteis/Lieberich*, Rechtsgeschichte, S. 472 f.; *Floegel*, DRiZ 1935, 168.

311 S. Art. 12, 14, 61 CCC.

312 S. *Eb. Schmidt*, Einführung, S. 127; *Walter*, Freie Beweiswürdigung S. 57.

313 S. Art. 45 ff., 91, 94, 199 CCC.

314 S. Art. 81 CCC: Richter und Schöffen (Urteiler) sollen „mit eynander vnderreden vnd beschliessen / was sie zu recht sprechen wollen (…).“

Endlichen Rechtstags zu einem bloßen Verkündungstermin fand nunmehr ihren gesetzlichen Niederschlag in Art. 81 CCC. Er bestimmt, dass Urteilsberatung und Urteilsfassung „vor dem rechttag“ stattzufinden haben.[315] Auf dem Endlichen Rechtstag erfolgte lediglich die Verlesung des bereits abgefassten Urteils durch einen Gerichtsschreiber,[316] welches entweder auf Freispruch oder Verurteilung lautete.[317] Das Urteil war grundsätzlich unanfechtbar; ein Instanzenzug war nicht vorgesehen.[318]

Allerdings konnte der Richter in Zweifelsfällen Rat einholen bei den Oberhöfen bzw. den „Rechtsverständigen“.[319] Deren Entscheidung war für den Richter bindend. Insofern konnte eine Überprüfung des Rechtsspruchs durch eine „neutrale“ Instanz herbeiführen (Verfahren der Aktenversendung).[320]

2. *Beweissystem der Carolina*

Die Carolina führt den bereits im Hoch- und Spätmittelalter beschrittenen Weg der Ausgestaltung des Beweissystems hin zur materiellen Wahrheitserforschung fort und setzt an die Stelle der irrationalen Beweismittel des Gottesurteils und des Reinigungseids den Zeugenbeweis (Art. 67 CCC) und das durch seine Doppelrolle – materielles Beweismittel einerseits und formelle Sachurteilsvoraussetzung andererseits[321] – charakterisierte Geständnis (vgl. Art 58, 60 CCC). Im Kern unterscheidet die Carolina strikt zwischen (Beweis-)Grundlagen für

---

315 Vgl. Art. 81 CCC „vor dem rechttag (...) sich Richter vnd vrtheyler mit eynander vnderreden vnd beschliessen / was sie zu recht sprechen wollen (...) vnd alßdann die beschlossen vrtheil zu dem andern gerichts handel auch auffschreiben lassen nach der formen wie hernach inn dem hunderten und neuntzigsten anfahendt / Item so nach laut diser vnser vnd des heyligen Reichs ordnung etc. funden wirdet / damit solche vrtheyl nachmals auff den entlichen rechttag / wie hernach vom offnung solcher vrtheyl geschribem steht / vnseumlich also geoffnet werden.“

316 Vgl. Art. 94 CCC: „(...) auff obgemelten beschluß der schöffen vnd vrtheyler soll der Richter die entlichen vrtheyl so also inn schrifften verfasset ist / durch den geschwornen gericht schreiber / inn beisein beider partheien offentlich verlesen lassen (...)“

317 Art. 192 ff. CCC. Zu den Strafen, die dem bisherigen deutschen Recht folgend im Wesentlichen aus peinlichen Todes- oder Leibesstrafen bestanden, vgl. Art. 100 ff. CCC.

318 S. *Geyer*, Beweis, S. 62.

319 S. z. B. Art. 28 CCC: „bei den rechtuerstendigen“ Die Regelung findet sich in an vielen Stellen in der Carolina, s. CCC Art. 7, 28, 81,106, 11, 117, 119, 124, 127 – 129, 131, 133, 134, 136, 142, 146 – 148, 150 – 153, 164, 166, 169, 172, 173, 176, 178 – 180, 203, 210

320 S. Art. 219 CCC („Erklerung bei wem / vnd an welchen orten rath gesucht werden soll“)

321 S. *Kleinheyer*, GS-Conrad, S. 367, 378 ff.

eine Verurteilung und den (Beweis-)Voraussetzungen für die Anwendung der Folter.[322] Eine Verurteilung konnte sich nach der Carolina – entsprechend dem überkommenen Inquisitionsverfahren – entweder auf ein glaubwürdiges Geständnis, welches in der Folter („peinlichen Frage") erlangt wurde,[323] oder auf die Bekundung mindestens zweier „gnungsamer"[324] Zeugen stützen. Bei Erreichen einer solchen „gnugsamen beweisung" konnte der Beschuldige auch „on eynich peinlich frag" und damit ohne ein Geständnis verurteilt werden.[325]

Da zwei Tatzeugen in der Praxis oftmals schwer zu erreichen waren, blieb in den meisten Fällen ein Geständnis erforderlich. Das Geständnis war auch weiterhin *regina probationum*. Bloße Indizien genügten nach wie vor nicht für eine Verurteilung[326], sondern nur zur „peinlichen Befragung" (Folter), wenn sie denn einen gewissen Verdachtsgrad begründeten. Die Anwendung der Folter hing ab von „redlicher anzeygung" und ihrer sicheren Beweisung.[327] Art. 6 CCC sieht vor, dass der von Amts wegen verfolgte und verhaftete Beschuldigte mit der peinlichen Frage nicht „angegriffen" werden soll, wenn nicht zuvor „gnugsame anzeygung vnnd vermutung von wegen derselben missenthat" vorliegen.

Mit „anzeygung"[328] beschreibt die Carolina in Art. 19 CCC die nach heutiger Terminologie gängigen Indizien. Wann solche „gnugsame" Indizien vorliegen, regelt die Carolina auf der Grundlage ihres detaillierten Indizienkatalogs in den Art. 23 – 44 CCC.[329] Die Carolina unterteilt die Indizien im Wesentlichen in zwei Gruppen:[330]

Zunächst werden mit den „gemeinen Indizien" Verdachtsmomente erfasst, die sich auf alle Delikte beziehen. Diese Gruppe ist weiter unterteilt in solche Indizien, die für sich allein die Anwendung der peinlichen Frage gestatten und

322 S. *Eb. Schmidt*, FS-Siber, S. 176.
323 S. Art. 46 CCC.
324 S. Art. 66 CCC.
325 S. Art. 69 CCC.
326 S. Art. 22 CCC.
327 S. Art. 6, 45 CCC.
328 Die CCC benutzt hierfür auch die Synonyme „redlich warzeichen / argkwon / verdacht / vnd vermutung".
329 Der in den Art. 20 – 47 CCC vorausgesetzte „gnugsame" Verdacht entspricht einem so hohenn Verdachtsgrad, dass ein Gericht heute aufgrund vorhandener Indizien im Wege freier Beweiswürdigung (§ 261 StPO) verurteilen könnte, *Ignor*, Geschichte, S. 66.
330 Vgl. *Eb. Schmidt*, Einführung, S. 128.

solche, die erst in Summe mit anderen hierzu berechtigen. In der zweiten Gruppe hingegen sind Indizien erfasst, die sich auf bestimmte Straftaten beziehen.

Die Feststellung des zur peinlichen Befragung notwendigen Tatverdachts oblag dem ermittelnden Untersuchungsrichter. Alle Indizien mussten grundsätzlich durch die Aussage von „zwei guten Zeugen" nachgewiesen werden.[331] Eine Ausnahme von diesem Grundsatz sieht Art. 23 CCC insoweit vor, wenn nur ein Tatzeuge vorhanden ist, dieser aber die „die hauptsach der missethat"[332] bekunden kann.[333] In einem solchen Fall, den die Carolina in Art. 30 CCC mit einem „halben Beweis" umschreibt, durfte ebenfalls die peinliche Befragung durchgeführt werden. Darüber hinaus konnte nach der in Art. 28 CCC normierten Indiz- und Beweisregel, sofern die für den Verdacht sprechenden (bewiesenen) Indizien überwogen, zur Folter übergegangen werden. Hingegen sollte „die peinlich frag nicht gebraucht werden", wenn der Richter nach seiner freien Überzeugung zu dem Schluss kam, dass die vom Beklagten angeführten (bewiesenen) Gründe für eine Unschuld sprechen.

Im Ergebnis erklärt die CCC also für den Fall, dass mangels freiwilligen Geständnisses oder zweier Tatzeugen keine Urteilsgrundlage erlangt werden konnte, die insoweit für sich allein nicht ausreichenden Indizien die Anwendung der Folter erlaubten.[334] Schritt der Untersuchungsrichter dagegen ohne die erforderlichen gewichtigen Verdachtsmomente zu Anwendung der Folter, bestand hinsichtlich des in der Marter abgelegten Geständnisses nach heutiger Terminologie ein „Beweisverwertungsverbot": Als Urteilsgrundlage durfte es nicht herangezogen werden.[335] Über die Durchführung der Folter enthält die CCC keine näheren Bestimmungen, sondern stellt das „maß peinlicher frage" vielmehr ausdrücklich in das Ermessen des Gerichts.[336]

331 S. Art. 23 CCC.

332 Mit Haupttatsachen sind diejenigen Tatsachen gemeint, aus denen sich unmittelbar Täterschaft und Schuld ergaben, vgl. *Eb. Schmidt*, Einführung, S. 128; *Kube*; Beweisverfahren, S. 70.

333 Art. 23 CCC: „(…) Aber so die hauptsach der missethat mit eynem guten zeugen bewiesen würd / die selb / als eyn halb beweisung / macht eyn gnugsam anzeigung als hernach inn dem dreissigsten artickel anfahend."

334 S. *Glaser*, Beweis, S. 6.

335 S. Art. 18 – 20 CCC.

336 S. Art. 58 CCC: „(…) nach ermessung eyns guten vernünfftigen Richters".

3. *Peinliche Befragung – Beschuldigtenverhör vor und nach der Folter*

Der mit der Carolina vollzogene Übergang zur materiellen Wahrheitserforschung zeigt sich im Besonderen in der peinlichen Befragung bzw. den Regelungen über das jeweils vor und im Anschluss daran durchzuführende Verhör mit dem Verdächtigen. Es zielte einerseits auf die Ermittlung von Entlastungsmomenten, andererseits auf die Überprüfung des Wahrheitsgehalts des Geständnisses ab. Nach der Bestimmung des Art. 46 CCC war der Beschuldigten vor der peinlichen Befragung in Gegenwart des Richters, zweier Schöffen und des Gerichtsschreibers anzuhalten, Auskunft über seine Person und die Tat zu geben.[337] Darüber hinaus ist ihm – gegebenenfalls unter Androhung der Marter – Gelegenheit zu geben denn Tatvorwurf von sich aus einzuräumen. Das der Folter vorgelagerte Verhör lässt sich damit als „gütliche" Befragung charakterisieren.[338] Dafür spricht schon der anschließende Halbsatz, dass der Beschuldigte besonders zu seiner Geständnisbereitschaft zu befragen ist und was ihm über die Tat bekannt sei. Nach der ausführlichen Vorschrift des Art. 47 CCC sollte der Beschuldigte für den Fall, dass er die „angezogen übelthat verneynt", zur Angabe von Entlastungsindizien und Unschuldsbeweisen befragt werden. Dem Umstand, dass der Verdächtige möglicherweise aufgrund von Einfältigkeit oder Schrecken („eynfalt oder schrecken") im Verhör nicht in der Lage ist, Entlastungsindizien zu benennen, begegnet die Carolina mit der Anweisung an den Richter, den Beschuldigten nach etwaigen Alibizeugen zu befragen. Die angegebenen Entlastungsmomente hatte der Richter zu überprüfen.[339] Ob der

---

337 S. Art. 46 CCC: „so man dann den gefangen peinlich fragen will (...) soll der selbig zuor inn gegenwurtigkeyt des Richters / zweyer des gerichts vnd des gerichtschreibers fleissiglich zu rede gehalten werden mit worten / die nach gelegenheyt der person / vnd sachen zu weitherer erfarung der übelthat der argkwönigkeit allerbast dienen mögen / auch mit bedrohung der marter bespracht werden / ob er der beschultigten missethat bekentlich sei oder nit / vnnd was jm solcher mißthat halber bewüst sei / vnd was er alßdann bekent / oder verneint / soll auffgeschrieben werden"

338 So auch *Schumann*, Vernehmung, S. 74.

339 Vgl. Art. 47 CCC: „so inn dem jetzgemelten fall / der beklagt / die angezogen übelthat verneynt / so soll jm alßdann fürgehalten werden / ob er anzeygen kündt / daß er der auffgelegten missethatt vnschuldig sei / vnnd man soll den gefangen sonderlich erinnern / ob er kunt weisen vnd anzeygen / daß er auff die zeit / als die angezogen missethatt geschehen / bei leuten / auch an enden oder orten gewest sei / dardurch verstanden / daß er der verdachten missethat nit gethan haben kundt / Vnnd solcher erinnerung ist darumb not / daß mancher auß eynfalt oder schrecken / nit fürzuschlagen weist / ob er gleich vnschuldig ist / wie er sich des entschuldigen vnd außfüren soll. Vnd so der gefangen berürter massen oder mit andern dienstlichen vrsachen /

Beschuldigte in dem Verhör zu einer freien Berichterstattung zu veranlassen, d. h. *wie* er zu befragen war, lässt sich der CCC hingegen nicht entnehmen. Entgegen der Annahme von *Schumann* legt der Passus „fleissiglich zu rede gehalten" in Art. 46 CCC nicht zwingend des Schluss nahe, dass der Beklagte in „freier Rede" über die Tat berichten sollte.[340] Vorzugswürdiger ist der Passus so zu interpretieren, dass der Beschuldigte anzuhalten war, zur weiteren Aufklärung der Tat überhaupt Auskunft zu geben und nicht in welcher Frage- bzw. Aussageform dies zu erfolgen hat. Einen dahingehenden Schluss lässt der Gesetzestext nicht zu.

Auch hinsichtlich des der Folter nachgelagerten Verhörs enthält die Carolina keine Bestimmungen, *wie* der Geständige zu befragen ist Die Art. 48 ff. CCC regeln größtenteils nur den Inhalt der Befragung. Im Gegensatz zu vorherigen Epochen begnügte man sich nicht mehr mit der formellen Geständniserklärung, sondern erhob die Erforschung des zugrunde liegenden Sachverhalts zur richterlichen Pflicht. So verlangt die Carolina in den Art. 48 ff. CCC[341] von dem Untersuchungsrichter, zur Überprüfung des Wahrheitsgehalts des Geständnisses, zur „erfarung der warheyt"[342] und damit zur Absicherung, keinen Unschuldigen zu verurteilen,[343] den Beschuldigten über die weiteren Indizien und Umstände der Tat zu befragen, welche „keyn vnschuldiger wissen oder sagen kan".[344]

Einzig in Art. 56 CCC findet sich eine Bestimmung, *wie* der Geständige *nicht* zu befragen ist. Das dort statuierte Verbot bestimmt als richterliche Pflicht, „Keynem gefangen die vmbstende der missethat vor zu°sagen / sonder jn die gantz von jm selbst sagen lassen". Damit enthält die Carolina ein Verbot von Suggestivfragen, Es wird später – wie noch zu zeigen ist – schrittweise auf ein Verbot von sonstiger Beeinflussung erweitert. Gibt der Geständige in dem

---

sein vnschuldt anzeygt solcher angezeygten entschuldigung / soll sich alßdann der Richter auff des verklagten oder seiner freundtschafft kosten / auff das fürderlich erkundigen / oder aber auff zu°lassung des Richters die zeugen so der gefangen oder seine freund deßhalb stellen wolten / wie sich gebürt / vnd hernach von weisung an dem zwen vnd sechtzigsten artickel anfahendt. (…)

340 *Schumann*, Vernehmung, S. 74.

341 „Wie die jhenen: so auß peinlichen fragen eyner missethat bekennen / nachuolgendts weither ausserhalb marter vmb vnderricht gefragt werden sollen"

342 S. Art. 48, 54 CCC.

343 S. *Eb. Schmidt*, FS-Siber, S. 178; *Schumann*, Vernehmung, S. 75.

344 S. Art. 54 CCC: „(…) Darumb solch warzeychen vnnd vmbstende von dem jhenen der eyn missethat bekent hat / gefragt werden / die keyn vnschuldiger wissen oder sagen kan / vnnd wie der gefragt die fürgehalten vnderschiedt erzelt / soll auch eygentlich auffgeschrieben werden."

nachgelagerten Verhör Umstände an, die sich als unwahr herausstellen, soll er mit erneuter Folter zur Angabe der nach Auffassung des Gerichts für „wahr" befundenen Umstände veranlasst werden.[345]

Zur Rechtsgültigkeit des Geständnisses musste dieses, nachdem der Geständige „vonn der Marter gelassen"[346] war und nach mindestens einem Tag nach der peinlichen Befragung, dem Geständigen in dem Richterzimmer vom Gerichtsschreiber im Beisein des Richters und zweier Schöffen vorgelesen und er sodann gefragt werden, ob sein „Bekenntnis" der Wahrheit entspreche und seine Antwort hierauf schriftlich festgehalten werden.[347] Bei einem Widerruf des Geständnisses und weiterhin bestehenden belastenden Indizien wurde der Beklagte ins Gefängnis zurückgeführt und erneut die peinlichen Befragungen unterworfen.[348] Sobald aus Sicht des Gerichts ein glaubwürdiges Geständnis vorlag, konnte der Inquirent zu peinlicher Strafe verurteilt werden.[349] Widerrief der Angeklagte sein Geständnis erst auf dem Endlichen Rechtstag, war es möglich, das Urteil auf das Zeugnis der bei der Folter anwesenden Schöffen zu stützen.[350]

4. *Zeugenbeweis und Zeugenverhör*

Auch die den Zeugenbeweis betreffenden Regelungen der Carolina illustrieren den Übergang zu materiellen Wahrheitserforschung als Verfahrensziel.[351] Das als Urteilsgrundlage ausreichende „gnugsames gezeugknuß"[352] erforderte die Bekundung durch zwei glaubhafte Zeugen.[353] Bei diesen musste es sich um Wissenszeugen handeln, wobei Wissen lediglich vom Hörensagen nicht ausreichte. Vielmehr mussten sie den Tatvorgang als solchen wahrgenommen haben.[354] In

---

345 S. Art. 55 CCC.

346 Die in der Folter getätigte Aussage war nicht zu dokumentieren, s. Art. 58 CCC: „(...) vnd soll die sag des gefragten nit angenommen oder auffgeschribem werden / so er inn der marter / sondern soll sein sag thun / so er von der marter gelassen ist (...) "

347 S. Art. 56 CCC.

348 S. Art. 57 CCC: „wo der gefangen der vorbekanten missethat laugnet / vnnd doch der argkwon / als vorsteht / vor augen wer / so soll man jn wider inn gefengknuß füren / vnd weiter mit peinlicher frage gegen jm handeln."

349 S. Art. 59 CCC.

350 S. Art. 91 CCC.

351 S. *Schumann*, Vernehmung, S. 72.

352 S. Art. 67 CCC.

353 S. Art. 67 CCC: „wenigsten mit zweyen oder dreien glaubhafftigem guten zeugen"

354 S. Art. 65 CCC: „die zeugen sollen sagen / von jrem selbs eygen waren wissen / mit anzeygung jres wissen gründtlicher vrsach. So sie aber vonn frembden hören sagen würden / das soll nit gnugsam geacht werden."

diesem Fall konnte der Beschuldige auch ohne ein Geständnis verurteilt werden.[355] Die Artikel 63 – 66 CCC legen im Wesentlichen die Zulassungsvoraussetzungen der Zeugen fest; so waren bezahlte[356] oder meineidige Zeugen aufgrund ihrer Gefahr für die Wahrheitssuche ausgeschlossen.[357]

Anders als die detaillierten Regelungen über das Beschuldigtenverhör enthalten die Zeugenregelungen nur rudimentäre Anleitungen für das Verhör der Auskunftspersonen. Artikel 70 CCC[358] legt unter der Überschrift „Von stellung vnnd verhörung der zeugen" dem Ankläger die Pflicht auf, diejenigen Fragen, die er von dem jeweiligen Zeugen beantwortet haben will, schriftlich niederzulegen und mitsamt des Namens und ladungsfähiger Anschrift des Zeugen dem Richter zu übermitteln, der daraufhin das Zeugenverhör durchführt. Nach Artikel 71 CCC soll der Richter die Zeugen „mit fleiß verhören" und bei der Befragung beobachten, ob der Zeuge „zeug inn seiner sage würd wanckelmütig vnd vnbestendig erfunden" und etwaige Anhaltspunkte notieren.[359] Das Protokoll über die Zeugenaussage wird an einem dafür vorgesehenen Termin verkündet.[360] Weitergehende Bestimmungen zum Verhör der Zeugen enthält die Carolina nicht.

Der Zeugenbeweis scheint nach dem Wortlaut des Artikels 62 der Carolina, der „von beweisung der missethat" handelt, überhaupt nur dann zur Anwendung zu

355 S. Art. 69 CCC: „so der beklagt / mach gnu°gsamer beweisung noch nit bekennen wolt / soll jm angezeygt werden / daß er der missethatt bewiesen sei / ob man dardurch sein bekantnuß dester er auch erlangen kündt / ob er aber dannocht darüber nochmals nit bekennen wolt / des er doch / als obsteht / gnu°gsam bewisen wer / so solt er nicht destweniger der beweisten mißthatt nach / om eynich peinlich frage verurtheylt werden."

356 S. Art. 64 CCC: „belonte zeugen / sein auch verworffen / vnd mit zu°lessig / sonder peinlich zu° straffen."

357 S. Art. 66 CCC: „Gnugsame zeugen seindt die / die vmbeleumdet / vnd sunst mit keyner rechtmessigem vrsach zu°uerwerffen sein."

358 S. Art. 70 CCC: „nach dem aber not ist / daß die zeugschafft darauff jemant zu° peinlicher straff soll verurtheylt werden / (...) daß er der ankleger seine artickel / die er weisen will ordenlich auffzeichnen lasse / vnnd dem richter inn schrifften überantwort mit meldung / wie die zeugen heyssen / vnd wo sie wonen / damit alßdann darauff durch etliche auß den vrtheylern / oder aber andere verordente Commissarien / wie vnderschiedlich hernach dauon geschrieben steht / kumdtschafft nottürfftiger vnnd gebürlicher weiß verhört werde."

359 S. Art. 71 CCC: „(...) so soll der richter (...) mit fleiß verhören / vnd sunderlich eygentlich auffmercken / ob der zeug inn seiner sage würd wanckelmütig vnd vnbestendig erfunden / solch vmbstende / vnd wie er dem zeugen inn eusserlichen geberde vermerckt zu° dem handel auffschreiben."

360 S. Art. 73 CCC.

gelangen, wenn ein Geständnis des Beschuldigten nicht zu erlangen ist.[361] Dafür spricht auch die systematische Stellung der Zeugenvorschriften: die CCC regelt diese erst im Anschluss an die VOrschriften zu peinlicher Frage und Geständnis und zudem weitaus weniger detailliert. Dadurch bringt sie den in Relation zum Zeugenbeweis übergeordneten Stellenwert des Geständnisses zum Ausdruck. Weiterhin sollte der Beschuldigte nach der Bestimmung des Artikels 69 nach der „Beweisung" der Tat durch zwei Zeugen zunächst hierauf hingewiesen und erneut zu seiner Geständnisbereitschaft befragt werden. Auf das Geständnis sollte demnach weiterhin hingewirkt werden. Auch macht Artikel 70 CCC die Durchführung des Zeugenverhörs von der Voraussetzung abhängig, dass der Beschuldigte trotzt vorgenannten Tatnachweises weiterhin kein Geständnis ablegt und eine Beweisführung mittels Zeugenaussagen notwendig ist.

5. *Bedeutung und Ausgestaltung von Befragungen*

Mit der Carolina als Antwort auf das ungeordnete Inquisitionsverfahren des Hoch- und Spätmittelalters erhielten auch die peinliche Befragung des Inquirenten und das Verhör der Tatzeugen eine – wenn auch nur rudimentäre – Form. Überhaupt ist die an dem Prinzip der materiellen Wahrheitssuche ausgerichtete Formgebung der CCC das gesetzesbeherrschende Moment. Der bis dato von einem erheblichen Missbrauch der Folter und Schutzlosigkeit des Beschuldigten geprägte formfreie Inquisitionsprozess erlangte mit der CCC eine strenge Förmlichkeit, die sich vor allem in ihren detaillierten Indiz- und Beweisregeln widerspiegelt.[362] Zwar fand eine sachliche Beweisaufnahme statt; ihre Ergebnisse hatte der Richter aber anhand der statuierten gesetzlichen Beweistheorie[363] und nicht aufgrund seiner freien Überzeugung zu würdigen. Um die Gefahr richterlicher Willkür von vornherein zu eliminieren, wurden zu verwendende Beweismittel und der ihnen zugesprochene Beweiswert detailliert bestimmt.[364]

Folge dieser gesetzlichen Beweistheorie war die richterliche Pflicht, den Beschuldigten bei einem Geständnis oder bei Vorliegen zweier Zeugenaussagen zu verurteilen. Die Befragung der Zeugen zur Überführung des Angeklagten

---

361 S. Art. 62 CCC: „wo der beklagt nichts bekennen / vnd der ankleger / die geklagten mißhandlung beweisen wolt". Wie hier i. E. auch *Schoetensack*, Carolina, S. 44 f.

362 S. hierzu *Ignor*, Geschichte, S. 62 f.; *Jerouschek*, Carolina S. 9, 81 ff.; *Rüping/Jerouschek*, Grundriss, Rn. 105; *Schoetensack*, Carolina, S. 49 ff.

363 S. hierzu *Glaser*, Beweis, S. 4; *Hippel*, Strafprozess, S. 33; *Hippel*, Deutsches Strafrecht I, S. 209; *Krieter*, Historische Entwicklung S. 6; *Kube*, Beweisverfahren, S. 107

364 Vgl. *Glaser*, Beweis, S. 4; *Hippel*, Deutsches Strafrecht I, S. 210.

diente folglich in Abkehr zu den vorherigen Epochen der Generierung einer direkten Urteilsgrundlage. Allein die Tatsache, dass die materielle Wahrheitsermittlung den Befragungen zugrunde lag, lässt jedoch immer nur Spekulationen zur Frageform der Ermittlungsrichter zu. Sie hat aber in der Carolina selbst keinen Niederschlag gefunden. Nicht das *Wie* der Befragung wurde vorgegeben, sondern vielmehr – in Art. 65 CCC – nur das *Wie* der Zeugenaussage,[365] wonach die Zeugen aufgrund ihres eigenen Wissens und unter Angabe der Wissensherkunft aussagen mussten. Die Angabe, ob der Zeuge unmittelbar eigene Wahrnehmungen zum Tatgeschehen gemacht hatte, war notwendig, weil das Zeugnis vom Hörensagen nach Art. 65 CCC nicht als „gnugsam" erachtet wurde. Detaillierte Vorgaben für die Zeugenbefragung waren aber deshalb obsolet, weil nach der eindeutigen Wertung der CCC – und weil zwei Tatzeugen so gut wie nie existierten – das Geständnis den Hauptbeweis darstellte. Die Aufgabe des Richters konzentrierte sich daher nach wie vor auf die Erlangung des Geständnisses, welches mit dem Mittel der Folter so gut wie immer erreicht werden und durch ein „Glaubwürdigkeitsverhör" auf seinen Wahrheitsgehalt hin bestätigt werden konnte.

6. *Ausgestaltung der Verteidigung und die Teilhabemöglichkeiten an der Befragung*

In einem derart konzipierten Strafverfahren wird der Beschuldigte zum bloßen Untersuchungsobjekt degradiert und nicht als Prozesssubjekt anerkannt. Verteidigungsmöglichkeiten sind faktisch nicht vorhanden. Gleichwohl schlägt sich in den Bestimmungen der Carolina das Bestreben nieder, innerhalb des für die Verteidigung eng gesteckten Rahmens, dem Beschuldigten eine möglichst günstige Stellung einzuräumen.[366] Der Beschuldigte erhielt über Art. 47 CCC zumindest die Möglichkeit, seine Unschuld darzulegen. Danach konnte er, sofern er den ihm zur Last gelegten Vorwurf leugnete, entlastende Beweismittel oder Indizien vorbringen, auf die der Richter seine Ermittlungstätigkeit ausweiten musste. Die Vorschrift verankert insofern die Pflicht des Richters, entlastende Tatsachen ebenso „fürderlich" zu erkundigen wie belastende Tatsachen.[367]

---

365 S. die Überschrift des Art. 65 CCC: „Wie zeugen sagen sollen."

366 S. *Vargha*, Verteidigung, S. 174.

367 S. Art. 47 CCC. (Außfürung der vnschuldt vor der peinlichen frage zu ermanen / vnnd weitherer handlung darauff): „ITem so inn dem jetzgemelten fall / der beklagt / die angezogen übelthat verneynt / so soll jm alßdann fürgehalten werden / ob er anzeygen kündt / daß er der auffgelegten missethatt vnschuldig sei / vnnd man soll den gefangen sonderlich erinnern / ob er kunt weisen vnd anzeygen / daß er auff die

Darüber hinaus wurzelt in Art. 47 CCC das Recht des Beschuldigten, sich eines mit speziellen Rechten ausgestatten Beistandes zu bedienen. Die Bestimmung des Artikel 47, wonach es dem Beschuldigten gestattet war, zu seinen Gunsten Zeugen oder Entlastungsmomente zu benennen, wurde über Art. 73 CCC auch auf den „beistender" des Beschuldigten ausgedehnt. Über besagte Norm wurde dem Beschuldigten allgemein das Recht zugesprochen, aus seinen Mitbürgern oder den Gerichtsschöffen einen Verteidiger frei zu wählen oder sich vom Richter einen solchen bestellen zu lassen. Auch der inhaftierte Inquisit konnte sich eines Rechtsbeistands bzw. Fürsprechers bereits während des Prozesses und nicht erst auf dem Endlichen Rechtstag bedienen.[368]

Gemäß Art. 73 CCC musste der Inhalt der Zeugenverhöre den Parteien an einem speziell dafür angesetzten Termin verkündet werden. Soweit die Zeugenvernehmungen nicht durch den Richter selbst, sondern einen hierfür beauftragten „Commissari" durchgeführt wurden, erhielten die Parteien Abschriften der Verhörsprotokolle. Hierauf konnten sie eine schriftliche „Einrede" und „Schutzrede" einreichen und darin die Entlastungbeweise angeben bzw. ihre Überprüfung durch den Richter anregen.[369] Das Recht des Beschuldigten bzw. seines

---

zeit / als die angezogen missethatt geschehen / bei leuten / auch an enden oder orten gewest sei / dardurch verstanden / daß er der verdachten missethat nit gethan haben kundt / Vnnd solcher erinnerung ist darumb not / daß mancher auß eynfalt oder schrecken / nit fürzuschlagen weist / ob er gleich vnschuldig ist / wie er sich des entschuldigen vnd außfüren soll. Vnd so der gefangen berürter massen oder mit andern dienstlichen vrsachen / sein vnschuldt anzeygt solcher angezeygten entschuldigung / soll sich alßdann der Richter auff des verklagten oder seiner freundtschafft kosten / auff das fürderlich erkundigen / oder aber auff zulassung des Richters die zeugen so der gefangen oder seine freund deßhalb stellen wolten / wie sich gebürt / vnd hernach von weisung an dem zwen vnd sechtzigsten artickel anfahendt. Item wo der beklagt nichts bekennen etc. vnd inn etlichen artickeln darnach gesatzt ist / auff jr beger verhört werden / solche obgemelte kundtschafft stellung / auch den gefangen / oder seinen freundten auff jr begern on gut rechtmessig vrsach nit abgeschlagen oder aberkant werden soll. Wo aber der verklagt / oder sein freundtschafft solchen obgedachten kosten / armůt halber nit ertragen / oder erleiden mocht / damit dann nichts destminder das übel gestrafft oder der vnschuldig wider recht mit übereilt werde / so soll die oberkeyt oder das gericht den kosten darlegen / vnnd der richter / imm rechten fürfaren."

368 Auf dem Endlichen Rechtstag konnten sich die Parteien nach wie vor eines sog. Fürsprechers bedienen, vgl. Art. 88, 89 CCC.

369 S. Art. 73 CCC: „(...) Anfenglich sollen die gemelten Commissari vnnd kundtschafft verhörer / den partheien zu offnung der kundtschafft tag ansetzen / vnd auff solchen bestimpten tag beyden theylen abschrifft / auff leidliche belonung dauon geben / vnd

Verteidigers beschränkte sich nach den Vorgaben der CCC also darauf, dem Richter entlastendes Beweismaterial zu weiteren Überprüfung zu unterbreiten, wozu auch die Nennung von Zeugen gehörte. Art. 47, 73 CCC können mithin als eine frühe Form eines Beweisantragsrechts gesehen werden.

Die Möglichkeit, den Zeugen Fragen zu stellen oder dem Richter an die Zeugen zu stellende Fragen zu übermitteln, sah die Carolina nicht vor. Die Ermittlung und Vernehmung der Zeugen erfolgte nichtöffentlich durch den Richter; er selbst vernahm diese zur Sache oder ließ sie vernehmen. Der Verteidigung wurden die Akten erst im Anschluss zur schriftlichen Äußerung präsentiert.[370] Ein Teilhaberecht der Verteidigung an der Befragung der Zeugen existierte nicht.

II. Ausgestaltung von Befragungen im gemeinen Recht

Die Constitutio Criminalis Carolina bildete auch in den nachkommenden Jahrhunderten als fortgeltende Rechtsquelle die Basis des deutschen Strafverfahrens.[371] Die einsetzende politische Zersplitterung des Kaiserreichs[372] verhinderte erneute allgemeingültige Kodifikationen. Stattdessen wurde das deutsche Strafprozessrecht im Wesentlichen durch Wissenschaft – insbesondere auf Grundlage der Lehren von *Benedikt Carpzov*[373] – und Praxis weiterentwickelt; daneben traten zudem einige Landesgesetzgebungen.[374] Diese Möglichkeit eröffnete die CCC selbst, einerseits durch ihre sog. salvatorische Klausel, wonach die Carolina

---

eyn zimlich zeit die sie nach gelegenheyt der sach / für not ansehen vnd erkennen / geben / damit solchs an die sachwalther / vnd sonderlich an den gefangen bracht / vnd sollen des gefangen beistender diß fals zu jm gelassen werden / vnd wes dann jedertheyl zu oder inn solchen kundtschafften reden will / das soll er vor gedachten kundtschafft verhörern / inn schrifften gezweifacht / auff eynen namhafften tag / den jm die kundtschafft verhörer derhalb nach gelegenheyt der sachen / inn zimlicher zeit ansetzen sollen / fürbringen / Vnd fürther die eyn schrifft bei den kundtschafft verhörern behalten / vnd die ander dem widertheyl behendigt werden / sein gegenschrifft (ob er will) darauff zuthun (…)."

370 S. *Ignor*, Geschichte, S. 80.

371 In Teilen Deutschlands galt die CCC bis ins 19. Jahrhundert als Rechtsquelle, s. *Schmidt*, ZRG GA 83 (1966), S. 254.

372 Vgl. dazu *Eb. Schmidt*, Einführung, S. 139 f.; *Hippel*, Deutsches Strafrecht I, S. 22.

373 *Benedikt Carpzovs* (1595-1666) im Jahr 1635 verfasstes Werk „Practica nova Imperialis Saxonica rerum criminalium" beeinflusste die deutsche Strafrechtspflege mit fast gesetzesgleicher Wirkung, vgl. *Bollmann*, Die Stellung des Inquisiten bei Carpzov, S. 44 f.; *Conrad*, Rechtsgeschichte II, S. 420; *Eb. Schmidt*, Einführung, S. 154 ff.; *Hippel*, Deutsches Strafrecht, S. 228; *Kries*, Beweis, S. 37; *Liszt/Schmidt*, Lehrbuch, S. 56.

374 S. *Kube*, Beweisverfahren, S: 61; *Mitteis/Lieberich*, Rechtsgeschichte, S. 401 m. w. N.

nur subsidiäre Geltung gegenüber den „alten wolherbrachten rechtmessigen vnnd billichen gebreuchen“[375] entfalten sollten, andererseits durch die Möglichkeit, durch das Verfahren der Aktenversendung[376] juristischen Rat bei den Oberhöfen und den „Rechtsverständigen“[377] einzuholen.

Das aus dieser stetigen Rechtsfortbildung entstandene sog. gemeine Recht war von dem staatlichen Streben nach Absolutismus geprägt, was sich im Strafprozessrecht durch eine ausschließlich in staatliche Hände dirigierte Strafverfolgungstätigkeit widerspiegelt. Konsequent wurde auch die Machtstellung des – nunmehr beamteten[378] – Richters innerhalb der Gerichtsverfassung gesteigert und die ungelehrten Schöffen von der Urteilsfindung ausgeschlossen.[379]

1. Fortbildung des Inquisitionsprozesses durch die Strafrechtswissenschaft

Die CCC enthielt zum Inquisitionsverfahren lediglich die Möglichkeit der Verfahrenseinleitung von Amts wegen und die Untersuchungsflicht des Richters. Nicht der Inquisitionsprozess, sondern der Akkusationsprozess bildete daher zunächst weiterhin die vorherrschende Verfahrensform.[380] Dies änderte sich ab dem Anfang des 17. Jahrhunderts hauptsächlich mit den Schriften von *Benedict Carpzov*, der als Begründer der deutschen Strafrechtswissenschaft gilt.[381] Seine lateinische Abhandlung über den Inquisitionsprozess „Practica Nova Imperialis Saxonica Rerum Criminalium“ (1635) und die deutsche Abhandlung „Peinliche Sächsische Inquisitions- und Acht-Prozeß“ (1638) bildeten das Fundament auch nachfolgender Lehren.[382] Der Grund für die deutsche Fassung dürfte darin zu sehen sein,

---

375 S. Vorrede der CCC a. E.: „(...)Doch wollen wir durch dise gnedige erinnerung Chu°rfürsten Fürsten vnd Stenden / an jren alten wolherbrachten rechtmessigen vnnd billichen gebreuchen / nichts benommen haben.“

376 Die Rechtswissenschaft wirkte durch das Verfahren der Aktenversendung bereits im 16. Jahrhundert permanent auf die Gerichtspraxis ein. Entscheidend aber wirkte *Carpzov* und der durch ihn zu europäischer Berühmtheit gelangte Leipziger Schöppenstuhl, an dem er zunächst als Adjutant und danach als Schöppe mitwirkte, auf die Ausgestaltung des Inquisitionsprozesses in ganz Deutschland aus, vgl. *Boehm*, ZStW 61 (1942), 300, 328; *Zwengel*, Strafverfahren, S. 100.

377 S. z. B. Art. 28 CCC: „bei den rechtuerstendigen“.

378 S. *Henkel*, Strafverfahrensrecht, S. 46.

379 S. *Zwengel*, Strafverfahren, S. 24.

380 S. *Sellert/Rüping*, Studien- und Quellenbuch I, S. 264.

381 S. *Ignor*, Geschichte S. 88.

382 Carpzovs Abhandlung der „Practica Nova Imperialis“ hatte bis weit in das 18. Jhdt. nahezu „den Rang eines Gesetzbuches des gemeinen Rechts“, *Bollmann*, Die Stellung des Inquisiten bei Carpzov, S. 319.

dass der Inquisitionsprozess im 17. Jahrhundert zwar bereits das Gerichtsverfahren dominierte,[383] gleichzeitig aber die Richterschaft dieser Zeit größtenteils noch immer aus Laien bestand.[384] In der Praxis existierten hinsichtlich des Prozedierens viele Unklarheiten, die die Gefahr von Willkür in sich bargen.[385]

Carpzov gehörte dem Leipziger Schöppenstuhl an, der über einen nicht unerheblichen Teil der damals zum Urteilsspruch verschickten Akten entscheiden musste. Aus den massenhaft eingehenden Rechtsfällen schuf er allgemeingültige Rechtssätze, die bald in ganz Deutschland die Gerichtspraxis bestimmten.[386] Neben *Carpzov* waren für die Fortbildung und Festigung des Inquisitionsprozesses als herrschende strafprozessuale Verfahrensform *Johann Brunnemann* (1608 – 1672) mit seinem Hauptwerk „Tractus iuridicus de inquisitionis processu“ (1647) und *Jacob Friederich Ludovici* (1671 – 1723) mit seiner Abhandlung „Einleitung zum Peinlichen Prozeß“ (1707) die bedeutsamsten Juristen.[387] Auf Grundlage ihrer Darstellungen vom Inquisitionsprozess wurden in der Folgezeit die ersten Prozessordnungen[388] erlassen.[389] So entstand insbesondere 1717 die preußische „Criminal-Ordnung vor die Chur- und Neumark“[390] (prCrimO 1717).

Grundlage der Rechtsfortbildung bildete das bei *Carpzov* beschrieben Inquisitionsverfahren, auf das sich im Wesentlichen auch *Brunnemann* stützte,[391] dessen Beschreibungen wiederum die Grundlage für die Abhandlungen von *Ludovici* lieferte.[392] Da ihre Schriften bis in das 19. Jahrhundert hinein die gerichtliche Spruchpraxis sowie die Gesetzgebungsprozesse prägten,[393] nehmen die nachfolgenden Ausführungen im Besonderen die von den vorgenannten

---

383 S. *Eb. Schmidt*, Einführung, S. 194; *Hall*, Lehre vom Corpus Delicti, S. 41; *Sellert/Rüping*, Studien- und Quellenbuch I, S. 264.

384 S. *Schumann*, Vernehmung, S. 81.

385 Vgl. *Bollmann*, Die Stellung des Inquisiten bei Carpzov, S. 41.

386 S. *Zwengel*, Strafverfahren, S. 23 f.

387 Vgl. *Biener*, Beiträge, S. 180, 183; *Ignor*, Geschichte, S. 89 f.

388 S. hierzu *Biener*, Beiträge, S. 180, 183.

389 Die drei Rechtsgelehrten gelten als die „Hauptschöpfer“ des im 19. Jahrhundert geltenden Inquisitionsprozesses, s. *Ersch/Gruber*, Allgemeine Encyclopädie, S. 484. S. hierzu auch *Biener*, Beiträge, S. 180 ff.

390 Die prCrimO 1717 wird 1719 auf andere Provinzen Preußens ausgedehnt, *s. Biener*, Beiträge, S. 183 Fn. 72 m. w. N.; *Schumann*, Vernehmung, S. 80.

391 S. *Biener*, Beiträge, S. 176.

392 S. *Ludovici*, Einleitung, Vorrede, §. V; *Schumann*, Vernehmung, S. 80.

393 Vgl. *Biener*, Beiträge, S. 180 ff.; *Bollmann*, Die Stellung des Inquisiten bei Carpzov, S. 27 ff.

Rechtsgelehrten publizierten Abhandlungen zur Durchführung des Inquisitionsverfahrens in den Blick.

In seinem 1638 erschienenen Werk „Peinlicher Sächsischer Inquisitions- und Acht-Process" beschreibt *Carpzov*[394] den Inquisitionsprozess als außerordentliches Verfahren (processus extraordinarius), dessen Prozedere nicht allseits bekannt sei und deshalb „aus den Büchern erlernet werden muss".[395] Nach *Carpzovs* Ausführungen fand der Inquisitionsprozess grundsätzlich statt bei schweren Delikten, deren Ahndung die in die Zuständigkeit der Obergerichte fiel oder für die peinliche Strafen vorgesehen waren.[396] Daneben hatten die unteren Gerichte bei einer Klage des Verletzten die Möglichkeit, „ex officio zu straffen".[397] Die Verurteilung zu einer peinlichen Strafe setzte weiterhin das Geständnis oder die Bekundung zweier Tatzeugen voraus.[398]

Der bereits mit der CCC endgültig zementierte Prozess der Verkümmerung des Endlichen Rechtstages zu einem bloßen Verkündungstermin des vorher abgefassten Urteils mündete im vollständigen Wegfall des als überflüssig empfundenen Endlichen Rechtstags. Der Inquisitionsprozess war endgültig zu einem schriftlichen und geheimen Verfahren geworden.[399] Als wesentliche Neuerung wurde das Inquisitionsverfahren nunmehr in zwei große Verfahrensstadien unterteilt: die Generalinquisition und die Spezialinquisition.[400] Diese Unterscheidung wurde aus dem römisch-kanonischen Inquisitionsverfahren rezipiert, das strikt zwischen der *inquisitio generalis* und der *inquisitio specialis* differenzierte.[401]

---

394 Zu Leben und Wirken *Carpzovs* s. *Bollmann*, Die Stellung des Inquisiten bei Carpzov, S. 37 ff.; *Oehler*, Carpzovs Practica Nova, S. 105 ff.; *Schild*, Benedikt Carpzov, S. 3 ff.

395 Vgl. *Carpzov*, Inquisition- und Achtsproces, S. 36.

396 S. *Bollmann*, Die Stellung des Inquisiten bei Carpzov, S. 78; *Carpzov*, Inquisitions- und Achtsprocess, S. 36. Gegen diese Einschränkung wandte sich in der Folge *Brunnemann*, der alle Straftaten ex officio verfolgt wissen wollte, da andernfalls auch die Kleinstkriminalität zunehme, s. *Bollmann*, Die Stellung des Inquisiten bei Carpzov, S. 78 unter Berufung auf *Brunnemann*, Tractatus juridicus de inquisitionis processu, Editio 7 – Francofurti et Lipsiae 1697.

397 Vgl. *Carpzov*, Inquisition- und Achtsproces, *S. 36*.

398 Vgl. *Heitsch*, Beweis und Verurteilung, S. 51 ff.; *Carpzov*, Inquisition- und Achtsproces, S. 108; *Ludovici*, Einleitung, S. 52; *Quistorp*, Grundsätze, S. 1060, 1063.

399 S. *Henkel*, Strafverfahrensrecht, S. 47.

400 S. hierzu und zum Folgenden *Bollmann*, Die Stellung des Inquisiten bei Carpzov, S. 48 ff; *Carpzov*, Inquisition- und Achtsproces, S. 45 ff. Zur Erläuterung der einzelnen Verfahrensstadien s. *Hagemeister*, Erörterungen über General- und Special-Inquisition, S. 23 ff.

401 S. *Biener*, Beiträge, S. 169, 182 ff.; *Döring*, Anklage- und Inquisitionsprozeß, S. 46.

Die obrigkeitliche Einleitung und Durchführung des Inquisitionsverfahrens konnte auf einer Anzeigung oder einem „bloßen Gerücht" hinsichtlich einer Straftat basieren.[402] Den ersten, grundlegenden Verfahrensabschnitt bildete sodann die Generalinquisition,[403] die der Rekonstruktion des Tatgeschehens vorbehalten war. Sie diente der Feststellung, ob überhaupt eine Straftat begangen worden war,[404] der Erforschung ihres Corpus Delicti[405] und der Suche nach Indizien,[406] die auf einen Verdächtigen hindeuteten.[407] Dem Richter kam in der Generalinquisition damit die Aufgabe zu, den verfahrenseinleitenden Impuls auf seine Glaubwürdigkeit hin zu überprüfen.[408]

---

402 S. *Carpzov*, Inquisition- und Achtsproces, S. 49 f.: „Die general oder Summarische Inquisition vnnd erkundigung mag von einer jedwedern Obrigkeit (...) uff beschehenes Anzeigungen (...) oder blosses Gerücht vorgenommen (...) Mag derowege die Summarische oder generalinquisition von jedweder Obrigkeit vor die Hand genommen werden / wann hierzu entweder partis laesae denuncati, das ist / die Anzeigung / oder auch nur allein das blosse Gerüchte Anlaß vnnd Ursach gibt (...)."

403 Eine Generalinquisition hatte der Spezialinquisition grds. vorauszugehen, s. *Carpzov*, Inquisition- und Acht Proces, S. 46 f.: „(...) ist hochnötig /daß vor dem Specialinquisitionproces eine summarische Erkundigung vnd nachforschung / sowohl wegen der Missethat als auch deß delinquenten halber / vor die Handt genommen werde / welche Nachforschung dann von den Rechtsgelaehrten eine summarische oder general inquisition genennet vnd vor ganz nothwendig gehalten wird." Entbehrlich war dieser Verfahrensabschnitt nur in den Fällen der handhaften Tat, s. *Carpzov*, Inquisition- und Acht Proces, S. 48.

404 Hinsichtlich der Unterscheidung zwischen Beweis und Indizien orientierte sich *Carpzov* im Wesentlichen an der Indizienlehre der CCC, vgl. *Bollmann*, Die Stellung des Inquisiten bei Carpzov, S. 106 ff.

405 S. *Carpzov*, Inquisition- und Achtsproces, S. 46 f. Die Erforschung des Corpus Delicti bedeutet die Ermittlung des objektiven Tatbestands, losgelöst von der Frage der Täterschaft, vgl. *Bollmann*, Die Stellung des Inquisiten bei Carpzov, S. 97 f.; *Hall*, Lehre vom Corpus Delicti, S. 48, 53 ff. Die Ermittlung des Corpus Delicti erfolgte bei den sog. delicta facti permanentis, bei denen als Verbrechenserfolg ein Augenscheinsobjekt (z. B. Leiche) vorlag, durch formlose Augenscheinsnahme. Bei den sog. delicta facti transeuntis, z. B. einer Beleidigung oder Gotteslästerung, genügte ein durch Zeugenaussage oder andere Beweismittel begründeter Tatverdacht, s. *Eb. Schmidt*, Einführung, S. 196; *Kube*, Beweisverfahren, S. 62.

406 Die durch die Wissenschaft aufgestellte Indizienlehre orientiert sich im Wesentlichen an der durch die CCC normierte, s. hierzu *Bollmann*, Die Stellung des Inquisiten bei Carpzov, S. 106 ff.

407 S. *Bollmann*, Die Stellung des Inquisiten bei Carpzov, S. 115.

408 S. *Bollmann*, Die Stellung des Inquisiten bei Carpzov, S. 96.

Die Generalsinquisition hatte lediglich den Charakter einer „allgemeinen" Untersuchung und richtete sich noch nicht gegen einen konkreten Beschuldigten.[409] Beweiskraft hatten nur die Ermittlungshandlungen in der Spezialinquisition.[410] Erst wenn der objektive Tathergang ausermittelt und ein Verdächtiger hinreichend belastet war, durfte der Richter in der Spezialinquisition gegen diesen vorgehen.[411] Dies diente vor allem dem Schutz des Beschuldigten, für den die Spezialinquisition regelmäßig mit großen Belastungen (zumeist Haft und Folter) sowie mit Ehrverlust und Vermögenseinbußen verbunden war.[412]

a) Generalinquisition und summarisches Verhör

die Ermittlungstätigkeit des Richters in der Generalinquisition konzentrierte sich neben der Augenscheinsnahme zur Feststellung des Corpus Delicti sich vor allem auf das summarische Verhör von Tatzeugen.[413] Summarisches Verhör bedeutet, dass die Auskunftspersonen ganz allgemein nach der Straftat und ihren Umständen gefragt wurden, um so den Sachverhalt möglichst vollständig aufzuklären.[414]

Die Ausgestaltung dieser Befragungsform erschließt sich erst über eine Abgrenzung zu dem sog. artikulierten Verhör der Zeugen und des Verdächtigen als wesentlicher Bestandteil der Spezialinquisition. Bei dem artikulierten Verhör handelte es um eine – insbesondere in der Vorbereitung – aufwendige Vernehmungsform.[415] Das in der Generalinquisition gewonnene Material musste

---

409 S. *Carpzov*, Inquisition- und Achtsproces, S. 47.

410 Vgl. *Sellert/Rüping*, Studien- und Quellenbuch I, S. 341.

411 S. *Carpzov*, Inquisition- und Achtsproces, S. 36: „(...) So ist doch die Special inquisition wieder eine gewisse Person niemahls anzustellen / ehe vnd zuvor der Richter das delictum vnd der Sachen zustande also beschaffen befindet / daß ein rechtmäßiger inquisition proceß darauff angeordnet werden möge." S. auch *Bollmann*, Die Stellung des Inquisiten bei Carpzov, S. 68; *Ignor*, Geschichte, S. 94.

412 S. *Bollmann*, Die Stellung des Inquisiten bei Carpzov, S. 96; *Ignor*, Geschichte, S. 94 f.

413 S. *Carpzov*, Inquisition- und Achtsproces, S. 51: „Wann nun die Obrigkeit entweder die Anrugung oder das Gerüchte vernommen / hat sie zweyerlei Mittel die general inquisition beständiger weise zu verführen / nemblichen durch gerichtliche Besichtigung / vnd durch Abhörung der Personen so umb die Missethat oder Verdacht Wissenschaft tragen / welcher Mittel sie sich zugleich / oder auch nach beschaffenheit der Sachen eines oder deß anderen allein füglichen gebrauchen kan." S. auch *Boehm*, ZStW 61 (1942), 300, 327 ff.

414 Vgl. *Brunnemann/Stryk*, Anstellung des Inquisitions-Processes, S. 11 ff.; *Ludovici*, Einleitung, Cap. I, §. XX., S. 7 f.

415 Vgl. *Ignor*, Geschichte, S. 98; *Kube*, Beweisverfahren, S. 62; *Henkel*, Strafverfahrensrecht, S. 47.

in einzelne, vor der Befragung schriftlich zu fixierende Fragen (sog. Artikel) eingeteilt werden,[416] wodurch der Richter zu präzisem Vorgehen und die Auskunftsperson zu präzisen Auskünften veranlasst werden sollte.[417] Die Antworten mussten zusammen mit den Verhaltensweisen der Auskunftsperson – vor allem des Beschuldigten – protokolliert werden.[418] Die peniblen Vorgaben sollten die Wahrheitssuche durch den Richter fördern[419] und im Verfahren der Aktenversendung[420] den Oberhöfen und Rechtsgelehrten ein möglichst vollständiges Bild von der „Beweisaufnahme" vermitteln.[421]

In Abgrenzung zum artikulierten Verhör beinhaltete das summarische Verhör die Befragung ohne vorgefertigte, verschriftete Fragen, damit aber auch ohne Beweiskraft.[422] Auch der Verdächtige konnte auf der Grundlage von *Brunnemanns* Ausführungen[423] in der Generalinquisition zur Indiziengewinnung als Zeuge summarisch befragt werden. *Ludovici* übernahm diese Möglichkeit in seine „Einleitung zum Peinlichen Proceß"[424], die daraufhin Eingang in die prCrimO 1717 findet.[425]

416 S. *Eb. Schmidt*, Einführung, S. 197; *Henkel*, Strafverfahrensrecht, S. 47; *Sellert/Rüping*, Studien- und Quellenbuch I, S. 266.

417 S. *Carpzov*, Inquisition- und Achtsproces, S. 90 ff.; *Brunnemann/Stryk*, Anstellung des Inquisitions-Processes, S. 18 ff.

418 *Ignor*, Geschichte, S. 99.

419 *Ignor*, Geschichte, S. 99.

420 S. hierzu *Carpzov*, Inquisition- und Achtsproces, S. 116 ff.

421 *Henkel*, Strafverfahrensrecht, S. 47; *Sellert/Rüping*, Studien- und Quellenbuch I, S. 266.

422 Vgl. *Bollmann*, Die Stellung des Inquisiten bei Carpzov, S. 119; *Schumann*, Vernehmung, S. 82 Fn. 135.

423 S. *Brunnemann/Stryk*, Anstellung des Inquisitions-Processes, Cap. III. §. VI. S. 11 f.: „(...) weil bey einer General Inquisition einen jeden Richter freystehet / welche Er als Zeuge abhören will / daß er auch die verdächtige Person selbst / ob sie gleich zur Special Inquisition noch nicht gnugsamen Verdacht wieder sich hat / mit citiren / und unter diesem Vorwand / abhören kann (...)."

424 S. *Ludovici*, Einleitung, Cap. I, §. XX. S. 7 f.: „Sonst giebet auch Brunnemann in seiner Anleitung / zu vorsichtiger Anstellung des Inquisition-Processes Cap. III. §. VI. ein hübsches Mittel an die Hand / wie man die verdächtige Person selbst bey der general-inquisition mit zum examine ziehen könne / nemlich / weil bey einer general-inquisition einem jeden Richter frey stehet / all diejenige / welche er will / als Zeugen abzuhören / so kann er auch die verdächtige Person selbst / ob sie gleich zu special-inquisition noch nicht gnugsamen Verdacht wieder sich hat / mit citiren / und unter diesem Vorwand abhören / daß sie nicht als ein inquisit, sondern nur als ein Zeuge erfordert sey / ihre Wissenschaft von der Sache zu eröffnen (...)."

425 S. § 15 Cap. III. Criminalordnung vor die Chur- und Neumark von 1717 (prCrimO 1717), abgedruckt bei *Brich*, Criminalrecht, S. 185 Fn. 421: „(...) Ob auch wohl dem

Die Durchführung des summarischen Verhörs erläutert *Carpzov* nur rudimentär. Er erwähnt lediglich, dass ein auf „gewissen articul“ basierendes Verhör in der Generalinquisition schlicht nicht vonnöten sei und gleichfalls auch nicht durchgeführt werden könne, weil in diesem frühen Verfahrensstadium noch kein „factum oder indicium“ ausermittelt sei, auf das ein artikuliertes Verhör erfolgen könne. *Carpzov* grenzt damit summarisches und artikuliertes Verhör über die Notwendigkeit verschrifteter Fragen und Antworten ab. Die Generalinquisition und das hier durchzuführende summarische Verhör dienten vielmehr erst der Erlangung von Indizien und eines konkreten Verdachts.[426] Die Zeugenaussage im summarischen Verhör nennt *Carpzov* „Zeugen Bericht“. Wie genau dieser Bericht zu erfragen oder wie der Zeuge zu einem solchen zu veranlassen war, legte *Carpzov* dagegen nicht fest.

Hingegen findet sich bei *Brunnemann* eine sehr eingehende Regelung hinsichtlich der Art und Weise der Befragung innerhalb des summarischen Verhörs. In der aus dem Jahr 1967 stammenden deutschen Übersetzung seines Tractatus durch *Johann Samuel Stryk* führt er in Cap. III. §. V. Beispiele dafür auf, wie der Richter die Auskunftsperson zu befragen hat. *Brunnemann* benutzt synonym für Zeugenaussage im summarischen Verhör den Begriff „Bericht“ und listet danach Fragebeispiele auf, um diesen Bericht zu erlangen. „Hinter die Gewißheit der Person des Delinquenten“ komme der Richter, indem

---

Richter bey der General-Inquisition frey stehet, einen jeden, und also auch denjenigen, welchen er der That halber in Verdacht hat, als einen Zeugen vorzufordern, und denselben über seine Wissenschaft zu befragen; so muß dennoch der Richter, schweren Mein = Eyd zu vermeyden, diesem mit keinem Eyde belegen, sondern es bey obigen gemeinen und dergleichen Fragstücken bewenden lassen, inzwischen aber auf der verdächtigen Person Gebehrden, Gesicht und dabei vorkommenden Veränderung fleißig acht haben, und solches alles, wiewol dennoch mit behöriger Behutsamkeit, verzeichnen lassen.“

426 S. *Carpzov*, Inquisition- und Achtsproces, S. 52: „Wiewohl auch sonsten bey dem special Inquisition proceß die Zeugen auff gewisse articul abgehöret werden müssen (…). So ist doch solches bey der general Inquisition gleichesfals vnvonnöhten/kann auch dasselbe nicht füglichen geschehen / weil noch kein factum oder indicium darauff zu articuliren verhanden / sondern eben zu dem Ende vnd damit die Übelthat oder derselben gewisse indicia vnnd Verdacht erkundet werden; seyn die Personen so darumb Wissenschaft tragen zu vernehmen / vnd derer Summarische Aussage / wie die auch nur beschaffen / ordentlichen zu registriren. Auf welchen der Zeugen Bericht nachmahls das Richterliche Ampt sich zu gründen / vnd den special Inquisition proceß anzustellen hat.“

er diejenigen Auskunftspersonen vorlade, von denen er die Ableistung eines „beglaubten Berichts“ erwartet und diesen Person „anfangs eine ganz gemeine Frage“ stellt, nämlich – beispielhaft – ob die Auskunftspersonen „nicht gehöret hätten / daß sich dieses oder jenes zugetragen?“ und woher sie dies wüssten oder ob ihnen z. B. verfeindete Personen bekannt seien, die als Tatverdächtige in Betracht kämen.[427]

Dem Charakter der Befragung nach findet sich hier also eine Anleitung, die eine beachtenswerte Parallele zu der heutigen Regelung des § 69 Abs. 1 StPO aufweist. Nach *Brunnemann* hat der Richter die jeweilige Zeugenaussage durch allgemein gehalten Fragen herbeizuführen. Die nur beispielhaft aufgelisteten Fragen lassen zudem erkennen, dass eine starre Vorgabe für die Art und Weise der Befragung nicht vorgesehen war. Der Richter selbst durfte laut *Brunnemann* dem Zeugen den Namen eines Verdächtigen nicht vorgeben, denn sonst würde – ohne dass ausreichende Indizien vorliegen – „aus der General Inquisition eine specialis werden“.[428] Eine weitere Regelung zur Formulierung der Fragen findet sich in Cap. III. § XI. Dort bemerkt *Brunnemann*, dass in der Generalinquisition „die Fragen auch generaliter eingerichtet“ werden müssten.[429]

---

427 S. *Brunnemann/Stryk*, Anstellung des Inquisitions-Processes, Cap. III., §. V. S. 11: „Hinter die Gewißheit der Person des Delinquenten komt man auf folgende Arth: Es werden etliche Leute citiret oder vorgefordert / von welchen man davor hält / daß sie beglaubten Bericht abstatten können / diesen wird Anfangs eine ganz gemeine Frage vorgeleget: Ob sie nicht gehöret hätten / daß sich dieses oder jenes zugetragen? Woher sie die Wissenschaft halten? Ob ihnen nicht bekand / daß der entleibte mit jemand in Feindschafft gelebet? Wer derselbe sey? welche Sie vor andern wohl in Verdacht hätten / dieses gethan zu haben? Ob sie nicht einen oder den anderen nennen könten / welcher gewißen Bericht von dieser Sache abzustatten wüßte? (…).“

428 S. *Brunnemann/Stryk*, Anstellung des Inquisitions-Processes, Cap. III., §. V. S. 11: „(…) Wobey sich der Richter vorsehen muß / daß Er selbst keine Person benenne / denn sonst würde aus der General Inquisition eine specialis werden / welche ohne gnugsamen indiciis nicht vorzunehmen.“

429 S. *Brunnemann/Stryk*, Anstellung des Inquisitions-Processes, Cap. III., §. XI. S. 14: „Übrigens müssen in einer general inquisition die Fragen auch generaliter eingerichtet werden / so viel sich nur immer thun lässet / Z. B. ob Zeuge von jemand gehöret / so der Hexerey beschuldiget worden? und also auch in andern Lastern / Z. B. ob Zeuge gehöret / daß jemand Gott gelästert? Wann Zeuge nun dieses verneint / muß er befraget werden / ob er ihm getraue mit guten Gewißen eydlich auszusagen / daß er hiervon ganz keine Wissenschaft habe? Item ob nicht Zeuge gehöret / daß ein Kinder = Mordt in der Stadt vorgegangen? von wem Er solches gehöret? an welchen Ort es verübet seyn soll?“

Die anschließenden Beispiele verdeutlichen den informativen Charakter des Zeugenverhörs. Es zielt auf die Gewinnung von Indizien in Bezug auf den Tatverdacht ab. Soweit der Zeuge keine Angaben machen könne, müsse er „befraget werden / ob er ihm getraue mit guten Gewißen eydlich auszusagen / daß er hiervon ganz keine Wissenschaft habe?". Die Androhung der Eidesleistung wurde von *Brunnemann* demnach als Druckmittel zur Aussagebereitschaft eingesetzt.

In Bezug auf die Art und Weise der Befragung im summarischen Verhör bemerkt *Ludovici* in seiner „Einleitung zum peinlichen Proceß" (1707) lediglich zweierlei, nämlich dass die Befragung „nur summarisch" zu erfolgen habe und „ohne vorhergehende Eydesleistung". Die Androhung bzw. Vereidigung selbst sollte nach *Ludovici* die Aussagebereitschaft bei Zeugen herbeiführen, die nach den Umständen der Tat etwas wissen mussten, gleichwohl nicht aussagen wollten.[430] Hinsichtlich des Verbots von Suggestionen findet sich bei *Ludovici* eine zu *Brunnemann* vergleichbare Regelung, die darauf gründet, dass „der Richter den Zeugen die Worte nicht in den Mund legen soll / welches die Rechtslehrer eine verbotene Suggestion zu nennen pflegen."[431] Dieses Verbot von Suggestionen war mit ähnlichem Wortlaut bereits in der CCC kodifiziert (Art. 56 CCC).

Es bleibt festzuhalten, dass summarische Verhöre sich noch nicht gegen einen konkreten Beschuldigten richteten, sondern einzig den Zweck der Gewinnung von Indizien verfolgten, die auf einen solchen hindeuteten und zur Spezialinquisition – hier insbesondere das artikulierte Verhör mit dem Beschuldigten – berechtigten. Die Zeugenaussagen hatten lediglich informatorischen Charakter, weshalb die eindringliche Ermahnung zur wahrheitsgemäßen Aussage in Form der (angedrohten) Vereidigung nur in Ausnahmefällen angezeigt erschien.[432]

---

430 S. *Ludovici,* Einleitung, Cap. I, §. XIX. S. 7.: „Die Abhörung der Zeugen bey der general-inquisition geschiehet ordentlicher Weise nur summarisch und ohne vorgehende Eydes-Leistung. Jedennoch aber / wenn etwa der Richter sähe / daß die Zeugen mit der Sprache nicht heraus wolten / und aber doch die Umstände gäben / daß sie einige Wissenschaft der Sache haben müssen / so ist ihm alsdann unvernehmet / die Zeugen entweder mit de Eyde zu schrecken / oder auch selbe damit würcklich zu belegen (...)."

431 S. *Ludovici,* Einleitung, Cap. I, §. XVIII. S. 7.

432 S. *Bollmann,* Die Stellung des Inquisiten bei Carpzov, S. 119.

b) Spezialinquisition und artikuliertes Verhör

War der objektive Tatbestand der Tat hinreichend ausermittelt und ein Verdächtiger durch die in der Generalinquisition gesammelten Indizien hinreichend belastet, durfte der Richter gegen diesen selbst vorgehen, was in der Spezialinquisition erfolgte.[433] Ihr Zweck war die Überführung des Beschuldigten.[434] Die Entscheidung, ob die gesammelten Indizien zur Einleitung der Spezialinquisition gegen einen konkreten Verdächtigen ausreichten, ob also der zum Übergang in die Spezialinquisition und der Verhaftung berechtigende erforderliche „gnugsame"[435] Verdachtsgrad vorlag, war dem freien Ermessen des Richters, seinem „Judicium" überlassen.[436] *Carpzov* setzte diesen „gnugsamen" Verdachtsgrad vergleichsweise hoch an, was zum einen in den negativen Folgen für den Ehr- und Rechtsstatus[437] des Inquisiten[438] und zum anderen mit den drohenden Peinlichen Strafen (Verurteilung zu Leibes- oder Todesstrafe) begründet lag.[439] Im Hinblick darauf forderte *Carpzov* die „Gewißheit"[440] der Tat ein behutsames

---

433 S. *Bollmann*, Die Stellung des Inquisiten bei Carpzov, S. 68 f.; *Sellert/Rüping*, Studien- und Quellenbuch I, S. 266.

434 S. *Conrad*, Rechtsgeschichte II, S. 430; *Henkel*, Strafverfahrensrecht, S. 47; *Kube*, Beweisverfahren, S. 62. Aus dem inculpatus bzw. denunciatus in der Generalinquisition wurde jetzt der inquisitus, *Bollmann*, Die Stellung des Inquisiten bei Carpzov, S. 122.

435 S. *Carpzov*, Inquisition- und Achtsproces, S. 42 f.

436 S. *Ludovici*, Einleitung, Cap. II, §. I. S. 9: „Zwischen der general- und special-inquisition pflegt es gemeiniglich auf die Frage anzukommen / ob nicht der Richter der verdächtigen Person sich zu versichern und dieselbe zur gefänglichen Haft bringen zu lassen berechtigt seye? (…)" und Cap. II. §. III. S. 9 f.: „Was ist denn nun zu thun? Nichts anders / als daß ein Richter wohl überlegen und erwegen muß / ob diejenige Anzeigungen / welche sich bey der general-inquisition hervor gethan / zureichend seyn / daß er deshalb den Verdächtigen zur Haft bringen könne / oder nicht? Allein / hier entstehet die Frage / welche indicia dann vor zureichend zu halten? Darauf kann ich weiter nichts zur Antwort geben / als daß es auf des Richters Ermessen ankomme. (…) Ein Richter muß selbst ein Judicium haben (…)." Vgl. auch *Sellert/Rüping*, Studien- und Quellenbuch I, S. 266.

437 Vgl. zum Ehrdiskurs in Spätmittelalter und Früher Neuzeit *Dinges*, Ehre, S. 32 ff.; *Schreiner/Schwerhoff*, Verletzte Ehre, S. 1 ff., 12 ff.; *Frevert*, Ehrenmänner, S. 24 ff.

438 Auf diese Wirkung der Spezialinquisition weist später *Ludovici*, Einleitung, Cap. IV. § I., S. 33 f. ausdrücklich hin und benennt sie als Grund für die Einrichtung der defensio pro avertenda inquisitione als Möglichkeit, die Spezialinqusition abzuwenden.

439 *Schumann*, Vernehmung, S. 84.

440 S. *Carpzov*, Inquisition- und Achtsproces, 46: „Es ist bei Anstellung vnnd Ausübung deß inquisition processus auff zweyerley gute Acht zu haben (…) Dann ja nicht wider

Vorgehen. Zusätzlich war die Anwesenheit des Beschuldigten Zulässigkeitsvoraussetzung, weshalb die Zäsur für den Übergang in die Spezialinquisition in der Verhaftung (Kaptur) des Verdächtigen lag.[441] War der Inquisit nicht bereits in der Generalinquisition summarisch als Zeuge verhört worden, erfuhr er erst jetzt von den ihn zur Last gelegten Vorwürfen.[442] Mit der Verhaftung wurde dem Verdächtigen die Möglichkeit einer Einflussnahme auf die Gestaltung des Beweismaterials genommen, und er wurde zum bloßen Untersuchungsobjekt der Obrigkeit herabgestuft.[443] Da als Urteilsgrundlage nach wie vor nur ein Geständnis des Inquisiten – freiwillig oder in der Folter erzwungen – oder der Beweis durch zwei Tatzeugen zulässig waren, erschöpften sich die Untersuchungen in der Spezialinquisition in dem Verhör des Verhafteten und der Zeugen.[444] Das Geständnis galt weiterhin als *regina probationim.*

aa) Artikuliertes Verhör des Inquisiten

Das anfängliche Verhör des Inquisiten in der Spezialinquisition[445] war zwingend, ein „ganz nothwendiges Stück der rechtmessigen inquisition",[446] weil niemand ohne rechtliches Gehör verurteilt werden sollte.[447] Die Verhörskommission bildete das mit einem Richter und zwei Schöffen ordnungsgemäß besetzte

---

jemand zu inquiriren, vielweniger eine Person zubestraffen ehe vnnd zuvor mann gewiß ist / daß eine Verbrechung oder Missethat begangen worden / dieselbe auch dermassen qualificirt vnnd beschaffen sey / deß darauff die specialinquisition anzustellen (…)".

441 Vgl. *Brunnemann/Stryk*, Anstellung des Inquisitions-Processes, Überschrift Cap. IV. S. 18 („Von der Special Inquisition, und wie der Gefangene zu examiniren"); *Carpzov*, Inquisition- und Achtsproces, Tit. IV. Einleitung S. 61 („… wird der inquisition proceß wieder dieselbige Person vorgenommen / dessen anfang von der gefänglichen Annehmung gemacht …"). Vgl. hierzu auch *Bollmann*, Die Stellung des Inquisiten bei Carpzov, S. 122, 124; *Eb. Schmidt*, Einführung, S. 177, 196; *Döring*, Anklage- und Inquisitionsprozeß, S. 51; *Mitteis/Lieberich*, Rechtsgeschichte, S. 404; *Sellert/Rüping*, Studien- und Quellenbuch I, S. 266.

442 *Sellert/Rüping*, Studien- und Quellenbuch I, S. 266.

443 *Eb. Schmidt*, Einführung, S. 196.

444 S. *Bollmann*, Die Stellung des Inquisiten bei Carpzov, S. 153.

445 Ein Protokoll zu einem artikulierten Verhör in der Sache Schaffmann gegen Lachermeyer (Regensburg, 1636-1639) mit Beschreibung der angewendeten Tortur findet sich bei *Kleinheyer*, Zur Rechtsgestalt von Akkusationsprozeß und peinlicher Frage im frühen 17. Jahrhundert, S. 9 ff.

446 S. *Carpzov*, Inquisition- und Achtsproces, S. 90.

447 *Bollmann*, Die Stellung des Inquisiten bei Carpzov, S. 154.

Gericht.[448] Zusätzlich musste ein vereideter „Notarius“ dem Verhör beiwohnen,[449] der die Aussage des Inquisiten aufzeichnen sollte.[450] Nach Vorhalt der Beschuldigungen vollzog sich das artikulierte Verhör[451] in einzelnen, schriftlich vorgefertigten Fragen, die das in der Generalinquisition ermittelte Indizienmaterial zum Gegenstand hatten.[452]

(1) Carpzov

Die Anweisungen zur Durchführung des artikulierten Verhörs sind bereits bei *Carpzov* dezidiert festgelegt.[453] Der Richter hatte vor der Befragung das komplette Beweismaterial in einzelne Fragen (sog. Artikel) aufzuteilen und schriftlich niederzulegen, wodurch er zu präzisem Vorgehen und die Auskunftsperson zu präzisen Antworten veranlasst werden sollten.[454] Gegenstand der einzelnen Artikel war deshalb nur das in der Generalinquisition ermittelte Corpus Delicti.[455] Der Richter musste diese sog. Inquisitional-Artikel in kurzen, klaren und deutlichen Worten verfassen, um auf der einen Seite eine etwaige Verwirrung des Inquisiten zu vermeiden, auf der anderen Seite aber auch, um unnötige Weitschweifigkeiten und Wiederholungen auszuschließen und dadurch die urteilsabfassenden Schöppenstühle nicht zu beschweren.[456] Bei den Inquisitional-Artikeln handelte

---

448 S. *Bollmann*, Die Stellung des Inquisiten bei Carpzov, S. 153; *Carpzov*, Inquisition- und Achtsproces, S. 95.

449 S. *Carpzov*, Inquisition- und Achtsproces, S. 96; *Brunnemann/Stryk*, Anstellung des Inquisitions-Processes, Cap. IV., §. XV. S. 22.

450 S. *Carpzov*, Inquisition- und Achtsproces, S. 97, 98.

451 *Glaser*, Beweis, S. 97; *Kube*, Beweisverfahren, S. 62; *Henkel*, Strafverfahrensrecht, S. 47.

452 S. *Eb. Schmidt*, Einführung, S. 197; *Glaser*, Beweis, S. 97; *Henkel*, Strafverfahrensrecht, S. 47; *Ignor*, Geschichte, S. 98; *Kube*, Beweisverfahren *Sellert/Rüping*, Studien- und Quellenbuch I, S. 266.

453 Vgl. *Carpzov*, Inquisition- und Achtsproces, S. 90 ff.

454 S. *Carpzov*, Inquisition- und Achtsproces, S. 90.

455 S. *Carpzov*, Inquisition- und Achtsproces, S. 92: „(...) Ingleichen hat sich das Richterliche Ampt bey Abfassung der inquisitional articul wohl fürzusehen / damit solche einig vnd allein auff die Missethat / derer inquisitur durch genugsamen Verdacht berüchtiget ist / wie auch auff die indici deß Verdachts gerichtet / vnd keines weges andere Übelthaten / so weder bey der summarischen Inquisition erkundet (...).“; *Carpzov*, Inquisition- und Achtsproces, S. 93: „Soll demnach einig vnd allein die Missethat derer inquisitus beschuldiget vnd verdächtig (...) articuliret werden (...).“

456 S. *Carpzov*, Inquisition- und Achtsproces, S. 92: „(...) daß solches mit klärlichen vnd deutlichen Worten / auch sein kurz und rund geschehe / damit nit an einem thei inquisitus durch dunkele Befragung irre gemacht / vnd gefährdet / anderstheils aber durcc vnnöthige Weitleuffigkeit vnd verdrießliche Wiederholung einerley dinges / die Schöppenstühle nicht beschweret werden.“

es sich um geschlossene Fragen, auf die der Inquisit klar und deutlich, kategorisch mit Ja oder Nein zu antworten hatte.[457] Ein summarisches Verhör des Inquisiten durch offene Fragen hielt *Carpzov* für nicht zweckmäßig. Nach seiner Ansicht bot nur die „articuls weise" Vernehmung Gewähr dafür, dass der Richter nicht übereilt vorgeht und dadurch der „inquisitus gefährdet werde".[458] Das sollte nach *Carpzov* selbst dann gelten, wenn der Inquisit zuvor seine Aussage schon einmal summarisch geleistet hat.[459]

Die Befragung durch die klar umrissenen, auf nur ein Fragestück beschränkten Artikel diente der umfassenden Wahrheitsermittlung. Die Befragung hatte – in Abkehr zu der klaren Formulierung in der Carolina (Art. 46 CCC) – ohne Androhung der Folter stattzufinden, weil der Inquisit sein Geständnis freiwillig und ohne Furcht oder Zwang ableisten sollte.[460] In dieser Formulierung zeigt sich die immer noch vorherrschende sakrale Auffassung vom Geständnis als Bekenntnis zur Wahrheit. Verboten war dem Gericht außerdem, durch Gnadenversprechen oder das Versprechen „einer Linderung" der Strafe auf ein Geständnis des Inquisiten hinzuwirken.[461] Die Antworten auf die einzelnen Fragen waren schließlich wörtlich zu protokollieren,[462] was einerseits die Wahrheitssuche fördern und andererseits im Verfahren der Aktenversendung

457 S. *Carpzov*, Inquisition- und Achtsproces, S. 99: „Inquisitus soll auff die abgefaßten inquistional articul seine Aussage vnd Antwort ohne Eyd / (I) auch klar vnd deutlichen / (II) mit ja oder nein(…) zu thun angehalten werden VI)."

458 S. *Carpzov*, Inquisition- und Achtsproces, S. 91: „Es ist nicht gnug / daß inquisitus auff die ihme zugemessene Vorbrechung vnd Missethat summariter vnnd in gemein vernommen werde / sondern es muß das examen articuls weise geschehen / darumb / wenn gleich inquisit seine aussage einmahl summariter gethan / ist er doch dabey nicht zu lassen / sondern ehe vnd zuvor in inquisition proceß weiter verfahren wird / noch einsten auff gewisse articul zuvernehmen / dann nicht etwa das Richterliche Ampt in diesen schweren Sachen / so eines Menschen Leben vnd Blut betreffen ex tumultuario examine sich übereile / vnd dadurch inquisitus gefährdet werde."

459 S. *Carpzov*, Inquisition- und Achtsproces, S. 91: „(…) wenn gleich inquisit seine aussage einmahl summariter gethan / ist er doch dabey nicht zu lassen / sondern ehe vnd zuvor in inquisition proceß weiter verfahren wird / noch einsten auff gewisse articul zuvernehmen."

460 S. *Carpzov*, Inquisition- und Achtsproces, S. 96: „Es muß aber das examen vnnd Verhör deß inquisiti in gutem geschehen / ohne einige Betrawung der scharffen Frage (…). Weil die Verhör anfangs in gutem geschehen vnd inquisitus sein Bekanntnüß freywillig / ohne Furcht vnd Zwang thun soll."

461 Vgl. *Carpzov*, Inquisition- und Achtsproces, S. 96.

462 *Carpzov*, Inquisition- und Achtsproces, S. 96 f.

einen vollumfänglichen Verfahrenseinblick gewährleisten sollte.[463] Der Inquisit hat persönlich zu antworten; auch eine verschriftete Antwort auf die Fragen war ihm untersagt.[464] Dies lag darin begründet, dass mit der persönlichen Aussage des Inquirenten seine als „Wahrzeichen" bezeichneten Reaktionen und Verhaltensweisen erlangt werden sollten.[465] Sofern der Inquisit in seinem Verhör „gar nit antworten wollte", waren die Inquisitionsakten an die Schöppenstühle zur Entscheidung über die Anwendung der Folter („scharffe Frage") oder ein erneutes Verhör zu übersenden. Entschied der Schöppenstuhl auf Durchführung der Folter, war dem „Urtheil" strikt nachzukommen und durch die Folter eine Antwort vom Inquisiten zu erzwingen.[466] Die Folter durfte nach *Carpzov* also nicht zur unmittelbaren Erlangung des Geständnisses, sondern nur zur Herbeiführung der Aussagebereitschaft eingesetzt werden, gleichwohl mit dem Ziel, ein Geständnis als Urteilsgrundlage zu erlangen.

(2) Brunnemann

Bei *Brunnemann* finden sich ähnlich umfangreiche Regelungen hinsichtlich des Verhörs der Inquisiten.[467] Auch bei ihm muss die „Abhörung" des Inquisiten in der Spezialinquisition „Artickelsweiße"[468] geschehen und diese Artickel „müssen

463 *Henkel*, Strafverfahrensrecht, S. 47; *Sellert/Rüping*, Studien- und Quellenbuch I, S. 266.

464 S. *Carpzov*, Inquisition- und Achtsproces, S. 101:

465 S. *Carpzov*, Inquisition- und Achtsproces, S. 101: „(IV) Ferner ist inquisitus seine Antwort auff die Articul selbsten vnd in eigener Person zu thun schuldig (…). Welches auch seine vernünfftige Ursach hat / damit nemblichen die Gerichte auß deß inquisiti Gesichte / Geberden / zitterenter Rede / Verenderung der Farbe vnd dergleichen Wahrzeichen / so sich an deß inquisiti Person zuereygnen pflegen / deso leichtlicher hinter den Grund der Wahrheit gelangen mögen / wie hiervon weiläufftiger geschrieben. (V) Aus ebenmäßigen Ursachen ist auch nicht zuzulassen / daß inquisit seine Antwort in Schriften eingebe / sondern er ist dieselbe mündlichen vor denen Gerichtspersonen zuthun schuldig / damit nemblichen / auß dem Gesichte / Reden vnd anderen Geberden des gegenwertigen inquisiti, die Wahrheit desto ehe an das Tage Liecht bracht werde."

466 S. *Carpzov*, Inquisition- und Achtsproces, S. 102: „(…) gar nit antworten wollte? In solchem Fall will den Gerichten obliegen / mit Überschickung der ergangenen inquisitionacten, bey des Schöppenstühlen sich hierüber deß Rechten belehren zu lassen. Vnd wann nach Beschaffenheit der Sachen die scharffe Frag off gewisse Masse dem delinquenten zuerkandt / oder aber (…) ihm nochmals die Antwort zu thun auferleget wird / dem gesprochenen Urtheil stricte nachzukommen und durch solche Mittel die Antwort zu erzwingen."

467 S. zum Folgenden *Brunnemann/Stryk*, Anstellung des Inquisitions-Processes, S. 18 ff.

468 S. *Brunnemann/Stryk*, Anstellung des Inquisitions-Processes, Cap. II., §. VIII. S. 9: „Wann nun der Richter zur Special Inquisition schreiten will (…) alsdenn muss

durch Fragen“[469] so eingerichtet sein, dass ein Artikel nicht „unterschiedliche Facta und Umbstände“ betrifft.[470] Inhalt der Artikel waren die in der Generalinquisition gewonnenen Indizien.[471] Jeder Artikel durfte zudem nur einen einzelnen Umstand zum Gegenstand haben.[472]

Abweichend von den Bestimmungen bei *Carpzov* forderte *Brunnemann* aber nicht mehr, dass die Artikel so eingerichtet werden, dass sie kategorisch mit Ja oder Nein zu beantworten waren. Zwar müssten sie „Fragen“ an den Inquisiten beinhalten, diese aber dergestalt lauten, „ob er nicht dieses und jenes verrichtet?“. Nur ausnahmsweise, wenn es sich um allgemeinkundige Umstände handele, dürften die Artikel „Bejahungs Weise“ vorgelegt werden.[473] Auch eine längere Antwort auf die Fragestücke war demnach möglich. Zudem konnte der Richter bei „halsstarrigen und obstinaten“ Inquisiten das Verhör zweiteilen und zunächst die grundsätzlich im summarischen Verhör anzubringenden „general-Fragen“ stellen und erst danach ihn „specialiter befragen“.[474] Die Antworten

---

er vor allen Dingen auff des Inquisitens ordentliche Abhörung bedacht seyn / welches doch Artickelsweiße geschehen muss.“

469 *Brunnemann/Stryk*, Anstellung des Inquisitions-Processes, Cap. IV., §. II. S. 18: „Die Artickel aber müssen durch Fragen eingerichtet seyn / ob er nicht dieses und jenes verrichtet? (...).“

470 S. *Brunnemann/Stryk*, Anstellung des Inquisitions-Processes, Cap. IV., §. VII. S. 20: „Dieses aber ist gar wohl in achtzunehmen / daß die Articul so müssen verfasset werden / damit nicht unter einem Articul unterschiedliche Facta und Umbstände begriffen werden (...).“

471 S. *Brunnemann/Stryk*, Anstellung des Inquisitions-Processes, Cap. IV., §. XIII. S. 22: „Die Articul müssen aus denen Indiciis formiret / und nach der Arth des jeglichen Umbstandes eingerichtet werden.“

472 *Brunnemann/Stryk*, Anstellung des Inquisitions-Processes, Cap. IV., §. VII. S. 20: (...) besondern ein einzelner Articul muß auch nur einen einzelnen Umbstand in sich haben / den sonsten würde ein einfältiger Mensche welche auff einen zwiefachen Artickel einfach antwortet / sich offt sehr praejudiciren.“

473 S. *Brunnemann/Stryk*, Anstellung des Inquisitions-Processes, Cap. IV., §. II. S. 18.

474 S. *Brunnemann/Stryk*, Anstellung des Inquisitions-Processes, Cap. IV., §. XIV. S. 22: „Dieweil auch ein Richter öffters mit halsstarrigen und obstinaten Leuten zuthun / ist es dienlich / daß Er das examen theile / und nicht mit eins verrichte / sondern es zum erstenmahl bey denen general-Fragen laße / und zum andernmahle ihn specialiter befrage / auch solche Fragen formire / daß er Inquisit dadurch zur Aussagung der Warheit desto eher gebracht werde. Wo aber der Inquisit einmahl anfängt die That zugestehen / muß der Richter das Examen fortsetzen / und nicht eher auffhören / biß Er der ganzen That geständig.“

des Inquisiten warten wörtlich nebst etwaigen körperlichen Reaktionen auf die Eröffnung der einzelnen Fragen wie Röte oder Blässe zu protokollieren.[475]

Auch nach *Brunnemann* war der schweigende oder der zweideutig antwortende Inquisit durch die Androhung oder Anwendung der Folter zur Aussage zu zwingen. Entgegen der Carpzovschen Bestimmungen mussten nach *Brunnemann* die Akten aber nicht mehr zur Entscheidung über die Zulassung verschickt werden, sondern nach dreimaligem (erfolglosem) Drohen war die Folter anzuwenden. In der Peinlichen Befragung selbst durfte jedoch nur die Frage gestellt werden „ob er antworten wolle oder nicht"; erst danach durfte die beweiskräftige Befragung mit den Artikeln fortgesetzt werden.[476] Das Anbieten von Strafmilderung zur Geständniserlangung war nach *Brunnemann* unzulässig, wenn nicht zuvor die obrigkeitliche Genehmigung hierzu eingeholt worden war.[477]

Darüber hinaus findet sich in Bezug auf das Verhör des Inquisiten in der Spezialinquisition bei *Brunnemann* die Bestimmung, dass „bevor aber der Inquisit (…) auff die Articul antworte", er zur „Erzehlung des Facti" angehalten werden könne, indem man ihn frage, „ob er nemblich nicht wisse / warumb er vors Gericht geladen sey?"[478] Dieses fakultative Einfordern einer Erzählung des sog. Faktums erinnert stark an die Regelung des § 69 Abs. 1 StPO. Eine Erläuterung, die den Zweck dieser Regelung offenbaren könnte, liefert *Brunnemann* nicht. In Anbetracht der Zielrichtung des Verhörs des Inquisiten in der Spezialinquisition,

---

475 S. hierzu *Brunnemann/Stryk*, Anstellung des Inquisitions-Processes, Cap. IV., §. XV. S. 22.

476 S. *Brunnemann/Stryk*, Anstellung des Inquisitions-Processes, Cap. IV., §. VI. S. 19 f.: Zuweilen trägt es sich auch zu / daß der Angeklagte auf die Artickel im geringsten nichts antworten will / auff welchen Fall der Richter und Bedrohung der peinlichen Befragung dem Inquisiten zu dreymahlen hierzu anmahnen soll / und wo dieses nicht verfangen will / wird er durch den Scharffrichter torquiret / und befragte / oder er antworten wolle oder nicht? Ein mehres ist nicht zuläßlich durch die Peinigung in diesen Stück von ihm zu erfragen / sondern er muß hernach auf die Artickel ohne Peinigung befraget werden / welches auch statt findet / wenn der Inquisit nicht categorice und rein heraus sagen will / sondern sich zweydeutiger Wörter gebrauchet (…)."

477 S. *Brunnemann/Stryk*, Anstellung des Inquisitions-Processes, Cap. IV., §. XII. S. 21 f.

478 S. *Brunnemann/Stryk*, Anstellung des Inquisitions-Processes, Cap. IV., §. X. S. 21: „bevor aber Inquisit, absonderlich wann er bereits zur Hafft gebracht ist / auff die Articul antworte / kann er gefraget werden / ober auch wisse aus war vor Uhrsachen / wie und welcher gestalt er in gefängliche Hafft gebracht / mag auch zur Erzehlung des Facti angehalten werden / wiewohl auch dieses geschehen kan / wann er nur zum erstenmahl vorgefordert wird / ob er nemblich nicht wisse / warumb er vors Gerichte geladen sey?"

von diesem ein Geständnis zu erlangen, liegt der Schluss nahe, dass dazu das Einfordern der Factums-Erzählung als probates Mittel zur Erlangung eine solchen angesehen wurde.

(3) Ludovici

Die Möglichkeit, den Verdächtigen bereits in der Generalinquisition als Zeugen summarisch zu verhören, nennt auch bei *Ludovici*.[479] Zudem findet sich bei ihm in Bezug auf das Verhör des Inquisiten in der Spezialinquisition ebenfalls die von *Brunnemann* getroffene Bestimmung, den Inquisiten über das „factum summarisch (...) erzehlen" zu lassen, ehe der Richter diesen über die vor dem Verhör abzufassenden Inquisitional-Artikel[480] vernahm.[481]

Das Verhör des Inquisiten teilte sich bei *Ludovici* also in die anfängliche „summarische Erzehlung" und die darauffolgende Befragung über die schriftlichen Inquisitional-Artikel. Die von *Ludovici* erwähnte Strukturierung des Verhörs – bei ihm heißt es „Verhörung"[482] – entspricht jedenfalls dem ersten Anschein nach der heutigen Vernehmungsstruktur in § 69 StPO. Umso bedeutungsvoller sind für die hiesige Untersuchung die Erläuterungen *Ludovicis*:[483]

> *„Ehe man aber den Inquisiten auf solche Articul befraget / pfleget man ihn gemeiniglich dahin anzuhalten / daß er das factum vorher summarisch erzehle / welche seine summarische Erzehlung mit allem Fleiß registriret wird. Gesetzt nun aber / daß der Inquisit so aufrichtig handelte / und alsdann sofort zugestünde / so kann doch der Richter nicht alsobald darauf die Ackten zum Spruch Rechtens verschicken / weilen nichts als ein leeres Urtheil erfolgen würde / sondern er muß nichts destoweniger vorbemelte Articul abfassen / und den Inquisiten darüber abhören. Dieses geschiehet zu dem Ende / damit sich der Inquisit recht deutlich erklären könne / weil er in der summarischen Erzehlung gar leichte einen und den andern Umbstand / welcher doch entweder zu seiner künfftigen Bestraffung / oder auch im Gegentheil zu seiner Entschuldigung ein merckliches beyträget / aussenlassen kann. Ja /er überkömmet auch dadurch Gelegenheit / einen oder andern Irrthum / den er in der summarischen relation etwa begangen / wiederumb zu ändern und zu verbessern. Eben so wird es auch gehalten / wenn geich der Inquisit bey der summarischen Verhör alles*

479 S. *Ludovici*, Einleitung, Cap. I, §. XX. S. 7 f.

480 S. *Ludovici*, Einleitung, Cap. V., §. I. S. 39: „Wenn nun der Inquisit gegenwärtig (...) so muß der Richter aus denen bey der general-inquisition gehaltenen Registraturen und der abgehörten Zeugen summarische Aussage gewisse Inquisitional-Articul verfertigen / worinnen die wider den Inquisiten militirende Anzeigungen umbständliche enthalten sind."

481 S. *Ludovici*, Einleitung, Cap. V., §. II. S. 39.

482 S. *Ludovici*, Einleitung, Überschrift zu Cap. V., S. 38: „Von der Special-Inquistion. Und zwar erstlich Von der Verhörung des Inquisiten."

483 S. *Ludovici*, Einleitung, Cap. V., §. II. S. 39.

verneinet / das ist / er muß auch alsdann nichts destoweniger auf Articul vernommen werden / damit man sehe / ob er nicht variiret / oder sich etwa widerspricht / daß also darauf ein neues indicium herzunehmen.“

Die Erläuterungen *Ludovicis* legen den Schluss nahe, dass es damals übliche Gerichtspraxis war, anstelle des eigentlich vorgesehenen Verhörs anhand vorgefertigter Inquisitionsartikel den Inquisiten zunächst lediglich summarisch – also ohne umständliches Abfassen einzelner Fragestücke – erzählen zu lassen und die beweiserheblichen Umstände „abzuhaken“. Damit scheint die summarische Erzählung einzig den Fall zu betreffen, dass der Inquisit geständig ist bzw. das Einfordern der Erzählung auf die Erlangung eines Geständnisses abzielte. Als Urteilsgrundlage sollte diese Erzählung aber, wie *Ludovici* klarstellt, keineswegs ausreichend sein. Der Richter hatte vielmehr zwingend das artikulierte Verhör (zusätzlich) durchzuführen, weil nur dieses im schriftlichen Verfahren einen Urteilsspruch ermöglichte. Auch wird aus den Erläuterungen ersichtlich, dass die artikulierte Befragung nach *Ludovici* im Wesentlichen zwei Funktionen erfüllte:

- Einerseits diente sie dem Inquisiten als Schutzmechanismus für den Fall, dass er in seiner summarischen Erzählung einen Umstand zu seinen Gunsten abändern wollte oder er Entlastungsmomente ausgelassen hatte.
- Andererseits sollte die artikulierte Befragung der Überprüfung der summarischen Erzählung dahingehend dienen, ob er nicht auf die Artikel „variiret oder sich widerspricht“. Aus diesem Grund mussten die Inquisitional-Artikel bei *Ludovici* auch nicht mehr „bejahungsweise“ eingerichtet werden, sodass nicht mehr kategorisch mit Ja oder Nein zu antworten war.

Ludovici hatte bei dieser Aufweichung der starren Frage-Antwort-Vorgabe vor allem „einfältige Leute“ vor Augen, die aufgrund der Autorität des Richters dazu hätten neigen können, die richterlichen Fragen lieber zu bejahen als – wahrheitsgetreu – zu verneinen.[484] Sofern sich aus der Aussage des Inquisiten neue Indizien ergaben, waren diese während des Verhörs in Artikel zu fassen und der Inquisit auch hierüber zu befragen.[485]

---

484 S. zu alledem *Ludovici,* Einleitung, Cap. V., §. III. S. 39 f.: „Die Inquisitional-Articul müssen nicht bejahungs = weise eingerichtet werden / z. B. Wahr / daß Inquisit & c. Denn es könten einfältige Leute zuweilen dadurch auf die Gedancken gebracht werden / als es nothwendig mit Ja darauf antworten müsten / weil es sonsten das Ansehen gewönne / als ob sie den Richter Lügen straffen wollten; daher muß alles frag = weise geschehen: Ob nicht Inquisit, ober ob nicht wahr / daß Inquisit u. s. f. (…).“

485 S. *Ludovici,* Einleitung, Cap. V., §. IV. S. 40; §. XIX. S. 48 f.

Auch bei *Ludovici* durfte jeder Artikel nicht mehr als einen einzigen Umstand beinhalten.[486] Der Gefahr der Suggestion begegnete er mit der Bestimmung, die Fragen „generaliter“ abzufassen. Die Artikel mussten damit in einer möglichst offenen Frageform verfasst werden. Lediglich für den Fall, dass der Inquisit keine Auskunft gab, durfte „specialiter“ gefragt werden.[487] Im Übrigen entsprechen die Bestimmungen zum weiteren Verhörverlauf im Wesentlichen denen bereits bei *Brunnemann* getroffenen Anweisungen.[488] Etwas differenzierter bestimmt *Ludovici* nur die Voraussetzungen zur Durchführung der Folter, erkennt sie aber als Mittel zur Förderung der Aussagebereitschaft an.[489] Führte mangels Geständnisses das artikulierte Verhör des Inquisiten nicht zu seiner Überführung oder blieben einzelne Beweisartikel unbeantwortet, schloss sich – falls vorhanden – das artikulierte Verhör der Zeugen an.[490]

bb) Artikuliertes Verhör der Zeugen

Die einzige urteilsbildende Beweisquelle neben Geständnis des Inquisiten[491] selbst bildeten die Zeugenaussagen im artikulierten Verhör.[492] Gelang es dem Richter nicht, den Inquisiten zu einem Geständnis zu bewegen, so mußte er

---

486 S. *Ludovici,* Einleitung, Cap. V., §. V. S. 40 f. mit weiteren Anweisungen zur Abfassung der Artikel.

487 S. *Ludovici,* Einleitung, Cap. V., §. V. S. 40 f.: „(...) Dann es darff der Richter nicht anders als dergestalt / generaliter fragen / damit er dem Inquisiten nicht etwas gleichsam in den Munde lege / welches die Rechts = lehrer eine verbotene Suggestion nennen. Jedoch / wenn der Inquisit auf solche Art mit der Sprache nicht heraus will / so ist es als dann ihn specialiter zu fragen nicht verbothen / z. B. Ob es nicht mit dem Degen? am Haupte? umb 10. Uhr Abends geschehen seye? u. s. f.“

488 Vgl. *Ludovici,* Einleitung, S. 41 ff.

489 S. *Ludovici,* Einleitung, S. 43 ff.

490 Vgl. *Carpzov*, Inquisition- und Achtsproces, S. 102: „Uff deß inquisiti examen folget in guter Ordnung der Zeugenverhör (...).“; *Ludovici,* Einleitung, Cap. VI. S. 49 ff.

491 Nach *Brunnemann* war ein „Beweis“ nur nötig, ein Geständnis nicht vorlag: „Wann Inquisit der That geständig / ist es keines Beweises vonnöthen / so ferne er nur die That mit alle Umbständen gestanden / und solches geständnüß mit dem corpore delicti, oder Beschaffenheit der That / übereinstimmt“, *Brunnemann/Stryk*, Anstellung des Inquisitions-Processes, Cap. V., §. I. S. 24.

492 Bei *Ludovici* konnte der Beweis „so wol durch Zeugen als Uhrkunden geführet werden“, wobei der Urkundenbeweis (z. B. Liebesbriefe als Indiz für Ehebruch) vornehmlich dazu berechtigte, dem Inquisiten den Reinigungseid aufzuerlegen oder ihn zu foltern, s. *Ludovici,* Einleitung, Cap. VI., §. V. S. 50 f. Zu einem „völligen Beweis in peinlichen Sachen“ waren auch bei ihm die Aussagen zweier Zeugen notwendig, s. *Ludovici,* Einleitung, Cap. VI., §. VIII. S. 52.

durch zwei Tatzeugen den Beweis für dessen Schuld versuchen zu führen. Das Verhör der Zeugen schloss sich daher an das Verhör des Inquisiten an.[493]

Zeuge konnte nur sein, wer keinen Ausschließungsgrund erfüllte.[494] *Brunnemann* stellte vier Gruppen von Gründen zusammen, die einen Zeugen „verdächtig" machten. Ob bei Vorliegen eines dieser Gründe der Zeuge tatsächlich auszuschließen war, lag aber im Ermessen des Richters.[495] Zugelassen waren bei *Carpzov* zudem nur Belastungszeugen.[496] Ebenso wie der Inquisit waren auch die Zeugen zu einzelnen Artikeln zu vernehmen.[497] Bei ihnen konnte es sich nach *Carpzov* um dieselben handeln, über die schon der Inquisit verhört worden war.[498] Nach *Brunnemann* waren die Zeugen aus prozessökonomischen Gründen sogar grundsätzlich ausschließlich über diese Inquisitionsartikel zu vernehmen, wenn sie das gesamte Untersuchungsmaterial erschöpfend beinhalteten.[499]

Nach *Ludovici* mussten die sog. Beweisartikel („Beweisarticul") hingegen inhaltlich aus den in der Generalinquisition getätigten summarischen Zeugenaussagen ausgearbeitet werden. Diese würden inhaltlich zwar zumeist mit den Inquisitionalartikeln übereinstimmen; jedoch liege der wesentliche Unterschied

---

493 S. *Carpzov*, Inquisition- und Achtsproces, Tit. VII. S. 102 f: „Auff des inquisiti examen folget in guter Ordnung der Zeugen verhör (...)."

494 S. hierzu *Carpzov*, Inquisition- und Achtsproces, S. 106 ff; S. *Brunnemann/Stryk*, Anstellung des Inquisitions-Processes, S. 26 f.; *Ludovici*, Einleitung, Cap. VI., §. VIII. S. 52 („unverwerffliche Zeugen").

495 S. *Brunnemann/Stryk*, Anstellung des Inquisitions-Processes, Cap. V., §. IV. S. 26 f.: „(1.) Der Mangel gnugsahmen Verstandes / (2.) Die Verwandschafft und Respect unter den Persohnen / (3.) ein lieberliches Leben / und Schandfleck seines ehrlichen Nahmens / (4.) Feindschafft. Wann nun slche verdächtige

496 Vgl. *Carpzov*, Inquisition- und Achtsproces, S. 107.

497 S. *Carpzov*, Inquisition- und Achtsproces, S. 103.

498 Vgl. *Carpzov*, Inquisition- und Achtsproces, S. 103: „Es müssen die Zeugen / so wohl auff die inquisitional articul, darüber inquisitus selbsten vernommen (I). als auch / wonötig / auff absonderliche de inquisitionalibus angehengte articul (II) abgehöret werden. (...) Bey der Zeugen Verhör wird es in den Gericht unterschiedlichen gehalten / dann zu weilen die Zeugen eben auff die inquisitional articul darauff inquisitus allbereit examiniret, vnnd denen die Missethat zu sampt allen umbständen vnd indicien deß Verdachts einverleibet / vernommen / sonsten aber vnd anderswo auff absonderliche verfassete articul abgehöret werden."

499 S. *Brunnemann/Stryk*, Anstellung des Inquisitions-Processes, Cap. V., §. VII. S. 28: „So ferne auch in denen inquisitions Artickeln das ganze Factum, nebst allen Umbständen / schon endhalten / thut ein Richter wohl / und dienet zu Verkürzung des Inquisitions-Processes, wenn die Zeugen gleichfals nur darüber vernommen werden (...)."

darin, dass die Inquisitionalartikel „fragweise", hingegen die Beweisartikel „bejahungsweise" abzufassen seien.[500]

Ergaben sich in der Zeugenaussage neue Indizien, durften diese – bei der Abfassung der eigentlichen Fragestücke nicht bedachten Verdachtsmomente – aus prozessökonomischen Gründen[501] in neue Fragestücke eingeteilt und den Inquisitionsartikeln angehängt werden.[502]

Auf die Artikel hatten die Zeugen klar und deutlich zu antworten;[503] andernfalls sei die Wahrheitsermittlung nicht möglich.[504] Nach *Ludovici* waren die Fragen sogar mit einem kategorischen Ja oder Nein zu beantworten. So legt es jedenfalls die Regelung in Cap. VI., §. II. S. 49 nahe, wonach die Beweisartikel – im Gegensatz zu den Inquisitionalartikeln – „bejahungsweise" abzufassen waren und letztere sich bei *Ludovici* ja gerade als offene Fragen präsentieren.

500 S. *Ludovici,* Einleitung, Cap. VI., §. II. S. 49: „(…) Allein in peinlichen Inquisitions-Sachen (…) wird der Grund des ganzen Processes in der general-inquisition geleget / und also folget daher / daß bey inquisitionibus die Beweis = Articul aus der Zeugen in inquisitione generali gethane Aussage formiret werden müssen. Es kommen dieselbe / was die Sache selbst betrifft / mit den Inquisitional-Articul meistens überein / weil auch diese aus denen bey der general-inquisition gehaltenen Registraturen hergenommen werden / nur ist dieser Unterschied dabey zu mercken / daß man die Inquisitional-Articul Fragweise einrichtet (…). Da hingegen die Beweis = Articul Bejahungs = weise abgefasset werden (…)."

501 S. *Carpzov*, Inquisition- und Achtsproces, S. 103: „Es dienet auch besserer vnd schleuniger Beförderung deß inquisition proceß / weil durch Abfassung newer articul vnd vergeblicher Wiederholung der Missethat und deß Verdachts / nicht allein die inquisition acta gehäufft / sondern auch viel Zeit Damit vnnützlichen zugebracht / vnnd also der inquisition proceß verschleisset wird / deme doch leichtlichen abzuhelffen / wann die Zeugen so bald auff die inquistional articul abgehöret werden."

502 S. *Carpzov*, Inquisition- und Achtsproces, S. 104, 105. S. *Brunnemann/Stryk*, Anstellung des Inquisitions-Processes, Cap. V., §. VII. S. 28: „So ferne auch in denen inquisitions Artcikeln das ganze Factum, nebst allen Umbständen / schon endhalten / thut ein Richter wohl / und dienet zu Verkürzung des Inquisitions-Processes, wenn die Zeugen gleichfals nur darüber vernommen werden. Wo nicht vielleicht andere Indicia sich herfür gethan / so in denen Inquisitional Artickeln nicht endhalten / auf welchen Fall solche in absonderliche Artickel zu fassen / und die Zeugen darüber zuverhören."

503 *Carpzov*, Inquisition- und Achtsproces, S. 110 nennt solche Antwortbeispiele „vielleicht / mich däuchtet / ich halte es dafür / glaube es".

504 S. *Carpzov*, Inquisition- und Achtsproces, S. 110 „(…) Dann sonsten wann durch zweiffelhafftige Wort (…) die Zeuge deponiren, wird ihre attestation billich verworffen / weil darauß hinter den Grund der Wahrheit der Sachen nicht zu gelangen / noch einiger Beweiß zu machen".

Die Zeugenaussagen waren von einem Gerichtsschreiber bzw. Notarius wörtlich zu protokollieren.[505] In Übereinstimmung mit der Carolina (Art. 56 CCC) war zudem Voraussetzung für die Beweiskraft einer Zeugenaussage, dass der Zeuge von seinem „eigenen wahren Wissen" aussagte, es sich bei der Auskunftsperson also nicht um einen Zeugen vom Hörensagen handelte.[506] Aus diesem Grund hatten die Zeugen auch die Herkunft ihres Wissens anzugeben, um dadurch dem Richter die Entscheidung über die Beweiskraft der Aussage zu ermöglichen.[507]

Die Zeugen hatten ihre Aussagen ferner eidlich zu beschwören. Eine im Stadium der Generalinquisition getätigte summarische Aussage der Zeugen eliminierte deshalb auch nicht das Erfordernis einer (erneuten) Aussage im artikulierten Verhör in der Spezialinquisition.[508] Maßgebendes Kriterium war die – erst in der Spezialinquisition – unter Eid getätigte Aussage als Garantie für den Wahrheitsgehalt. Die Eidesleistung sollte dem Zeugen vor der Aussage seine Wahrheitspflicht vor Augen führen, ohne deren (eidliche) Beteuerung die Aussage keine Gültigkeit besaß und die gesamte Befragung wiederholt werden

505 S. *Bollmann*, Die Stellung des Inquisiten bei Carpzov, S. 170; *Brunnemann/Stryk*, Anstellung des Inquisitions-Processes, Cap. V., §. XI. S. 30.

506 S. *Carpzov*, Inquisition- und Achtsproces, S. 110: „So ist auch nicht gnug / daß die Zeugen de auditu alieno vom frembden hören etwas berichten / sondern es müssen ihre attestationes von ihrem selbst eygen wahren wissen / vnd von dem was sie gesehen / geschehen (…)." Ebenso *Brunnemann/Stryk*, Anstellung des Inquisitions-Processes, Cap. V., §. IX. S. 29: „(…)ist es aber eine Zeuge / der es von hören sagen hat / so muß ihn der Richter seines Eydes erinnern / und zu gleich darauff bringen / die Person zu nennen / von welcher Er es gehöret / damit dieselbe könne produciret oder gerichtlich verhöret werden." Auch *Ludovici*, Einleitung, Cap. VI., §. VIII. S. 52 fordert, dass die Zeugen „von der That selbst genaue Wissenschaft haben".

507 S. *Carpzov*, Inquisition- und Achtsproces, S. 111; *Brunnemann/Stryk*, Anstellung des Inquisitions-Processes, Cap. V., §. VIII. S. 28 f.: „Es kann sich aber kein Zeuge der Eydes entbrechen / ausgenommen Unmündige / und dergleichen; Und wenn also der Richter entweder aus Ungewissheit / Faulheit / oder auch auff Anhalten der Zeugen / sie ohne vorhergegangenen Zeugen Eyd examiniret hat / so ist solches Examen nichtig und vergebens / und müssen die Zeugen nach vorhergegangenen Eyd auff jeden Artickel von neuen antworten."

508 S. *Carpzov*, Inquisition- und Achtsproces, S. 111: „Wänn auch gleich die Zeugen zuvor bey der general inquisition, ihr Außsage ohne Eyde vnd summarischer Weise gethan hätten / so wird ihnen doch anderer Gestalt nit Glauben gegeben / noch ihre attestation für einen richtigen Beweiß angenommen vnnd gehalten / ehe zuvor sie dieselbe vermittels Eydes wiederholet vnd also mit einem körperlichen juramento bestärket."

musste.[509] Diese strengen Glaubwürdigkeitsvoraussetzungen konnten letztlich jedoch keinen wirkungsvollen Schutz des Inquisiten vor ungerechtfertigter Verurteilung bereitstellen, da auch den Zeugen die Folter für die Fällte drohte, dass sie – nach Auffassung des Richters – unklar oder zweifelhaft antworteten, die Wahrheit verschwiegen oder die Auskunft schlicht verweigerten.[510]

c) Ausgestaltung der Verteidigung und Teilhabemöglichkeiten an der Befragung der Zeugen

Je stärker im Gemeinen Recht das Inquisitionsverfahren den Akkusationsprozess verdrängte, desto mehr wurde der Inquisit zum bloßen Verfahrensobjekt herabgestuft.[511] Umso bemerkenswerter ist die vergleichsweise hohe Stellung der Verteidigung des Beschuldigten, die in den Schriften der Rechtsgelehrten zum Ausdruck kommt. Sowohl *Carpzov* als auch *Brunnemann* und *Ludovici* widmen – wie schon die Carolina – der Verteidigung des Beschuldigten, der sog. defensio, einen eigenen Abschnitt.[512] Die Defensio wurde erst nach den beweiskräftigen artikulierten Verhören der Spezialinquisition gestattet,[513] schloss sich

509 S. *Carpzov*, Inquisition- und Achtsproces, S. 111: „Ferner ist es nötig / daß die Zeugen ihre Aussage eydlichen thun (…).“

510 S. *Brunnemann/Stryk*, Anstellung des Inquisitions-Processes, Cap. V., §. XII. S. 30 f.: „Wann einer oder der andere von denen Zeugen dunckel und zweiffelhafftig antwortet, muß ihn der Richter seines Eydes erinnern / damit Er mit der wahren Beschaffenheit der Sachen nicht hinter dem Berge halte / oder selbige zu verdunckeln suche / (…). Ja wenn ein Zeuge nicht leugnen kann / daß Er bey der That gewesen / jedennoch aber mit der Warheit nicht heraus will sondern sich contradiciret / kann der Richter ihn nicht nur der Tortur bedrohen sondern wo Er die Warheit nicht bekennen oder gar nicht antworten will / und Er gleichwohl keine beständige Ursach seiner Unwissenheit anführen kann / würcklich durch die Peinigung / in denen großen Verbrechen / darzu anhalten / jedoch ist vorher darüber rechtliches Erkäntnüß einzuholen.“; *Brunnemann/Stryk*, Anstellung des Inquisitions-Processes, Cap. V., §. XI. S. 30.

511 *Vargha*, Vertheidigung, S. 181.

512 S. hierzu *Carpzov*, Inquisition- und Achtsproces, S. 114 ff.; *Brunnemann/Stryk*, Anstellung des Inquisitions-Processes, Cap. VIII., S. 34 ff.; S. *Ludovici*, Einleitung, Cap. VII., §. XI S. 62.

513 Dies folgt schon daraus, dass stets Einsicht in die Vernehmungsprotokolle zu gewährend war sowie aus der systematischen Stellung der Defensio nach den Verhörs- und Beweisvorschriften. Ausdrücklich aber *Brunnemann/Stryk*, Anstellung des Inquisitions-Processes, Cap. VIII., §. IV. S. 35: „Jedoch ist Inquisit der defension nicht eher zu lassen / biß Er auf die Articul geantwortet / auch die Zeugen darüber abgehöret / und der Beweiß geführet worden (…).“

dem eigentlichen Beweisverfahren also an. Hier erhielt der Inquisit über seine Verteidigung die Möglichkeit, das belastende Untersuchungsmaterial, welches insbesondere durch die Vernehmung von Auskunftspersonen gewonnen wurde, zu widerlegen und den Unschuldsbeweis zu führen.

Die Notwendigkeit der Defensio folgte laut *Carpzov* aus dem Umstand, dass im Inquisitionsverfahren – im Gegensatz zum Akkusationsverfahren – die Erhebung des „delinquenten Gegenbeweis" nicht zulässig sei. Dies folge aus dem Umstand, dass der Inquisitionsprozess, der nur „summariter" vollzogen werden solle, sich nicht einen „ordentlichen proceß" verwandeln dürfe. Das Abschneiden des Gegenbeweises sei jedoch unbillig, weshalb dem Inquisiten stattdessen die Möglichkeit der Defensio einzuräumen sei.[514] *Carpzov* ließ also während des Verhörs keine Zwischenfragen des Inquisiten und keine Erörterungen zu ihren Aussagen zu.[515] Vielmehr wurde dem Beschuldigten durch die Defensio das Recht eingeräumt, seine Unschuld in gebührenden Maßen darzulegen und diente damit der Gewährung rechtlichen Gehörs.

Die Verteidigung war dem Inquisiten stets zu gestatten[516] und durfte auch nicht mit dem Hinweis auf ein etwaig vorliegendes Geständnis verweigert werden.[517] Die Defensio konnte durch einen Procurator bzw. Advocaten, die Eltern

514 S. *Carpzov*, Inquisition- und Achtsproces, Tit. IIX, S. 114 f.: „Es ist außßer Zweifel / daß bey dem inquisition proceß des delinquenten Gegenbeweis nit zuläßlichen / dann sonsten die inquisition, welche summariter tractiret werden soll / gar leichtlichen in einen ordentlichen proceß verwandelt würde. Dieweil aber Billigkeit nicht gemeß / Beweis wieder inquisitum zuführen vnnd Zeugen zuverhören / ihme aber seine Gegennotturfft gänzlichen abzuschneiden / So wird ihme an statt deß Gegenbeweises / darinnen sonsten in processu ordinariu Angeklagter seine exeptiones vorzubringen / das Remedium deducendae defensionis nachgelassen / wodurch inquisitus seine Unschuld vnd Nottufft so er zu haben vermeinet / gebührender Massaen aufzuführen befugt / vnd damit beym inquisition proceß zu hören".

515 *Bollmann*, Die Stellung des Inquisiten bei Carpzov, S. 171.

516 Wurde dem Beschuldigten sein Verteidigungsrecht abgeschnitten, entfaltete ein dennoch ergangenes Urteil keinerlei Rechtsverbindlichkeit, S. *Ludovici*, Einleitung, Cap. IIX., § III S. 64 f.

517 S. *Brunnemann/Stryk*, Anstellung des Inquisitions-Processes, Cap. VIII., §. III. S. 35: „Also auch in den allergrößten Übelthaten muß dem Inquisiten seine defension verstattet werden / und kan man unter keinerley Vorwand selbige dem Gefangenen versagen / ohngeacht Er schon Gerichtlich gestanden (...) denn vielleicht könte Inquisit beweisen / daß ein Irrthumb oder Misverstand n der gerichtlichen Bekäntnüß vorgegangen (...). S. auch S. *Ludovici*, Einleitung, Cap. IIX., § V S. 66 f.: „Die Defension hat auch alsdann noch stat / wann gleich der Inquisit das Verbrechen bereits gestanden."

den Beschuldigten, Freunde oder Verwandte geführt werden.[518] Nach *Carpzov* durften dem Inquisiten oder seinem Verteidiger keine Abschriften der Indizien oder der Vernehmungsprotokolle der Zeugen erteilt werden. Dem Verteidiger war lediglich gestattet, im Beisein einer Gerichtsperson die Akten einzusehen und sich Notizen zu machen.[519] *Brunnemann* und *Ludovici* hingegen gewährten die Aushändigung von Abschriften bzw. Kopien des Untersuchungsmaterials und der Vernehmungsprotokolle.[520]

Die Defensio selbst konnte nach *Carpzov* auf zweierlei Weise geführt werden:

Erstens durch „Verfertigung einer defension Schrift" mit rechtlichen Erörterungen zur Sache und dem Hinweis auf sich bereits aus dem Akteninhalt und den Zeugenvernehmungen offenbarende Tatumstände, die auf die Unschuld des Inquisiten hindeutete.[521]

Zweitens konnte der Inquisit die Vernehmung weiterer Zeugen beantragen, entweder über die aktenkundigen Inquisitionalartikel oder aber über die von seinem Verteidiger verfassten Defensionalartikel, die er zu diesem Zwecke bei Gericht einzureichen hatte.[522]

---

518 S. *Carpzov*, Inquisition- und Achtsproces, S. 115 f.; *Ludovici*, Einleitung, Cap. IIX., § VI S. 67.

519 S. *Carpzov*, Inquisition- und Achtsproces, S. 122: „Wiewohl nach gemeinen Rechte dem Inquisito so seine defension zu führen erbötig ist / Abschrift der indicien, so wohl der Zeugen Aussage vnd ganzen Inquisition acten ertheilet wird (…) So ist doch solches auff Sächsischen Boden vnnd Gerichten nicht herbracht vnnd wird nach vblicher obervantz, dem Inquisito die Abschrift von denen Inquisitionacten verweigert / Aber dergleichen ihme seinem Advocato, jedoch in Beysein der Gerichtspersonen die Inquisitionacta zu durchsehen vnd so sie darinnen etwas zur defension ihnen bedienlichen finden / dasselbe erhauß zu zeichnen vnd zu notiren verstattet vnd zugelassen (…)."

520 S. *Brunnemann/Stryk*, Anstellung des Inquisitions-Processes, , Cap. VII., §. I. S. 32; Cap. VIII., §. V. S. 35 f.; S. *Ludovici*, Einleitung, Cap. IIX., § X S. 69.

521 S. *Carpzov*, Inquisition- und Achtsproces, S. 123 f.: „Einmahl durch Verfertigung einer defension Schrift / Als wann das jenige darauff deß Inquisiti Unschuld gegründet / allbereit auß derer auff die Inquisitional articul abgehörter Zeugen Aussage erwiesen / oder sonsten auß den acten offenbahr (…)."

522 S. *Carpzov*, Inquisition- und Achtsproces, S. 124.: „Nachmahls wird auch deß Inquisit Defension durch Abhörung gewisser Zeugen rechtmessig geführet / wann entweder Inquisitus bey dem Richterlichen Ampt ansuchet / auff die Inquisitionalarticul oder angegebene puncta noch anderer Personen abzuhören / oder aber selbsten durch seinen Advocaten gewisse defensional articul abfassen lesset / vnd mit Benennung etlicher Zeugen / solche dem Richterlichen Ampt vbergiebt vnd dasselbe darüber zu examiniren bittet / auch wohl die attesta testium zum Überfluß examiniren vnd

Die Defension ersetzte bei *Carpzov* das dem Angeklagten in einem ordentlichen Prozess zustehende Recht, den Gegenbeweis anzutreten oder im Rahmen der Zeugenvernehmung Fragen zu stellen. Dem Inquisiten war es untersagt, eigene Fragestücke in die Zeugenvernehmung einzuführen.[523] Hierin sah man eine unnötige Verzögerung des Verfahrens.[524] Vielmehr war das der Defension vorbehalten.[525]

Die Bestimmung, über eine Defensio die Vernehmung von weiteren Zeugen anzuregen, findet sich bei *Brunnemann* und *Ludovici* hingegen nicht; sie sehen nur die Möglichkeit der Übersendung einer Defensionsschrift vor. Dies hat seinen Grund darin, dass sie – entgegen *Carpzov* – bereits im Stadium der Spezialinquisition eine Teilhabemöglichkeit des Inquisiten bzw. seiner Verteidigung an den Zeugenverhören vorsahen. Nach *Brunnemann* hatte das Zeugenverhör im Beisein des Inquisiten zu erfolgen. Ihm konnten vor unmittelbaren Befragung des Zeugen die Inquisitionalartikel, über welche die Zeugen zu verhören waren, vorgelegt werden. Zudem war er berechtigt, kurze und der „Hauptsache dienliche Fragstücke" – die interrogatoria – dem Richter zu übergeben, über die der Richter die Zeugen gleichermaßen zu befragen hatte.[526] Auch nach *Ludovici*

---

welcher Gestalt darauß seine Defension zu behaupte / anführen lesset. Welches eigentlichen ein Defension Gezeugnuß genennet wird. Vnd müssen in beyden Fällen die Zeugen auff vorhergehenden Zeugeneyd abgehöret werden … daß sie sie auch auff die defensional articul die Wahrheit aussagen wollten (…)."

523 S. *Carpzov*, Inquisition- und Achtsproces, S. 105: „Wiewohl in processu ordinario auch in peinlichen Sachen / den angeklagten nachgelassen / vber die articulos probatoriales interrogatoria vnd sonderbahre fragstücke einzugeben / darauf nicht weniger als auff die articulos selbsten die Zeugen zuverhören / wie kundbares rechtens: So ist doch solches beym inquisition proceß nicht zu dulden / vnd inquisitus zu Vermeidung aller Weitläuffigkeit weder mit den interrogatoriis noch wenn er die attesta testium disputiren wolle / zuhören.";

524 S. *Carpzov*, Inquisition- und Achtsproces, S. 105: „(…) Sonderliche interrogatoria aber / durch die Advocation zu übergeben / die Gezeunüß zu disputiren, vnd andere Weitläuffigkeit / dadurch nur die Sachen vergeblichen auffgehalten / die Richtere müde gemacht vnd der Verbrecher offtmals der wohlverdienten Straffe entzogen wird / haben wir (…) nie verstatten wollen."

525 S. *Carpzov*, Inquisition- und Achtsproces, S. 105: „(…) Worüber sich auch inquisitus nicht zubeschweren / denn da er entweder wieder der Zeugen Person vnd Aussage / oder etwas zu Behauptung seiner Unschuld beybringen wollte / ist ihme in seiner defension solches zu thun nachgelassen."

526 S. *Brunnemann/Stryk*, Anstellung des Inquisitions-Processes, Cap. V., §. VI. S. 27 f.: „Wann nun der Termin des Verhörs herbey gekommen / werde die Gegenwärthigen Zeugen / bey dieser Special-Inquisition, dem Inquisiten unter die Augen geführet / und müssen in dessen Gegenwart schweren / denn ohne Jurament ist

hatte der Richter dem Inquisiten die Inquisitionalartikel vor der Durchführung des Zeugenverhörs mitzuteilen und ihm Gelegenheit zu geben, vorab eigene Fragestücke für die Befragung einzureichen.[527] Während *Carpzov* die Einreichung von eigenen Fragen also erst nach vollzogenem Zeugenverhör im Wege der Defensio vorsah, konnte der Inquisit gemäß *Brunnemann* und *Ludovici* seine Fragen schon vorab formulieren und im Termin – über den Richter – den Zeugen hierzu befragen lassen. Wenn man eigene Fragen des Inquisiten sowieso zulasse, sei es aus prozessökonomischer Sicht vorzugswürdiger, diese zusammen mit den Fragen des Richters in einem Termin dem Zeugen vorzulegen, als die Zeugen erneut zum Verhör zu laden.[528] Die Abfassung der Inquisitionalartikel

keinem Zeugen in peinlichen Sachen einiger Glaube zuzustellen. Wann die Sache sehr zweiffelhafftig / oder die That (Das Corpus delicti) einiger maßen ungewiß / können dem Inquisiten vorhero die Artickel / darüber die Zeugen zu verhören / vorgelegt werden / ob vielleicht Inquisit kurze und zwahr zu Hauptsache dienliche Fragstücke/ oder interrogatoria, darüber die Zeugen mit zu verhören / wolle übergeben. Und wann ja dieses unterlassen würde / so muß der Richter selbst Ambtshalber die Zeugen befragen / umb ihren Nahmen / Allter / Geschlecht / Handthierung. Item ob Zeuge Inquisitens feind sey / oder aber ob Er des Entleibten oder Inquisitens Freund / Anverwandter / und dergleichen sey."

527 S. *Ludovici,* Einleitung, Cap. VI., §. III. S. 49 f.: „Weil der Richter bey Inquisitionibus den ganzen proceß dirigiret / so muß er auch / weil kein Ankläger vorhanden / die Articul ex officio abfassen und (…) dem Inquisiten communiciren / ihn dabey freystellen / ob er bey dem künfftigen Zeugen = Verhör einige interrogatoria, darüber die Zeugen gleichfalls zu verhören / übergeben wolle."

528 S. *Ludovici,* Einleitung, Cap. VI., §. IV. S. 50: „Ich habe gesaget / es müsse der Richter dem Inquisiten frey stellen / ob er bey dem Zeugen = Verhör einige Interrogatoria übergeben wolle. Dieses verhält sich also nach dem gemeinen Proceß ausserhalb Sachsen (Brunnemann…) allwo er nicht nur vom accusatorio, sondern auch inquistitorio processu redet. (…) [I]n denen Sächsischen Gerichten hat man die Gewohnheit / daß man von Seiten des Inquisiti keine interrogatoria zulässet / daher auch daselbst die Beweis = Articul besagtem Inquisiten vor dem angesetzten Termin zu communiciren nicht nöthig ist. Wenn man nach der Ursach fraget / warum nemlich die interrogatoria dem Inquisiten nicht verstattet werden / antworten die Sächsische Rechts = Lehrer / es leyde der Inquisit dadurch gar keinen Schaden / alldieweil ihm frey stehet / dasjenige / woraus sonst die interrogatoria verfertiget werden / in seine Gegen = Beweis = Articul zu bringen / und die Zeugen darüber absonderlich verhören zu lassen. Nun ist dieses zwar wahr und kann nicht geläugnet werden / allein es hat doch der Inquisit diesen Schaden davon / daß er bey solchen Gegen = Beweis mehrere Unkosten aufwenden muß / als wann die Zeugen so fort über die interrogatoria bey dem Beweis abgehöret würden / und denen Zeugen selbst wächset die Beschwerlichkeit zu / daß sie zweymahl schweren müssen / da doch sonsten die Sache durchen Eyd*Schwur

und Defensionalartikel erfolgte im Übrigen identisch; das „Fragerecht" des Inquisiten und des Richters unterscheidete sich inhaltlich also nicht voneinander. Lediglich die Frageberechtigung wurde im gemeinen Recht ausschließlich dem Richter zugesprochen.

2. *Criminalordnung vor die Chur- und Neumark von 1717*

Wie sehr die vorgestellten Grundsätze der Rechtsgelehrten die Entwicklung der Strafrechtspflege beeinflussten, zeigt ein kursorischer Überblick über die Regelungen der preußischen Criminalordnung für die Chur- und Neumark vom 8. Juli 1717 (prCrimO 1717)[529], die im Wesentlichen auf dem bei *Carpzov* und *Brunnemann* beschriebenen Inquisitionsverfahren beruhen. Auf die Verfahrensbestimmungen der prCrimO 1717 wird hier auch deshalb eingegangen, weil sie zugleich den zentralen Grundstein für die an späterer Stelle vorzustellende preußische Criminalordnung von 1805 legen, die den Schlusspunkt der gemeinrechtlichen Strafprozessrechtspflege und den Ausgangspunkt der Reformbestrebungen des 19. Jahrhundert darstellt.[530]

a) Generalinquisition und summarisches Verhör

Der prCrimO 1717 lag das Modell des Inquisitionsprozesses zugrunde, das die beiden Stadien der General- und Spezialinquisition unterscheidet.[531] Wie bei *Carpzov* und *Brunnemann* war die Generalinquisition nach prCrimO 1717 zwingend[532] durchzuführen. Sie diente zunächst der Klärung, ob eine Straftat verübt worden war, sowie der Ermittlung ihres Tatbestandes – des Corpus Delicti – und eines Verdächtigen.[533] Die Generalinquisition richtete sich noch

hätte abgethan werden können. Daher halt ich davor / daß der gemein Proceß dem Sächsischen in diesem Stück billig vorzuziehen."

529 Criminal-Ordnung vor die Chur = und Neumark vom 8ten Juli 1717, abgedruckt in: *CCM*, II. Theil, III. Abteilung, Sp. 61 ff.

530 S. hierzu und zum Folgenden *Eb. Schmidt*, Einführung, S. 194 ff.; S. auch *Brich*, Criminalrecht, S. 179 ff.

531 S. Cap. III. und IV. prCrimO 1717.

532 S. nur Cap. III., § XVII. prCrimO 1717: „Wann ein Gefangener / einige Personen / so Ihm zu Ausübung seiner Übelthat geholffen / dem Gericht benennet / soll gleicher Weise / wie vorstehet / generaliter darauf inquiriret, mit nichten aber mit der Special-Inquisition, so gleich verfahren werden."

533 S. Cap. III., § VI. prCrimO 1717: „Wann bey einer dem Gericht angebrachten Übelthat / beydes die That an sich selbst / und dessen Urheber noch ungewiß sind / soll der Richter, zuforderst um die That / oder das corpus delicti / so viel möglich, zu erforschen / bemühet seyn."

nicht gegen eine bestimmte Person; erst das in der Generalinquisition gesammelte Material berechtigte bei hinreichendem Verdachtsgrad von Tat und Täter zur Einleitung der Spezialinquisition gegen einen konkreten Beschuldigten.[534] In der Generalinquisition wurden auch nach der prCrimO 1717 die Zeugen lediglich summarisch verhört.

Entgegen den noch bei *Carpzov* beschriebenen Bestimmungen existiert in der prCrimO 1717 die Möglichkeit, auch den Verdächtigen als Zeugen zu befragen.[535] Entsprechend den Anleitungen von *Brunnemann* und *Ludovici* sah die prCrimO 1717 für die summarische Befragung der Zeugen in § XIII. vor, dass den Zeugen nur „ganz gemeine Fragen" gestellt werden durften. Der Richter durfte dem Zeugen zudem nicht die Namen der verdächtigen Person nennen, da es sich hierbei um eine unzulässige Suggestion handelte.[536] Sobald der Richter den Eindruck gewann, „daß die vorgeforderten Leute mit der Sprache nicht heraus wollen", waren die Zeugen zu vereidigen.[537] Gab es danach Indizien, war der Verdächtige zu ergreifen und in Haft zu nehmen.[538] Mit der Ergreifung wurde

534 S. Cap. III, § XIII. prCrimO 1717: „Wann die That selbst oder das Corpus delicti gnugsam erkundiget / der Missethäter aber annoch unbestand ist / sollen anfangs diejenige Personen / von welchen man dafür hält / daß die sie beglaubigte Nachricht davon haben / und dem Gericht geben können / vorgefordert (…)."

535 S. Cap. III., § XV. prCrimO 1717: „(…) Ob auch wohl dem Richter bey der General-Inquisition frey stehet / einen jeden / und also auch denjenigen / welchen er der That halber in Verdacht hat / als einen Zeugen vorzufordern / und denselben über seine Wissenschaft zu befragen; so muß dennoch der Richter, schweren Mein = Eyd zu vermeyden / diesem mit keinem Eyde belegen / sondern es bey obigen gemeinen und dergleichen Fragstücken bewenden lassen / inzwischen aber auf der verdächtigen Person Gebehrden / Gesicht und dabei vorkommenden Veränderung fleißig acht haben / und solches alles / wiewol dennoch mit behöriger Behutsamkeit / verzeichnen lassen."

536 S. Cap. III, § XIII. prCrimO 1717: „Wann die That selbst oder das Corpus delicti gnugsam erkundiget / der Missethäter aber annoch unbestand ist / sollen anfangs diejenige Personen / von welchen man dafür hält / daß die sie beglaubigte Nachricht davon haben / und dem Gericht geben können / vorgefordert / und ihnen ganz gemeine Fragen: Ob sie nicht gehöret / daß dieses oder jenes sich zugetragen? Woher sie Wissenschaft erhalten? (…). Wobey aber der Richter sich vorsehen muss / daß Er selbst keine Person / so Er verdächtig hält / benenne / und frage: Ob derselbe nicht der Thäter sey? Alls welches bey der General inquisition ihm nicht erlaubt ist."

537 S. Cap. III., § XIV. prCrimO 1717.

538 S. Cap. III., § XVIII. prCrimO 1717: „Wann beydes die That / und der Thäter bestand / oder wieder eine Person / in starcker Verdacht / daß Sie dieselbe ausgeübet habe /

der Betroffene formal als „Beschuldigter“ behandelt[539] und – erreichten die Indizien den erforderlichen Verdachtsgrad – die Spezialinquisition eingeleitet.

b) Spezialinquisition und artikuliertes Verhör

Die in der prCrimO 1717 zur Spezialinquisition enthaltenen Regelungen im vierten Kapitel („Von der Special Inquisition“) betreffen ausschließlich Vorgaben zur Durchführung des Verhörs des Inquisiten.[540] Dem Verhör der Zeugen hingegen widmet sich das daran anschließende fünfte Kapitel. Allein die Überschrift („von dem Beweis der Missethat“) und die systematische Stellung verdeutlichen, dass es auf das Verhör der Zeugen nur dann ankam, wenn ein Geständnis des Inquisiten nicht zu erlangen war.[541]

aa) Verhör des Inquisiten

Das Verhör des Inquisiten bildete den Kern der Spezialinquisition.[542] Die insgesamt 23 Paragraphen geben Gang und Inhalt des Verhörs penibel vor. Dabei fällt gleich zu Beginn auf, dass die Einrichtung des Verhörs offenbar den von *Ludovici* und *Brunnemann* getroffenen Bestimmungen entsprach und damit von denen bei *Carpzov* abwich. Denn die prCrimO 1717 legt in § I. fest, dass der Gefangene zu Beginn der Spezialinquisition zu der Frage „vernommen“ werden *kann* („nach Gutbefinden“), „ob er der That geständig oder nicht?“. „Erstenfalls“ – d. h. nur für den Fall eines Geständnisses (!) – sollte sich der Richter von dem Inquisiten „das Factum erzehlen lassen, und solches gebührend registriren“. Damit wird zumindest der oben zu *Ludovicis* Anleitungen ergangene Schluss gestützt, dass Gegenstand der Erzählung des Factums lediglich eine geständige Einlassung des Inquisiten ausmachte. Diese Erzählung war erstens keinesfalls zwingend und zweitens vollzog sie sich vor dem eigentlichen beweiskräftigen (artikulierten) Verhör.

Auch in der weiteren Ausführung entsprechen die Anweisungen den bei *Ludovici* vorgestellten Regelungen, wenn dort bestimmt wird, dass bei einer geständigen Einlassung des Inquisiten in Form der „Factumserzählung“ der

entstehet / mag das Gericht / wann die That eine Lebens = oder schwere Leibes-Straffe verdienet hat / zur Captur schreiten / und den Thäter zu gefänglichen HafFt bringen.“

539 Vgl. Cap. III., § XXIII. prCrimO 1717.

540 Vgl. Cap. IV. prCrimO 1717.

541 Den Befund stützen zudem die Bestimmungen der §§ I. und IV. des Cap. IV. prCrimO 1717.

542 So auch *Schumann*, Vernehmung, S. 92.

Richter mit dem „Examine“ weiter nicht fortfahren dürfe, sondern er zuallererst das „ganze Factum, so wie es sich bey der General-Inquisition an den Tag geleget, mit allen zur Sache dienen Umständen“ abzufassen und den Inquisiten darauf zu befragen habe.[543] Der Richter durfte auf die geständige Einlassung hin den Inquisiten nicht weiter examinieren, sondern musste zunächst die Inquisitional-Artikel vorbereiten und den Inquisiten hierauf befragen. Die prCrimO 1717 unterscheidet damit die nicht zwingende „Vernehmung“ des Inquisiten zu seiner Geständnisbereitschaft und der hierzu – sollte der Inquisit geständig sein – ergehenden freien Erzählung des Factums von dem darauffolgenden zwingend durchzuführenden artikulierten Verhör.

Die anschließenden insgesamt 22 Regelungen zur Abfassung der Inquisitional-Artikel[544] sowie zur Protokollierung des Verhörs[545] enthalten nur unwesentliche Abweichungen zu den bei *Carpzov*, *Brunnemann* und *Ludovici* anzutreffenden Bestimmungen. Die Artikel mussten als „Fragstücke“ und nicht „bejahungsweise“ abgefasst werden.[546] Den Fragen zur Tat[547] gingen sog. „General-Fragstücke“ zur Person des Inquisiten voraus,[548] eine mit dem heutigen § 243 Abs. 2 S. 2 StPO vergleichbare Bestimmung. Die Artikel zur Tat mussten „fragweise“ abgefasst werden und durften keine Suggestionen enthalten.[549] Jeder

543 S. Cap. IV., § I.. prCrimO 1717: „Wann beydes die That und der Thäter / oder derjenige / so der That halber verdächtig / bekand sind / und dieser zu gefänglichen Haft gebracht worden / mag zwar der Richter nach Gutbefinden von dem Gefangenen vernehmen / ob er der That geständig / oder nicht? und ersternsfalls bloß mit allen Umständen sich von demselben das Factum erzehlen lassen / und solches gebührend zu registriren, er soll aber dißmahl weiter mit einen Examine nicht verfahren / sondern so fort das ganze Factum, so wie es sich bey der General Inquisition an Tag geleget / mit allen zur Sache dienenden Umständen / in Articolus inquisitionales abfassen / und darauf so dann Inquisitus ordentlich zu antworten und litem zu contestiren schuldig sey.“

544 S. Cap. IV., §§ 2 ff. prCrimO 1717.

545 S. Cap. IV., §§ 19 ff. prCrimO 1717.

546 S. Cap. IV., § 2 prCrimO 1717.

547 S. Cap. IV., § 4 prCrimO 1717.

548 S. Cap. IV., § 3 prCrimO 1717.

549 S. Cap. IV, § IV. prCrimO 1717: „Die Articul wegen der That selbst müssen nicht allein Frag = weise, sondern auch also eingerichtet werden / damit dem Inquisito, was Er antworten soll / nicht an die Hand gegeben werde. Darum dann / zum Exempel, der Richter nicht fragen muß: Ob die That nicht aufdem Marckt geschehen? oder bey nächtlicher Zeit (…) sondern auf diese Art: Wo dieses geschehen? Zu welcher Zeit? (…).“

Artikel durfte zudem nur eine Beweistatsache enthalten.[550] Während des Verhörs konnte der Richter neue Inquisitional-Artikel abfassen, soweit sich aus der Aussage des Inquisiten neue Umstände ergaben.[551]

Das Streben nach absoluter Wahrheitsfindung zeigt sich darin, dass der Inquisit vollumfänglich, d. h. über alle in Frage kommende Umstände zu befragen war.[552] Zudem bezog sich Untersuchungspflicht des Richters auch auf entlastende Umstände.[553] Der Richter durfte die Frage zwar so abfassen, dass der leugnende Inquisit zu einem „eigenen Bekänntniß überzeuget werden möge". Er durfte jedoch nicht „einen „einfältigen Menschen" zur Einräumung einer von diesem tatsächlich nicht begangenen Straftat provozieren.[554]

Der Inquisit war zwar zur Wahrheit zu ermahnen, Folter und vergleichbare Methoden waren jedoch ausgeschlossen.[555] Das Inaussichtstellen von Strafmilderung im Falle eines Geständnisses war ebenso verboten.[556] Die Antworten des Inquisiten[557] sowie allen bei Vorlegung der Fragen geäußerten nonverbalen Signale[558] waren vom Gerichtsschreiber wörtlich zu protokollieren. Nach Abschluss des Verhörs war dem Inquisiten seine protokollierte Aussage vorzulesen. Er war

550 S. Cap. IV, § V. prCrimO 1717: „In einem Articul sollen nicht unterschiedene Facta und Umstände begriffen werden, sondern ein jeder Articul muß seinen besonderen Umstand haben / welches umso desto mehr in acht genommen werden soll / da sonst ein einfältiger, der auf einen zwofachen Articul einfach antwortet / sich sehr präjudiciren würde."

551 S. Cap. IV, § VI. prCrimO 1717.

552 S. Cap. IV, § VIII. prCrimO 1717.

553 S. Cap. IV, § IX. prCrimO 1717: „Es soll auch bey Abfassung der Articul der Richter sein Absehen nicht allein darauf richten, wie er ein richtiges Bekänntniß der Missethat von den Inquisito erhalte

554 S. Cap. IV. § VII prCrimO 1717: „Wann der Inquisit die That und deren Umstände verwegener Weise ableugnet / ist zwar dem Richter erlaubet / die Articul und Fragstücke also einzurichten / damit der Gefangne der That halber aus seinem eigenem Bekändtniß überzeuget werden möge; er muß sich aber auch hüten / daß die Articul nicht gefährlich seyn / als wodurch mancher einfältiger Mensch zum Bekändtniß einer That / oder einiger dabey vorkommenden Umstände gebracht werden kan / da er jedoch die That selbst nicht begangen / oder wenigstens die Umstände sich dabey anders verhalten können."

555 S. Cap. IV, § XI. prCrimO 1717.

556 S. Cap. IV, § XVII. prCrimO 1717.

557 S. Cap. IV, § XX. prCrimO 1717.

558 S. Cap. IV, § XIX. prCrimO 1717.

außerdem zu befragen, ob er sich noch an weitere Sachverhaltsmomente erinnere, die dem Protokoll hinzuzufügen waren.[559]

Abschließend regelt die prCrimO 1717 in § 23 die sog. Additional-Articulis. Ergaben sich nach dem Verhör des Inquisiten neue belastende Umstände, waren die Zeugen darüber „generaliter" – ohne Eid – und der Inquisit artikelweise zu verhören. Das gilt im Weiteren für den Fall, dass die Akten bereits zum „Haupt-Urtheil" verschickt worden waren. Auch die Peinliche Befragung war weiterhin vorgesehen.[560] Zwar sollte der Richter dem leugnenden bzw. schweigenden Inquisiten zunächst unter Vorhalt des ihm zur Last gelegten Verbrechens „christlich zuzureden" und auf diese Weise versuchen ihn zur „richtigen Antwort zu bewegen".[561] Gleiches galt in dem Fall, dass der Gefangene sich „närrisch oder dumm" stellte.[562] Blieb dies jedoch ohne Erfolg, waren die Akten zum „unpartheyischen Spruch" über die Anwendung der Folter zu verschicken,[563] mit deren Durchsetzung der Inquisit zur wahrheitsgemäßen Aussage gebracht werden sollte. Vordringliches Ziel der Wahrheitsermittlung war immer noch das Geständnis.[564] Es galt damit auch nach der prCrimO 1717 als *regina probationim*; das wahrheitssuchende Verhör des Inquisiten war hierauf ausgerichtet. Die Wahrheitssuche endete allerdings nicht bereits mit dessen Vorliegen. Selbst für den Fall, dass ein vollumfängliches Geständnis vorlag und das Corpus Delicti ausermittelt vorlag, war der Richter dazu angehalten, durch weitere Ermittlungsmaßnahmen (z. B. Durchsuchung) zu überprüfen, ob das „Geständniß mit der Beschaffenheit der That selbst übereinkomme".[565]

bb) Artikuliertes Verhör der Zeugen

Leugnete der Inquisit auch nur einen Teil der Tat, schloss sich das Verhör der Zeugen an.[566] Zeuge konnte – entsprechend den Lehren von *Carpzov* und

559 S. Cap. IV, § XXII. prCrimO 1717.
560 S. hierzu Cap. IX prCrimO 1717
561 S. Cap. IV, § XV. prCrimO 1717.
562 S. Cap. IV, § XVI. prCrimO 1717.
563 S. Cap. IV, § XV. prCrimO 1717.
564 S. Cap. IV, § IX. prCrimO 1717: „Es soll auch bey Abfassung der Articul der Richter sein Absehen nicht allein darauf richten, wie er ein richtiges Bekänntniß der Missethat (...)."
565 S. Cap. V, §§ I ff. prCrimO 1717.
566 S. Cap. V, § IV. prCrimO 1717: „Wann das begangene Laster durch Zeugen zu beweisen (...)." und § V. prCrimO 1717: „Zu Führung dergleichen Beweises / muß der Richter / wofern der Inquisit die ganze That ableugnet (...)."

Brunnemann – grundsätzlich nur sein, wer keinen Ausschließungsgrund erfüllte. War eine Tataufklärung aber anders nicht zu erreichen, sollten alle verfügbaren Zeugen ohne Rücksicht auf das Vorliegen etwaiger Ausschlussgründe vorgeladen und befragt werden. Inwieweit den Zeugen, die einen der Ausschlussgründe erfüllten, zu glauben war und ihre Aussage zur Überführung des Inquisiten ausreichte, lag im „rechtlichen Ermessen“ der das Urteil abfassenden Spruchkörper.[567] Die Zeugen waren allesamt zu einem Verhörstermin zu laden, bei dem der Inquisit anwesend war, und nach „scharffer“ Warnung vor einer Meineidsleistung zu vereiden.[568] Zudem waren die Zeugen einzeln zu verhören. Zur Beweisführung musste der Richter den Teil des Corpus Delicti, den der Inquisit leugnete, in die sog. „Beweiß Articul“ abfassen. Das Fundament der Beweisartikel musste der Richter aus den in der Generalinquisition getätigten summarischen Zeugenaussagen schöpfen. Dabei hatte der Richter – weil die „Wahrheit an das Licht“ gebracht werden sollte – auch die entlastenden Umstände einzubeziehen.[569] Entsprechend den Lehren von *Carpzov* und *Ludovici* waren die Fragen mit „Wahr“[570] zu fassen.[571] Die Antwort des Zeugen auf die Beweisartikel

567 S. Cap. V, § IV. prCrimO 1717: „(…) Wann aber die Wahrheit anders nicht heraus gebracht werden kan / soll dennoch das Gericht / in dem Inquisitions Proceß, sonderlich bey grossen und Capital verbrechen / diejenigen Zeugen / so von der That Wissenschaft haben / ohne Unterscheid vorfordern / und zu Ablegung des geforderten Zeugnisses anhalten / und bleibt diesenfals des Urthelsfasser rechtlichem Ermessen / wie weit dergleichen / in Rechten sonst verwerflichen Zeugen / Glauben beyzumessen / oder deren Aussage zu Überführung des Inquisiti gnugsam sey / anheim gestellet.“

568 S. Cap. V, § IX. prCrimO 1717.

569 S. Cap. V, § 6. prCrimO 1717: „ Und gleichwie eines jeden Schriftlichen / und GOTT / den obersten Richter fürchtenden Richters / Endzweck „ bey allen Inquisitions Sachen / und sonderlich / bey Führung des Beweises / seyn soll / nur die Wahrheit an das Licht zu bringen / es gereiche dieselbe dem Missethäter zu Überzeugung seines Verbrechens / oder auch zu seiner Entschuldigung / oder gänßlichen Absolution, so soll derselbe sich bey Abfassung der Articul auch dergestalt unpaßionirt bezeigen / daß Er auf beydes / nach Anleitung der General Inquisition, und seinen besten Verstande nach / sein Absehen gerichtet habe / damit eines Theils die Unschuld an das Licht gebracht / und andern Theils das Böse bestraffet werde.“

570 Formulierungsbeispiele finden sich in Cap. V, § XI. prCrimO 1717: „Wahr, daß Deponent zu der Zeit nicht zu Hause gewesen?“

571 S. Cap. V, § V. prCrimO 1717: „Zu Führung dergleichen Beweises / muß der Richter / wofern der Inquisit die ganze That ableugnet / dieselbe mit allen ihren Umständen / sonst aber nur dasjenige / so derselbe in verneinen gezogen / in ordentliche Beweiß Articul, mit Wahr fassen / und darzu derer Zeugen summarische / bey der General Inquisition gethane Aussage / zum Fundament setzen.“

musste in Übereinstimmung mit den Schriften der Rechtsgelehrten klar und verständlich sein. Bei einer zweideutigen oder unwahren Antwort, war der Zeugen zunächst zur Wahrheit zu ermahnen und notfalls Beugehaft anzuordnen.[572] Ähnlich war zu verfahren, wenn der Zeuge trotz Ladung nicht erschien.[573]

Die Zeugenaussage mussten sich indes nicht in einem kategorischen Ja oder Nein erschöpfen. Auf einen der Beweisartikel hin befragt, konnte der Zeuge vielmehr den zugrunde liegenden Sachverhalt – das „Factum" – referieren. So jedenfalls legt es die Bestimmung des § 11 nahe, die dem Gerichtsschreiber aufträgt, als Antwort auf die Beweisartikel nicht nur ein Ja oder Nein, sondern vielmehr das gesamte vom Zeugen dargelegte Factum zu verzeichnen, „da auf der Zeugen Aussage der Inquisiten Schuld oder Unschuld beruhet."[574]

Nach dem Verhör war dem Zeugen seine protokollierte Aussage samt Beweisartikeln vorzulegen und ihm die Möglichkeit etwaiger Ergänzungen zu geben. Sobald der Richter Anhaltspunkte dafür sah, dass die „völlige Wahrheit" durch einen Zeugen nicht zu erreichen sei, musste er – sofern vorhanden – neue Zeugen laden und auf die Beweisartikel verhören.[575] Nach dem Verhör der Zeugen waren sämtliche Aussagen vom Gerichtsschreiber in einem einzigen „Zeugen-Rotul" dergestalt zusammenzufassen, dass auf einen Beweisartikel alle insoweit getätigten Zeugenaussagen unmittelbar abgebildet wurden.[576]

c) *Ausgestaltung der Verteidigung und Teilhabemöglichkeiten an der Befragung der Zeugen*

Die prCrimO 1717 hielt für den Inquisiten in Cap. VI. das Recht bereit, seine Verteidigung durch einen von ihm gewählten Defensor führen zu lassen. Konnte

---

572 S. Cap. V, §§ 15, 10 prCrimO 1717.

573 S. Cap. V, § 10 prCrimO 1717.

574 S. Cap. V, § 11. prCrimO 1717: „Die Zeugen sollen einzeln vorgefordert und über Articul und Fragstücke verhöret werden / und soll der Gerichts = Schreiber die Aussagen treulich und fleißig (…) niederschreiben / keinesweges aber nur dasjenige auffschreiben / welches wieder Inquisitum vorgebracht / und das andere / so zu Rettung seiner Unschuld dienen kan / unterlassen; Auch wann ein Articul negative verstattet ist (…) Die Antwort nicht bloß mit Ja oder Nein / sondern das Factum selbst (…) verzeichnen; Und demnach / da auf der Zeugen Aussage der Inquisiten Schuld oder Unschuld beruhet / sich dabey also aufführen / wie Er es vor GOTT und Uns wird verantworten können."

575 S. Cap. V, § 16 prCrimO 1717.

576 S. Cap. V, §§ 17, 18 prCrimO 1717. Die Bestimmung findet sich bereits bei *Brunnemann/Stryk*, Anstellung des Inquisitions-Processes, Cap. VI., §. XIV. S. 29

er sich einen Verteidiger nicht leisten, war im ex officio vom Gericht einer zu bestellen.[577] Bei leichteren Delikten machte die prCrimO 1717 die Zulassung der Defension von einem Antrag des Inquisiten abhängig. Handelte es sich um ein Verbrechen, auf das die Todesstrafe drohte, war „auch wieder seinen Willen" ein Defensor ex officio zu bestellen.[578] Das galt auch für den Fall, dass der Inquisit die Tat bereits gestanden hatte.[579] Für den inhaftierten Inquisiten sah die prCrimO 1717 einen Anspruch auf Unterredung mit seinem Defensor vor, allerdings im Beisein einer Gerichtsperson.[580] Zur Vorbereitung der Defension war es dem Defensori gestattet, im Beisein einer Gerichtsperson Einsicht in die Akten zu nehmen und sich Kopien anzufertigen.[581]

Mit der Möglichkeit, eigene Fragen an die Zeugen zu richten, verband die prCrimO 1717 die Lehren von *Ludovici* und *Carpzov*. Zunächst war für das Beweisverfahren vorgesehen, dass die „Beweis Articul" dem Inquisiten im Vorfeld des Zeugenverhörs mitgeteilt werden. Daraufhin konnte er eigene kurze Fragestücke einreichen, über die der Richter die Zeugen ebenfalls zu befragen hatte.[582] Im Rahmen der Defensio bestand für den Defensor die Möglichkeit, eigene Defensional-Articul bei Gericht einzureichen.[583] Die Zeugen mussten dann vom Richter – nach erneuter Eidesleistung – zu den Defensionalartikeln

577 S. Cap. VI. § 1 prCrimO 1717: „Wann es mit dem Inquisitions Processe so / als vorstehet / komme ist / soll der Inquisit zu Ausführung seiner Unschuld verstattet / und wofern Er des Vermögens nicht ist / auf seine Kosten einen Defensorem anzunehmen / soll demselben einer ex officio, wozu ein beeydeter / und bey Unsern Gerichten recipirter Advocatus genommen werden soll / bestellet werden."

578 S. Cap. VI. § 3 prCrimO 1717.

579 S. Cap. VI. § 2 prCrimO 1717.

580 S. Cap. VI. § 5 prCrimO 1717: „Dem Defensori soll erlaubet seyn / mit dem Gefangenen / der Defension halber sich zu unterreden / doch soll es geschehen in Beysein einer Gerichts Person."

581 S. Cap. VI. § 4 prCrimO 1717: „Dem Defensori soll zu Ausführung der Unschuld des Gefangenen Inspectio Actorum in der Gerichts = Schreiberey = oder Acten Stuben / in Beysein des Gerichts = Schreibers oder einer Gerichts Person verstattet / auch der Rotulus der Zeugen Verhörs / oder was Er sonst ex Actis bedarff / in Copia, allenfalls / wofern Er die Copialien zu bbezahlen im Vermögen nicht hat / es Officio mitgetheilet werden."

582 S. Cap. V. § 7 prCrimO 1717: „Die Beweiß Articul sollen dem Inquisito communiciret, und Ihm dabey freygeleassen werden / kurze Fragstücke /darüber die Zeugen mit zuverhören /zu übergeben."

583 S. Cap. VI. § 7 prCrimO 1717: „Wann der Inquisit durch Zeugen seine Unschuld erweisen will / hat Defensor Defensional-Articul zu übergeben (...)."

verhört werden.[584] Aus prozessökonomischen Gründen war dem Defensor das Einreichen nur einer einzigen Defensionsschrift gestattet, mit der alle relevanten Umstände beleuchtet und Fragestücke übersendet werden mussten.[585]

3. *Ausgestaltung von Befragungen im gemeinrechtlichen Inquisitionsprozess*

Festzuhalten bleibt zunächst die im gemeinen Recht zu beobachtende Unterteilung des Inquisitionsverfahrens in ein der Aufklärung dienendes Untersuchungsstadium (Generalinquisition) und ein die Urteilsgrundlage ausermittelnden Beweisstadiums (Spezialinquisition). Die anfängliche Generalinquisition diente lediglich der Indiziengewinnung und der Ermittlung des Corpus Delicti – die hier durchgeführten Ermittlungstätigkeiten entfalteten keinerlei Beweiskraft. Zweck der Generalinquisition, die sich noch nicht gegen einen konkreten Beschuldigten richtete,[586] war die Produktion möglichst umfassender Sachverhaltsangaben insbesondere durch das summarische Verhör von Zeugen. Dementsprechend hatte auch das summarische Verhör nur untersuchenden Charakter und vollzog sich als Befragung ohne suggestive Einflüsse[587] mit möglichst offenen Fragen[588] und grundsätzlich ohne Eidesleistung als Wahrversprechen.[589]

Die in dem frei gestaltbaren summarischen Verhör erlangte Zeugenaussage wurde von *Carpzov* und *Brunnemann* übereinstimmend als „Bericht"

---

584 S. Cap. VI. § 9 prCrimO 1717: „Wann der Inquisit einige Zeugen / so wieder ihn abgehöret worden / vor sich und zu seiner Defension produciren sollte / müssen solche nochmahls den Zeugen Eyd ablegen / und solchem nach über die Defensional Articul verhöret werden."

585 S. Cap. VI. § 14 prCrimO 1717: „Da man auch bishero wahrgenommen / daß an theils Orten / nach vollführter Inquisition (...) von dem Defensor pro & contra mit vielen Schriften (...) verfahren / dadurch aber nicht allein der Inquisitions Process, der an sich summarisch seyn soll / verzögert wird (...) wollen Wir dergleichen Schrift = Wechsel und Deductiones in Inquisitions Processen, hiermit gänzlich abgeschaffet wissen / also daß wann des Inquisiti Defension ad Acta gebracht worden / regulariter ferne nichts dazu verstattet werden soll."

586 Vielmehr sollte ein solcher durch die informative Voruntersuchung erst hinreichend sicher ermittelt werden, vgl. *Brunnemann/Stryk*, Anstellung des Inquisitions-Processes, Cap. III., §. V. S. 11.

587 S. *Brunnemann/Stryk*, Anstellung des Inquisitions-Processes, Cap. III., §. V. S. 11; *Ludovici*, Einleitung, Cap. I, §. XVIII. S. 7.

588 S. *Brunnemann/Stryk*, Anstellung des Inquisitions-Processes, S. 11 ff..

589 S. *Brunnemann/Stryk*, Anstellung des Inquisitions-Processes, Cap. III., §. XI. S. 14; *Ludovici*, Einleitung, Cap. I, §. XIX. S. 7.

bezeichnet, womit aber die Zeugenaussage im Gesamten gemeint war. Eine durch Fragen unbeeinflusste Berichterstattung der Auskunftsperson war hier nicht vorgesehen, im Gegenteil: die Zeugenaussage war durch – mehrfache – Fragen zu erzeugen. Erst auf Grundlage des Ermittlungsergebnisses der Generalinquisition durfte sodann gegen einen konkreten Beschuldigten vorgegangen werden,[590] dessen der Staat zunächst durch seine Verhaftung habhaft werden musste.[591] Auf die Verhaftung schloss sich das artikulierte Verhör des Verdächtigen[592] und der Zeugen[593] an.

Bei *Carpzov* und *Brunnemann* hatte das Verhör des Inquisiten durch eine starre artikulierte Befragung zu erfolgen. Ein anderes Bild zeichnet *Ludovici* jedenfalls von gängigen gerichtlichen Praxis zu seiner Zeit, wenn er konstatiert, dass es üblich geworden war, den Inquisiten im Verhör zunächst ohne Befragung anhand vorgefertigter Inquisitional-Artikel zu einer summarischen Erzählung anzuhalten. Das Abfordern der summarischen Erzählung betraf aber – wie auch aus der ein Jahrzehnt später erlassenen prCrimO 1717 erhellt – einzig den Fall der geständigen Einlassung des Inquisiten, der ebenfalls keinerlei Beweiskraft zugesprochen wurde.

Nach *Ludovici* sollte diese Erzählung als Urteilsgrundlage gerade nicht genügen. Seine Anleitung darf man wohl als Kritik an dieser Gerichtspraxis verstehen, da er im direkten Anschluss an die Darstellung feststellt, dass diese freie Berichterstattung keineswegs ausreichend für eine Urteilsgrundlage sei. Vielmehr habe der Richter „nichts destoweniger" die Inquisitionalartikel abzufassen und den Inquisiten darüber „abzuhören", was sowohl dem Schutz des Inquisiten als auch der Glaubhaftigkeitsüberprüfung seiner Aussage diene.[594] Aus diesem Grund waren die Fragen auch offen zu stellen.

Die artikulierte Befragung war somit auch nach *Ludovici* zwingende Voraussetzung des Verhörs des Inquisiten. Es diente auf der einen Seite dazu, alles sicher Ermittelte durch den Inquisiten selbst noch einmal zweifelfrei bestätigen

---

590 S. *Carpzov*, Inquisition- und Achtsproces, S. 36

591 S. *Brunnemann/Stryk*, Anstellung des Inquisitions-Processes, Überschrift Cap. IV. S. 18; *Eb. Schmidt*, Einführung, S. 177, 196; *Döring*, Anklage- und Inquisitionsprozeß, S. 51; *Mitteis/Lieberich*, Rechtsgeschichte, S. 404; *Sellert/Rüping*, Studien- und Quellenbuch I, S. 266.

592 S. hierzu *Brunnemann/Stryk*, Anstellung des Inquisitions-Processes, S. 18 ff.; *Carpzov*, Inquisition- und Achtsproces, S. 90 ff.; S. *Ludovici*, Einleitung, S. 39 ff.

593 S. hierzu *Brunnemann/Stryk*, Anstellung des Inquisitions-Processes, S. 26 ff.; *Carpzov*, Inquisition- und Achtsproces, S. 103 ff; *Ludovici*, Einleitung, S. 48 ff.

594 S. *Ludovici*, Einleitung, Cap. V., §. II. S. 39.

zulassen, auf der anderen Seite sollte es alles Ungeklärte – vom Inquisiten Bestrittene oder Geleugnete – verdeutlichen und den Umfang der noch zu beweisenden Umstände skizzieren.[595] Ziel des artikulierten Zeugenverhörs war es, alle ungeklärten oder vom Inquisiten bestrittenen Umstände aufzuklären um den Inquisiten damit vollends zu überführen oder ihn zu einem Geständnis zu bewegen.[596]

Die Anforderungen an die Ausgestaltung des Zeugenverhörs präsentieren sich in den die damalige Spruchpraxis dominierenden Schriften der Rechtsgelehrten hingegen auf grundsätzlich übereinstimmende Weise: Das in der Generalinquisition gewonnene Material musste vor dem Zeugenverhör in einzelne, klar umrissene (Beweis-)Fragen eingeteilt und schriftlich aufgezeichnet werden.[597] Dies hatte zunächst den prozessökonomischen Zweck, dass die Auskunftsperson zur prägnanten Antworten gezwungen und dadurch Weitschweifigkeiten vermieden wurden. Auf der anderen dienten die Vorgaben dem Schutz des Inquisiten in der Weise, dass der Richter bei Abfassen der Inquisitionalartikel zum schrittweisen gedanklichen Durchdringen des gesamten Prozessstoffs gezwungen wurde.[598] Letztlich sollte das zu wörtlich protokollierende Frage-Antwort-Verhör den Oberhöfen und Rechtsgelehrten ein möglichst vollumfängliches Bild des Gesprächsinhalts vermitteln.[599] Als Fazit lässt sich damit für die in den Schriften festgelegte Struktur der Zeugenvernehmung festhalten: Die im summarischen Verhör als „Bericht“ erfasste Zeugenaussage wurde durch eine möglichst offene Befragung erzeugt. Im nachgelagerten artikulierten Verhör war der Beweisstoff in präzisen, klar umrissenen Fragen „abzuarbeiten“.

Die Teilhabemöglichkeit des Angeklagten und seines Defensors an der Zeugenbefragung war im gemeinrechtlichen Verfahren auf die Abfassung und Übersendung bzw. Vorlegung einzelner, klar umrissener Defensionalartikel beschränkt. Diese konnten in Sachsen lediglich über die den Zeugenverhören nachgelagerte Defensio eingereicht werden, wodurch ein erneutes artikuliertes Verhör der Zeugen über diese Fragestücke der Verteidigung erforderlich wurde.[600] Zum Teil war aber auch bereits im Stadium der Spezialinquisition eine

---

595 S. *Boehm*, ZStW 61 (1942), 300, 340.

596 S. *Boehm*, ZStW 61 (1942), 300, 341.

597 S. *Eb. Schmidt*, Einführung, S. 197; *Henkel*, Strafverfahrensrecht, S. 47; *Sellert/Rüping*, Studien- und Quellenbuch I, S. 266.

598 S. *Ignor*, Geschichte, S. 99.; Schumann, Vernehmung, S. 85.

599 S. *Henkel*, Strafverfahrensrecht, S. 47; *Sellert/Rüping*, Studien- und Quellenbuch I, S. 266.

600 S. S. *Carpzov*, Inquisition- und Achtsproces, S. 123 f.

Teilhabemöglichkeit des Inquisiten bzw. seiner Verteidigung an den Zeugenverhören dergestalt vorgesehen, dass der Richter vorab seine Inquisitionalartikel mitteilte und der Angeklagte bzw. sein Verteidiger auf dieser Grundlage eigene, ergänzende Defensionalartikel einreichten, welche zusammen den Gegenstand der Befragung im artikulierten Zeugenverhör ausmachten.[601]

Ausgangspunkt für die preußische Criminalordnung von 1805 und damit auch für die Reformbestrebungen des 19. Jahrhundert war die prCrimO 1717.[602] Sie greift vor allem die Bestimmungen *Ludovicis* zu den Beweis bildenden Verhören auf. Sowohl beim Verhör des Inquisiten als auch beim Verhör der Zeugen lassen die Regelungen in der prCrimO 1717– im weitesten Sinne – eine Zweiteilung erkennen: Zur anfänglichen Sachverhaltsaufklärung werden Zeugen in der Generalinquisition summarisch – d. h. ohne vorgefertigte Fragen und ohne Eid – befragt. Der hieraus gewonnene hinreichende Tatverdacht berechtigt dann zur Einleitung der Spezialinquisition, in der sich das artikulierte, d. h. an exakten, schriftlich fixierten Fragen ausgerichtete (Beweis-)Verhör der Zeugen anschließt. Das beweiskräftige Verhör der Zeugen wurde notwendig, wenn der Inquisit sich zu den im summarischen Zeugenverhör geäußerten Indizien kein Geständnis abgeben wollte. Auch die prCrimO 1717 hält damit an den starren Beweisregeln des frühneuzeitlichen Inquisitionsprozesses auf Grundlage der Carolina fest.

Das summarische Verhör stellte sich indes nicht als Einfordern einer zusammenhängenden Geschichtserzählung dar, sondern war durch offene Frage zu gestalten. Ein solcher zusammenhängender Bericht war im Verhör des Inquisiten nur für den Fall vorgesehen, dass der Inquisit auf die Frage nach seiner Geständnisbereitschaft tatsächlich eine geständige Einlassung ablieferte. Das anhand der Inquisitionalartikel – die ebenfalls aus dem Inhalt der summarischen Zeugenverhöre erstellt wurden – durchgeführte artikulierte Verhör war aber zwingend durchzuführen. Denn in dem schriftlichen Verfahren der Aktenversendung musste den urteilsfassenden Schöppenstühlen bzw. Juristenfakultäten das Beweismaterial so exakt wie möglich vorgelegt werden. Den Beweis konnte nur ein penibles und wörtlich abgefasstes Protokoll über den Befragungsinhalt erbringen, as präzise und verständliche Fragen und Antworten zu Gegenstand hatte.

---

601 S. *Brunnemann/Stryk*, Anstellung des Inquisitions-Processes, Cap. V., §. VI. S. 27 f.; *Ludovici*, Einleitung, Cap. VI., §. III. S. 49 f.

602 S. *Eb. Schmidt*, Einführung, S. 203 ff.; S. auch *Brich*, Criminalrecht, S. 179 ff.

Danach trifft die prCrimO 1717 als Ausgangspunkt für die nachfolgenden Darstellungen folgende Regelungen hinsichtlich der Befragungen von Auskunftspersonen:

1) Der Inquisit ist in seinem in der Spezialinquisition durchgeführten Verhör zunächst nach seiner Geständnisbereitschaft zu befragen. Die hierauf erfolgende freie Erzählung (geständige Einlassung) ist ununterbrochen zu registrieren. Dies eliminiert aber nicht die Notwendigkeit des nachgelagerten, anhand der starren Inquisitionalartikel durchgeführten artikulierten Verhörs, welches zwingend durchzuführen ist.
2) Die *Zeugen* sind in der Generalinquisition zwingend summarisch anhand offener Fragen mit dem Ziel der umfassenden Produktion von Sachverhaltsmomenten zu befragen. Diese gesamte Aussage wird gemeinhin als „Bericht“ bezeichnet. Nur für den Fall, dass der Inquisit diese Sachverhaltsmomente nicht bestätigt, ist – nötigenfalls – der Überführungsbeweis durch das in der Spezialinquisition artikulierte, anhand starrer Frage durchgeführte (Beweis-)Verhör durchzuführen
3) Eine differenzierende Verwendung der Begriffe Vernehmung, Befragung oder Verhör ist der prCrimO 1717 ebenso wenig zu entnehmen, wie den Schriften der Rechtsgelehrten. Den institutionellen Rahmen der Befragung bildet grundsätzlich das summarische oder artikulierte „Verhör“. Hier werden die Auskunftspersonen verhört, vernommen oder befragt.
4) Die Teilhabemöglichkeit des Angeklagten bzw. seiner Verteidigung an den Zeugenbefragungen beschränkt sich auf das Abfassen und Übersenden einzelner, klar umrissener Fragestücke zur ausschließlich richterlichen Befragung des Zeugen.

C. Ausgestaltung von Befragungen nach Abschaffung der Folter

Die geistige und soziale Reformbewegung der Aufklärung bewirkte im 18. Jahrhundert eine Humanisierung und Rationalisierung der Strafrechtspflege.[603] Zudem führte die durch die Reformation in Europa ausgelöste Glaubenskrise zu einer weniger religiös bestimmten Vorstellung von „Wahrheit“ auch als Zielvorgabe für das Strafverfahren.[604] Die Rationalisierung des Rechtsverständnisses

603 *Bruns*, Verhör nach Abschaffung der Folter, S. 44; *Conrad*, Rechtsgeschichte II, S. 435; *Eb. Schmidt*, Einführung, S. 268; *Henkel*, Strafverfahrensrecht, S. 5, *Sellert/Rüping*, Studien- und Quellenbuch I, S. 347.

604 Näher hierzu *Stolleis*, Geschichte I, S. 273 ff.

steht in engem Zusammenhang mit den Entwicklungsfortschritten der Medizin und Naturwissenschaften im Verlauf des 18. Jahrhundert und der Entstehung der Kriminalistik, die es nunmehr ermöglichte, das Corpus Delicti mit erweiterten Möglichkeiten zu erforschen.[605] „Wahrheit" im Strafprozess bedeutete nicht mehr die Offenlegung einer göttlichen Wahrheit, sondern die subjektive Bewertung der Abbildung eines wahrscheinlichen Tathergangs anhand des ermittelten Beweismaterials.[606]

Die Einbeziehung des subjektiven Erkenntnisvermögens und das Wissen um die Fehlbarkeit des menschlichen Verstandes zur Bestimmung der prozessualen Wahrheit ließen die Folter als Wahrheitserforschungsmittel obsolet erscheinen.[607] Im Strafverfahren offenbarte sich die Geistesrichtung der Vernunfts- und Naturrechtslehren vor allem in der Abschaffung der Folter. Ausgehend von Preußen, wo Friedrich den Großen zunächst im Jahr 1740 die Folter für leichtere Verbrechen[608] und sodann 1754/56 endgültig abschaffte,[609] beseitigten auch die anderen deutschen Länder nach und nach die Peinliche Befragung.[610] Hierdurch nahm die Entwicklung des gemeinrechtlichen Inquisitionsverfahrens und mit ihr die Struktur der Vernehmung eine entscheidende Wende.

Der Wegfall der Folter sorgte zugleich für den Verlust eines wesentlichen Strukturelements des Strafprozesses.[611] War es zuvor die Befragung des Inquisiten und das dort unter dem Eindruck der Folter abgenötigte Wahrsprechen des Inquisiten, was den Beweis schlechthin erbrachte, schwand diese Bedeutung immer mehr in dem Maße, in dem die kriminalistischen Methoden sich fortentwickeln und gleichwertige Ergebnisse erzeugen konnten.[612] Die Notwendigkeit des ursprünglichen Schutzmechanismus' der Generalinquisition als – nicht

605 S. dazu *Kube*, Beweisverfahren, S. 109 ff., 123 ff.; *Schumann*, Vernehmung, S. 100.

606 Vgl. *Schumann*, Vernehmung, S. 100 ff.

607 *Schmoeckel*, Humanität und Staatsraison, S. 537; *Schumann*, Vernehmung, S. 101 f.

608 S. Cabinett-Ordre vom 3. 6. 1740, abgedruckt bei *Zopfs*, Quellen zur Aufhebung der Folter, S. 40 ff.; zur Erläuterung s. S. 35 ff. S. auch *Fels*, Strafprozeß, S. 2; *Rüping*, Grundriß, S. 70.

609 *Conrad*, Rechtsgeschichte II, S. 445; *Eb. Schmidt*, Einführung, S. 269 f.; *Kube*, Beweisverfahren, S. 78.

610 Abschaffung der Folter im Herzogtum Baden-Durlach 1767; in Braunschweig und Kursachsen 1770; in Österreich 1776; in Bayern 1806; in Württemberg 1809; in Sachsen-Weimar 1919; in Hannover 1822; in Coburg-Gotha 1828 und im Großherzogtum Baden 1831 (Durlach war zuvor ein eigener Landesteil), vgl. *Zagolla*, Wahrheit, Abschn. 11.

611 S. *Schumann*, Vernehmung, S. 100.

612 S. *Schumann*, Vernehmung, S. 100.

beweiskräftiges – Untersuchungsstadium erübrigte sich, und die Zweiteilung des Verfahrens in General- und Spezialinquisition wurde zunehmend in Zweifel gezogen.[613] Im Verlauf des ausgehenden 18. Jahrhunderts kommt es schließlich zu einer Vermischung der beiden Verfahrensstadien[614] und mit ihr zu einer Neuausrichtung der Vernehmungsregelungen. In deren Schatten bildete sich die heute noch gültige Vernehmungsstruktur des § 69 StPO heraus.

I. Vorverlagerung des summarischen Verhörs

Den Ausgangspunkt der Diskussion um die Zweiteilung des Strafprozesses in eine nur informative Voruntersuchung und ein Beweisverfahren bildete das in der Spezialinquisition (zwingend) durchzuführende Verhör des Inquisiten, wie es sich bei *Brunnemann* und *Ludovici*, und in deren Anschluss in der prCrimO 1717 darstellt. Danach konnte der Verdächtige zunächst als Zeuge in der Generalinquisition summarisch vernommen werden. In seinem anschließenden Verhör in der Spezialinquisition wurde der Inquisit zunächst summarisch und danach über die Inquisitionalartikel vernommen. Mit Blick auf die nachteiligen, ehrkränkenden Wirkungen der Spezialinquisition für den Beschuldigten setzte sich nach Abschaffung der Folter zunehmend die Auffassung durch, dass die summarische Vernehmung des Inquisiten – die Erzählung des Factum – bereits vor der Einleitung der Spezialinquisition stattzufinden habe.[615]

In der Folge wurde der summarische Teil des Verhörs, die Erzählung des Factums, vor der Einleitung der Spezialinquisition durchgeführt, der Inquisit mithin bereits in der Generalinquisition beweiskräftig befragt.[616] Die Möglichkeit der Befragung des Verdächtigen nicht lediglich als Zeugen, sondern als Inquisiten im Stadium der Generalinquisition bewirkte, dass bei leichteren Verbrechen ein Strafurteil bereits auf die Ermittlungen in diesem Stadium gegründet werden konnte, ohne dass es der Einleitung der Spezialinquisition bedurfte.[617] Aufgrund des lediglich vorbereitendenden Charakters der Generalinquisition war dies zuvor gerade nicht möglich.[618]

---

613 Vgl. *Biener*, Beiträge, S. 181 f., 184 ff.; *Zachariae*, Grundlinien, S. 75 ff. m. w. N.

614 S. z. B. die Ausführungen bei *Siewert*, AdCr 1803, 5. Bd. 2. St. S. 100 ff.

615 S. *Schumann*, Vernehmung, S. 102.

616 S. *Biener*, Beiträge, S. 184 f.; *Zachariae*, Grundlinien, S. 75 ff.

617 S. *Biener*, Beiträge, S. 184 m. w. N.; *Conrad*, Rechtsgeschichte II, S. 432; *Eb. Schmidt*, Einführung, S. 205; *Zachariae*, Grundlinien, S. 75 f. m. w. N.

618 So betonte *Ludovici*, dass auf eine summarische Vernehmung im Verhör des Inquisiten eine Verurteilung allein nicht gestützt werden dürfe, *Ludovici*, Einleitung, Cap. V., §. II. S. 39.

Mit der Verlagerung eines – jedenfalls in leichten Fällen – nunmehr als Urteilsgrundlage ausreichenden Verhörs in das Anfangsstadium der Generalinquisition verschob sich auch der Verfahrensschwerpunkt nach vorn. Diese Entwicklung hatte auch Auswirkungen auf das Verhör der Zeugen. Wurden sie im gemeinrechtlichen Inquisitionsverfahren unvereidet befragt, mussten sie nunmehr auf ihre (beweiskräftige) summarische Zeugenaussage hin den Zeugeneid leisten.[619] Damit wurde auch dem Zeugenverhör im Stadium der Generalinquisition Beweiskraft verliehen. Im Anschluss an das summarische Verhör des Beschuldigten, welches fortan den Kern des ganzen Prozesses bildete, konnte direkt das Urteil gefällt werden.[620] Die gemeinrechtliche funktionale Trennung von untersuchender und urteilender Stelle ging allmählich verloren, und der Schutz des Beschuldigten wurde in das nahezu schrankenlose Ermessen des Inquisitionsrichters gelegt.[621]

1. *Aufgabe des artikulierten Verhörs*

Mit der dargestellten Verschiebung des Verfahrensschwerpunktes in die Generalinquisition ist bereits die Entwicklung angekündigt, die den Übergang vom formalen Beweissystem des gemeinen Rechts zur freien Beweiswürdigung einläutete und die Grundlage für die heute noch geltende Vernehmungsstruktur des § 69 StPO lieferte. Den Kern des gemeinrechtlichen Strafverfahrens bildete noch das artikulierte Verhör des Inquisiten und der Zeugen in der Spezialinquisition. Darin wurde das in der Generalinquisition ermittelte Corpus Delicti in einzelne, prägnant gefasste Fragen unterteilt und dem Inquisiten zur beweiskräftigen Antwort vorgelegt. Neben der Ermöglichung eines Urteilsspruchs im Wege der Aktenversendung diente dies nicht zuletzt auch dem Schutz des Inquisiten, da der Richter durch das Aufdröseln des Untersuchungsmaterials zu behutsamem Vorgehen veranlasst werden sollte.

Das summarische Verhör der Zeugen in der Generalinquisition sollte dagegen möglichst umfassende Sachverhaltsangaben liefern um eine fundierte Grundlage für das darauffolgende artikulierte Verhör (des Inquisiten) zu erlangen.[622] Auch die anfängliche Entgegennahme der Faktums-Erzählung des Inquisiten diente als Grundlage für seine sich anschließende artikulierte Befragung. Da nunmehr aber die summarische Befragung – des Inquisiten und der Zeugen – komplett in

619 S. *Biener*, Beiträge, S. 185.

620 S. *Sellert/Rüping*, Studien- und Quellenbuch I, S. 377; *Henkel*, Strafverfahrensrecht, S. 47.

621 S. *Glaser*, Beweis, S. 98; *Henkel*, Strafverfahrensrecht, S. 47.

622 S. z. B. *Jagemann*, AdCr.NF. 1835, St. 4, 493, 496.

die Generalinquisition gezogen wurde und in leichten Fällen eine Verurteilung bereits vor Einleitung der Spezialinquisition möglich war, verlor das artikulierte Verhör seine Bedeutung. Diese erneute Befragung wiederholte nur die bereits bekannten Umstände und wurde – aufgrund des Erfordernisses umständlich abzufassender Fragestücke – zunehmend als bloß lästige, verfahrensverzögernde Formalität empfunden und in leichten Fällen sogar ganz abgeschafft.[623]

2. Konsequenzen für Ausgestaltung der Befragungen

Die Konsequenz dieser Aufwertung des summarischen Verhörs und Zurückdrängung bzw. Entwertung des artikulierten Verhörs ist eine Konzentrierung aller kommunikativen Einflussmöglichkeiten im summarischen Verhör. Die Befragung von Auskunftspersonen erfolgte grundsätzlich formfrei – summarisch –, und die durch vorab fixierte Artikel ausgestaltete (formgebundene) Befragung verlor vollständig an Bedeutung. Kern der gesamten Untersuchung bildeten nunmehr die summarische Aussage des Angeschuldigten und die beeideten summarischen Zeugenaussagen.[624]

Zur Verurteilung war weiterhin Voraussetzung, dass das Verbrechen durch zwei Zeugen bewiesen war oder ein legitimes Geständnis vorlag.[625] Eine hierauf abzielende Kommunikationsform musste notwendigerweise Eingang in das Verfahren erhalten. Vor dem Hintergrund, dass die Folter als Aussageerzwingungsmittel nicht mehr zur Verfügung stand, musste ein geeignetes Äquivalent her. Zwar blieben die Lügen- und Ungehorsamsstrafen[626] und damit die Befragung unter dem Eindruck der drohenden Strafen bestehen; die Anwendung dieser Zwangsmittel war der Befragung indes nachgelagert und setzte den Beweis voraus, dass die Auskunftsperson durch Schweigen oder Leugnen die Unwahrheit sagte.[627]

Die Strafen mit Vergeltungscharakter zeitigen im Verhör selbst keine unmittelbare Wirkung; eine Anwendung während der Befragung schied aus. Notwendigerweise entwickelte sich in der Folge eine regelrechte Überführungskunst[628]

623 S. *Biener*, Beiträge, S. 190 f.; *Eb. Schmidt*, Einführung, S. 205. Diese Entwicklung war nicht unumstritten, teilweise die Abhaltung eines artikulierten Verhörs noch für notwendig erachtet, vgl. nur *N. N.*, NAdCr. 1828, Bd. 10 St. 1, S. 13 f.

624 S. *Biener*, Beiträge, S. 187 f. ordnet die Befragungen zwischen General- und Spezialinquisition als drittes Verfahrensstadium – sog. summaria – ein.

625 S. *Hornung-Grove*, Beweisregeln, S. 43.

626 S. hierzu *Mauß*, Lügenstrafe, S. 48 ff.; *Willenberg*, Lügen- und Ungehorsamsstrafen, S. 115 ff.; *Rüping/Jerouschek*, Grundriss, Rn. 178.

627 S. *Schumann*, Vernehmung, S. 105; *Quistorp*, Anweisung, S. 15.

628 S. *Glaser*, Beweis, S. 8 f.; *Kries*, Strafprozeß, S. 50; *Kube*, Beweisverfahren, S. 78.

mittels psychisch und physisch wirkenden Zwangs, eine mit „subtilen Kommunikationstechniken arbeitende Verhörführung".[629]

Ende des 18. Jahrhunderts erschienen zahlreiche Schriften, die dem Richter praktische Anleitungen an die Hand gaben, wie er die Befragungen am effektivsten zur Erlangung eines Geständnisses bzw. einer Aussage einzurichten hat.[630] Die psychologische[631] Verhörtechnik stellte Anweisungen und Mittel bereit, den Inquirenten effektiv zu einem Geständnis[632] zu bewegen. Eine solche auf die Eigenarten der Verhörssituation und insbesondere das Aussageverhalten des Inquirenten reagierende Kommunikation konnte sich vornehmlich in dem formfreien summarischen Verhör vollziehen. Darüber hinaus bereitete die Kritik an der starren Zweiteilung des Verfahrens den Boden für eine lebhafte wissenschaftliche Diskussion über die Ausgestaltung der Verfahrensstadien und mit ihnen der Vernehmung des Inquisiten. Zu den wichtigsten dieser Schriften zählen die Ende des 18. bzw. Anfang des 19. Jahrhunderts verfassten Abhandlungen von *Quistorp*, *Kleinschrod*, *Claproth*, *Globig/Huster*, *Fischer* und *Klein*. Ihre grundsätzlichen Bestimmungen im Hinblick auf die Ausgestaltung der Befragungsstrukturen werden im Folgenden dargestellt. Das Meinungsspektrum ist deshalb von Interesse, weil im Schatten der Diskussionen um die Gestaltung der Verfahrensstadien Forderungen sowohl zur Durchführung des Verhörs des Inquisiten als auch der Zeugen erhoben werden. Sie legten den Grundstein für die Reform des 1805 erlassenen preußischen Criminalordnung. Die Anleitungen geben Aufschluss über die Frage, wie eine summarische Vernehmung einzurichten war und ob eine freie Berichterstattung – in welcher Form auch immer – tatsächlich den nach damaliger Auffassung überragenden Dreh- und Angelpunkt des summarischen Verhörs bildete. Da sich die Anleitungen vornehmlich auf das Verhör des Inquisiten bezogen haben, die Ausführungen aber wechselseitig angewendet wurden, sind beide Befragungen in den Blick zu nehmen.

Wie sehr das Verhör des Inquisiten auf die Erlangung eines Geständnisses ausgerichtet war, verdeutlicht vor allem das 1789 von *Quistorp* veröffentliche

---

629 S. *Schumann*, Vernehmung, S. 105.

630 S. hierzu *Bruns*, Verhör nach Abschaffung der Folter, S. 126 ff. m. w. N. aus der Literatur; *Schumann*, Vernehmung, S. 105.

631 Zur Ausbildung der modernen Psychologie im 19. Jahrhundert vgl. *Gundlach*, Rechtswissenschaft und Psychologie, S. 13 ff.

632 Zu den kommunikativen Methoden zur Geständniserlangung vgl. *Reichertz/Schneider*, Sozialgeschichte, S. 12 ff.

Werk.[633] Es gibt dem Richter Anleitungen für den Umgang mit schweigenden bzw. leugnenden Auskunftspersonen. *Quistorp* fordert zwar einleitend, dass die Gerichte das Verhör des Angeschuldigten und der Zeugen hauptsächlich auf die Wahrheitserforschung ausrichten und daher jegliche suggestive oder hinterlistige Befragung vermeiden müssten.[634] Das vordringliche Ziel eines Verhörs sei es aber, die eigentlichen Tatumstände „aus des Angeschuldigten eigenem Munde“ zu erfahren.[635] Dazu hatte der Richter gegenüber dem Inquisiten erhebliche Überzeugungsarbeit zu leisten. Insbesondere hatte er die Aufgabe, in den Gesprächen das Vertrauen des Inquisiten zu gewinnen[636] und ihn durch angemessenes Zureden[637] Gewissenszwängen auszusetzen.[638] Dabei beruhen *Quistorps* Ausführungen auf einer Schuldvermutung,[639] denn mit dem schweigenden bzw. leugnenden „Angeschuldigten“ beschreibt er den verhafteten Inquisiten,[640] gegen den nach damaligen Beweisgrundsätzen bereits begründete Verdachtsmomente bestehen. Vor allem aber sollte nach *Quistorp* der Richter den Inquisiten durch Vorhalt aller vorhandenen Verdachtsmomente dazu bringen, „daß er die Wahrheit freywillig gestehe, oder die That, so wie sie sich wirklich zugetragen (…) im Zusammenhange erzähle.“[641] Das summarische Verhör zielt damit auch bei *Quistorp* auf eine Bestätigung der bisherigen Verdachtsmomente oder eine geständige Berichterstattung über den wahren Tathergang ab. Hierzu sollte der Richter einige Geschicklichkeitsregeln die beachten. Charakteristisch ist nur die Formfreiheit der Befragung. Die eigentliche „*Anweisung für Richter*“ trifft *Quistorp* erst für das artikulierte Verhör – sowohl des Angeschuldigten als auch der Zeugen – für den Fall, dass der Inquisit sich „auf die bezüchtigte That und ihre Umstände nicht einlassen“ will.[642]

Ähnliche Angaben zur Durchführung des summarischen Verhörs trifft *Quistorp* in seiner Abhandlung über die „Grundsätze des deutschen peinlichen

---

633 Der treffende Titel lautet: „Versuch einer Anweisung für Richter beym Verfahren in Criminal- und Straf-Sachen, wider solche, welche die Wahrheit nicht gestehen wollen, in Ländern, wo die Tortur abgeschafft worden“.

634 S. *Quistorp*, Anweisung, S. 10 f.

635 S. *Quistorp*, Anweisung, S. 11.

636 S. *Quistorp*, Anweisung, S. 16.

637 S. *Quistorp*, Anweisung, S. 11 f.

638 *Schumann*, Vernehmung, S. 107.

639 *Schumann*, Vernehmung, S. 107.

640 Vgl. *Quistorp*, Anweisung, S. 3 f.

641 S. *Quistorp*, Anweisung, S. 12.

642 S. *Quistorp*, Anweisung, S. 21.

Rechts". In seinen Bestimmungen „von dem summarischen Verhör"[643] stützt er sich ausschließlich auf *Ludovici* und hat auch hier im Wesentlichen das summarische Verhör des Inquisiten vor Augen. Es bestehe „in einer kurzen und zusammenhängenden Erzählung, oder Bericht, unter welchen Umständen das Verbrechen eigentlich begangen."[644] Während der Berichterstattung stehe es dem Richter grundsätzlich frei, durch „eingemischte kurze Fragen einen desto vollständigeren Bericht zu erlangen"[645] oder dem Inquisiten Widersprüchlichkeiten in seiner Aussage aufzuzeigen. Eine ununterbrochene freie Berichterstattung verlangte *Quistorp* mithin nicht.

Claproth definiert die summarischen Zeugenverhöre lediglich über eine kurze Abgrenzung zum artikulierten Verhör als eine Befragung, in der ohne Eidesleistung und ohne die Aufnahme Artikel oder Fragstücke „blos der Zeugen Antworten über ihre persönliche Beschaffenheiten und was sie von der in Frage seyenden Sache wissen"[646] protokolliert werden. Mangels Eidesleitung käme diesen Aussagen kein Beweiswert zu.

Zum summarischen Zeugenverhör trifft *Claproth* in seiner „Einleitung" lediglich die kurze Anweisung, den Zeugen daran zu erinnern, dass er dasjenige, was ihm von vom zugrunde liegenden Sachverhalt bekannt sei, „umständlich anzeigen" solle, was sodann protokolliert werden müsse. Etwaige Lücken in der Zeugenaussage sollten durch Fragen ergänzt werden.[647]

Detailliertere Bestimmungen finden sich zum summarischen Verhör des „Inculpanten".[648] Nach *Claproth* musste der Richter – nach Entgegennahme der Angaben zur Person – die allgemeine Frage an ihn richten, „warum er in Arrest und Inquisition sey" um den Inquisiten zu einem „freywilligen Bekänntniß" zu bewegen. Soweit er auf diese Frage nicht antwortete, sollte er danach gefragt werden, ob und was ihm von dem gegen ihn gerichteten Vorwurf bekannt sei. Blieb auch diese Frage unbeantwortet, war der Inculpant chronologisch nach den einzelnen Umständen zu befragen,[649] wobei die Fragen nicht suggestiv gestellt werden durften.[650] Auch *Claproths* (allgemeine) Ausführungen zur Gestaltung des

643 S. hierzu *Quistorp*, Grundsätze, S. 1249 ff.
644 S. *Quistorp*, Grundsätze, § 663 S. 1249.
645 *Quistorp*, Grundsätze, § 664 S. 1251.
646 *Claproth*, Einleitung in den ordentlichen bürgerlichen Proceß, § 298 S. 417.
647 *Claproth/Willich*, Einleitung, § 515 S. 769.
648 S. hierzu *Claproth/Willich*, Einleitung, §§ 543 ff. S. 816 ff
649 S. *Claproth/Willich*, Einleitung, § 550 S. 822 f
650 S. *Claproth/Willich*, Einleitung, § 550 S. 823

summarischen Verhörs orientieren sich demnach vorwiegend an dem Verhör des Inquisiten, um ihn zu einem Geständnis zu veranlassen.

Globig/Huster kritisieren das summarische Verhör und betonen die hohe schützende Bedeutung des artikulierten Verhörs sowohl der Zeugen als auch des Angeklagten.[651] Im Rahmen des summarischen Verhörs sei es Usus, dass der Richter, der gegen den Angeklagten[652] noch keinerlei ausreichende Verdachtsgrundlage hat, diesem „verworrene, unzusammenhängende Fragen" vorlege und der Angeklagte unter dem Eindruck des gegenwärtigen Ausnahmezustandes ebenso verworren darauf antworte. Dieses „zu Papier gebrachte Gewäsch nennt man das summarische Verhör", worauf die meisten Richter ihre spätere Beweisgrundlage, in leichten Fällen sogar ihr Urteil stützten.[653]

Insbesondere den auf Grundlage eines summarischen Verhörs gestützten Wegfall der artikulierten Befragung kritisieren *Globig/Huster* vehement.[654] Das summarische Zeugenverhör sei aber „ebenso unnütz", weil es heimlich unter Ausschluss der Öffentlichkeit durchgeführt werde. Beanstandet wird diesbezüglich vor allem die daraus resultierende fehlende Teilhabe in Gestalt einer unmittelbaren Befragungsmöglichkeit durch den Angeklagten. Dies sei zur Überprüfung der Glaubwürdigkeit des Zeugen zwingend erforderlich.[655] Im Hinblick auf die Gestaltung der summarischen Verhöre lässt sich zumindest der Schluss ziehen, dass die summarische Vernehmung nicht lediglich das einmalige Einfordern eines zusammenhängenden Berichts zum Gegenstand hatte, sondern sich durch die Formfreiheit der Befragung charakterisierte.

---

651 Vgl. *Globig/Huster*, Abhandlung, S. 410 ff (zum Verhör des Angeklagten), 417 ff. (zum Verhör der Zeugen).

652 Abgestellt wird das auf das direkt nach der Verhaftung erfolgende „erste" Verhör, s. *Globig/Huster*, Abhandlung, S. 410 f.

653 *Globig/Huster*, Abhandlung, S. 411.

654 „Abscheulicher Missbrauch des Criminal-Processes", *Globig/Huster*, Abhandlung, S. 411

655 S. *Globig/Huster*, Abhandlung, S. 418 f.: „Das summarische Zeugen-Verhör ist eben so unnütz, als das summarische Verhör des Angeklagten. (…) Der Richter kann nicht alle Mängel der abzuhörenden Zeugen wissen. Der Angeklagte weiß sie oft am besten. Warum soll ich nicht zur völligen Glaubwürdigkeit der Zeugnisse bey der wichtigsten Untersuchung eben das erfordern, was man bey den kleinsten Civil- Ansprüchen für nöthtig halt? — Wie ungereimt ist also die Anordnung der meisten Gesetze, welche den Inquisitions-Proceß bestimmen, daß die Fragstücke der Zeugen nur dem Richter überlassen seyn sollen. Dagegen muß auch dem Richter erlaubt seyn, für die Defensional - Zeugen eben dergleichen Fragstücke zu machen."

Ganz allgemein legt *Fischer* zunächst fest, dass die Begriffe „Verhör“ und „Vernehmung“ identische Inhalte umschreiben, nämlich eine Gerichtshandlung, in der ein Richter aufgrund der Aussage einer Auskunftsperson den wahren Sachverhalt aufzuklären versucht.[656] „Summarisch“ sei diese Vernehmung, wenn „die nicht vorher aktenkundig bestimmten Fragen des Richters der zu vernehmenden Person gleichsam nur zur Veranlassung dienen, über die Beschaffenheit einer Sache sich näher und umständlicher zu erklären und seine (...) Wissenschaft zu eröffnen.“[657] Die summarische Vernehmung des Angeschuldigten bilde letztlich die wichtigste Handlung des gesamten Inquisitionsverfahrens.[658]

Nach *Fischer* verfolgten die Fragen an den Angeschuldigten das Ziel, von diesem selbst die tatsächlichen Umstände des Geschehens in Erfahrung zu bringen.[659] Dazu gibt er dem Richter Regeln an die Hand: Zunächst dürfe der Angeschuldigte nicht wissen, wie weit ausermittelt die Tat bereits ist.[660] Die Fragen sollten ganz allgemein, d. h. „weder im bejahenden noch im verneinenden Styl“, eingerichtet und zudem nur auf die verfahrensrelevanten Umstände gerichtet sein.[661] Schließlich sei dem Angeschuldigten ohne suggestive Einflüsse Gelegenheit zu geben, die „Geschichte und das, was er dabey gethan, nach seiner Vorstellung und freyen Entschliessung zu erzählen“.[662] Im Anschluss fordert *Fischer*, dass der Angeschuldigte „ohne dringende Veranlassung (...) in seiner Aussage nie zu unterbrechen“ sei.[663] Dies dürfe erst geschehen, wenn er sich offensichtlich widerspreche oder versuche, den Richter durch seine Antworten in die Irre zu führen. Erst wenn der Angeschuldigte seine Erzählung beendet habe und diese mit den Untersuchungsergebnissen nicht übereinstimme, dürfe der Richter weitere Fragen stellen.[664]

In dieser Bestimmung *Fischers* aus dem Jahr 1789 findet sich ganz offensichtlich für das Verhör des Inquisiten eine Strukturierungsanweisung, die in ihren Kernpunkten den Wortlaut des heutigen § 69 Abs. 1 und Abs. 2 StPO widerspiegelt: Der Inquisit soll zunächst eine freie Erzählung leisten. Zur Überprüfung der Angaben sind notfalls weitere Fragen zu stellen. In den Bestimmungen *Fischer*

656 *Fischer*, Abhandlung, S. 1.
657 *Fischer*, Abhandlung, S. 2.
658 *Fischer*, Abhandlung, S. 27.
659 *Fischer*, Abhandlung, S. 70.
660 *Fischer*, Abhandlung, S. 73 f.
661 *Fischer*, Abhandlung, S. 74.
662 *Fischer*, Abhandlung, S. 75.
663 *Fischer*, Abhandlung, S. 75
664 *Fischer*, Abhandlung, S. 75 f.

wird aber auch deutlich, dass lediglich eine einmalige zusammenhängende Berichterstattung nicht Ziel des summarischen Verhörs war. Vielmehr sollte der Angeschuldigte auf die offen gestellten Fragen jeweils vollumfänglich antworten.

Klein stellt sehr prägnant den Bedeutungsverlust der Spezialinquisition heraus, so wie er sich nach der Verlagerung des Beschuldigtenverhörs in die Generalinquisition im Prozess offenbarte. Er weist darauf hin, dass sich die gesamte Spezialinquisition in einer bloßen Wiederholung des bekannten Untersuchungsergebnisses erschöpfe und damit den Gang der Untersuchung hinderte.[665] Die schützende Wirkung der Spezialinquisition, die in der durch das Abfassen der Inquisitionalartikel bewirkten erneuten Auseinandersetzung des Richters mit dem gesamten Untersuchungsmaterial liege, ließe sich ebenso gut durch ein behutsames Vorgehen im Rahmen der summarischen Vernehmung erreichen.[666]

Nach *Klein* lassen sich grundsätzlich zwei verschiedene Vernehmungsarten unterscheiden: Die eine bestehe darin, dass man den Inquisiten zu einer „freyen und zusammenhängenden Erzählung der ihm bekannten, das Verbrechen betreffenden Umstände Veranlassung giebt".[667] Die zweite bestehe in einer speziellen Vernehmung „über gewisse Puncte, worüber man Auskunft verlangt".[668]

Die erste habe zwar den Vorteil, dass Suggestionen eliminiert werden könnten. Auch könne die Erzählung bislang nicht bedachte Umstände liefern und der „Ideengang des Inculpanten" besser nachvollzogen werden.[669] Gleichwohl seien mit dem Einfordern einer freien Berichterstattung erhebliche Nachteile verbunden. Eine wortgetreue Protokollierung durch die Vernehmungsperson sei schlicht nicht möglich; die Zusammenfassung durch den Inquirenten orientiere sich an dem Vernehmungsziel und reiße einzelne Umstände aus ihrem Bedeutungszusammenhang.[670] Zudem könne das Einfordern einer zusammenhängenden Geschichtserzählung nur durch einzelne vorausgegangene Fragen gewährleistet werden.[671]

Klein vertritt deshalb die Auffassung, dass die Vernehmung zunächst das Einfordern eines zusammenhängenden Berichts zum Gegenstand haben müsse, der – soweit möglich – wörtlich zu protokollieren sei. Im Anschluss daran müssten die klärungsbedürftigen Hauptpunkte extrahiert und in einfache, nicht

665 *Klein,* AdCr 1798, 1. Bd. 1. St., S. 73.
666 *Klein,* AdCr 1798, 1. Bd. 1. St., S. 80 f.
667 *Klein,* AdCr 1798, 1. Bd. 1. St., S. 82.
668 *Klein,* AdCr 1798, 1. Bd. 1. St., S. 82.
669 *Klein,* AdCr 1798, 1. Bd. 1. St., S. 82.
670 *Klein,* AdCr 1798, 1. Bd. 1. St., S. 83.
671 *Klein,* AdCr 1798, 1. Bd. 1. St., S. 83.

suggestive Fragen eingekleidet werden.[672] *Klein* schlägt damit vor, das artikulierte (Spezial-)Verhör mit dem summarischen zu verbinden. Ob im Anschluss an die vollendete Erzählung dem Inquisiten Fragen zu stellen sind, hänge davon ab, ob das Wahrheitsgefühl des Inquirenten eine Vervollständigung der geständigen Einlassung erfordere.[673] Mit diesen Forderungen für die summarische Vernehmung des Inquisiten umschreibt er ziemlich treffsicher die heute für die Zeugenvernehmung geltende Vernehmungsstruktur des § 69 StPO.

An der althergebrachten Zweiteilung in summarisches und artikuliertes Beschuldigtenverhör hält *Kleinschrod* hingegen fest.[674] Auf der einen Seite solle der Richter den Gefangenen unmittelbar nach der Verhaftung vernehmen, andererseits könne er dies nicht mit voller Wirkung, da der Sachverhalt zu dieser Zeit noch gar nicht ausermittelt sei. Man behelfe sich daher zunächst mit der summarischen Vernehmung, herausfinden solle, ob der Gefangene geständig ist oder den Tatvorwurf abstreitet, also „ob seine Erzählung zusammenhängend oder widersprechend sey“, und um dadurch einschätzen zu können, „wie er zu behandeln sey“.[675] *Kleinschrod* fordert, innerhalb des summarischen (ersten) Beschuldigtenverhörs unmittelbar nach der Verhaftung den Inquisiten nur zu seinen persönlichen Angaben zu vernehmen und zu prüfen, ob ihm Einreden zustünden (z. B. Verjährung, Begnadigung).[676] Die Befragung über die Tatumstände hingegen müsse dem artikulierten Verhör vorbehalten bleiben.

Von Interesse für die hiesige Untersuchung sind dabei vor allem die im Kontext seiner Kritik getätigten Ausführungen zu der gegenwärtigen Befragungspraxis innerhalb der summarischen Vernehmung. Das summarische Verhör bestehe darin, dass dem Verdächtigen lediglich allgemeine Fragen vorgelegt werden. Gestehe er daraufhin, lasse man ihn den Sachverhalt im Zusammenhang erzählen und unterbreche ihn entweder gar nicht, oder leite die Erzählung durch Fragen an.[677] Weitergehende Schlüsse ziehe der Richter hieraus nicht.[678] Die Prüfung der ermittlungsrelevanten Umstände sei erst Gegenstand des artikulierten Verhörs in der Spezialinquisition.[679]

---

672 *Klein,* AdCr 1798, 1. Bd. 1. St., S. 85, 100 f., 104.

673 Vgl. *Klein,* AdCr 1798, 1. Bd. 1. St., S. 88 f.

674 S. *Kleinschrod,* AdCr 1798, 1. Bd. 1. St., § 4 S. 9; *Kleinschrod,* AdCr 1800, 3. Bd. 1. St., § 10 S. 31; *Kleinschrod,* AdCr 1800, 3. Bd. 3. St., § 2 S. 3 f.

675 *Kleinschrod,* AdCr 1798, 1. Bd. 1. St., § 4 S. 10.

676 *Kleinschrod,* AdCr 1798, 1. Bd. 1. St., § 5 S. 14.

677 *Kleinschrod,* AdCr 1798, 1. Bd. 1. St., § 5 S. 11.

678 *Kleinschrod,* AdCr 1798, 1. Bd. 1. St., § 7 S. 16

679 *Kleinschrod,* AdCr 1798, 1. Bd. 1. St., § 5 S. 11.

Tittmann, der vor allem die Schriften *Kleinschrods* und *Fischers* als die für die Praxis maßgeblichen anführt,[680] nimmt in Bezug auf die Befragung der Auskunftspersonen eine begriffliche Unterscheidung vor. Lediglich die Befragung des Verdächtigen sei eine „Vernehmung"; die Befragung der Zeugen hingegen werde „Abhörung" genannt. Nachdem zu Beginn der summarischen Vernehmung der Verdächtige nach seinen persönlichen Verhältnissen befragt worden sei, müsse der Richter „das Vernehmen so einrichten, daß der Verdächtige mehr selbst erzählt, er hingegen dieser Erzählung durch seine Fragen blos folgt".[681] Die Fragen dürften aber weder verfänglich gestaltet sein, noch Suggestionen enthalten. Zudem müsse der Richter jedoch – und insoweit bricht *Tittmann* ausdrücklich mit *Kleinschrods* Auffassung – vornehmlich darauf achten, die freie Erzählung auf die jeweilige Frage nicht zu unterbrechen,[682] ohne seine Ansicht jedoch zu begründen. Das den Anfang der Spezialinquisition bildende artikulierte Verhör, welches „blos auf eine genauere und wiederholte Erklärung über gewisse Umstände abzwecke[n]", sei im Falle eines Geständnisses überflüssig.[683]

Die nähere Ausgestaltung des summarischen Zeugenverhörs hingegen findet im wissenschaftlichen Diskurs kaum Beachtung, jedenfalls keine eingehende inhaltliche Auseinandersetzung. Soweit eine nähere Ausgestaltung vorgenommen wird, offenbart die Ausführungen eine starke Anlehnung bzw. Übereinstimmung mit den zum Verhör des Inquisiten dargestellten Grundsätzen. *Kleinschrod* vertritt den Standpunkt, dass die Zweiteilung des Zeugenverhörs unnötig sei;[684] summarisches und artikuliertes Zeugenverhör müssten vielmehr miteinander verbunden werden.[685] Zu Beginn des Verhörs sei von den Zeugen eine „vollständige Erzählung der Thatumstände" einzufordern. Erst durch die umständliche Erzählung entdecke der Richter in der Regel weiteren Beweisquellen, wodurch er die Aussagen stützen könne.[686] Die Erzählung bilde die Grundlage der weiteren Befragung. Sofern der Richter aber merke, dass der Zeuge Umstände verheimlicht, müsse er den Zeugen durch Fragen zur Antwort auch über diese Umstände anleiten.[687] Nach *Tittmann* müsse der Richter den Zeugen ebenso wie den Angeschuldigten zu einer „umständlichen und zusammenhängenden Erzählung der

---

680 S. *Tittmann*, Grundlinien, § 448 S. 353 f.
681 *Tittmann*, Grundlinien, § 448 S. 355.
682 S. *Tittmann*, Grundlinien, § 450 S. 356.
683 S. *Tittmann*, Grundlinien, § 460 S. 364
684 S. *Kleinschrod*, AdCr 1805, 6. Bd. 3. St. §. 1. S. 35.
685 S. *Kleinschrod*, AdCr 1805, 7. Bd. 2. St. §. 31. S. 194.
686 S. *Kleinschrod*, AdCr 1805, 6. Bd. 3. St. §. 1. S. 35
687 S. *Kleinschrod*, AdCr 1805, 7. Bd. 2. St. §. 31. S. 194.

Thatsachen veranlassen, welche er, in Beziehung auf das Verbrechen wahrgenommen hat".[688]

Eine Anleitung für das summarische Zeugenverhör leistet auch *Hodermann*. Es sei „durch generelle summarische Fragen, ohne Artikel, ohne Beweise und ohne alles Eingeben, jedoch mit Befragung des Grundes ihrer von dem Verbrechen besitzenden Wissenschaft"[689] einzurichten. Die „Eingabe" von Sachverhaltsumständen – z. B. durch Vorsagen des Namens des Beschuldigten – bedeutete eine unzulässige suggestive Beeinflussung der Zeugenaussage.[690] Charakteristikum des summarischen Zeugenverhörs ist also auch bei ihm die offene Fragestellung unter Ausschluss von Suggestionen. Hinsichtlich der summarischen Vernehmung des Inquisiten beruft sich *Hodermann* auf die oben erwähnten Grundsätze von *Quistorp* und bestimmt, dass der „Delinquent" von dem Richter nur generell gefragt werden dürfe und seine Antwort hierauf vollumfänglich zu protokollieren sei. Im Anschluss daran definiert *Hodermann* die summarische Vernehmung des Angeklagten „als eine auf Befehl des Criminalrichters von dem Uebelthäter selbst (…) gethane kurze, deutliche und zusammenhängende Erzählung des von ihm begangenen Verbrechens, mit allen bey demselben vorgekommenen Umständen."[691] Der leugnende Angeklagte war demgegenüber auf die Frage, was er von dem Tatverdacht wisse, dazu gehalten, den wahren Sachverhalt zu erzählen. In dieser Erzählung durfte der Richter den Angeklagten ohne dringenden Anlass grundsätzlich nicht unterbrechen, ihn jedoch unter Umständen zu einer deutlicheren und umständlicheren Erklärung zur Sache aufzufordern.[692]

3. *Befragungen in der prCrimO 1805 und im StGB Bayern 1813*

Die Criminalordnung für die preußischen Staaten vom 11. Dezember 1805 (prCrimO 1805) implementiert die nach Erlass der prCrimO 1717 ergangenen zahlreichen Änderungen.[693] Ihren Inhalt hier eingehender darzustellen bietet sich bereits deshalb an, weil sie eine der letzten Verfahrensordnungen ist, die den gemeinrechtlichen Inquisitionsprozess und damit das Anfang des 19. Jahrhunderts in Preußen geltende Prozessrecht abbildet.[694] Zudem bildet die prCrimO

688 *Tittman*, Handbuch, Th. 4, § 764 S. 490 f.
689 *Hodermann*, Lehrbuch, § 1006 S. 44 f.
690 *Hodermann*, Lehrbuch, § 1006 S. 45.
691 S. *Hodermann*, Lehrbuch, § 1054 S. 88.
692 S. *Hodermann*, Lehrbuch, § 1056 S. 89.
693 S. *Ignor*, Geschichte, S. 262.
694 S. *Eb. Schmidt*, Einführung, S. 242.

1805 im Wesentlichen die Grundlage für diejenige Entwicklung der Strafrechtspflege, die schließlich in die Reichsstrafprozessordnung (RStPO) von 1877 einmündet.

Ein Vergleich zu der in Bayern zu dieser Zeit geltenden Verfahrensordnung offenbart die dortige Stagnation der Weiterentwicklung prozessrechtlicher Garantien zum Schutz des Beschuldigten.[695] In Bezug auf die Bestimmungen zum Verhör der Zeugen und des Inquisiten bestehen jedoch gewichtige Übereinstimmungen, welche die in den Reformdiskussionen erhobenen Forderungen nunmehr gesetzlich festlegen.

a) *Ausgestaltung von Befragungen in der preußischen Criminalordnung von 1805*

Bei der prCrimO 1805 handelt es sich um eine Revision der alten prCrimO 1717, die nach der Abschaffung der Folter dem Bedürfnis einer Neuordnung des Strafverfahrens Rechnung trug.[696] Die prCrimO 1805 schloss sich an das gemeine (Strafverfahrens-)Recht an, ohne aber einzelne Verfahrensstadien klar zu trennen. Eine strikte Zweiteilung in General- und Spezialinquisition lag der prCrimO 1805 nicht mehr zugrunde.[697] In ihren einleitenden allgemeinen Bestimmungen sind bereits die Grundsätze enthalten, die in der darauffolgenden Reformbewegung lediglich modifiziert werden.[698] § 2 normiert das Offizialprinzip, § 3 bestimmt die „Gewißheit oder Wahrscheinlichkeit eines begangenen Verbrechens" als Voraussetzung jeder Untersuchung.

Nach § 4 prCrimO 1805 liegt der „Hauptzweck" der Untersuchung darin, „die Schuld oder Schuldlosigkeit eines Angeschuldigten so vor Augen zu legen, daß darüber mit der möglichsten Sicherheit geurtheilt werden könne". Nach § 7 ist jedermann im Staat „schuldig", auf Verlangen des Richters „alles dasjenige

695 S. *Schumann*, Vernehmung, S. 111 mit Fn. 329.

696 S. die Präambel des Gesetzes: „Die Unvollständigkeit der für einige Unsrer Staaten emanirten Criminal = Ordnung vom 1sten Mär 1717, und die seit dieser Zeit zum Theil sehr wesentlich veränderte Criminal = Verfassung, wovon schon allein die Unanwendbarkeit mehrerer Vorschriftern der ersten die Folge war (…). Wir haben daher nöthig befunden, alle in den Gesetzes-Sammlungen zerstreuet befindliche Verordnungen (…) revidiren, eine neue Criminal = Ordnung entwerfen (…)."

697 *Biener*, Beiträge, S. 190 sieht in der prCrimO 1805 drei Stadien beinhaltet: die Begründung der Untersuchung, die Untersuchung selbst und das Schlußverhör, was in gewissen Fällen eine articulirte Vernehmung ist.

698 *Schumann*, Vernehmung, S. 112.

mitzutheilen, was ihm in Beziehung auf ein zu untersuchendes Verbrechen oder den Thäter" bekannt ist.

Die prCrimO 1805 übernimmt im Wesentlichen die in der Reformdiskussion nach Abschaffung der Folter erhobenen Forderungen zur Verfahrens- und Vernehmungsausgestaltung. Sie differenziert im Hinblick auf die Befragungsart sowohl bei Zeugen als auch bei dem Inquisiten weiterhin zwischen summarischem und artikuliertem Verhör.

aa) Vernehmung des Angeschuldigten

Hinsichtlich der Vernehmung des Angeschuldigten[699] bestimmt zunächst § 260 prCrimO 1805, dass dieser ohne Zeitverlust „summarisch" zu vernehmen ist, sobald er auf eine gerichtliche Ladung erscheint oder verhaftet wird.[700] Der Angeschuldigte hatte zudem kein Recht, die Aussage zu verweigern, sondern musste jede Frage deutlich und vollständig beantworten.[701]

Welche Struktur die prCrimO 1805 der „summarischen" Vernehmung zugrunde legt, wird aus den Bestimmungen zur Protokollanfertigung deutlich. Danach waren – neben der „Erzählung, welche der Angeschuldigte von dem Vorfalle, weshalb er vernommen wird, macht" – auch seine Angaben zu seinem Aufenthaltsort, seine Äußerungen zu den vorgehaltenen Indizien sowie, sofern er gesteht, seine Erzählung über die subjektive Tatseite.[702] Der Richter war zudem angehalten, die Aussagen vollständig zu Protokoll zu nehmen sowie den Inquisiten beharrlich an seine Wahrheitspflicht zu erinnern und ihm die Widersprüche in seinen Aussagen vorzuhalten, soweit dies erforderlich war.[703] Bei schweren

---

699 S. §§ 260 – 299 prCrimO 1805.

700 S. § 260 prCrimO 1805: „Wenn der Angeschuldigte auf die Vorladung erscheint, oder wenn derselbe zur Haft gebracht worden ist; so muß er ohne Zeitverlust summarisch vernommen werden."

701 S. § 263 prCrimO 1805: „Ein jeder, der eines Verbrechens wegen zur Untersuchung gezogen worden, ist verbunden, die Fragen des Richters deutlich, bestimmt und vollständig zu beantworten."

702 S. § 264 prCrimO 1805: „Das darüber aufzunehmende Protokoll muß enthalten: (…) 2) die Erzählung, welche der Angeschuldigte von dem Vorfalle, weshalb er vernommen wird, macht, seine Angabe, wo er zu der Zeit, das der Vorfall sich ereignet hat, sich aufgehalten, und was er vorgenommen haben, seine Aeußerungen über die ihm allenfalls vorzuzeigenden Spuren des Verbrechens, und wenn er die That eingesteht, seine Erzählung über die dabei gehabte Absicht; wenn er aber die That leugnet, seine Angaben, durch welcher er den gegen ihn entstandenen Verdacht von sich ablehnen will."

703 Vgl. § 265 prCrimO 1805.

Straftaten waren diese Vorhalte dem Inquirenten jedoch erst in dem Zeitpunkt gestattet, in dem „die erste Antwort des Angeschuldigten zu Protokoll genommen worden" war. Im Umkehrschluss legt diese Formulierung in § 272 prCrimO 1805 nahe, dass ein zusammenhängender Bericht nur bei schweren Delikten zwingend war. In allen anderen Fällen blieb es bei der Möglichkeit, Widersprüche in der Aussage direkt anzusprechen.[704]

Die „Erzählung" war indes weiterhin eine durch offene Frage angestoßene chronologische Sachverhaltsdarstellung. Suggestive Fragen waren hierbei unter allen Umständen zu vermeiden.[705] Die Vernehmung des Angeschuldigten musste so lange fortgesetzt werden, bis der Richter überzeugt war, dass der Inquisit sich zu jedem erheblichen Umstand vollumfänglich geäußert hat.[706]

Zur Beendigung der Untersuchung war schließlich das sog. Schlussverhör durchzuführen, in welchen der Richter dem Angeschuldigten die wesentlichen Untersuchungsergebnisse erneut vorzulesen und ihn zunächst darüber zu vernehmen hatte, „was er noch bei der Sache zu erinnern habe".[707] Dem Verteidiger war die Anwesenheit gestattet.[708] Für das Schlussverhör sieht das Gesetz in den Fällen ab einer Straferwartung von drei Jahren Strafarbeit grundsätzlich die artikulierte Form vor.[709] Den Zweck des artikulierten Verhörs erblickt die prCrimO darin, durch „Zergliederung der ausgemittelten Thatsachen in einzelne Fragen den Angeschuldigten zu einer bestimmten Erklärung über die Wahrheit jeder einzelnen (...) Thatsache anzuhalten" und dadurch „bei dem Geständnisse allem Irrthume vorzubeugen" sowie den leugnenden Angeschuldigten „zum Widerspruche mit sich selbst und dadurch zum Geständnisse zu bringen".[710] Der Zweck der artikulierten Form liegt mithin in der absoluten Wahrheitsermittlung. Die

---

704 S. § 272 prCrimO 1805: „Bei wichtigen Verbrechen müssen die Vorhaltungen über die Widersprüche und über die wahrscheinliche Zurückhaltung der Wahrheit nur alsdann von den Inquirenten geschehen, wenn die erste Antwort des Angeschuldigten zum Protokoll genommen worden ist."

705 S. § 269 prCrimO 1805.

706 S. § 284 prCrimO 1805.

707 S. § 418 prCrimO 1805.

708 S. § 422 prCrimO 1805.

709 S. § 419 prCrimO 1805: „Ist die auf das Verbrechen durch das Gesetz bestimmte Strafe nach dem Ermessen des Inquirenten größer, als eine dreijährige Strafarbeit; so sollen dem Angeschuldigten über alle erheblichen zur Sache gehörenden Umstände bestimmte Fragen vorgelegt, und sowohl diese, als auch die darauf gegebenen Antworten zu Protokoll wörtlich niedergeschrieben werden."

710 S. § 423 prCrimO 1805.

einzelnen Fragen waren „so einfach als möglich und weder suggestiv, noch verfänglich“ einzurichten, damit der Inquisit wohlüberlegt antworten konnte.[711]

In schweren Fällen ab einer Straferwartung von lebenslanger Strafarbeit oder Todesstrafe was das artikulierte Verhör sogar zwingend vorgeschrieben.[712] Ab einer Straferwartung von zehn Jahren Strafarbeit war seine Durchführung fakultativ.[713] In leichteren Fällen hingegen das artikulierte Verhör nicht zwingend erforderlich; seine Durchführung stand vielmehr im Ermessen des Richters.[714] Ebenso opportun konnte es in diesen Fällen sein, dass sich der Richter von dem Angeschuldigten eine vorgefertigte „genaue und bündige Darstellung des ganzen zur Untersuchung gekommenen Vorganges“ schlicht bestätigen ließ.[715] Darüber hinaus konnte der Richter in leichten Fällen jederzeit ein artikuliertes Verhör durchführen, wenn er es zur „Erforschung der Wahrheit“ als zweckmäßig erachtete.[716]

Die sich im 18. Jahrhundert mehrenden Zweifel an der Notwendigkeit des artikulierten Verhörs und die sich herausbildende Auffassung, es sei eine unnötige Wiederholung des summarischen Verhörs, zeigt sich deutlich in dieser Bestimmung der prCrimO 1805. Vor dem Hintergrund dieser gewichtigen Kritik an der praktischen Notwendigkeit eines artikulierten Verhörs liegt der Schluss nahe, dass die gesetzgeberische Wertung, die Durchführung in das Ermessen des Richter zu stellen, das artikulierte Verhör in leichten Fällen aus der Verfahrenspraxis verbannte.

bb) Zeugenvernehmung

Anders stellt sich die strukturelle Entwicklung der Zeugenvernehmung dar. Eine Unterteilung in summarisches und artikuliertes Zeugenverhör in verschiedenen Verfahrensstadien findet sich in der prCrimO 1805 nicht mehr. Vielmehr wurde die Auffassung, dass das artikulierte Verhör unnötig sei, in den Bestimmungen

711 S. § 424 prCrimO 1805.

712 S. § 429: „Das in § 423 vorgeschriebene artikulierte Verhör ist aber allezeit nothwendig, wenn auf lebenswierige Strafarbeit oder auf die Todesstrafe erkannt werden soll.“

713 S. § 423 prCrimO 1805.

714 Vgl. §§ 420, 426 prCrimO 1805.

715 S. § 420 prCrimO 1805.

716 § 426 lautet: „Dem Richter stehet frei, dieses artikulierte Verhör entweder vor oder nach Aufnehmung des Beweises, und überhaupt jederzeit vorzunehmen, sobald er dasselbe als ein zweckmäßiges Mittel zur Erforschung der Wahrheit ansieht; wenn auch die Größe des Verbrechens es nicht erfordern sollte.“

zur Zeugenvernehmung umgesetzt. Das lässt sich bereits daran ablesen, dass die Möglichkeit bestand, jede Zeugenvernehmung nachträglich durch Eid bekräftigen zu lassen und dadurch der Vernehmung Beweischarakter einzuflößen.[717] Von dieser Möglichkeit war grundsätzlich Gebrauch zu machen.[718]
Die Zeugenvernehmung konnte zu jedem Zeitpunkt vorgenommen werden, sobald der Richter sich hierdurch (weitere) Umstände zur Sachverhaltsaufklärung versprach.[719] Auch der „Verdächtige" konnte bereits im frühen Untersuchungsstadium vernommen werden, jedoch aufgrund der Exklusivstellung der Ehre und des guten Rufs einer Person nur „unter Vermeidung jeder Äußerung des gegen ihn entstandenen Verdachts".[720]

Die prCrimO 1805 statuierte für den Zeugen die Pflicht, auf Ladung[721] zu erscheinen und eine – solange kein Ausschlussgrund vorlag[722] – wahrheitsgemäß[723] auszusagen.[724] Diese Pflichten konnten notfalls mit Geld- oder Gefängnisstrafen durchgesetzt werden.[725]

Ein Geständnis des Angeschuldigten erübrigte eine Beweisaufnahme grundsätzlich nicht mehr, sondern der Richter hatte ohne Rücksicht darauf eine umfassende, auf absolute Wahrheitskenntnis ausgerichtete Sachverhaltsaufklärung zu gewährleisten.[726] Nach einer vorangegangenen Erinnerung an die Wahrheitspflichtwurde der Zeuge in Abwesenheit des Angeschuldigten und etwaiger weiterer Zeugen zur Sache befragt. Ein Anwesenheitsrecht bei der Vernehmung

---

717 S. § 332 prCrimO 1805: „Jede Zeugenaussage muß, wenn sie als Beweismittel dienen soll, eidlich bestärkt werden."

718 S. § 317 prCrimO 1805: „Wenn der Zeuge gehörig erschienen ist; so muß er ernstlich erinnert werden, auf alles, worüber er gefragt werden wird, die reine Wahrheit nach seiner besten Wissenschaft anzugeben, mit dem Bedeuten, daß er nach geschlossenem Verhör seine Aussage werde eidlich bestätigen müssen."

719 S. § 309 prCrimO 1805: „Die Zeugenvernehmung kann in jedem Zeitpunkte der Untersuchung erfolgen, sobald der Richter die gegründete Hoffnung hat, dadurch der Wahrheit näher zu kommen."

720 S. § 203 prCrimO 180: „Der Verdächtige selbst kann, mit Vermeidung jeder Aeußerung des gegen ihn entstandenen Verdachtes, über die Umstände, welche zu näheren Entdeckung des Thäters beitragen, vernommen werden."

721 S. § 310 prCrimO 1805.

722 Vgl. § 313 ff. prCrimO 1805.

723 S. § 317 prCrimO 1805.

724 S. § 311 prCrimO 1805.

725 S. § 312 prCrimO 1805.

726 S. § 300 prCrimO 1805.

hatte nur der gewählte oder bestellte Verteidiger.[727] Hinsichtlich der „Vernehmung über die Hauptsache“ bestimmt § 320 prCrimO 1805, dass der Richter „dem Zeugen eine umständliche und zusammenhängende Erzählung der Thatsache, des Geschäfts oder Handels, worüber er aussagen soll, abfordern“ muss. Die Angaben waren soweit möglich in einem Wortprotokoll niederzulegen. Sodann sollte der Zeuge durch „Vorlegung specieller, jedoch nicht suggestiver oder verfänglicher Fragen“ über die wesentlichen Umstände genauer examiniert werden. Dabei hatte der Richter darauf zu achten, dass der Zeuge sein Wissen möglichst deutlich und so ausführlich wie möglich angibt. Am Ende der vollumfänglichen Befragung durften keine Ungenauigkeiten in der Aussage mehr übrig sein.[728]

Wie die Befragung weiter einzurichten war, findet sich in den §§ 321 ff. prCrimO 1805. Hiernach musste der Richter den Zeugen bei jeder unverständlichen Antwort auf eine genauere Auskunft hinweisen.[729] Wenn sich in der Zeugenaussage über die speziellen Fragen ein Widerspruch zur anfänglichen Berichterstattung des Zeugen ergab, musste nach § 326 prCrimO 1805 dem Inquisiten dies vorgehalten und seine Erläuterung hierzu protokolliert werden.[730]

---

727 S. § 318: „Nach dieser Verwarnung wird mit Abhörung des Zeugen selbst, ohne Beisein irgend eines Nebenzeugen, des Angebers oder des Angeschuldigten, verfahren. Jedoch muß dem etwa schon gewählten oder bestellten Vertheidiger des Angeschuldigten die Gegenwart bei dem Zeugenverhör gestattet werden, weßhalb ihm der Termin jederzeit bekannt zu machen ist.“

728 S. § 320 prCrimO 1805: „Alsdann muß der Richter dem Zeugen eine umständliche und zusammenhängende Erzählung der Thatsache, des Geschäfts oder Handels, worüber er aussagen soll, abfordern; seine Angaben getreu und vollständig, auch so viel möglich mit des Zeugen eigenen Worten in der ersten Person niederschreiben zu lassen. bei Gelegenheit derselben ihn über die Umstände, worauf es hauptsächlich ankömmt, durch Vorlegung specieller, jedoch nicht suggestiver oder verfänglicher Fragen noch genauer examiniren; dabei sorgfältig darauf merken, daß der Zeuge seine Wissenschaft so deutlich, bestimmt und ausführlich, als die Natur der Sache es gestattet, angebe, und überall den Grund derselben beifüge; überhaupt aber dahin sehen, daß in den Aussagen der Zeugen nichts Dunkles, Unbestimmtes und Zweideutiges übrig bleibe, welches dem Angeschluldigten zur Verdunkelung der Wahrheit oder dem Richter zu Zweifeln, und zur Ungewissheit über den eigentlichen Sinn der Aussage Anlaß geben könnte.“

729 S. § 321 prCrimO 1805.

730 S. § 326 prCrimO 1805: „Wenn sich in der Aussage des Zeugen über die ihm vorgelegten speciellen Fragen ein Widerspruch mit demjenigen, was er etwa schon zuvor in seiner summarischen Erzählung bekundet hat, zu äußern scheint; so muß der

Die prCrimO 1805 trägt dem Umstand Rechnung, dass die erneute Vorladung und Befragung der Zeugen in der Spezialinquisition überflüssig und verfahrensverzögernd erschien und sie kombiniert in der Vorschrift des § 320 prCrimO 1805 summarisches und artikuliertes Verhör. Gleichzeitig trifft sie dadurch eine Strukturanweisung, die in ihren Grundzügen und ihrem Wortlaut nach mit der Regelung des § 69 StPO überwiegend übereinstimmt.

b) Ein Vergleich: Befragungen im Bayerischen Strafgesetzbuch von 1813

Die im Folgenden dargestellten Regelungen des Strafgesetzbuchs für das Königreich Baiern von 1813 (StGB Bayern 1813) dienen als Vergleichsmaßstab zur Illustration der Handhabung und Ausgestaltung des summarischen und artikulierten Verhörs in anderen Teilen Deutschlands. Auf die Übereinstimmungen näher einzugehen, ist von Interesse, weil der Vergleich zu der prCrimO 1805 einen kursorischen Blick auf Verfahrensordnungen am Anfang des 19. Jahrhunderts ermöglicht und damit einen Rückschluss auf die gesetzgeberische Intention erlaubt, die den Bestimmungen der RStPO zur Zeugenvernehmung und damit auch der StPO zugrunde lag.

Das StGB Bayern 1813[731] hält an der ursprünglichen Trennung zwischen General-[732] und Spezialinquisition[733] fest und unterscheidet im Wesentlichen auch zwischen summarischem und artikuliertem Verhör. Allerdings kennt das Gesetz das summarische Verhör des Verdächtigen[734] und sieht die Möglichkeit vor, summarisches und artikuliertes Verhör in dem sog. ordentlichen oder peinlichen Verhör des Angeschuldigten zu vereinen.[735] Zudem konnte in Bayern der Beschuldigte als Zeuge vernommen werden.[736]

Im summarischen Verhör des Verdächtigen hatte sich der Richter darauf zu beschränken, den Angeschuldigten zu fragen, ob ihm die Ursache seiner Vorladung oder Verhaftung bekannt sei. Bei einer Verneinung durfte der Richter seine Befragung nicht fortsetzen, da dies dem ordentlichen Verhör vorbehalten war.[737]

Inquirent ihm dieses vorhalten, und seine Erläuterung darüber in das Protokoll niederschreiben lassen."

731 Vgl hierzu auch *Glaser*, Beweis, S. 291 ff.

732 S. hierzu Art. 72 ff. StGB Bayern 1813.

733 S. hierzu Art. 92 ff. StGB Bayern 1813.

734 S. Art. 155 – 162 StGB Bayern 1813.

735 S. Art. 163 ff. StGB Bayern 1813.

736 S. Art. 86 StGB Bayern 1813.

737 S. Art. 158: „Behauptet der Befragte die Ursache seiner Vorrufung oder Verhaftung nicht zu wissen, oder nennet er eine unrichtige Veranlassung, ist in dem summarischen Verhör durch besondere Fragen nicht in denselben zu dringen, auch darf

Nur dieses hatte Beweiskraft; auf ein Geständnis im summarischen Teil des Verdächtigen-Verhörs konnte ein Urteil nicht gestützt werden.[738]

Das ordentliche oder peinliche Verhör des Inquisiten konnte hingegen erst nach Eröffnung der Spezialinquisition vorgenommen werden.[739] Es teilte sich grundsätzlich in einen summarischen und einen artikulierten Teil. War der Inquisit bereits vom Untersuchungsrichter summarisch vernommen worden und hatte sich dort geständig eingelassen, war er im summarischen Teil des ordentlichen Verhörs dazu aufzufordern, die „begangene That umständlich zu erzählen".[740] Wurde er hingegen zuvor nicht durch einen Untersuchungsrichter summarisch vernommen, musste die Vernehmung mit der Frage eröffnet werden, ob dem Angeschuldigten die Ursache seiner Vorladung oder Verhaftung bekannt sei.[741]

Der artikulierte Teil konnte unmittelbar an den summarischen Teil angeschlossen werden, wenn der Inquisit die Tat ganz oder zum Teil leugnete oder sein im summarischen Verhör getätigtes Geständnis widerrief.[742] Lag allerdings ein Geständnis vor, stimmten aber geständige Einlassung und Ermittlungsergebnis in wesentlichen Punkten nicht überein, sollte der Inquisit „in fortgesetzten Verhören über zweckmäßige specielle Fragen weiter vernommen werden", um des Wahrheitsgehalt des Geständnisses in allen Punkten zu verifizieren.[743] Die Bestimmungen dienten damit einzig dem Zweck, das abgelegte Geständnis „formgerecht" zu machen.[744]

---

demselben die Beschuldigung noch zur Zeit nicht genannt werden. Dagegen darf der Richter oder die Polizeiobrigkeit demselben im Allgemeinen vorhalten, daß man wohl Grund habe anzunehmen, daß ihm die wahre Ursache seiner Befragung gut bekannt sey".

738 S. Art. 162 StGB Bayern 1813: „Auf das in dem summarischen Verhör abgelegte Geständniß kann der Angeschuldigte in keine peinliche Strafe verurteilt werden."

739 S. Art. 163 StGB Bayern 1813: „Das ordentliche oder peinliche Verhör eines Angeschuldeten kann nur nach bereits beschlossener Specialinquisition (…) vorgenommen werden, und hat zum Zweck Alles dasjenige, was die Schuld, Unschuld oder mindere Strafbarkeit des Inquisiten betrift, durch seine Vernehmung umständlich zu erforschen."

740 S. Art. 164 StGB Bayern 1813.

741 S. Art. 167 StGB Bayern 1813.

742 Vgl. Art. 168 StGB Bayern 1813: „Läugnet aber Inquisit die That ganz oder zum Theil, oder widerruft er das in dem summarischen Verhör abgelegte Geständniß, so ist sogleich im ersten Verhöre mit den besondern, die Hauptsache betreffenden Fragstücken, wie gegen einen läugnenden Inquisiten, gemäß Art. 171 ff. zu verfahren."

743 Vgl. Art. 170 StGB Bayern 1813.

744 *Glaser*, Beweis, S. 292.

Das artikulierte Verhör der Zeugen, d. h. die „wiederholende Vernehmung der Zeugen über Artikel“, war nach dem Bayerischen StGB von 1813 hingegen nur ausnahmsweise vorzunehmen, wenn die Generalinquisition nicht alle erforderlichen Beweise geliefert hatte.[745] Die Zeugenaussagen begründeten nur dann einen vollkommenen Beweis, wenn zwei vereidete Zeugen die Ermittlungsergebnisse übereinstimmend bekundeten.[746]

In der Generalinquisition wurden die Zeugen – auch der Verdächtige[747] – summarisch befragt. Über die Verweisung in Art. 90 waren die allgemeinen Bestimmungen zur Zeugenvernehmung (in der Spezialinquisition) anwendbar.

Auch nach dem Bayerischen StGB von 1813 waren Zeugen zum Erscheinen[748] und zur wahrheitsgemäßen Aussage[749] verpflichtet. Gemäß Art. 88 StGB Bayern 1813 mussten alle Zeugen „zur vollständigen Erzählung Alles dessen, was ihnen von dem Vorfalle bekannt geworden, im Allgemeinen aufgefordert, und, nur in so ferne, dieses zur näheren Aufklärung ihrer Aussagen erforderlich oder zur Erforschung des Grundes ihrer Wissenschaft nothwendig ist, über besondere Punkte befragt, dabei auch jede Vorhaltung einzelner Umstände sorgfältig vermieden werden“.[750] Darüber hinaus gibt Art. 88 beispielhafte Formulierungen vor, wie die allgemeinen Fragen über die besonderen Punkte einzurichten sind.[751] Über den Verweis in Art. 90 war Art. 212 zu berücksichtigen, der eine

---

745 S. Art. 200 StGB Bayern 1813: „Sind schon bei der Generaluntersuchung die erforderlichen Beweise zu den Akten gekommen, so ist in der Specialinquisition ein besondere Beweisverfahren oder eine wiederholte Vernehmung der Zeugen über Artikel nicht erforderlich. So weit dieses aber in der Generalinquisition nicht geschehen, müssen über alle das Endurtheil bestimmenden Thatsachen die noch mangelnden Beweise zu den Akten gebracht, alle noch nicht vereideten Zeugen, soferne diese eidespflichtig sind, vereidet, und über alle wesentlichen Umstände, worüber dieselben in den früheren Verhören sich noch nicht vollständig, bestimmt und in klarem Zusammenhange erkläret haben, mittelst besonderer Fragstücke vernommen werden.“

746 S. Art. 285 StGB Bayern 1813

747 S. Art. 86 StGB Bayern 1813.

748 S. Art. 203 StGB Bayern 1813.

749 S. Art. 207 StGB Bayern 1813.

750 Art. 88 StGB Bayern 1813.

751 S. Art. 88 StGB Bayern 1813: „(…) Gilt es demnach der Erforschung des Thäters, so sind die Zeugen, ohne daß ihnen etwa schon gemuthmaßte Person genannt oder bezeichnet wird, bloß im Allgemeinen zu befragen: ob ihnen nicht bekannt, daß sich dieses oder jenes Verbrechen zugetragen? woher ihnen dieses bekannt sey? wen sie deshalb in Verdacht haben? warum uns aus welchen Gründen? ob ihnen nicht andere Personen, welche allenfalls Auskunft darüber geben können, bekannt seyen? und dergleichen.“

dem Art. 88 vergleichbare Bestimmung enthält. Danach sollte der Zeuge bei der Vernehmung über die Hauptsache „veranlaßt werden, sich über den Gegenstand seines Zeugnisses frei aus sich selbst zu erklären." Der Untersuchungsrichte hatte ihm jedoch, „sobald dieses zur näheren Aufklärung, Bestimmtheit, Deutlichkeit und Vollständigkeit der Aussage" erforderlich schien, „besondere Fragen vorzulegen".[752] Diese besonderen Fragen mussten erschöpfend verfasst sein und durften nur einen einigen Tatumstand zum Gegenstand haben. Zudem mussten sie deutlich und unverfänglich eingerichtet sein und durften zudem keine Suggestionen enthalten.[753]

Die Formulierungen des Art. 88 Bayern 1813 entspricht nahezu wörtlich die Vernehmungsstruktur des § 320 prCrimO. Der Vergleich der wesentlichen Verfahrensregelungen in Bayern und Preußen Anfang des 19. Jahrhunderts zeigt, dass die Partikulargesetzgebungen des gemeinen Rechts die Reformforderungen der Rechtswissenschaften aufgriffen und summarisches und artikuliertes Verhör zunehmend in einer gemeinsamen Vorschrift vereint wurden.

4. *Zusammenfassung*

Im gemeinen Recht bildete sich durch die Einflüsse der Rechtswissenschaften die Trennung des Inquisitionsverfahrens in ein Untersuchungs- und ein Beweisstadium (General- und Spezialinquisition) heraus. Ersteres diente der Ermittlung des Corpus Delicti[754] als Augenscheinsobjekt und der Indiziengewinnung zur Ermittlung eines Tatverdächtigen.[755] Die anschließende Spezialinquisition sollte den Inquisiten durch ein Geständnis oder die Bekundung zweier Tatzeugen überführen. Die Generalsinquisition hatte lediglich den Charakter einer „allgemeinen" Untersuchung und richtete sich noch nicht gegen einen konkreten

752 Art. 212 StGB Bayern 1813 lautet: „Bei der Vernehmung über die Hauptsache selbst soll der Zeuge veranlaßt werden, sich über den Gegenstand seines Zeugnisses frei aus sich selbst zu erklären. Es hat ihm jedoch der Untersuchungsrichter, sobald dieses zur näheren Aufklärung, Bestimmtheit, Deutlichkeit und Vollständigkeit der Aussage erforderlich ist, besondere Fragen vorzulegen, und überhaupt die Vernehmung dergestalt zu leiten, daß alles zu Erweisende genau, bestimmt und erschöpfend in das Licht gelegt werden."

753 Vgl. Art. 213 StGB Bayern 1813.

754 S. *Carpzov*, Inquisition- und Achtsproces, S. 46 f.; *Hall*, Lehre vom Corpus Delicti, S. 48, 53 ff.; *Kube*, Beweisverfahren, S. 62.

755 Vgl. S *Bollmann*, Die Stellung des Inquisiten bei Carpzov, S. 106 ff., 115 ff.; S. *Carpzov*, Inquisition- und Achtsproces, S. 47.

Beschuldigten.[756] Beweiskraft hatten nur die Ermittlungshandlungen in der Spezialinquisition.[757]

Die klare Trennung zwischen Untersuchungs- und Beweisstadium spiegelte sich ursprünglich auch in der Struktur der Vernehmung mit den zwei unterschiedlichen Arten, dem summarischen Verhör und dem artikulierten Verhör, wieder. Das summarische Verhör der Zeugen hatte – entsprechend der Zweckrichtung der Generalinquisition – zunächst lediglich untersuchenden Charakter und diente der Produktion möglichst umfassender Sachverhaltsangaben, während die in der Spezialinquisition durchgeführten artikulierten Verhöre von Zeugen und Inquisit das (Beweis-)Verfahren gegen eine bestimmte Person darstellen.[758]

Das summarische Verhör der Zeugen in der Generalinquisition erfolgte durch eine möglichst offene Fragegestaltung. Dadurch sollte der Zeuge zu einer ausführlicheren Darstellung von Sachverhaltsangaben angehalten werden, was bei einer engen Frageform gerade nicht möglich war. Dem Zeugen wurden „gemeine" Fragen gestellt, um suggestive Einflüsse von vornherein zu eliminieren. Die wissenschaftlichen Schriften lieferten beispielhafte Fragemöglichkeiten, die konkrete Wahl aber überließen sie dem Ermessen des Richters.[759] Unter der summarischen Vernehmung verstand man gemeinhin diejenige Befragung, „wo der Befragte, ohne daß bestimmte Fragen vorher besonders entworfen worden wären, durch den Richter blos durch allgemeine Fragen veranlaßt wird in einer zusammenhängenden Erzählung die ihm von der Sachen Beschaffenheit beiwohnende Wissenschaft zu eröffnen".[760] Die im summarischen Verhör durch offene (Anstoß-)Fragen erlangte Zeugenaussage im Ganzen bezeichneten die Rechtsgelehrten als „Bericht", eine Terminologie, die auch heute noch zur Umschreibung für zusammenhängende Zeugenerklärungen nach § 69 Abs. 1 StPO gilt.

In der Weiterentwicklung des Inquisitionsprozesses wurde auch im artikulierten Verhör des Inquisiten auf eine geständige Einlassung in Form einer

756 S. *Carpzov*, Inquisition- und Achtsproces, S. 47.

757 Vgl. *Sellert/Rüping*, Studien- und Quellenbuch I, S. 341.

758 In der Generalinquisition kann zur Ermittlung des Corpus Delicti auch die verdächtige Person als Zeuge befragt werden. Dieses Verhör diente insbesondere der Möglichkeit zum Gehör, da die Einleitung der Spezialinquisition gegen eine Person in der spätmittelalterlichen und frühneuzeitlichen Ständegesellschaft als Ehrverletzung aufgefasst worden ist, s. *Schumann*, Vernehmung, S. 121.

759 S. z. B. *Brunnemann/Stryk*, Anstellung des Inquisitions-Processes, Cap. III., §. V. S. 11.

760 S. *Danz/Gönner*, Grundsätze, § 237 S. 390.

einleitenden „Erzählung“ des Faktums hingewirkt. Sie sollte einen Abgleich mit den allgemeinen Ermittlungsergebnissen und dadurch eine erleichterte Abfassung der Inquisitionalartikel ermöglichen.

Die sich durch die wissenschaftlichen Anleitungen für die Praxis herausgebildeten Formvorgaben erhob die prCrimO 1717 im Wesentlichen zum gesetzlichen Programm. Das Zeugenverhör teilte die prCrimO 1717 in das untersuchende summarische Verhör und das im Falle eines fehlenden Geständnisses des Inquisiten durchzuführende artikulierte Verhör. Dazwischen wurde der Inquisit nach Einleitung der Spezialinquisition beweiskräftig vernommen. Dieses Verhör des Inquisiten zielte darauf ab, ein möglichst umfassendes Geständnis zu erlangen und wurde daher mit der Frage nach einer Geständnisbereitschaft des Beschuldigten eröffnet. Soweit er gestand, sollte er in einer freien Erzählung das gesamte Faktum wiederzugeben, welche mit dem bisherigen Ermittlungsergebnis abgeglichen wurde. Über die divergierenden Darstellungen musste der Inquisit sich im artikulierten Verhör erklären.

Die wissenschaftlichen Anleitungen zur Durchführung des summarischen Verhörs der Zeugen und des Inquisiten verdeutlichen, dass sich der „Bericht“ des Zeugen und auch die Erzählung des Faktums durch den Inquisiten nicht in einer einmaligen zusammenhängenden Geschichtserzählung erschöpfte, sondern durch offene (Anstoß-)Fragen auf möglichst alle relevanten Umstände zu erstrecken war.

Mit der Abschaffung der Folter fehlt in der Beweisführung das physische Zwangsmittel zur Durchsetzung der Aussage- und Wahrheitsplicht der Auskunftsperson. Die Beseitigung des wesentlichen strukturellen Verhörselements aus der bisherigen Beweisführungspraxis läutet gleichzeitig eine Entwicklung der Entformalisierung der in Rechtsprechung und Literatur bislang akzeptierten Verfahrenszweiteilung ein.[761] Die strikte Zuordnung von summarischem und artikuliertem Verhör in jeweils getrennte Verfahrensstadien gerät zunehmend in die Kritik,[762] wobei der Großteil der Rechtsgelehrten jener Zeit den summarischen Vernehmungsteil in die Generalinquisition[763] implementiert. Verbunden mit dieser Vorverlagerung des summarischen Verhörs des Inquisiten konzentrierte sich die Untersuchung im Wesentlichen auf die summarischen Aussagen des Angeschuldigten und der beeideten summarischen Zeugenaussagen. Die Möglichkeit, in leichten Fällen eine Verurteilung bereits aufgrund dieser

761 S. *Schumann*, Vernehmung, S. 122.

762 S. die entsprechenden Nachweise bei *Zachariae*, Grundlinien, S. 75 f.

763 Bzw. in das Zwischenstadium der sog. summaria, s. *Biener*, Beiträge, S. 187 f.

Aussagen im summarischen Verhör zu stützen, ließ eine wiederholende artikulierte Vernehmung mit abgefassten Fragen, die lediglich die Bestätigung der bereits ermittelten Tatumstände zum Gegenstand hatte, als unnötige verfahrensverzögernde Förmlichkeit erscheinen.[764]

Die Aufwertung des summarischen Verhörs zur beweiskräftigen Befragung verlagerte den Verfahrensschwerpunkt in einen formungebundenen Untersuchungsteil und leitet mit dem hierdurch bewirkten Bedeutungsverlust der formgebundenen Spezialinquisition jene Entwicklung des Beweisverfahrens in die Wege, die im 19. Jahrhundert in der freien Beweiswürdigung einmündet. Innerhalb der Diskussion zur umstrittenen Frage der Zugehörigkeit des summarischen Verhörs zu einem der beiden Verfahrensstadien stecken die programmatischen Schriften den strukturellen Rahmen der jeweiligen Vernehmungsart ab. Auch hier zeichnet das Meinungsspektrum aber ein unterschiedliches Bild jedenfalls im Hinblick auf die Ausgestaltung der summarischen Vernehmung. Einigkeit besteht nur insoweit, dass das summarische Verhör des Inquisiten eine zusammenhängende Erzählung, oder Bericht, über den Tathergang beinhaltet, demnach also die geständige Einlassung des Inquisiten betrifft.[765] Vereinzelte Literaturstimmen meinen, die Erzählung könne durch kurze Fragen angeleitet[766] und zur Aufklärung von Widersprüchlichkeiten unterbrochen werden.[767] Der Landrichter zu Erlangen *Wolfgang Heinrich Puchta* vertrat die Auffassung, dass es insoweit „keine allgemeine Formel der Vorhaltung“ gebe, der Richter vielmehr „mit philosophischem Geiste und mit Klugheit seine Vorhaltungen und Fragen“ zu wählen habe.[768] Auch die einleitende Frage an den Inquisiten, „was ihm von der Ursache seiner Verhaftung bekannt sey“ müsse nicht immer „einförmig gerade so lauten“. Denn es komme alles nur darauf an, „dem Angeschuldigten einen Anstoß zu geben, über seinen jetzigen Zustand sich selbst herauszulassen, und diesen Anstoß so lange als nöthig und möglich zu unterhalten“.[769] Andere vertreten die Auffassung, dass die Aussage unter keinen Umständen zu unterbrechen sei.[770]

---

764 In leichten Fällen wurde sie ganz abgeschafft, vgl. *Biener*, Beiträge, S. 190 f.; *Eb. Schmidt*, Einführung, S. 205; *Schumann*, Vernehmung, S. 103 f.

765 Vgl. *Claproth/Willich*, Einleitung, S. 822 ff.; *Fischer*, Abhandlung, S. 70 ff.; *Globig/Huster*, Abhandlung, S. 410 f.; *Hodermann*, Lehrbuch, § 1054 S. 88; *Klein*, AdCr 1798, 1. Bd. 1. St., S. 82 ff.; *Quistorp*, Grundsätze, S. 1249 ff.

766 S. *Claproth/Willich*, Einleitung, § 550 S. 822 f.

767 S. *Quistorp*, Grundsätze, § 664 S. 1251.

768 *Puchta*, NAdCr 1820, Bd. 4 St. 3, 436, 455.

769 *Puchta*, NAdCr 1820, Bd. 4 St. 3, 436, 456.

770 Vgl. *Fischer*, Abhandlung, S. 75 f.

Ähnlich verhalten sich die rechtwissenschaftlichen Beiträge zum summarischen Zeugenverhör. Gegenstand der Vernehmung sei die Veranlassung des Zeugen, dasjenige, was ihm vom zugrunde liegenden Sachverhalt bekannt sei, „umständlich“[771] anzuzeigen bzw. „die Beschaffenheit einer Sache sich näher und umständlicher zu erklären und seine (...) Wissenschaft zu eröffnen“.[772] Die Vorschläge zu einer effektiven Einstiegsfrage divergieren dabei in den rechtswissenschaftlichen Abhandlungen. Etwaige Lücken in der Aussagen sollte durch nachträgliche Fragen ergänzt werden,[773] wobei teilweise eine Zusammenlegung des summarischen und artikulierten Zeugenverhörs vorgeschlagen wurde.[774] Auch in Bezug auf das summarische Zeugenverhör herrschte Einigkeit, dass der freie Zeugenbericht durch „die nicht vorher aktenkundig bestimmten Fragen“ einzufordern war.[775] Sowohl im Hinblick auf das summarische Zeugenverhör als auch das summarische Verhör des Inquisiten lässt sich konstatieren, dass der „Bericht“ oder die „Erzählung“ eine durch offene Fragen angeleitete chronologische Sachverhaltsdarstellung kennzeichnet. Die Vorgaben für die Befragungsarten in Bezug auf Verhör des Inquisiten und des Zeugen waren völlig kongruent.[776]

Die sowohl in der Reformliteratur als auch in gerichtlichen Praxis vorgenommene Verlagerung des Verfahrensschwerpunktes in das summarische Verhör der Auskunftspersonen greift die prCrimO 1805 durch ihr Regelungswerk auf, indem sie das artikulierte Verhör des Inquisiten in ein dem eigentlichen Verfahren nachgelagerten Teil – das sog. Schlussverhör – ausgliedert, welches zwingend nur noch in schwerwiegenden Fällen durchzuführen war.[777] Hierin zeigt sich sehr deutlich der Bedeutungsverlust, den das artikulierte Verhör in jener Zeit erlitten hat.[778] In einfach gelagerten hingegen Fällen war die Abhaltung eines artikulierten Verhörs dem freien Ermessen des Richters überlassen. Die inquirierende Tätigkeit des Richters konzentrierte sich nach weiterhin vor allem auf die Befragung des Inquisiten, für die die prCrimO detaillierte Durchführungsanweisungen statuiert.[779]

---

771 S. *Claproth/Willich*, Einleitung, § 515 S. 769.

772 S. *Fischer*, Abhandlung, S. 27. Ein Vernehmungsprotokoll zu einer summarischen Vernehmung findet sich bei *Hudtwalcker*, Summarische Vernehmung des X. jun, S. 14 ff.

773 S. *Claproth/Willich*, Einleitung, § 515 S. 769

774 *Kleinschrod*, AdCr 1805, 7. Bd. 2. St. §. 31. S. 194.

775 S. *Fischer*, Abhandlung, S. 2. Vgl. auch *Hodermann*, Lehrbuch, § 1006 S. 44 f.

776 So auch *Stübel*, Bd. 4, § 2451, S. 359: „In Rücksicht der Form kommen die Verhöre der Zeugen mit den Vernehmungen der Inculpanten ganz überein“.

777 S. §§ 418 ff. prCrimO 1805.

778 So auch *Zachariae*, Gebrechen, S. 125.

779 S. §§ 269 ff. prCrimO 1805.

Die Struktur, welche die prCrimO 1805 dem summarischen Verhör des Inquisiten zugrunde legt, entspricht den Strukturvorgaben der wissenschaftlichen Anleitungen, die eine durch offene Fragen angestoßene Erzählung des Tathergangs bemühten. Auch in den Vorschriften zum Zeugenverhör spiegeln sich die programmatischen Forderungen der Reformliteratur. Die prCrimO 1805 unterscheidet nicht mehr zwischen summarischem und artikulierten Zeugenverhör in zwei unterschiedlichen Verfahrensstadien, sondern kombinierte beide Verfahrensarten in der Vorschrift des § 320 prCrimO 1805, die den Vorgänger des heutigen § 69 StPO darstellen dürfte. Gemäß § 320 musste der Richter dem Zeugen zu Beginn der Vernehmung, die nunmehr in jedem Verfahrensstadium zur weiteren Sachaufklärung vorgenommen werden konnte,[780] „eine umständliche und zusammenhängende Erzählung der Thatsache, des Geschäfts oder Handels, worüber er aussagen soll, abfordern" und „bei Gelegenheit derselben ihn über die Umstände, worauf es hauptsächlich ankömmt, durch Vorlegung specieller, jedoch nicht suggestiver oder verfänglicher Fragen noch genauer examiniren".[781] Dem Beispiel der prCrimO 1805 folgten nach und nach auch andere Partikulargesetzgebungen.[782] Nach dem damaligen Verständnis beinhaltete eine zusammenhängende Zeugenerklärung eine durch offene Fragen angeleitete chronologische Darstellung des dem Verfahren zugrunde liegenden Sachverhalts.

---

780 Vgl. § 309 prCrimO 1805.

781 S. § 320 prCrimO 1805: „Alsdann muß der Richter dem Zeugen eine umständliche und zusammenhängende Erzählung der Thatsache, des Geschäfts oder Handels, worüber er aussagen soll, abfordern; seine Angaben getreu und vollständig, auch so viel möglich mit des Zeugen eigenen Worten in der ersten Person niederschreiben zu lassen. bei Gelegenheit derselben ihn über die Umstände, worauf es hauptsächlich ankömmt, durch Vorlegung specieller, jedoch nicht suggestiver oder verfänglicher Fragen noch genauer examiniren; dabei sorgfältig darauf merken, daß der Zeuge seine Wissenschaft so deutlich, bestimmt und ausführlich, als die Natur der Sache es gestattet, angebe, und überall den Grund derselben beifüge; überhaupt aber dahin sehen, daß in den Aussagen der Zeugen nichts Dunkles, Unbestimmtes und Zweideutiges übrig bleibe, welches dem Angeschluldigten zur Verdunkelung der Wahrheit oder dem Richter zu Zweifeln, und zur Ungewissheit über den eigentlichen Sinn der Aussage Anlaß geben könnte."

782 Vgl. *Planck*, Systematische Darstellung, S. 353 m. w. N.

II. Reformierung des Strafprozesses und die RStPO

Die Reformierung[783] des Strafprozesses, die in der RStPO von 1877 mündete, soll hier nur kursorisch nachgezeichnet werden, da sie für die Ausgestaltung der Zeugenvernehmung keine wesentlichen weiteren Erkenntnisse mehr bringt. Im Reformprozess des 19. Jahrhunderts vollziehende stand die Zeugenvernehmung nicht im Zentrum. Die richtungsweisende Strukturveränderung war mit der Zusammenlegung von summarischem und artikuliertem Verhör in der prCrimO 1805 vollzogen. Die einsetzende Entformalisierung führte lediglich zu sprachlichen Vereinfachungen.

1. Reformgründe und Partikulargesetzgebungen

Das 19. Jahrhundert ist gekennzeichnet durch die richtungsweisenden Prozesse des Übergangs zur Industriegesellschaft einerseits und der Bildung von Nationalstaaten andererseits. Der aggressive Nationalismus ist Ausdruck eines unter den Leitgedanken „Nation" und „Volkssouveränität" erstarkenden Bürgertums, das auf staatliche Machtteilhabe drängt.[784] Das Paradigma von einem ausgeglichen Verhältnis zwischen dem (revolutionären) Volk und der Obrigkeit, die immer noch die breiten Massen unterdrückte, rückte im Bereich der Rechtspflege zunehmend auch den gemeinrechtlichen Inquisitionsprozess in den Fokus der Reformdiskussionen.

Das Meinungsspektrum arbeitete sich dabei im Wesentlichen an vier Leitideen ab: Einführung der Staatsanwaltschaft, Trennung von Justiz und Verwaltung, Einführung der Geschworenengerichte (mit dem Charakteristikum der Laienbeteiligung) und Einführung einer öffentlichen und mündlichen Verhandlung.[785] Im Rahmen dieses Diskurses beschäftigte man sich insbesondere auch mit der Frage, ob sich eine Neugestaltung des Prozedierens an inquisitorischen oder an akkusatorischen Grundsätzen zu orientieren habe („Prinzipienstreit"),[786]

---

783 Für eine chronologische Übersicht über die Reformgeschichte des Straf- und Strafprozessrechts in Preußen von 1780 bis 1879 s. *Schubert/Regge*, Gesetzesrevision Abt. I Bd. 1, S. XXV ff.

784 S. *Köbler*, Deutsche Rechtsgeschichte, S. 175 ff., 183 ff.; *Schumann*, Vernehmung, S. 125.

785 S. *Eb. Schmidt*, Einführung, S. 298.

786 S. *Eb. Schmidt*, Einführung, S. 327; *Henkel*, Strafverfahrensrecht, S. 52 ff. *Ignor*, Geschichte, S. 231 ff.; *Schumann*, Vernehmung, S. 127 ff.

wobei das Gros der Literaten – und allen voran *Mittermaier* und *Zachariae* – eine Mischung aus beiden System propagierte.[787]

Spiegelbildich zu diesen Reformdiskussionen werden ab den 1840er Jahren zahlreiche Übergangs-Kodifikationen[788] erlassen, die sowohl akkusatorische als auch inquisitorische Momente in sich tragen.[789] Darüber hinaus entsteht mit der Kriminalpolizei[790] eine weitere Strafverfolgungsinstitution und mit dem weiteren technischen und medizinischen Fortschritt die moderne Kriminalistik als ihre wichtigste Ermittlungsmethode.[791]

In der Folge vollziehen sich im Strafprozessrecht wichtige Verfahrensumbrüche, die den Kernforderungen der Reformbestrebungen Rechnung tragen, nämlich der Errichtung der Staatsanwaltschaft als eigene Anklagebehörde[792] zur Aufhebung der als unhaltbar empfundenen Kumulation von Richter- und Anklägerrolle in der Person des Inquirenten[793] und der Überprüfung des Ermittlungsergebnisses im Rahmen einer mündlichen und öffentlichen Hauptverhandlung.[794]

---

787 Vgl. *Mittermaier*, Strafrechtspflege, S. 11 ff., 66 ff.; *Zachariae*, Gebrechen, S. 31 f. *Savigny*, APrS 1859, S. 577, 583 betont, das „Wesen des Inquisitionsprozesses“ dürfe in einer Reformierung nicht verloren gehen. Andere wiederum hielten an der Auffassung von dem Erfordernis eines zweigeteilten Prozesses fest, s. *Rieper*, Quellen des Criminal-Processes, S. 13 ff.

788 „Übergang“ meint die Chronik bis zum Erlass der RStPO 1877.

789 S. *Sellert/Rüping*, Studien- und Quellenbuch II, S. 17, 25 f..

790 Vgl. *Kube*, Beweisverfahren, S. 123 ff. m. w. N.; Zur Entstehung der Berliner Kriminalpolizei vgl. *Obenaus*, Preussische Sicherheitspolizei, S. 16 ff., 25 ff., 68 ff.; *Funk*, Polizei und Rechtsstaat, S. 173 ff.

791 S. *Kube*, Beweisverfahren, S. 109 ff, 117 ff. s. auch *Gross*, Criminalpsychologie, S. 334 ff., 340 ff.; *Gross*, Handbuch, 2, 77 Fn. 2; *Schumann*, Vernehmung S. 134.

792 S. hierzu *Carsten/Rautenberg*, Geschichte der Staatsanwaltschaft, S. 49 ff.; *Wohlers*, Entstehung der Staatsanwaltschaft, S. 59 ff., 118 ff., 179 ff. S. ferner *Vormbaum*, Einführung, § 3 S. 92 ff.

793 S. *Sickor*, Geständnis, S. 134. Die Errichtung der Staatsanwaltschaft geht maßgeblich auf das Bemühen liberaler Kräfte zurück, vgl. *Blomeyer*, GA 1970, 161, 169; *Döhring*, DRiZ 1958, 282 f.; *Goercke*, ZStW 73 (1961), 561, 564 f.; *Henkel*, Strafverfahrensrecht, S. 132; *Küper*, Richteridee, S. 181 ff.; *Marx*, GA 1978, 365, 368 m. w. N.; *Roxin*, DRiZ 1969, 385.

794 Vgl. hierzu die Ausführungen des damaligen Bezirksrichters in Frankenthal Dr. *Möhl*, ZfdS 1842, 277, 296 f.: „Die wahre, die beste Garantie gegen die Willkür der Richter, für den Schutz der Unschuld, für die richtige Abwägung und gerechte Prüfung der Beweismittel der für die Urtheilsfällung relevanten Thatsachen, liegt (...) in der Oeffentlichkeit der Verhanldung, so daß unmittelbar vor den Augen und Ohren der

Vor allem die preußische Gesetzgebung im Verlauf der 1840er Jahre illustriert den Übergang vom gemeinen zum reformierten Strafprozessrecht.[795] Auf Grundlage der prCrimO 1805 wurde der aus dem Jahr 1841 stammende revidierte Entwurf der Strafprozessordnung für die Preußischen Staaten (E-1841) erlassen.[796] Der Entwurf enthält die Verfahrensstadien der General- und Spezialinquisition als „vorbereitende Untersuchung"[797] und als „Haupt-Untersuchung"[798].

In Bezug auf die Befragung von Zeugen findet sich lediglich die kurze Bestimmung, dass Zeugen während der vorbereitenden Untersuchung auch eidlich vernommen werden können.[799] Kern und Ausgangspunkt der Haupt-Untersuchung bleibt die Vernehmung des Inquisiten, wobei der Entwurf auch den Begriff des Beschuldigten verwendet.[800] Die inhaltliche Ausgestaltung der Vernehmung entspricht im Wesentlichen den Bestimmungen der prCrimO 1805. Die Strukturvorgaben, insbesondere das normierte Erfordernis einer „Erzählung von dem Vorfalle, über den der Beschuldigte vernommen wird", sind unverändert übernommen worden.[801] Ebenso blieb die inhaltliche Ausgestaltung der Zeugenvernehmung unangetastet; bei seiner Vernehmung über die Hauptsache war der Zeuge „zu einer genauen und zusammenhängenden Erzählung der zu bekundenden Thatsachen aufzufordern." Bei seiner Befragung musste nach den „Umständen, worauf es hauptsächlich ankommt, besonders gefragt" werden.[802] Lediglich als Möglichkeit – und nicht als Grundsatz – wird die mündliche Hauptverhandlung statuiert.[803] Kern der Verhandlung bleibt das (mündliche) Verhör des Inquisiten.[804]

Das Gesetz vom 17. Juli 1846 betreffend das Verfahren in dem bei dem Kammergericht und dem Kriminalgericht zu Berlin zu führenden Untersuchungen (G-1846) hingegen sieht das „mündliche Verfahren vor dem erkennenden

urtheilenden Richter alle Aussagen des Angeschuldigten und der Zeugen vorgehen, daß von ihnen unmittelbar die ganze Beweisführung vorgenommen oder eigentlich, da eine Voruntersuchung nothwendig vorausgehen muß, förmlich wiederholt wird."

795 *Schumann*, Vernehmung S. 134.

796 Zum Gesetzgebungsprozess betreffend G-1846 s. *Ignor*, Geschichte, S. 263 ff.

797 S. E-1841, Zweiter Theil, Erster Titel, Erste Abtheilung.

798 S. E-1841, Zweiter Theil, Erster Titel, Zweite Abtheilung.

799 S. § 104 E-1841.

800 S. §§ 175 ff. E-1841.

801 S. § 176 E-1841.

802 S. § 217 E-1841.

803 S. § 317 E-1841.

804 S. § 318 E-1841.

Gericht" als Regelfall vor.[805] In der mündlichen Verhandlung waren Staatsanwalt und Angeklagter zu hören, die Beweisaufnahme vorzunehmen und die Verteidigung mündlich zu führen. Mit der Auflistung dieser Wesensmerkmale erschöpfen sich die Ausführungen zur Ausgestaltung der mündlichen Verhandlung.[806] Mit dem G-1846 wurden zudem die Institution des „Staats-Anwalt" als eigener Anklagebehörde[807] und die freie Beweiswürdigung eingeführt. § 7 statuiert, dass der Staats-Anwalt „Untersuchungs-Verhandlungen, Verhaftungen oder Beschlagnahmen" nicht selbst vornehmen darf, sondern diese entweder bei der Polizeibehörde oder bei dem zuständigen Gericht zu beantragen hatte. Die Einleitung und (Durch-)Führung der gerichtlichen Untersuchungen hing von einem staatsanwaltlichen Antrag ab; lediglich bei Gefahr im Verzug waren die Gerichte berechtigt, zur Prävention von Sachverhaltsverdunkelungen notwendige Ermittlungsmaßnahmen vorzunehmen.[808]

In Bezug auf die Strukturvorgaben zu Zeugenvernehmung bringt das Gesetz von 1846 keinerlei Neuerungen mehr mit sich. Betreffend „Beweis und Urtheil" tritt das G-1846 die Regelung, dass die „bestehenden gesetzlichen Vorschriften über das Verfahren bei Aufnahme der Beweise, insbesondere auch darüber, welche Personen als Zeugen vernommen und vereidet werden dürfen" maßgebend bleiben.[809] Weitere Bestimmungen zur inhaltlichen Ausgestaltung der Zeugenvernehmung finden sich im G-146 nicht. Hinzuweisen ist schließlich auf die Bestimmung in § 19 G-1846, dass alle überkommenen positiven Beweisregeln außer Anwendung" treten und maßgeblich der erkennende Richter fortan „nach seiner freien, aus dem Inbegriff der vor ihm erfolgten Verhandlungen geschöpften Ueberzeugung zu scheiden" habe. § 19 normiert damit die freie Beweiswürdigung. In der Konsequenz entfallen mit dem Wegfall der positiven Beweisregeln auch die Vorschriften zum artikulierten Verhör.

805 S. § 15 G-1846.

806 § 71 legt lediglich fest, dass zu Beginn der mündlichen Verhandlung die Anklageschrift durch den Gerichtsschreiber vorzulesen ist. *v. Kamptz* hält dazu in seinen Anmerkungen zu § 71 fest: „Die Anklageschrift würde dem Angeklagten so frühe vor dem Termine mitzutheilen sein, daß er dieselbe in dem Termine vollständig beantworten und sich vertheidigen kann."

807 S. §§ 2 ff. G-1846.

808 § 5 G-1846.

809 S. § 19 G-1846.

2. *Die RStPO*

Infolge der von Preußen ausgehenden politischen Einigungsbestrebungen – unter Preußens Vormacht gründete sich 1867 der Norddeutsche Bund – und der Reichsgründung 1870/71 ging die Gesetzgebungskompetenz auf dem Gebiet des Strafprozessrechts auf das Reich über und sorgte durch die in den Jahren 1873 bis 1877 erlassenen Reichsjustizgesetze für eine Vereinheitlichung der bis dahin geltenden Partikulargesetze.[810] Die in der zweiten Hälfte des 19. Jahrhunderts aufkeimende Forderung nach Rechtseinheit fand ihren Niederschlag bereits in der Verfassung des Norddeutschen Bundes, die in Art. 4 Nr. 13 eine einheitliche Regelung des Strafverfahrens für das Reichsgebiet vorsah. Am 1. Februar 1877 wurde schließlich die die Strafprozessordnung für das Deutsche Reich (RStPO) verkündet[811], eine für ganz Deutschland geltende Verfahrensordnung, die am 1. Oktober 1879 in Kraft trat.

Neben der Aussagefreiheit des Beschuldigten[812] normiert sie die öffentliche und mündliche Hauptverhandlung sowie die freie Beweiswürdigung. Die Einführung der RStPO[813] markiert den vorläufigen Abschluss der Verfahrensreformierung. Gegenüber dem Gros der zuvor erlassenen 15 partikularrechtlichen Prozessordnungen[814] ergeben sich inhaltlich keine wesentlichen Änderungen mehr.[815]

a) *Verfahrensstruktur*

Die Reichsstrafprozessordnung beinhaltet eine klare Trennung zwischen Vorverfahren und Hauptverfahren. Ersteres dient der Sachverhaltsermittlung und der Beweissammlung und vollzieht sich entweder als vorbereitendes Verfahren der Staatsanwaltschaft[816] oder als gerichtliche Voruntersuchung.[817] Ähnlich wie

---

810 Vgl. *Armbrüster*, Die Entwicklung der Verteidigung, S. 125 f. S. auch *Krieter*, Historische Entwicklung S. 68.

811 RGBl. 1877 Nr. 8, S. 253 ff.

812 S. § 136 Abs. 1 S. 2 RStPO. Auf eine ausdrückliche Pflicht zur Belehrung über das Recht auf Aussagefreiheit war indes noch verzichtet worden. S. hierzu *Mahlstedt*, verdeckte Befragung, S. 33 f.

813 Zur Entstehungsgeschichte der RStPO s. die eingehenden Darstellungen bei *Binding*, Grundriß, S. 27 ff.; *Eb. Schmidt*, Einführung, S. 345 ff.; *Henkel*, Strafverfahrensrecht, S. 58 und das Quellenmaterial bei *Hahn*, Materialien zur StPO I und II.

814 Zu den weggefallenen Territorialgesetzen vgl. die Aufstellung bei *Binding*, Grundriß S. 26. Eine umfangreiche Sammlung der Prozessgesetze um 1850 findet sich bei *Sundelin*, Sammlung, S. 1 ff.

815 Vgl. *Rüping/Jerouschek*, Grundriss, Rn. 232, 248.

816 S. §§ 156 ff. RStPO.

817 S. §§ 176 ff. RStPO.

bereits im Stadium der Generalinquisition im gemeinen Inquisitionsprozess dient das staatsanwaltliche Vorverfahren nur der Ermittlung des vorläufigen Prozessstoffs. Die hier erhobenen Beweise können lediglich in Ausnahmefällen – durch Protokollverlesung – zum Gegenstand der Beweisaufnahme in der Hauptverhandlung gemacht werden.[818] Erst die Beweisaufnahme in der mündlichen und öffentlichen Hauptverhandlung schafft hier die für den Urteilsspruch maßgebliche Entscheidungsgrundlage.[819] Beweiserhebliche Untersuchungshandlungen im Vorverfahren obliegen hingegen nur dem Gericht, weshalb zu „Feststellungen in beweiskräftiger Form", insbesondere der Vernehmung von Auskunftspersonen, der Richter zu veranlassen ist.[820]

Gegenüber Polizei und Staatsanwaltschaft hingegen bestand für Auskunftspersonen keine Erscheinungs- und Aussagepflicht und damit korrespondierend auch keine Befugnis der Strafverfolgungsbehörden zu ihrer zwangsweisen Durchsetzung.[821]

Wie *Schumann* treffend konstatiert, liegt der „folgenreichste" Schritt für die Entwicklung des Strafverfahrensrechts in der Abschaffung der Aussage- und Wahrheitspflicht des Beschuldigten.[822] Sie wurde abgeschafft, weil der „Beschuldigte frei darüber entscheiden sollte, ob er als ‚Untersuchungsmittel' zur Verfügung steht oder nicht".[823] Hierin dürfte – neben der bereits im Reformprozess zu beobachtenden Entformalisierung und Dezimierung der Vernehmungsvorschriften im Allgemeinen – ein weiterer entscheidender Grund für die lediglich rudimentäre Normierung der Beschuldigtenvernehmung liegen.[824] Im Hinblick auf die Durchführung der Vernehmung des Beschuldigten enthält die RStPO – anders als ihre Vorgängerregelungen – keine näheren Bestimmungen oder Strukturvorgaben mehr.

818 Vgl. §§ 249, 252, 253 RStPO.

819 S. §§ 243 ff., insb. §§ 249, 250 RStPO von 1877; § 178 GVG 1877; S. auch *Löwe*-RStPO, 1879, § 155 Nr. 2.

820 Vgl. *Löwe*-RStPO, 1879, § 161 Nr. 2; *Schumann*, Vernehmung, S. 169 f.

821 S. *Hahn*, Materialien zur StPO I, S. 702, 703; *Löwe*-RStPO, 1879, § 159 Nr. 3 lit. b.; *Stenglein*-StPO, § 159 Nr. 3.

822 S. *Schumann*, Vernehmung, S. 162.

823 *Hahn*, Materialien zur StPO I, S. 139.

824 S. *Schumann*, Vernehmung, S. 162.

b) Vernehmung des Zeugen zur Sache

Die Vernehmung des Zeugen zur Sache wurde als § 68 in die RStPO mit einem dem heutigen § 69 StPO nahezu identischen Wortlaut aufgenommen.[825] Nach § 68 Abs. 1 RStPO ist der Zeuge „zu veranlassen, dasjenige, was ihm vom Gegenstande seiner Vernehmung bekannt ist, im Zusammenhange anzugeben." Weitere Fragen „zur Aufklärung und zur Vervollständigung der Aussage, sowie zur Erforschung des Grundes, auf welchem die Wissenschaft des Zeugen beruht" sind nur „nötigenfalls" zu stellen. Die Aufnahme in das gesetzliche Regelungswerk erfolgte ohne eingehende Begründung. Über den Normzweck schweigen sich die Motive zum Entwurf einer Strafprozeßordnung aus. Vielmehr glaubte der Entwurf, sich auf die in den §§ 59, 60[826] gegebenen Bestimmungen beschränken zu können. Angeführt wird lediglich, dass es nicht erforderlich schien, neben den Personalfragen auch die bisher üblichen Generalfragen unbedingt vorzuschreiben, da „letztere in vielen Fällen überflüssig ist, und andererseits ein Zeuge, welcher in der Sache selbst zu einem falschen Zeugniß entschlossen ist, schwerlich bei Beantwortung der Generalfragen dasjenige offenbaren wird, das einen Schluß auf seine Unglaubwürdigkeit gestatten würde".[827] Die Vorlegung von Fragen über Umstände, welche die Glaubwürdigkeit des Zeugen betreffen, sollte vielmehr dem Ermessen der Richters überlassen sein.[828] Darin kommt die im gemeinrechtlichen Prozess nach Abschaffung der Folter vorherrschende Auffassung der Notwendigkeit einer Entformalisierung zum Ausdruck.

Durch Bekanntmachung der Texte des Gerichtsverfassungsgesetzes und der Strafprozeßordnung vom 22. März 1924[829] wurde auf Grund des § 43 der Verordnung über Gerichtsverfassung und Strafrechtspflege vom 4. Januar 1924 der bisherige § 68 ohne Änderungen als § 69 StPO neu bekannt gemacht. Abs. 3 in der

---

825 § 68 Abs. 1 lautet: „Der Zeuge ist zu veranlassen, dasjenige, was ihm von dem Gegenstande seiner Vernehmung bekannt ist, im Zusammenhange anzugeben. Vor seiner Vernehmung ist dem Zeugen der Gegenstand der Untersuchung und die Person des Beschuldigten, sofern ein solcher vorhanden ist, zu bezeichnen." § 68 Abs. 2 lautet: „Zur Aufklärung und zur Vervollständigung der Aussage, sowie zur Erforschung des Grundes, auf welchem die Wissenschaft des Zeugen beruht, sind nötigenfalls weitere Fragen zu stellen."

826 Der damalige Entwurf einer Strafprozeßordnung führte den später ins Gesetz aufgenommenen § 68 unter dem § 60, s. die Nachweise bei *Hahn*, Materialien zur StPO I, S. 113 ff.

827 *Hahn*, Materialien zur StPO I, S. 113 f.

828 Vgl. *Hahn*, Materialien zur StPO I, S. 113 f.

829 RGBl. I 1924 S. 229.

geltenden Fassung wurde durch Art. 3 des Gesetzes zur Wiederherstellung der Rechtseinheit auf dem Gebiete der Gerichtsverfassung, der bürgerlichen Rechtspflege, des Strafverfahrens und des Kostenrechts vom 12. September 1950[830] eingefügt. Abs. 2 S. 2 wurde durch das Gesetz zur Stärkung der Rechte von Opfern sexuellen Missbrauchs (StORMG) vom 26. Juni 2013[831] eingefügt. § 69 StPO in seiner geltenden Fassung besteht damit seit der RStPO von 1877 bzw. seit der prCrimO von 1805 mit fast unverändertem Wortlaut. Die danach ergangenen Gesetzesänderungen ließen die Grundstruktur der Vernehmung unberührt. Die Gesetzesmaterialen und die dazu ergangenen Begründungen liefern keine ausreichenden Anhaltspunkte für den Zweck der festgelegten Vernehmungsstruktur.

III. Ausgestaltung der Verteidigung und die Teilhabemöglichkeit an der Zeugenbefragung nach Abschaffung der Folter

Bis in die 1840er Jahre existierte keine mündliche Hauptverhandlung. Die Teilhabemöglichkeit der Verteidigung an der Zeugenbefragung erschöpfte sich im Wesentlichen in der Abfassung spezieller Fragestücke. Diese konnten nach beendigtem richterlichem Zeugenverhör dem Richter übergeben werden. Daraufhin befragte der Richter den Zeugen zu den sog. Defensionalartikeln. Es existierte also nur ein mittelbares Fragerecht der Verteidigung. Zugelassen war eine Verteidigung des Inquisiten erst nach der abgeschlossenen Beweisaufnahme in der Spezialinquisition und. Erst im sog. Schlussverfahren wurde das zur Verteidigung des Inquisiten – zum Beweis seiner Unschuld oder Herabsetzung der Strafe – förderliche Material ermittelt bzw. erhoben.[832]

Die Gewährung der Verteidigung erst nach Abschluss des Beweisstadiums muss als konsequent gelten in einem Inquisitionsverfahren, dass die Untersuchung ausschließlich in der Person des Richters und zudem in einem geheimen und schriftlichen Verfahren bündelt, in dem jede frühere Verteidigungsmöglichkeit, insbesondere die Mittelung des Akteninhalts, als Vereitelung des Untersuchungszwecks bzw. des „Operationsplans des Inquirenten“[833] empfunden werden musste.[834] Die Schriftlichkeit des ganzen Inquisitionsprozesses verwies die Verteidigung zudem auf die begrenzten Möglichkeiten entweder der

830 BGBl. 1950, S. 445. Das StORMG ist am 1.9.2013 in Kraft getreten.

831 BGBl. I 2013, S. 1805.

832 Vgl. *Henschel*, Strafverteidigung, S. 44.

833 *Mittermaier* Anleitung S. 37.

834 Vgl. *Henschel*, Strafverteidigung, S. 45.

Abfassung einer Defensionsschrift oder der Beantragung weiterer Nachermittlungen in Gestalt von Zeugenverhören oder der Einholung von Gutachten.[835] Die Verteidigung wurde im Wesentlichen durch Eingabe von Schriften bewerkstelligt.[836] Verteidiger und Angeklagter hatten mit dem Institut der Defension daher keine Teilhabemöglichkeiten an der Beweisermittlung und -sammlung, sondern lediglich das Recht, das zusammengetragene Verfahrensmaterial einer eigenen Bewertung zuzuführen.

Diese Verfahrensgrundsätze werden zwar bereits mit dem Erlass der prCrimO 1805 insoweit aufgeweicht, als dass der Verteidigung die Anwesenheit bei dem artikulierten Verhör des Inquisiten und der Zeugenvernehmung gestattet war.[837] Erst mit den Partikulargesetzgebungen ab den 1840er Jahren und der ab diesem Zeitpunkt allmählich normierten mündlichen Hauptverhandlung erhält die Verteidigung eine mündliche und direkte Teilhabemöglichkeit. Der Verteidigung werden weitergehende Freiheiten gewährt[838] und das Fragerecht des Verteidigers wird installiert.

Nach der Abschaffung der Folter war eine der wesentlichen Forderungen der Aufklärung die Einführung der mündlichen Verhandlung nicht nur als formalen Schlusspunkt der Untersuchung, sondern als Hauptsache-Verfahren dergestalt, dass nur dasjenige als Urteilsgrundlage herangezogen werden darf, was auch im Beisein des Angeklagten und seines Verteidigers Gegenstand der Verhandlung war.[839] Ziel war es, der Verteidigung die Möglichkeit der Einflussnahme sowohl auf den Inhalt der Beweiserhebung als auch auf den Verfahrensablauf insgesamt einzuräumen. Dies sollte durch ein unmittelbares Fragerecht als essentielles Recht auf Ausnutzung der Beweisperson für Verteidigungszwecke gewährleistet werden.[840]

Die Etablierung eines solchen unmittelbaren Fragerechts vollzog sich nur allmählich und synchron zu der Einführung der mündlichen und öffentlichen Hauptverhandlung. In dem Gesetz vom 17. Juli 1846 wurde die mündliche Verhandlung vor dem erkennenden Gericht eingeführt,[841] die „Öffentlichkeit“ der Verhandlung jedoch auf Justizpersonen beschränkt.[842] Während der

---

835 *Henschel*, Strafverteidigung, S. 54.

836 Vgl. *Stübel*, Bd. 2, S. 19; *Tittmann*, Grundlinien, § 508 S. 394

837 S. § 433 prCrimO 1805.

838 S. hierzu *Krattinger*, Strafverteidigung S. 29 ff.

839 S. *Hettinger*, Fragerecht, S. 92 m. w. N.

840 Vgl. *Hettinger*, Fragerecht, S. 92.

841 S. § 15 G-1846.

842 § 17 G-1846.

Voruntersuchung war ein Verteidiger weiterhin nicht zugelassen.[843] Jedoch hatte der verhandlungsleitende Richter bei der Zeugenvernehmung auf die Anträge auch der der Verteidigung Rücksicht zu nehmen.[844]

Nach *Hettinger* handelt es sich bei diesem Gesetz um die erste wirksame Kodifikation, in der der Verteidigung Mitwirkungsrechte bei der Einvernahme der Zeugen zugestanden wurden.[845] Durch die Verordnung vom 7. April 1847 wurde das Gesetz auf weitere Kriminalgerichte Preußens ausgedehnt. Daneben sorgten die im Anschluss an die von der Frankfurter Nationalversammlung proklamierten „Grundrechte des Deutschen Volkes" verkündeten Länderverfassungen für eine Neugestaltung der (Straf-)Rechtspflege, indem sie – neben der mehrheitlichen Einführung der Schwurgerichte – das öffentliche und mündliche Strafverfahren und die Staatsanwaltschaft als öffentliche Anklagebehörde etablierten.[846] Das Fragerecht gewährten die Partikulargesetze in unterschiedlicher Weise. Teilweise wurde, wohl zur Vermeidung der missbräuchlichen Verwendung des Verteidigungsrechtes, der Verteidigung nur ein mittelbares – über den Richter auszuübendes – Fragerecht zugestanden.[847] Einige Gesetze[848] wiederum räumten aus Gleichstellungsgründen sowohl der Anklage als auch der Verteidigung ein solches mittelbares Fragerecht aus, das „den Staatsanwalt ebenso wie den Vertheidiger zur Angabe der Fragen bei dem Vorsitzenden“verpflichtete.[849] In der weit überwiegenden Anzahl der Landesverfassungen[850] hingegen wurde

843 § 48 G-1846.

844 § 57 G-1846.

845 *Hettinger*, Fragerecht, S. 97 f.

846 Vgl. *Hettinger*, Fragerecht, S. 98.

847 So z. B. in Hessen-Darmstadt 1848, Art. 141 Abs. 3; Kurhessen 1848, § 91; Landgrafschaft Hessen 1850, § 102 Abs. 3; Österreich 1850, § 278; Großherzogtum Oldenburg, Entwurf 1850, Art. 147 Abs. 2; Mecklenburg-Schwerin 1856, § 31 Abs. 4; Großherzogtum Hessen (Darmstadt), Entwurf 1860, Art. 295 Abs. 2, s. *Hettinger*, Fragerecht, S. 101.

848 So z. B. Hannover 1850, § 136 Abs. 8; Sachsen-Weimar usw. 1850, Art. 241; Sachsen-Altenburg 1854, Art. 226 Abs. 188; Königreich Sachsen 1855, Art. 287 Abs. 2; Oldenburg 1857, Art. 265 § 2; Hannover 1859, § 143 Abs. 5; Hamburg, Entwurf 1862, § 162 Abs. 1, s. *Hettinger*, Fragerecht, S. 102.

849 S. die Motive zum Entwurf einer StPO für das Königreich Sachsen von 1853, S. 89.

850 So z. B. Sachsen (Königreich) 1848, § 30; Bayern 1848, Art. 164 Abs. 1; Hessen-Nassau 1849, Art. 140 Abs. 1, 141Abs. 1; Württemberg 1849, Art. 127 Abs. 1, Entwurf 1866, Art. 312; Braunschweig 1849, § 56 Abs. 2913; Österreich 1853, § 243; Sachsen-Weimar usw. 1854, Art. 64 Abs. 1; Frankfurt 1856, Art. 215 Abs. 3; Coburg-Gotha 1857, Art. 241; Bremen 1863, Art. 95 § 403; Baden 1864, § 237, s. *Hettinger*, Fragerecht, S. 103.

Verteidigung und Staatsanwaltschaft das Recht der unmittelbaren Befragung gewährt.

Eine Sonderstellung nahm das preußische Gesetz von 1852 (G-1852) ein, das sowohl Staatsanwaltschaft als auch Verteidigung ein Recht zur unmittelbaren Befragung der Zeugen einräumte, die Gewährung des Fragerechts der Verteidigung– im Gegensatz zum staatsanwaltlichen Fragerecht – jedoch in das Ermessen des Richters stellte.[851] Der Entwurf der Reichsstrafprozessordnung von 1874 (E-1874)[852] legte die Leitung der Verhandlung, die Vernehmung des Angeklagten und die Beweisaufnahme in die Hände des Vorsitzenden.[853]

§ 202 E-1874 sah mit dem dort statuierten Kreuzverhör die Möglichkeit vor, Verteidigung und Staatsanwaltschaft auf übereinstimmenden Antrag hin die Zeugenvernehmung zu überlassen. In § 203 E-1874 fand das Fragerecht der Prozessbeteiligten seinen Niederschlag.[854] Die Norm sah vor, dass dem Verteidiger die „unmittelbare Vorlegung einzelner Fragen" zu gestatten war. Die Motive betonen den „großen Werthe", den dieses Recht für die Beteiligten entfalten kann.[855] In der endgültigen Fassung der RStPO jedoch findet sich die Beschränkung auf „einzelne Fragen" nicht mehr, sondern in § 239 RStPO die noch heute gültige Formulierung des § 240 StPO mit der Gewährung, „Fragen an die Zeugen und Sachverständigen zu stellen". Daraus lässt sich schließen, dass das Fragerecht der Verteidigung jedenfalls weiter reichen sollte als die Gewährung „einzelner Fragen" im Sinne einer punktweisen Befragung. Diese Annahme stützen auch die Protokolle der Kommission (erste Lesung).[856] Der Abgeordnete *Schwarze* plädierte dafür, § 203 E-1874 dahingehend abzuändern, dass die Verfahrensbeteiligten berechtigt sein sollten „unmittelbare Fragen" an die abgehörte Person zu richten. Denn der Entwurf stehe zwar zweifelsfrei auf dem zutreffenden Standpunkt, dass die Beteiligten befugt sein sollten, unmittelbar Fragen an die Zeugen und Sachverständigen zu stellen. Dies werde aber von dem Entwurf „nicht

851 S. Art. 51, 76 G-1852.

852 S. *Hahn*, Materialien zur StPO I, S. 1 ff.

853 S. § 201 E-1874. Zur Verhandlungsleitung führen die Motive 1874 (S. 134) aus, der Entwurf habe dem Vorsitzenden damit „keineswegs jene diskretionäre Gewalt beilegen wollen, wie sie der Code d'instruction criminelle dem Schwurgerichts-Vorsitzenden gewährt" (Art. 268 CIC). Dies sei im Gegenteil unstatthaft, was auf S. 137 f. hinsichtlich der Beweisantragsrechte eingehend begründet wird.

854 Der Vorsitzende war hinsichtlich des Fragerechts der Verteidigung ermächtigt, ungeeignete oder nicht zur Sache gehörige Fragen zurückzuweisen, § 204 E-1874.

855 S. *Hahn*, Materialien zur StPO I, S. 191.

856 Vgl. *Hahn*, Materialien zur StPO I, S. 845 ff.

scharf genug zum Ausdruck gebracht".[857] Die Kommission sah indes zunächst keinen Handlungsbedarf für eine Abänderung, weil nach ihrer Auffassung der gewählte Wortlaut die Ansicht *Schwarzes* umfasse. Im Vordergrund der Überlegungen stand mithin die Möglichkeit der unmittelbaren Befragung durch die Verfahrensbeteiligten, d. h. der Möglichkeit, selbst und ohne Vermittlung des verhandlungsleitenden Richters die Befragung durchzuführen. Am Ende wurde im § 203 indes die Formulierung „einzelne Fragen" durch „Fragen"[858] ersetzt und damit auch die weitergehende Befugnis der Verteidigung zum Ausdruck gebracht. Explizit gehen auch die Motive von einem „ausgedehnten und unbedingten" Fragerecht der Verteidigung aus.[859]

D. Zusammenfassung und Bewertung

Der geschichtliche Überblick hat gezeigt, dass erst die Einführung des formfreien Inquisitionsverfahrens im Hoch- und Spätmittelalter den entscheidenden Impuls für die Herausbildung des heutigen Strafverfahrens und seines Beweisrechts gab. Vor dessen Einführung galt als oberstes Prozessziel der Grundsatz der Friedenssicherung. Erst mit Ausgang des späten Mittelalters trat die Erforschung der materiellen Wahrheit in den Vordergrund. Damit etablierte sich allmählich eine sachliche Beweisaufnahme, welche die zu beweisenden Tatsachen und die hierzu logisch im Zusammenhang stehenden Beweismittel überprüfte.

Aufgrund des streng formalen Beweissystems konzentrierte sich die „Wahrheitserforschung" vornehmlich auf das zur Verurteilung des Inquisiten erforderliche Geständnis, welches durch eine ausufernde Anwendung der peinlichen Befragung erlangt und zum übergeordneten Ziel jeder Untersuchung wurde. Mit dieser günstigen Beweiserhebungsmöglichkeit ballte sich der Schwerpunkt des Verfahrens zunehmend in den nichtöffentlichen und formfreien Voruntersuchungen.[860] Mit der CCC erhielt die peinliche Befragung eine rudimentäre Form und der bis dahin von einem erheblichen Missbrauch der Folter und Schutzlosigkeit des Beschuldigten geprägte formfreie Inquisitionsprozess durch detaillierte

857 S. *Hahn*, Materialien zur StPO I, S. 845.

858 S. *Hahn*, Materialien zur StPO II, S. 2230 f.

859 S. die Diskussionen zur Ausgestaltung des Kreuzverhörs und den gezogenen Vergleich des Abgeordneten *Klotz* zum Fragerecht der Verteidigung bei *Hahn*, Materialien zur StPO I, S. 841.

860 S. *Eb. Schmidt*, FS-Siber, S. 133; *Schmidt*, Grundsätze, S. 21 f.; *Vogt*, ZRG GA 68 (1951), S. 243.

Indiz- und Beweisregeln charakterisierte Förmlichkeit.[861] Folge dieser gesetzlichen Beweistheorie war die richterliche Pflicht, den Beschuldigten im Falle eines Geständnisses oder bei Vorliegen zweier Zeugenaussagen zu verurteilen.

In Abkehr zu den vorherigen Epochen, in denen sich die Zeugenaussagen entweder in einer kurzen Bestätigung ihrer Kenntnis von dem zugrunde liegenden Beweisthema oder in der formalen Ableistung eines durch Worthülsen gekennzeichneten Zeugeneides erschöpfte, diente die Befragung der Zeugen nunmehr der Ermittlung einer Urteilgrundlage. Gleichwohl existierten nach wie vor keine Vorgaben für die inhaltliche Ausgestaltung der Befragungen. Derartige Strukturvorgaben kristallisierten sich erst mit der rechtswissenschaftlichen Fortbildung des Inquisitionsprozesses heraus. Die Unterteilung in ein nicht beweiskräftiges Vor- und ein beweiskräftiges Hauptverfahren (General- und Spezialinquisition) sorgte für eine Aufsplitterung des Beschuldigten- und Zeugenverhörs in einen nicht beweiskräftigen und einen beweiskräftigen Teil.

Erst auf Basis des sich an den Vorgaben der rechtswissenschaftlichen Literaten orientierenden gemeinrechtlichen Inquisitionsverfahrens etablierte sich allmählich die heutige Vernehmungsstruktur des Zeugen zur Sache. Während die anfängliche Zweiteilung in General- und Spezialinquisition (noch) für eine strikte Trennung von summarischem und artikuliertem Verhör sorgte, bewirkte der Wegfall der Folter die Notwendigkeit einer äquivalenten kommunikativen Überführungsmöglichkeit des Verdächtigen mit Beweischarakter. Die zahllosen wissenschaftlichen und praktischen Anleitungen aus dieser Zeit erhoben das richterliche Inquirieren zu einer „Kunst", die ganz auf die Erlangung eines Geständnisses abzielte.[862] Diese musste sich in einem weniger formalen Rahmen bewegen, als es das allein beweiskräftige artikulierte Verhör des Verdächtigen in der Spezialinquisition zuließ.

Das formungebundene summarische Verhör des Inquisiten und die hier eröffneten Möglichkeiten des psychischen Einwirkens auf die Auskunftsperson bewirkten den entscheidenden Bedeutungszuwachs des summarischen Verhörs. Die hier gewonnen Erkenntnisse konnten in leichten Fällen zur Verurteilung herangezogen werden. Ein anschließendes artikuliertes Verhör und die Verschriftung der bereits bekannten Umstände in einen detaillierten Frage-Antwort-Katalog wurden als lästige und bloße unnötige Förmelei empfunden.

---

861 S. *Ignor*, Geschichte, S. 62 f.; *Jerouschek*, Carolina S. 9, 81 ff.; *Rüping/Jerouschek*, Grundriss, Rn. 105; *Schoetensack*, Carolina, S. 49 ff.

862 *Abegg*, AdCr.NF. 1841 St. 2, 206 f.

Das summarische Verhör in der Generalinquisition ermöglichte es dem Richter aber auch, den Inquisiten zu einem – in schweren Fällen nach wie vor erforderlichen – Geständnis zu bewegen. Der Schwerpunkt verlagerte sich erneut in ein formfreies Stadium, in dem der Richter mehr Freiheiten genoss. Die Generalinquisition mit dem summarischen Verhör sowohl des Beschuldigten, welches nunmehr Beweischarakter besaß, als auch der Zeugen, machte das artikulierte Verhör allmählich überflüssig. Mit seiner Verlagerung in ein Stadium nach dem eigentlichen Verfahren – in das Schlussverhör – waren bereits alle Voraussetzungen für die endgültige Abschaffung der artikulierten Befragung geschaffen. Im Anschluss an ein beendetes und beweiskräftiges Verfahren zusätzlich einen vor allem in der Vorbereitung aufwendigen Verfahrensabschnitt einzuschieben, konnte zweifelsohne aus verfahrensökonomischer Sicht nur als unsinnig empfunden werden.

Also nicht die Erkenntnis, der freie Bericht des Zeugen sei die beste (psychologische) Möglichkeit zur Erforschung des Gedächtnisses, führte zu einer Teilung der Vernehmung in freien Bericht und anschließendes Verhör. Erkenntniswissenschaftliche Befunde in der gemeinrechtlichen Epoche waren nicht derart entwickelt, dass hieraus für die Rechtswissenschaft verbindliche Grundlinien herausgestellt werden konnten. Es existierten lediglich praktische Erfahrungswerte.

Darüber hinaus hat die historische Darstellung gezeigt, dass der dem summarischen Verhör immanente freie Zeugenbericht jedenfalls unter Anleitung von offenen Fragen erfolgte. Der „Bericht" oder die „Erzählung" präsentiert sich als eine durch offene Fragen angeleitete chronologische Sachverhaltsdarstellung, mithin als Befragung. Lediglich von peripherer Bedeutung war das artikulierte Verhör, das erst nach der eigentlichen Beweisaufnahme stattfand und schließlich ganz aufgegeben wurde. Grundlage der „Vernehmung zu Sache" im reformierten Strafprozess und damit des § 69 StPO bildet mithin das entwickelte summarische Verhör, das Wechselspiel aus „nötigenfalls" offenen Fragen und der angeleiteten Sachdarstellung des Zeugen. Der Begriff „nötigenfalls" entformalisierte insoweit die tradierten ausführlichen Fragevorgaben. Das artikulierte Verhör hingegen wurde vollständig gestrichen.

Die ab der Mitte des 19. Jahrhunderts einsetzenden Reformbestrebungen hatten vornehmlich die Stellung des Beschuldigten sowie die Einführung von Staatsanwaltschaft und mündlicher Hauptverhandlung, nicht aber die periphere Zeugenbefragung auf der Agenda. Der Wegfall der Wahrheits- und Aussagepflicht des Beschuldigten markiert gleichzeitig die „Ablösung des ‚inquisitorischen Verhörs' durch die ‚Vernehmung' des Beschuldigten"[863] und gibt damit

863 S. *Schumann*, Vernehmung, S. 169.

einen entscheidenden Hinweis die begriffliche Unterscheidung zwischen Vernehmung und Verhör. Denn anders als die RStPO verwendeten die Partikulargesetzgebungen sowohl das Wort „Verhör“ als auch das Wort „Vernehmung“ für die Befragung des Inquisiten bzw. der Zeugen durch den Richter.[864] Erst die RStPO verwendet einheitlich den Begriff der „Vernehmung“ für die Befragung von Auskunftspersonen. In dem Übergang vom „Verhör“ zur „Vernehmung“ offenbart sich der Wandel von der zwangsweisen Durchsetzung der Aussage- und Wahrheitspflicht hin zum Verbot jeglichen Inquirierens[865] oder des Hinwirkens auf ein Geständnis[866].

Die Verwendung des Wortes „Vernehmung“ scheint damit der Neuausrichtung der Beschuldigtenvernehmung Rechnung zu tragen. Nicht mehr die Erzwingung seines Wahrsprechens (Verhör) war ihr Ziel, sondern eine einvernehmliche Anhörung ausschließlich als Mittel seiner Verteidigung[867] (Vernehmung). Darüber hinaus zeigt ein Blick auf die Geschichte aber auch, dass das deutsche Strafverfahren – in konsequenter Fortführung des Inquisitionsprozesses – von dem Modell der richterlichen Vernehmung ausgeht.[868] Daraus folgt zugleich die Notwendigkeit, dass überall dort, wo dem verhandlungsleitenden Richter das Recht auf Befragung einer Auskunftsperson zusteht, dieses Befragungsrecht einheitlich unter dem Begriff der „Vernehmung“ zu etikettieren. Das Verhör des Zeugen wurde als „Vernehmung des Zeugen zur Sache“ insoweit angeglichen.

Eine echte Teilhabemöglichkeit des Verteidigers an der Zeugenbefragung – sein Fragerecht – entwickelte sich erst mit der Einführung der mündlichen und öffentlichen Hauptverhandlung. Zuvor existierte lediglich ein mittelbares Fragerecht dergestalt, dass der Verteidigung – nach vollständig abgeschlossener Beweisaufnahme – die Möglichkeit eingeräumt wurde, dem Richter etwaige Fragen zu übermitteln, woraufhin dieser dann die Zeugen zu den sog. Defensionalartikeln befragte. Mit der Einführung der mündlichen Hauptverhandlung gewährte man der Verteidigung zwar die Anwesenheit bei der Zeugenvernehmung; einige Partikulargesetzgebungen hielten jedoch daran fest, nur dem Richter die unmittelbare Befragung zu gestatten. Der Entwurf der RStPO von 1874

---

864 S. hierzu *Schumann*, Vernehmung, S. 134 ff. mit zahlreichen Quellennachweisen.

865 Der Abgeordnete *Herz* forderte im Gesetzgebungsprozess zur RStPO von 1877, dass der nemo tenetur - Grundsatz im Gesetz deutlich zum Ausdruck gebracht werden müsse, s. *Hahn*, Materialien zur StPO I, S. 704.

866 S. *Schumann*, Vernehmung, S. 169 f.

867 S. *Löwe*-RStPO, 1879, § 136 Nr. 3.

868 S. *Schumann*, Vernehmung, S. 177.

sah schließlich das Recht der Verteidigung auf eine unmittelbare Befragung vor, restringierte dies jedoch, indem nur „einzelne Fragen“ gestattet waren. Von dieser Beschränkung löst sich die endgültige Fassung der StPO und trifft damit zugleich eine Aussage über die inhaltliche Reichweite des Fragerechts, welches sich eben nicht auf einzelne Fragen beschränken, sondern als echte „Befragung“ gewährleistet werden sollte.

Zusammenfassend lässt sich damit festhalten, dass sich die überkommene (starre) Zweiteilung der Vernehmung in eine angeleitete Sachdarstellung samt offener Fragen (summarisches Verhör) und ein darauffolgendes Verhör anhand vorgefertigter, abgefasste und inhaltlich auf einen Tatumstand beschränkter Fragen (artikuliertes Verhör) im Laufe der gemeinrechtlichen Rechtsentwicklung immer weiter aufgeweicht wurde. Das artikulierte Verhör schließlich wurde in einen Verfahrensabschnitt nach der Beweisaufnahme und damit in die Bedeutungslosigkeit „verbannt“. Das Fragerecht der Verteidigung beschränkte sich zunächst auf ein schriftlich zu beantragendes Verhör, in dem die vorgefertigten Fragen der Verteidigung vom Richter selbst gestellt wurden. Mit der Einführung der mündlichen Hauptverhandlung und der freien Beweiswürdigung fallen viele starre Formgaben, welche zuvor das Beweisrecht beherrschten. Grundlage der Vernehmung zur Sache wurde – einzig (!) – das summarische Verhör, welches seinen Niederschlag in dem heutigen § 69 StPO fand. Das Fragerecht der Verteidigung wiederum wurde ein mündliches Recht und findet seine Strukturvorgabe – da das ursprüngliche artikulierte Verhör gänzlich abgeschafft wurde – ebenfalls in § 69 StPO. Der Gedanken, die Verteidigung dürfe lediglich „einzelne Fragen“ stellen, wurde bereits in den Motiven der RStPO verworfen. Danach kann jedenfalls die Meinung nicht überzeugen, die das Fragerecht nach § 240 StPO lediglich als Berechtigung interpretiert, einzeln umrissene Fragen zu stellen.

3. Teil: Psychologie der Zeugenbefragung – Gedächtnis- und Aussagepsychologie

Angesichts des historischen Befundes, dass einerseits der freien Berichterstattung in § 69 StPO eine mit offenen Fragen angeleitete chronologische Sachverhaltsdarstellung zugrunde liegt und andererseits die hierzu divergierende herrschende Ansicht, die freie Erzählung dürfe keineswegs durch Fragen unterbrochen werden, ist zu erörtern, welcher dieser Befragungsgestaltungen nach aussage- und gedächtnispsychologischen Gesichtspunkten der Vorzug zu geben ist. Es dominiert die Ansicht, die strikte Zweiteilung des § 69 StPO in unbeeinflussten anfänglichen Bericht und darauffolgendes Verhör entspreche aussagepsychologischen Grundsätzen. Dieses Dogma nimmt indes hauptsächlich die dem freien Bericht eingeräumte zentrale Stellung im Vernehmungsablauf (§ 69 Abs. 1 StPO) in den Blick. Es stellt sich aber darüber hinaus die Frage, ob mit dem einmaligen Einfordern dieses Berichts das Gedächtnis des Zeugen prinzipiell erschöpft ist und weitere Fragen daher nur „nötigenfalls" (§ 69 Abs. 2 StPO) zu stellen sind.

A. Vernehmungsergebnis als Grundlage für den Prozessausgang

Ziel der Beweisaufnahme in der Hauptverhandlung ist die Rekonstruktion des „wahren" Tatgeschehens. Die Vernehmung des Zeugen zur Sache verfolgt insoweit das Ziel, das Wissen der Auskunftsperson über den zu untersuchenden Vorgang so umfassend wie möglich in Erfahrung zu bringen. Der Zeuge in einem Strafverfahren gibt Auskunft über den Inhalt seiner Erinnerung an ein vergangenes, subjektiv bewertetes Geschehen.[869] Nach gefestigter Rechtsprechung des Bundesgerichtshofs (BGH) kann allein die Aussage *eines* Zeugen als Urteilsgrundlage ausreichen; entsprechend hoch muss die Authentizität des Aussageinhalts sein.[870] Bei der Beurteilung der Zeugenaussage spricht die

869 S. RGSt 47, 100, 104 f.; *Schneider*, Nonverbale Zeugnisse, S. 16; *Schlüchter*, Strafverfahren, Rn. 471.2; *Zacharias*, Der gefährdete Zeuge, S. 54.

870 S. BGHSt 44, 153, 158; 44, 256, 257; BGH NStZ 1999, 45; NStZ-RR 1999, 139; NStZ 2002, 656; NStZ 2009, 107, 108. Zum Problem „Aussage gegen Aussage" s. auch BGH, StV 1994, 359; StV 1995, 5; StV 1995, 6; StV 1995, 62; StV 1996, 367; NStZ 1999, 139; NStZ-RR 2008, 349; NStZ-RR 2010, 317; NStZ-RR 2012, 383; LG Mannheim, NJW 1997, 1995.

Aussagepsychologie nicht von „wahrer“ und „unwahrer“ Aussage, sondern stellt auf ihre Erlebnisbezogenheit ab.[871]

Gerade der Zeugenbeweis birgt aufgrund der sehr individuellen Grenzen kognitiver Leistungsfähigkeit und der zwischenmenschlichen Kommunikationsproblematiken ein erhebliches Fehlerpotential. Die Rekonstruktion der wahrgenommenen Wirklichkeit, die prozessuale „Wahrheit“, entsteht nach dem heutigen Erkenntnisstand nicht durch einseitiges Offenbaren eines vergangenen Geschehens, sondern durch subjektive Wahrnehmung und Kommunikation.[872] Fehlerquellen auf Seiten des Befragten liegen vor allem im Bereich der Wahrnehmung und Erinnerung, sowie deren (korrekter) Übermittlung[873] und trüben die Verlässlichkeit des Explorationsergebnisses. Zeugenaussagen sind darüber hinaus mit dem Makel behaftet, dass sie konstruiert oder unvollständig sein können.[874]

Informationen sind stets das Ergebnis von Interpretation und Selektion.[875] Insofern bildet auch die Art und Weise der Befragung durch den Vernehmenden und der hierdurch eröffneten Steuerungsmöglichkeiten eine erhebliche Gefahrenquelle für die Informationssammlung. Der Vernehmende nimmt – als dialogisches Korrektiv[876] – entscheidenden Einfluss auf die Rekonstruktionsleistung des Zeugen. Von ihm wird außerdem die Überprüfung der Aussage auf ihren Wahrheitsgehalt hin erwartet.[877] Wie das BVerfG in seiner Entscheidung vom 16. Februar 2002 konstatiert, stellen die im Rahmen der Beweiswürdigung relevanten aussagepsychologischen Problematiken „keine abgelegene, sondern eine für Richter ebenso wie für Anwälte zentrale, in der juristischen Fachliteratur ausführlich abgehandelte Materie dar“.[878]

---

871 S. *Jansen*, Zeuge und Aussagepsychologie, Rn. 29. Bei einer nicht erlebnisbezogenen Aussage spricht der Zeuge über einen nicht oder nicht im Kontext des Aussagethemas wahrgenommenen Vorgang.

872 S. *Ransiek* StV 1994, 343, 346. Vgl. auch *Baecker*, Kommunikation, S. 51 f.; *Kühne* GA 2008, 361; *Jung* JZ 2009, 1129, 1130; *Radtke* GA 2012, 187, 191.

873 S. *Kühne*, NStZ 1985, 252.

874 S. *Milne/Bull*, Psychologie der Vernehmung, S. 29 ff.

875 S. *Luhmann*, Gesellschaft I, S. 78 f.; *Schumann*, Vernehmung, S. 193.

876 S. *Schumann*, Vernehmung, S. 193; zum strafprozessualen Dialog vgl. *Demko*, Menschenrecht auf Verteidigung, S. 334, 336; *Jahn*, Partizipation, S. 117, 124; *Krauß*, Wahrheit im Strafprozeß, S. 411, 418.

877 S. für die richterliche Tätigkeit BGH StR 301/86, StV 1987, 374, 375.

878 BVerfG, NJW 2003, 1443 f.

Will man eine optimale Sachverhaltsrekonstruktion und deren einwandfreie Überprüfung erreichen, erscheint es zwingend, die Gedächtnisexploration des Zeugen an gefestigten aussagepsychologischen Grundsätzen auszurichten. Die Aussagepsychologie gibt hier die entscheidenden Hinweise darauf, wie diese Suche nach der „Wahrheit" bei der Auswertung des unzuverlässigen Beweismittels Zeuge wirkungsvoll zu betreiben ist.[879] Konsequent müssen strafprozessuale Regelungen diese Erkenntnisse umsetzen, um ein Höchstmaß an Qualität bei der Sachverhaltsermittlung zu garantieren.

Auch der BGH hat die Bedeutung aussagepsychologischer Erkenntnisse aufgegriffen.[880] Die Beweislehre muss sich deshalb zwangsläufig neuen Erkenntnissen öffnen, die ihr aus der Aussagepsychologie zufließen.[881] Hauptanliegen muss es sein, auf psychologischer Theorie und Forschung basierende Richtlinien für die Vernehmungspraxis in die strafprozessuale Wahrheitserforschung einzubeziehen. Dafür werden im Folgenden zunächst die Verfälschungsfaktoren des menschlichen Gedächtnisses und mit ihnen die Anfälligkeit des Zeugenbeweises für fehlerhafte Erinnerungen und Aussagen herausgestellt. In einem weiteren Schritt wird die effektivste Befragungsmethode für die Minimierung solcher Fehlerrisiken und die Maximierung der Reproduktionsmenge vorgestellt und der historischen und aktuellen Auslegung des § 69 StPO gegenübergestellt.

B. Das Gedächtnis und seine Fehleranfälligkeit

Gegenstand der Vernehmung sind die Erinnerungen des Zeugen an die verfahrensrelevanten Ereignisse. Die Erinnerung an etwas Vergangenes setzt aber voraus, dass der Zeuge den Vorgang wahrgenommen, abgespeichert und schließlich für einen Abrufungsprozess präsent hat. Lückenhafte bzw. fehlerhafte Gedächtnisprozesse, befragungstechnische Unzulänglichkeiten und Probleme beim Abruf der Erinnerung sind die häufigsten Fehlerquellen.[882] Wer den Zeugen effizient zu seinen Erinnerungen befragen will, muss wissen, wie das menschliche Gedächtnis funktioniert und welchen Fehleranfälligkeiten es unterliegt.[883] Die

879 BGHSt 17, 382, 385; *Deckers*, FS-Hamm 2008, 53, 55; *Eschelbach*, in: Graf-StPO, § 261 Rn. 1.2.

880 Vgl. nur die Grundsatzentscheidung des BGH zu den Mindestanforderungen an aussagepsychologischen Gutachten: BGH Urt. v. 30.7.1999 – 1 StR 618/98.

881 Graf-StPO-*Eschelbach*, § 261 Rn. 6.

882 *Milne/Bull*, Psychologie der Vernehmung, S. 18.

883 S. *Milne/Bull*, Psychologie der Vernehmung, S. 21. Auch *Eb. Schmidt*, ZStW 65 (1953), 162, 176 betont die hohe Bedeutung der Vernehmungs- und Aussagepsychologie für den wissenschaftlichen Diskurs im Strafprozessrecht.

Grundlage einer eingehenden Zeugenexploration bildet daher zunächst die Auseinandersetzung mit der menschlichen Gedächtnisfunktion. Bevor die Methoden zur Gedächtnisexploration geklärt werden können, soll der nachfolgende kursorische Überblick veranschaulichen, wie Menschen sich an vergangene Ereignisse erinnern.

I. Ebenen des Gedächtnisses

Das menschliche Gedächtnis ist ein komplexes Sammelsurium von Daten[884] und unterteilt sich in verschiedene Gedächtnisebenen.[885] Im Wesentlichen werden das implizierte Gedächtnis (Fertigkeitengedächtnis)[886] und das explizite Gedächtnis (bewusstes oder prozedurales Gedächtnis)[887] unterschieden,[888] wobei diese Ebenen wiederum erneut unterteilt werden. Das implizierte Gedächtnis betrifft automatische Abläufe, also vor allem neuronale Prozesse wie habituierte Körperreflexe, die uns zur Bewältigung unserer Alltagstätigkeiten befähigen. Demgegenüber speichert das prozedurale Gedächtnis neben unseren allgemeinen Kenntnissen (semantisches Gedächtnis) insbesondere persönliche Erlebnisse und Erfahrungen (episodisches Gedächtnis).[889]

Gegenstand der Aussage ist die Wiedergabe von Informationen, die bewusst wahrgenommen sein müssen.[890] Eine Zeugenaussage im Strafverfahren betrifft immer die Erinnerung an einen erlebten Vorgang, mithin das explizite Gedächtnis.

II. Verfälschungsfaktoren

1. Die Auskunftsperson

Die Erinnerung des Zeugen an das vergangene Ereignis vollzieht sich in drei unterschiedlichen Phasen, nämlich

---

884 *Roggenwallner/Pröbstl*, Vernehmungscoaching, S. 21 f.

885 Für eine detailliertere Darstellung von Gedächtnisfunktion und -leistung s. *Pohl*, Das autobiographische Gedächtnis, S. 14 ff.

886 S. *Gluck/Mercado/Myers*, Lernen und Gedächtnis, S. 132 ff.

887 S. *Gluck/Mercado/Myers*, Lernen und Gedächtnis, S. 88 ff.

888 S. zu den verschiedenen Gedächtnisarten *Bartsch*, Gedächtnisfunktion, S. 3 ff.; *Kandel*, Gedächtnis, S. 147 ff.

889 S. *Gluck/Mercado/Myers*, Lernen und Gedächtnis, S. 88.

890 S. *Schumann*, Vernehmung, S. 197.

- der Repräsentation eines erlebten realen Geschehens im Gedächtnis (Kodierung),
- der Implementierung und Ablage der kodierten Information in das Gedächtnissystem (Speicherung) und
- der Rückführung der kodierten und abgelegten Information ins aktuelle Bewusstsein (Abruf).[891]

In allen drei Phasen des Erinnerungsprozesses kann das Gedächtnis versagen und dadurch – unbewusst – den Erinnerungsprozess verfälschen.[892] Mangelnde Aufmerksamkeit des Zeugen während eines Vorfalls kann beispielsweise bereits die Wahrnehmung oder deren Kodierung eliminieren. Ebenso kann es zu einer verfälschten Abspeicherung und in der Folge zu einem fehlerhaften Abruf der so gespeicherten Information kommen.[893]

Die Subjektivität des Zeugenbeweises[894] und die allgemeine Unzulänglichkeit menschlicher Wahrnehmung erhöhen von vornherein die Gefahr einer unbewusst falschen Aussage.[895] Zu diesen unwillkürlichen Bedingungen reiht sich im Strafverfahren die Gefahr absichtlich fehlerhafter Sachverhaltsreproduktionen um zu täuschen (Lüge)[896], auch etwa durch das bewusste Verschweigen verfahrensrelevanter Tatsachen oder das kalkuliert knappe „Vorbeilügen" an der Wahrheit.[897] Die Qualität der Zeugenaussage für die Sachverhaltsaufklärung wird demnach erheblich relativiert durch die vielfältigen Gefahren der bewussten

---

891 Vgl. *Milne/Bull*, Psychologie der Vernehmung, S. 22.

892 S. *Brainerd/Reyna/Howe/Kingma*, Development of Forgetting, S. 94 ff.

893 Vgl. *Milne/Bull*, Psychologie der Vernehmung, S. 22.

894 Zum Beweiswert der Zeugenaussage s. *Arntzen*, Psychologie der Zeugenaussage, S. 122 ff.; *Eisenberg*, Persönliche Beweismittel, Rn. 862 ff.; *Gley*, StV 1987, 403; *Kühne*, NStZ 1985, 252 ff.; *Schmitt*, Beweiswürdigung, S. 315 ff.

895 Oder wie RGSt 47, 100, 104 f. ausführt: „Der Zeuge hat in der Regel über Vorgänge zu berichten, die abgeschlossen in der Vergangenheit liegen. Er gibt aber nicht die Vorgänge selbst wieder, sondern nur die Wahrnehmungen, die er über sie gemacht hat. Hierbei kommt es ganz wesentlich auf das Auffassungsvermögen, das Urteil und die Gedächtnisstärke des Zeugen an, sowie auf seine Fähigkeit, streng sachlich zu berichten, auf seine persönliche Zuverlässigkeit und Glaubwürdigkeit u. dgl. Das Ergebnis der Wahrnehmung und ihre Wiedergabe sind m. a. W. regelmäßig durchaus persönlicher Art." S. auch *Zacharias*, Der gefährdete Zeuge, S. 47 f.

896 Vgl. *Peters*, Strafprozeß, S. 383. Wenn man der These *Benders* folgt, wird sogar nirgends so viel gelogen, wie vor Gericht, vgl. *Bender*, StV 1982, 484.

897 Das Lügengebäude wird dabei durch anderweitige tatsächlich erlebte oder übermittelte Gegebenheiten angereichert, vgl. *Arntzen*, Psychologie der Zeugenaussage, S. 12. S. auch *Zacharias*, Der gefährdete Zeuge, S. 52.

oder unbewussten Verfälschung der Aussage.[898] Für die weitere Untersuchung rücken allein die unbewusste Tatsachenverfälschung und ihre Ursachen in den Fokus, da nur sie sich mit der Methode einer erinnerungsreproduzierenden Befragungsstruktur – welche die Grundlage der hiesigen Untersuchung bildet – minimieren lassen. Zeugen, die absichtlich Informationen zurückhalten wollen, werden durch eine erinnerungsaktivierende Befragung nicht „gebrochen".[899]

a) Wahrnehmung

Die Erinnerung an ein Geschehen bedingt zunächst dessen tatsächliche Wahrnehmung. „Wahrnehmen" meint das sinnhafte Verarbeiten eines empfundenen Reizes,[900] offenbart sich also immer als ein Interpretationsvorgang (Apperzeption).[901] Dabei sind der menschlichen Wahrnehmungsfähigkeit von vornherein Grenzen gesetzt. Zum einen können Informationen nur dann wahrgenommen werden, wenn das jeweilige Sinnesorgan uneingeschränkt funktionstüchtig und objektiv zur Wahrnehmung fähig ist. So darf der Zeuge weder farbenblind noch im Moment des Geschehens geblendet gewesen sein.[902] Genaue Geschwindigkeiten kann das menschliche Auge nicht abschätzen[903] und auch unser Ohr kann beispielsweise bestimmte Frequenzen und Stimmlagen nur bedingt lokalisieren.[904] Zum anderen muss der jeweilige Vorgang aufmerksam erfasst worden sein, um verarbeitet werden zu können.

Die Simultankapazität des menschlichen Gehirns ist begrenzt, mehrere simultane Sinneseindrücke können nur in einem beschränkten Umfang aufgenommen werden. Das menschliche Gehirn besitzt deshalb die Fähigkeit – sozusagen als „Filterfunktion" zum Schutz vor Reizüberflutung –,[905] bestimmte Reize in den Fokus der Aufmerksamkeit zu rücken, während andere, irrelevant erscheinende Reize unterdrückt werden.[906] Die Fähigkeit des Gehirns zur selektiven

---

898 *Zacharias*, Der gefährdete Zeuge, S. 53.

899 Für das Kognitive Interview so postuliert von *Fisher/Geiselman*, Cognitive Interview, S. 7.

900 S. *Täschner*, NStZ 1993, 323.

901 S. *Barton*, Fragwürdigkeiten des Zeugenbeweises, S. 30.

902 *Kühne*, Strafprozessrecht, S. 549

903 *Eisenberg*, Persönliche Beweismittel, Rn. 867 ff; *Zacharias*, Der gefährdete Zeuge, S. 48. Zur Unzuverlässigkeit von Schätzungen s. *Arntzen*, Psychologie der Zeugenaussage, S. 60.

904 S. *Zacharias*, Der gefährdete Zeuge, S. 48.

905 S. *Schumann*, Vernehmung, S. 195.

906 S. *Kühne*, NStZ 1985, 253; *Schmitt*, Beweiswürdigung, S. 318 m. w. N.

Aufmerksamkeit[907] führt gleichzeitig zu Wahrnehmungsverzerrungen bzw. -täuschungen, da die Intensität, mit der ein Reiz empfunden wird, abnimmt, je stärker ein anderer Reiz empfunden wird.[908]

Darüber hinaus werden die wahrgenommenen Informationen vom menschlichen Gehirn nicht ungefiltert rezipiert, sondern in das jeweilige kognitive System eingearbeitet. Die Repräsentation eines erlebten Geschehens im Gehirn ist immer eine eigene Analyse und Enkodierung der aufgenommenen Daten.[909] Das Gehirn speichert wiederkehrende Geschehnisse und Erfahrungen in Schemata. Wie der Zeuge ein komplexes Geschehen wahrnimmt und welche Details er aufnimmt, hängt von der Zuordnung der Informationen zu dem individuellen Schema ab.[910] Der „Eingliederungs- und Ordnungsprozess" orientiert sich an Strukturvorgaben wie Rollenerwartungen und Attitüden oder sog. Skripten.[911] Das Gehirn beseitigt Mehrdeutigkeiten und ordnet unvollständige Eindrücke zu einem sinnvollen Ganzen.[912] Dieses Auffüllen von Wahrnehmungslücken durch nachträgliche Schlüsse und schematische Erwartungen[913] sorgt zusätzlich für eine erhebliche Verzerrung der Wahrnehmung.

b) Speicherung

Die so (subjektiv) wahrgenommenen und interpretierten Informationen werden – vereinfacht dargestellt[914] – zunächst in das Kurzzeitgedächtnis implementiert. Werden sie von hier nicht binnen 30 Sekunden in das Langzeitgedächtnis „gerettet", kann sich der Zeuge zu einem späteren Zeitpunkt regelmäßig daran

---

907 von latein. seligere = auswählen.

908 *Bender/Nack*, Tatsachenfeststellung, Rn. 46; *Zacharias*, Der gefährdete Zeuge, S. 48

909 S. *Damásio*, Selbst ist der Mensch, S. 162.

910 S. *Zacharias*, Der gefährdete Zeuge, S. 48 f.

911 S. *Eisenberg*, Persönliche Beweismittel, Rn. 870 f.; *Loftus*, Eyewitness Testimony, S. 36 ff.

912 S. *Kandel*, Gedächtnis, S. 322; *Schmitt*, Beweiswürdigung, S. 318, 232 f.

913 So wird der unvollständige Umriss eines Dreiecks dennoch als Dreieck wahrgenommen, weil das Gehirn ein Dreieck erwartet, vgl. *Kandel*, Gedächtnis, S. 322. *Eisenberg*, Persönliche Beweismittel, Rn. 872 führt das Beispiel einer Kampsituation auf, in der der Beobachter an oder in der Hand des Angreifers etwas aufblitzen sieht und in Verbindung mit einer Stechbewegung seine Wahrnehmung dahin ergänzt, dass der Angreifer mit einem Messer zugestochen hat, obwohl es sich um eine das Sonnenlicht reflektierende Armbanduhr handelte.

914 Zu dem vielschichtigen Prozess der synaptischen Verknüpfung der einzelnen Impulse und Neuronen s. *Gluck/Mercado/Myers*, Lernen und Gedächtnis, S. 68 ff.; *Pohl*, Das autobiographische Gedächtnis, S. 26 ff.

nicht mehr erinnern.[915] Zuständig für diesen Umwandlungsprozess ist wiederum die selektive Aufmerksamkeit des Gehirns. Für den Transfer von Kurzzeit- in Langzeitgedächtnis muss das Gehirn die wahrgenommene Information als wichtig markieren, damit die Erinnerung konsolidiert wird und abrufbar bleibt.[916] Die Transferleistung als biomechanischer Prozess[917] sorgt selbst wiederum für eine Modifikation der ursprünglich aufgenommenen und gedeuteten Information im Gedächtnisspeicher. Eine frisch angelegte Erinnerungsspur beruht also zunächst auf bioelektrischen Prozessen und wird erst über eine bestimmte Konsolidierungsphase – mit biochemischen Veränderungen – in ein dauerhaftes abrufbares Erinnerungsbild umgewandelt.[918]

Auch die abgespeicherte Information bleibt indes nicht unverändert. Jeder Abruf der Wahrnehmung (Erinnerung) verändert erneut die gespeicherte Information. *Damásio* beschreibt diesen Vorgang anschaulich als Prozess, „in dem Bilder abgerufen und anschließend manipuliert werden – sie werden geschnitten, vergrößert, neu geordnet."[919] Zudem interferieren neue und alte Wahrnehmungen.[920] Frische Sinneseindrücke, die in den Gedächtnisspeicher aufgenommen werden, überlagern zum Teil ältere Erinnerungen an ein Ereignis oder füllen die früheren Wahrnehmungslücken auf. Nach einer Woche sollen nur noch etwa zehn Prozent der ursprünglichen Wahrnehmungen wiedergegeben werden können.[921] So kann beispielsweise die Erinnerung an ein erlebtes Großereignis durch das Lesen hierüber berichtender Zeitungsartikel die ursprüngliche Erinnerung in die Richtung der Berichterstattung „formen".[922]

---

915 S. *Bender/Nack*, Tatsachenfeststellung, Rn. 116 f.

916 S. *Zacharias*, Der gefährdete Zeuge, S. 49.

917 S. *Kandel*, Gedächtnis, S. 340 ff.; *Pohl*, Das autobiographische Gedächtnis, S. 28.

918 S. *Pohl*, Das autobiographische Gedächtnis, S. 28.

919 *Damásio*, Selbst ist der Mensch, S. 162. S. hierzu auch *Mazur*, Lernen und Gedächtnis, S. 370 ff.; *Parkin*, Erinnern und Vergessen, S. 46 ff.

920 Der Begriff Interferenz beschreibt verschiedene Prozesse der Überlagerung oder Blockade des Informationsflusses im Gehirn, wobei zwischen retroaktiver Interferenz (neues Wissen überlagert altes Wissen) und proaktiver Interferenz (altes Wissen erschwert den Erwerb neuen Wissens) unterschieden wird, s. *Schumann*, Vernehmung, S. 197 m. Fn. 143.

921 S. *Schmitt*, Beweiswürdigung, S. 321; *Schneider*, Beweis und Beweiswürdigung, Rn. 1009.

922 S. *Loftus*, Eyewitness Testimony, S. 54 f. („Postevent Information").

c) *Abruf*

Schließlich kann selbst der (fehlgeleitete) Abruf der Erinnerung aus dem Gedächtnisspeicher eine falsche Erinnerung verursachen. Dies kann zunächst dadurch geschehen, dass das Gehirn die abzurufende Wahrnehmung mit einer anderen, ähnlichen Erinnerung verwechselt und auf eine falsche Information zurückgreift.[923] Zudem besteht die Gefahr, dass sich eine falsche oder modifizierte Erinnerung verfestigt.[924] Jeder Abruf einer Erinnerung ist mit einem darauffolgenden erneuten Speichervorgang verbunden. Die Modifikationen des Auffüllens und Umdeutens finden dann anhand der systemeigenen Schemata ihren Weg in die erneute Speicherung und darauffolgende Abrufvorgänge. Das tatsächlich (derart) nicht existente Ereignis erscheint aufgrund der eingefahrenen Assoziationsbahnen im Gedächtnis des Zeugen als real erlebter Vorgang.[925]

Auch eine wiederholte Zeugenvernehmung ruft diesen Effekt hervor. Bereits bei der zweiten Befragung über dieselbe Erinnerung greift ein Zeuge nicht mehr auf die (verblasste) Erinnerung an das tatsächliche Geschehen zurück, sondern auf die Erinnerung an seine zuletzt getätigte Aussage.[926] Relevant wird dieser Umstand vor dem Hintergrund, dass Zeugen unter Umständen im Ermittlungsverfahren vor den Strafverfolgungsbehörden aussagen und später in der gerichtlichen Beweisaufnahme ihre Wahrnehmungen erneut abrufen müssen. Der Überlagerungseffekt hat daher entscheidenden Einfluss auf das Resultat der gerichtlichen Zeugenbefragung.[927] Schließlich liegt ein nicht unwesentlicher Verfälschungsfaktor in der mangelnden Präsenz abgespeicherter Wahrnehmungen. Aufgrund unterbrochener Synapsenverknüpfung fehlenden Abrufmöglichkeiten etwa für den Fall, dass die Auskunftsperson sich in einer Stresssituation – wie der gerichtlichen Befragungssituation – befindet und die Erinnerungsspur von intensiver angelegten Assoziationsbahnen verdeckt wird (Inkadenzphänomen).[928]

---

923 Vgl. *Bender/Nack*, Tatsachenfeststellung, Rn. 155 f.

924 Vgl. *Bender/Nack*, Tatsachenfeststellung, Rn. 154.

925 S. *Zacharias*, Der gefährdete Zeuge S. 51.

926 S. *Arntzen*, Psychologie der Zeugenaussage, S. 90; *Bender/Nack*, Tatsachenfeststellung, Rn. 183.

927 Vor diesem Hintergrund erscheint jedenfalls die Authentizität von Zeugenaussagen sehr fragil, die erst nach vorheriger Gedächtnisauffrischung – durch Studium des Vernehmungsprotokolls über die eigene Aussage – getätigt werden. So auch für den Fall des strafprozessualen Vorhalts *Schumann*, Vernehmung, S. 198 („Mittel zur Erinnerungsmanipulation").

928 S. *Arntzen*, Psychologie der Zeugenaussage, S. 65 f.; *Bender/Nack*, Tatsachenfeststellung, Rn. 189; *Zacharias*, Der gefährdete Zeuge, S. 49 f.

2. *Die Vernehmungsperson*

Weiteres Gefahrenpotential für eine verfälschte Erinnerung bei den Zeugenaussagen im Strafverfahren birgt der Befragungsvorgang selbst, insbesondere die Wahl der Frageform. Die Zeugenaussage ist immer das Resultat einer von zwei Kommunikationspartnern gemeinsam erbrachten Leistung im Sinne eines gemeinsamen Verhörsprodukts.[929] Unbewusst falsche Aussagen resultieren vor allem aus Suggestionen in der Frage, bei deren Beantwortung der Zeuge die präsentierte Formulierungsvorgabe als eigene aufnimmt. Er gibt hierdurch – ohne sich dessen bewusst zu sein – seine (richtige) Erinnerung infolge der intersubjektiven Einflussnahme von außen im Ergebnis verfremdet wider.[930]

Wie experimentalpsychologische Untersuchungen offenbart haben, kann die Art der Frage aber nicht nur eine falsche Aussageleistung produzieren.[931] Bereits 1974 konnten die Psychologen *Loftus* und *Palmer* in einer Studie nachweisen, dass die Wahl der Frageform die Erinnerung an sich verändern und falsche Erinnerungen erzeugen kann.[932] In den Versuchen spielten sie unterschiedlichen Gruppen Filmausschnitte zu Verkehrsunfällen mit kollidierenden Pkws vor. Anschließend befragten sie die Probanden mittels eines Fragebogens, in dem diese zunächst über den Unfall berichten und anschließend eine Reihe spezifischer Fragen beantworten mussten. *Loftus* und *Palmer* stellten hierbei heraus, dass die Auswechselung des Wortes „hit" mit dem Wort „smashed" in einer Frage nach der Kollisionswucht die Erinnerung des befragten Zeugen so veränderte, dass er den Unfall als schwerer empfand, als er sich tatsächlich abgespielt hat.[933] Darüber hinaus führte die Auswechslung der genannten Wörter bei der Beantwortung der Frage „Haben Sie Glasscherben gesehen" häufiger zu der Antwort „Ja" (tatsächlich gab es keine Glasscherben).[934] *Loftus* und *Palmer* ziehen daraus den Schluss, dass über einen gewissen Zeitraum hinaus Informationen so in das Gedächtnis integriert werden können, dass nicht mehr erkennbar ist, aus

---

929 S. *Jansen*, Zeuge und Aussagepsychologie, Rn. 192; *Stern*, ZStW 22 (1902, S. 315 f..

930 S. *Barton*, Fragwürdigkeiten des Zeugenbeweises, S. 38 m. w. N.

931 Zum Einfluss von Vorannahmen (z. B. einer Ermittlungshypothese) des Fragenden auf die Aussageleistung s. *Schemm/Köhnken*, Voreinstellungen, S. 322 ff. Zum Einfluss falscher Nachinformationen s. auch *Hermanutz/Litzcke*, Vernehmung, S. 88 f.

932 S. *Loftus/Palmer*, Reconstruction of Automobile Destruction, JVLVB 1974, S. 585 ff.

933 Die Probanden gaben höhere Geschwindigkeitsschätzungen bei der Kollision der Pkws ab, s. *Loftus/Palmer*, Reconstruction of Automobile Destruction, JVLVB 1974, S. 586.

934 S. *Loftus/Palmer*, Reconstruction of Automobile Destruction, JVLVB 1974, S. 587.

welcher Quelle (Auskunftsperson oder Vernehmender) ein bestimmtes Detail abgerufen wird.[935]

Diesen Induktionsprozess falscher Erinnerungen und die dadurch bewirkte Gedächtnisverzerrung hat die Forschergruppe um *Loftus* laut in weit über zweihundert weiteren Studien[936] mit über 20.000 Probanden fundiert belegen können.[937] Insbesondere konnte die Forschergruppe komplett konstruierte Ereignisse in das Gedächtnis der Probanden implementieren, so dass diese in darauffolgenden Befragungen sich hieran entweder in Teilen oder ganz „erinnern" konnten.[938] Diese Befunde verdeutlichen die starke Beeinflussbarkeit von Zeugen durch die konkret gewählte Frageform. Die Art des Fragens kann die Erinnerung derart beeinflussen, dass die Auskunftsperson fortan die induzierten Informationen als eigene Wahrnehmungen erinnert. Die Manipulationsgefahr ist dabei umso höher, je schwächer die psychische Gedächtnisleistung der Befragungsperson[939] und je stärker die Erinnerung über die Zeit verblasst ist.[940]

III. Konsequenzen für die Ausgestaltung der Befragung

Es wird deutlich, dass der Gegenstand der Vernehmung, die Erinnerungen des Zeugen an das verfahrensrelevante Ereignis, äußerst fragil und von dem Moment der ersten Wahrnehmung vielfältigen bewussten und unbewussten Manipulationsgefahren ausgesetzt ist, insbesondere durch eigen- und fremdsuggestive Faktoren.[941] Das menschliche Gehirn interpretiert Wahrnehmungen anhand vorgeprägter Erfahrungsschemata und füllte Wahrnehmungslücken mit

---

935 S. *Loftus/Palmer*, Reconstruction of Automobile Destruction, JVLVB 1974, S. 588.

936 Hierzu gehört auch das bekannte „Stoppschild"-Experiment von *Loftus*, *Miller* und *Burns* aus dem Jahr 1978, in dem Probanden in 30 Farbdiapositiven ein Verkehrsunfall gezeigt wurde und in der anschließenden schriftlichen Befragung mit einem subtilen Austausch des „Stoppschilds" durch ein „Vorfahrtsschild" in einer suggestiven Frage („Wurde der rote Pkw von einem anderen Wagen überholt, als er am Vorfahrtachten-Schild hielt?") ") die Erinnerung ins Gedächtnis gepflanzt wurde, dass sie auf einem der Dias ein Vorfahrtsschild gesehen haben, vgl. *Loftus/Miller/Burns*, JEP 1978, S. 19 ff.; *Loftus*, Eyewitness Testimony, S. 58 ff.

937 S. *Loftus*, Creating False Memories, Scientific American 1997, S. 70 ff.

938 „Lost-in-the-Mall"-Studie, s. *Loftus*, Creating False Memories, Scientific American 1997, S. 70 ff.

939 Besonders anfällig für Erinnerungsmanipulationen sind Kindern und Menschen mit Lernschwierigkeiten, s. *Arntzen*, Vernehmungspsychologie, S. 90 ff. m. w. N.

940 *Loftus*, Creating False Memories, Scientific American 1997, S. 70 ff.

941 S. hierzu auch *Eisenberg*, Persönliche Beweismittel, Rn. 875 ff.

eigenen Erfahrungswerten selbstständig auf. Bereits bei den psychischen Prozessen der Kodierung, Speicherung und Wiedergabe einer Information existieren vielfältige Einflussfaktoren, welche den Beweiswert einer Zeugenaussage erheblich schmälern können. Eine Erinnerung ist zudem niemals zuverlässig in unserem Gedächtnis untergebracht; bereits der erste Abruf der Wahrnehmung (Erinnerung) verändert erneut die gespeicherte Information. Frische Sinneseindrücke und ähnliche abgespeicherte Ereignisse können verblasste Erinnerungen im Gedächtnis überlagern und vermischen.

Verfälschte Erinnerungen, die im Strafprozess enorme Sprengkraft entfalten können, liegen nicht allein im Verantwortungsbereich der Auskunftsperson. Der Vernehmende hat im Moment der Wahrnehmung eines Vorfalls keine Einflussmöglichkeit auf den Zeugen. Jedoch hat auch die Art und Weise der Befragung entscheidende Auswirkungen auf die Gedächtnisleistung des Zeugen und darauf, woran er sich wie erinnert.[942] Obwohl die dargestellten Fehleranfälligkeiten des Beweismittels Zeuge und die Unvollständigkeit und Fragilität seines Gedächtnisses seit längerem empirisch belegt sind, basiert die Vernehmungstechnik im praktischen Gerichtsalltag weitgehend auf Intuition und Menschenerfahrung.[943] Daneben tritt der bedenkliche Umstand, dass die Vernehmung des Zeugen wesentlich unter Effektuierungsgesichtspunkten ausgestaltet[944] und bereits der die richterliche Erwartungshaltung bestätigende Zeugenvortrag ohne weiteres als schlüssig und glaubhaft gewürdigt wird.[945] Derart unzureichende Befragungstechniken beeinflussen nachhaltig die Gedächtnisleistung und produzieren unvollständige oder gar falsche Zeugenaussagen.[946] Mit Blick auf die empfindlichen Folgen derartiger Verfälschungstendenzen muss der Subjektivität und Fragilität des Zeugenbeweises und seiner Erinnerungsleistung durch eine „gefahrenlimitierende" Ausgestaltung der Befragung wirksam Rechnung getragen werden.

---

942 So sah bereits *Hanns Gross* im Jahr 1898 den Zeugen als ein Instrument, „das wertlos ist in der Hand des Stümpers, mit dem aber Alles geleistet werden kann in der Hand des Meisters."; *Gross*, Criminalpsychologie, S. 330.

943 S. *Gross*, Criminalpsychologie, S. 321 ff., 327.

944 S. *Kühne*, Position des Zeugen, S. 161 ff.; *Schneider*, Nonverbale Zeugnisse, S. 271.

945 S. *Loftus*, Eyewitness Testimony, S. 74 ff.

946 S. hierzu *Flin/Boon/Knox/Bull*, BJP 1992, S. 323 ff.

C. Effektive Gedächtnisexploration: (Erweitertes) Kognitives Interview

Die beschriebenen Erkenntnisse der experimentellen Aussagepsychologie illustrieren die strukturellen Grenzen der Wahrnehmungs-, Verarbeitungs- und Wiedergabefähigkeit des Zeugen und erfordern eine daran ausgerichtete Vernehmungslehre. In der Forensischen Psychologie hat sich ab den späten 1950er Jahren eine eigene fachspezifische Forschungsrichtung herausgebildet, die sich allein mit der Gestaltung von Interviews und hier im Besonderen mit der Befragung von Zeugen beschäftigt.[947]

Die Psychologie erfasst unter dem Begriff des Interviews eine „durch Fragen und Antworten gesteuerte Interaktion zwischen einer Person, die etwas über eine Situation berichten möchte und einer anderen, die etwas darüber erfahren möchte".[948] Das Ziel eines solchen Interviews ist stets die Sammlung von detaillierten und validen Informationen,[949] entspricht also der Zweckrichtung der Zeugenvernehmung im Strafverfahren. Ein inhaltlicher Unterschied zwischen Zeugenbefragungen, die in der psychologischen Terminologie als Interview oder Exploration bezeichnet werden und solchen, die in der juristischen Terminologie als Zeugenvernehmung erscheinen, besteht nicht.[950] Kurzum: Interview meint Befragung, Befragung meint Vernehmung.

Mittlerweile besteht in der Angewandten Aussagepsychologie weitgehend Einigkeit, dass sich vor allem mithilfe des sog. Kognitiven Interviews[951] besonders gute Erinnerungsleistungen, also detailreiche und exakte Informationen bei gleichzeitiger Vermeidung von Konfabulationen, erreichen lassen.[952] Das Kognitive Interview wurde 1984 von einer Forschergruppe um *Edward Geiselman* zur Verbesserung der Gedächtnisleistung von Augenzeugen entwickelt und

---

947 S. *Arntzen*, Psychologie der Zeugenaussage, S. 3; *Undeutsch*, Exploration, S. 323.

948 *Dannenberg*, Das Kognitive Interview, S. 9.

949 S. *Dannenberg*, Das Kognitive Interview, S. 9.

950 S. *Dannenberg*, Das Kognitive Interview, S. 12.

951 Zum Kognitiven Interview s. *Dannenberg*, Das Kognitive Interview, S. 34 ff.; *Fisher/Geiselman*, Cognitive Interview, S. 145 ff.; *Köhnken*, PFP 1992, S. 85 ff; *Köhnken/Kraus/Schemm*, Das Kognitive Interview, S. 232 ff.; *Loftus*, Eyewitness Testimony, S. 93; *Milne/Bull*, Psychologie der Vernehmung, S. 43 ff.; *Mantwill*, Das kognitive Interview, S. 7 ff. Vgl. ferner *Malpass*, Techniken zur Verbesserung der Gedächtnisleistung, S. 135 ff.

952 S. nur *Eisenberg*, Beweisrecht, Rn. 1339 m. w. N.; *Köhnken*, PFP 1992, S. 85 ff.; *Mantwill*, Das kognitive Interview, S. 7. Vgl. hierzu auch den Überblick bei *Memon/Köhnken*, EE 1992, 39 ff.

beschreibt eine Kombination verschiedener Erinnerungstechniken sowie Techniken der Gesprächsführung, mit deren Hilfe möglichst viele Informationen gesammelt werden können.

Diese Erinnerungshilfen werden von den zwei wesentlichen Gedächtnistheorien der Psychologie gestützt:[953]

- Das Prinzip der Kodierungsspezifität besagt, dass das Gedächtnis kontextabhängig ist. Wenn also der Kontext der Kodierung beim Abruf wiederhergestellt wird, sollte die Anzahl der ausgelösten Details zwangsläufig zunehmen.[954]
- Die Mehrkomponententheorie der Gedächtnisspur besagt außerdem, dass das Gedächtnis ein Netzwerk von Assoziationen darstellt und dass die Menge der codierten Informationen im Gedächtnisspeicher um ein Vielfaches höher ist, als der Erinnerungsabruf suggeriert. Daher kann auf einen Speicher über mehrere verschiedene Pfade – insbesondere den dargestellten Perspektivwechsel – und unterschiedliche Speicher-Wörter zugegriffen werden.[955]

Die verschiedenartigen mentalen Repräsentationen im Gedächtnisspeicher sind nicht ständig bewusst. Um sich an sie zu erinnern, muss dem menschlichen Gehirn durch Erinnerungsstrategien auf die Sprünge geholfen werden. Dem Zeugen müssen also geeignete Hinweisreize gegeben werden, um die (unbewusst) gespeicherten Informationen abrufen zu können.[956]

I. Grundform des Kognitiven Interviews

Die Grundform des Kognitiven Interviews bestand zunächst aus vier Techniken bzw. konkreten Erinnerungshilfen, die aus theoretischen Prinzipien des menschlichen Gedächtnisses abgeleitet wurden und von der Vernehmungsperson in Form von Anweisungen vor der freien Wiedergabe des beobachteten Geschehens gegeben werden sollten.[957] Während der Vernehmung sollten so wenig Fragen wie möglich gestellt und die Fragesequenz dem Abrufprozess angepasst werden.[958] Dabei sollte es auf die individuelle Abrufpräferenz der Aussageperson ankommen. Ebenso volatil sollte die Reihenfolge der Anweisungen sein, die

953 S. *Paulo/Albuquerque/Bull*, IJPSM 2013, 195 f.
954 Vgl. *Tulving/Thomson*, PR 1973, 352 ff.
955 S. *Anderson/Bower*, PR 1972, 97 ff. S. hierzu auch *Westera/Kebbell/Milne*, BJFP 2011, 103 ff.
956 S. *Dannenberg*, Das Kognitive Interview, S. 35.
957 S. *Geiselmann*, JPSA 1984, 74 ff.
958 S. *Canter/Youngs*, Investigative Psychology, S. 180.

keine bestimmte Vorgabe erhielt. In seiner ursprünglichen Form umfasst das kognitive Interview vier konkrete Anweisungen an die befragte Person:[959]

(1) *„Berichten Sie alles“*

Die Anweisung alles zu berichten, soll der befragten Person Mut machen, wirklich alles wiederzugeben, woran sie sich erinnern kann, ohne dabei eine Wertung vorzunehmen, auch wenn Details als unwichtig erscheinen oder die Erinnerung nur in Teilen abgerufen werden kann.[960] Auch vermeintlich triviale Informationen sollen geäußert werden.[961] Die Vernehmungssituation ist für viele Zeugen neu, ungewohnt und daher mit Stress verbunden. Auch gehen sie zum Teil davon aus, dass die Polizei bereits über die wichtigen Zusammenhänge im Bilde ist[962] und erachten ihre eigenen Erinnerungen in diesem Kontext als unbedeutend. In der Konsequenz bleiben für unwichtig gehaltene Informationen unerwähnt. Teilweise nehmen Zeugen eine eigene Bewertung der Informationen vor, und selektieren vor der Äußerung die aus ihrer Perspektive für die Ermittlungen wichtigen und unwichtigen Informationen.[963] Mit der expliziten Anweisung, „alles“ zu erzählen, sollen möglichst viele Informationen gesammelt werden, auch solche, die aufgrund der selektiven Wiedergabe unerwähnt geblieben wären.[964]

Die Wahrnehmungen des Zeugen sind auf verschiedenen Gedächtnisebenen abgespeichert, die von flüchtigen Informationen bis zu einer detaillierten Darstellung reichen können.[965] Die Wahl der Abrufebene hängt u. a. von der Vermutung über das Wissen der Vernehmungsperson ab. Sofern eine konkrete inhaltliche Anweisung unterbleibt, neigen Auskunftspersonen zum Abruf eher allgemeiner Informationen und sparen an Detailwissen. Die Aufforderung „alles“ zu berichten dient als klare Handlungsanweisung zur Produktion möglichst detailreicher

959 Ein Protokoll zweier Kognitiver Interviews mit detaillierter Auflistung der gestellten Fragen bzw. Aufforderungen findet sich bei *Fisher/Geiselman*, Cognitive Interview S. 160 ff.

960 Als Beispiel einer Einstiegs-Formulierung nennen *Milne/Bull*, Psychologie der Vernehmung, S. 44: „Sie waren Zeuge des Vorfalls heute Morgen. Erzählen Sie mir alles woran Sie sich erinnern können, auch die Dinge, die Ihnen selbst vielleicht unwichtig erscheinen oder an die Sie sich vielleicht nicht vollständig erinnern können. Erzählen Sie bitte alles, was Ihnen einfällt, und lassen Sie sich dafür so viel Zeit wie möglich.“

961 Vgl. *Paulo/Albuquerque/Bull*, IJPSM 2013, 191.

962 *Milne/Bull*, Psychologie der Vernehmung, S. 44.

963 S. *Fisher/ Geiselman*, Cognitive Interview, S. 146 f.

964 S. *Milne/Bull*, Psychologie der Vernehmung, S. 44.

965 S. *Fisher/Chandler*, Dissociations, S. 396 f.; *Fisher/Chandler*, Independence, S. 724.

Informationen.[966] Menschen neigen dazu, als verlässlichen Gratmesser für die Genauigkeit der eigenen Erinnerungen die gefühlte Sicherheit der Erinnerung zu nehmen und nur die Momente anzugeben, deren sie sich „sicher" sind. Ein unsicheres Gefühl mündet dann häufig in Selbstzensur.[967] Der Anweisung, wirklich alles zu berichten und das eigene Präjudiz zu ignorieren, muss aber mit der klaren Anweisung an den Zeugen verbunden werden, der Aussage nichts hinzu zu dichten.[968] Außerdem sollten sich die Interviewer die relevanten Informationen des Zeugen notieren, denn die Notizen dienen – wie gleich zu sehen sein wird – der weiteren Ausgestaltung des Interviews.

(2) *Rekonstruktion des Wahrnehmungskontextes*

Die zweite Anweisung zielt auf die Rekonstruktion des Wahrnehmungskontextes ab. Die Auskunftsperson wirde aufgefordert, sich gedanklich (erneut) in den Kontext des wahrgenommenen Ereignisses hinein zu versetzen; sie soll sowohl die äußeren und auch inneren Zustände des Ereignisses vor dem geistigen Auge abrufen.[969] Diese Mnemonik leitet sich von der Prämisse ab, dass das Wiederauffinden von Erinnerungen effizienter ist, wenn der Kontext des ursprünglichen Ereignisses während der Erinnerung wiederhergestellt wird.[970] Dies wurde traditionell dadurch erreicht, indem Zeugen gebeten wurden, ihre Augen zu schließen oder einen leeren Raum im Vernehmungsraum zu betrachten und über verschiedene Momente des Verbrechens nachzudenken. Dabei konnte jeder Umstand, der die vergangene Kodierung des Ereignisses begleitete, als Abrufhilfe dienen.[971] Der Vernehmende sollte jede relevante Episode, die von dem Zeugen in seinem ersten freien Bericht beschrieben wurde, als mentales Bild vollständig mit dem Zeugen erforschen. Der Zeuge soll also versuchen, das erlebte Ereignis sowie die physiologischen, kognitiven und emotionalen Zustände zum Zeitpunkt des Ereignisses geistig wiederherzustellen.[972]

Die Rekonstruktionsanweisung soll ausführlich sein.[973] Zwischen den einzelnen Sätzen bzw. Fragen sollen lange Pausen gemacht werden, damit der Zeuge

---

966 *Milne/Bull*, Psychologie der Vernehmung, S. 44.

967 S. *Noon/Hollin*, ACP 1987, 146.

968 *Milne/Bull*, Psychologie der Vernehmung, S. 45.

969 S. hierzu *Milne/Bull*, Psychologie der Vernehmung, S. 30 f.

970 Zu der Kodierung von Spezifitäts- und Wiederauffindungsprozessen im episodischen Speicher s. *Tulving/Thomson*, PR 1973, 352 ff.

971 S. *Memon/Bull*, CASP 1991, 293 f.

972 S. *Paulo/Albuquerque/Bull*, IJPSM 2013, 191.

973 Als Beispiel für die Anweisung führen *Milne/Bull*, Psychologie der Vernehmung, S. 45 an: „Versetzen Sie sich bitte an den Ort des bewaffneten Raubüberfalls zurück. Rufen

ausreichend Zeit hat, sich in die Umgebung seiner ursprünglichen Wahrnehmung zu versetzen. Ob anleitende Fragen erfolgen, liegt im Ermessen des Vernehmenden.[974] Soweit Fragen erfolgen, dürfen diese keine Suggestionen beinhalten. Um die Wiederherstellung des Kontextes zu erleichtern, sollte der Zeuge veranlasst werden, seine Aussagen in der Vergangenheitsform zu machen.[975]

(3) *„Erinnern Sie sich an die Ereignisse in umgekehrter Reihenfolge"*

Nachdem die Zeugen in freier Erinnerung das erlebte Ereignis geschildert haben, sollen sie ermuntert werden, die Wahrnehmungen in umgekehrter chronologischer Reihenfolge abzurufen.[976] Das Gedächtnis arbeitet konstruktiv; Erinnerungen bauen aufeinander auf. Die persönliche Erinnerung wird von dem jeweils vorhandenen Vorwissen beeinflusst. Wie bereits erläutert kommt bei der Abspeicherung von neuen Informationen häufig sogenanntes „Skriptwissen" zum Einsatz: Oft beobachtete alltägliche Abläufe werden in Form eines Skripts in das Gedächtnis implementiert. Neu zu verarbeitende Geschehnisse werden vom Gehirn hiernach selektiert, was dazu führt, dass der Zeuge bevorzugt solche Ereignisse erinnert, die das jeweilige Skript abbilden. Abweichenden Informationen hingegen blendet das Gehirn tendenziell aus.[977] Zeugen verwechseln dann häufig das, was sie tatsächlich gesehen haben, mit ihrer stereotypen Vorstellung von einem speziellen Verbrechen, wie sie es etwa aus Videofilmen „kennen".[978]

Allerdings sind auch die Skripte grundsätzlich chronologisch geordnet. Die Erinnerung an das Verbrechen in einer anderen Reihenfolge minimiert das

---

Sie vor Ihrem geistigen Auge ein Bild von der Bank wach. Überlegen Sie, wo Sie gestanden haben, als das Ganze losging. Wie haben Sie sich damals gefühlt? Denken Sie auch an die Menschen in Ihrer Umgebung. Denken Sie an die Gegenstände, die Sie gesehen haben. Stellen Sie ein möglichst genaues Bild her und erzählen Sie mir dann alles, woran Sie sich erinnern können, ohne dabei irgendetwas auszulassen. Alles, was Ihnen einfällt, sollten Sie auch erwähnen."

974 Vgl. *Köhnken*, PFP 1992, S. 87.

975 S. *Paulo/Albuquerque/Bull*, IJPSM 2013, 191.

976 Die Anweisung formulieren *Milne/Bull*, Psychologie der Vernehmung, S. 46 wie folgt: „Wir wollen etwas versuchen, das manchen Leuten hilft, sich noch deutlicher zu erinnern. Das ist nicht so schwer wie es sich anhört. Beginnen wir einfach mit dem Ende. Was war das Letzte, woran Sie sich erinnern können? … Was ist direkt davor geschehen? …. Und was geschah davor? (Diese Anweisung wird wiederholt, bis der Anfang des Ereignisses erreicht ist)."

977 S. *Geiselman*, NS 1987, S. 55.

978 S. *Paulo/Albuquerque/Bull*, IJPSM 2013, 191.

Problem, indem sie über die skriptkonsistente Erinnerung hinausgeht. Die Veränderung der Abrufreihenfolge der Erinnerung soll bei dem Zeugen eine Überprüfung des eigenen Gedächtnisinhaltes abseits der Skriptbildung bewirken und die ausgeblendeten Umstände ausfindig machen. Die Untersuchungen zu dieser Erinnerungshilfe offenbaren, dass durch die Aufforderung, das Tatgeschehen sowohl in chronologischer als auch in umgekehrter Reihenfolge zu erinnern, insgesamt mehr Informationen gewonnen werden als bei einer zweifachen Schilderung des Geschehen ins chronologischer Reihenfolge.[979]

(4) *„Wechseln Sie die Perspektive"*

Durch die im Kognitiven Interview enthaltene Aufforderung zum Perspektivwechsel soll die Blickrichtung eines anderen Anwesenden auf das Geschehen eingenommen und hierdurch der menschliche Hang zur Ich-Perspektive[980], d. h. zur einseitigen Schilderung der Tatereignisse, ausgeschlossen werden. Auch bei dieser Erinnerungshilfe soll die Vernehmungsperson die Informationen aus dem anfänglichen Bericht des Zeugen nutzen, um die Vorgaben des Perspektivwechsels auszuwählen.[981] *Fisher/Geiselman* mahnen hierbei zur Vorsicht, da die befragte Person den Perspektivwechsel „als „Einladung zum Erfinden fiktiver Antworten missverstehen könnte"[982]. *Milne/Bull* hingegen betonen, dass sie in ihren Untersuchungen keinerlei Anhaltspunkte dafür finden konnten, dass diese Methode – sofern sie klar und deutlich erläutert werde – zu mehr Fehler in der Aussage führe.[983] Erforderlich sei insoweit aber die eindeutige Anweisung, der Aussage nichts hinzuzudichten.

(5) *Andere Abrufhilfen, insbesondere gezielte Fragen*

Um spezifische Details z. B. der Personen- oder Gegenstandsbeschreibung zu erhalten, können optionale Erinnerungstechniken zu den vorbeschriebenen Techniken eingesetzt werden. Gezielte Fragen sollen insbesondere dem Namensgedächtnis auf die Sprünge helfen.[984] Darüber hinaus kann eine mentale

979 S. *Milne/Bull*, S. 45 f. m. w. N.

980 S. *Fisher/Geiselman*, Cognitive Interview, S. 151 f.

981 S. *Paulo/Albuquerque/Bull*, IJPSM 2013, 192.

982 *Fisher/Geiselman*, Cognitive Interview, S. 111.

983 S. *Milne/Bull*, Psychologie der Vernehmung, S. 47.

984 Erinnert die Auskunftsperson bspw. den Namen einer Person nicht, können gezielte Fragen die Erinnerung abrufen, etwa „Ist es ein häufiger Name? Ist der Name kurz oder lang? Welchen Anfangsbuchstaben hat er?" Die Frage nach dem Anfangsbuchstaben soll sich in etwa zwei Drittel aller eingesetzten Fälle als hilfreich erwiesen haben. Ähnliche Techniken sollen bei der Erinnerung an die Zahlen- und Buchstabenreihenfolge

Wiederherstellung des Kontextes dergestalt, den Zeugen zu bitten, das Ereignis sowie seine physiologischen, kognitiven und emotionalen Zustände zum Zeitpunkt des Verbrechens geistig wiederherzustellen, zu einer erhöhten Gedächtnisleistung beitragen. Schließlich können die Änderungsreihenfolge[985] und die perspektivische Mnemonik[986] verwendet werden, um Informationen zu erhalten, die noch nicht abgerufen wurden.[987]

II. Erweitertes Kognitives Interview

Die Ursprungsform des Kognitiven Interviews offenbarte in der strafverfahrensrechtlichen Vernehmungspraxis indes Angriffspunkte. *Fisher* und *Geiselman* selbst kamen durch ihre weiterführenden praxisbezogenen Studien zum Kognitiven Interview zu dem Schluss, dass eine reale (polizeiliche) Vernehmungssituation fernab von Erkenntnissen der Psychologie zur zwischenmenschlichen Kommunikation – bspw. im Hinblick auf den Umgang mit verängstigten oder wortgewandten Zeugen – geführt wird.[988] Die Studien führten zu der Einsicht, dass ein Interview ein dynamischer Kommunikationsprozess ist, der ohne Einbeziehung kommunikationspsychologischer Elemente nicht optimal gestaltet werden kann.[989]

Bei der ursprünglichen Form des Kognitiven Interviews handelt es sich aber nicht um eine umfassende Vernehmungstechnik, sondern vielmehr um „Erinnerungshilfen". Ihre wesentliche Schwäche liegt dabei in der fehlenden zwingenden Strukturvorgabe. Dies führte in der Anwendungspraxis dazu, dass die Fragen in willkürlicher Reihenfolge gestellt wurden.[990] Eine ungeschickt gewählte Konstellation von Fragen beeinträchtigte aber die Gedächtnisleistung der Zeugen erheblich.[991]

---

auf einem Nummernschild helfen. Auch zur Erlangung einer spezifischen Täterbeschreibung können gezielte Fragen hilfreich sein, z. B. „Erinnert Sie die Person an jemanden, den Sie kennen? Warum? Irgendwelche besondere Eigenheiten?" S. hierzu *Milne/Bull*, Psychologie der Vernehmung, S. 48.

985 Aufforderung an den Zeugen, das Ereignis in einer anderen chronologischen Reihenfolge – z. B. in umgekehrter Reihenfolge – abzurufen.

986 Um das Ereignis aus einer anderen Perspektive abzurufen, z. B. zu berichten, was der Zeuge aus der Sicht eines anderen Zeugen gesehen hat.

987 S. *Paulo/Albuquerque/Bull*, PCL 2015, 366 f.

988 S. *Fisher/Geiselman/Raymond/Jurkevich*, JPSA 1987, 291 ff.

989 S. *Köhnken/Kraus/Schemm*, Das Kognitive Interview, S. 233.

990 S. *Fisher/Geiselman/Raymond*, JPSA 1987, 179, 181 f.

991 Vgl. *Fisher/Geiselman/Raymond/Jurkevich*, JPSA 1987, 294 f.

Im Jahr 1987 stellte eine Forschergruppe um *Fisher* und *Geiselman* eine erweiterte Interviewform des Kognitiven Interviews vor,[992] die als Enhanced Cognitive Interview (ECI) oder „erweitertes Kognitives Interview" bezeichnet wird.[993] Die ursprünglichen vier Anweisungen bzw. Erinnerungshilfen wurden um weitere Befragungs- und Gesprächsführungstechniken ergänzt. Neben ihren Beobachtungen aus der polizeilichen Vernehmungspraxis und den dort gewählten Befragungstechniken wurden auch zentrale neue Ergebnisse aus der Gedächtnisforschung und der Sozialpsychologie integriert. Sozialkommunikative Komponenten wie Rapportbildung, zeugenkompatible Befragung, Übertragung der Kontrolle des Interviews auf den Zeugen und mentale Bilder, die für die Durchführung effektiver investigativer Interviews entscheidend sind, wurden hinzugefügt.[994] Das so entwickelte erweiterte kognitive Interview teilt sich in mehrere Phasen ein, die im Folgenden skizziert werden.[995]

(1) *Begrüßung und Herstellen von Einvernehmen*

In der Eröffnungsphase ist das Gespräch zu personalisieren und Einvernehmen mit dem Gegenüber herzustellen. Die eigene persönliche Vorstellung ist dabei ebenso wichtig wie die Begrüßung der Auskunftsperson mit ihrem Namen, um dem Gegenüber seine Subjektstellung im Verfahren zu signalisieren.[996] Das Wohlbefinden der Auskunftsperson in der ungewohnten Vernehmungssituation hat wesentlichen Einfluss auf die Gedächtnisleistung.[997] Zu Beginn sollen neutrale Fragen gestellt werden, die in keinem Zusammenhang mit dem Gegenstand der Vernehmung stehen und durch positive Antwortmöglichkeiten den Gemütszustand des Zeugen stimulieren. Ein „Einvernehmen" mit dem Gegenüber lasse sich nämlich nicht durch „eine Liste vorformulierter, auf kurze Antworten zielender Fragen" herstellen,[998] sondern könne erst durch bedeutungsvolle und aufmerksame Interaktion hergestellt werden. Die Vernehmungsperson soll der Auskunftsperson durch „Aktives Zuhören" und der Vermittlung von Empathie[999] Einvernehmen und Gesprächsbereitschaft vermitteln.

---

992 S. *Fisher/Geiselman/Raymond/Jurkevich*, JPSA 1987, 291 ff.

993 Vgl. *Paulo/Albuquerque/Bull*, IJPSM 2013, 190, 191 f.

994 S. *Fisher/Geiselman*, Cognitive Interview, S. 99 ff., 117 ff.; *Paulo/Albuquerque/Bull*, PCL 2015, 366 f.

995 *Milne/Bull*, Psychologie der Vernehmung, S. 49.

996 S. *Milne/Bull*, Psychologie der Vernehmung, S. 50.

997 S. *Lipton*, eyewitness testimony, S. 91 f.

998 *Milne/Bull*, Psychologie der Vernehmung, S. 51.

999 S. *Rogers*, Counseling, S. 53 ff.

Ebenso wichtig wird in der ersten Stufe die nonverbale Kommunikation eingestuft. Dabei könne sich die Vernehmungsperson auch des sog. Synchronieprinzips[1000] bedienen. Es besagt, dass sich im Verlauf einer für beide Gesprächspartner positiv wahrgenommenen Konversation das nonverbale Verhalten des jeweiligen Gegenübers spiegelt. Diesen Effekt könne sich der Vernehmende zunutze machen, indem er z. B. durch eine entspannte Körperhaltung und die Vermeidung hektischer Armbewegungen für eine angenehme Gesprächsatmosphäre sorge und mit den Zeugen sodann durch Verhaltensvorgaben (z. B. Beine übereinanderschlagen)[1001] das beabsichtigte Einvernehmen herstelle.[1002]

Wesentlich für den weiteren Gesprächsverlauf sei darüber hinaus die Einhaltung von regelmäßigen Pausen, damit der Zeuge sein Gedächtnis gründlich erforschen und seine Gedanken ordnen könne. Eine Unterbrechung während dieses Prozesses habe den negativen Effekt eines Erinnerungsabbruchs und damit des Informationsverlustes. Wiederholende Unterbrechungen signalisierten zudem eine begrenzte zeitliche Antwortmöglichkeit, was in der Regel zu einer lediglich knappen Beantwortung späterer Fragen und Unterdrückung wichtiger Informationen führe.[1003]

(2) *Erläuterung der Gesprächsziele*

Sodann muss dem Zeugen erklärt werden, was von ihm erwartet wird. Unbekanntes löst Angst und Beklemmung aus und beeinflusst die Erinnerungsleistung negativ.[1004] Wichtig ist zudem der gebündelte Abruf detaillierter Erinnerungen,[1005] weshalb man alles dafür tun soll, um die Konzentration des Zeugen zu fördern.[1006] Außerdem sollen Vernehmungen nicht unmittelbar im Anschluss an das erlebte Ereignis durchgeführt werden, weil Zeugen sich direkt nach einem erlebten Tathergangs in einem Zustand emotionaler Erregung befinden, der sich negativ auf die Gedächtnisleistung auswirkt und eine spätere Befragung daher in der Regel mehr Informationen erbringt.[1007] Eine bessere Gedächtnisleistung

---

1000 S. hierzu. *Matarazzo/Wiens*, The Interview, S. 130 ff.

1001 S. *Paulo/Albuquerque/Bull*, IJPSM 2013, 192 f. Zu den nonverbalen Kommunikationsmöglichkeiten vgl. *Milne/Bull*, Psychologie der Vernehmung, S. 65 ff.

1002 S. *Milne/Bull*, Psychologie der Vernehmung, S. 52.

1003 S. *Milne/Bull*, Psychologie der Vernehmung, S. 52; *Paulo/Albuquerque/Bull*, IJPSM 2013, 192 f.

1004 *Milne/Bull*, Psychologie der Vernehmung, S. 53.

1005 S. *Johnston/Greenberg/Fisher/Martin*, JEP 1979, 164 ff.

1006 S. *Fisher/Geiselman*, Cognitive Interview, S. 99 ff.

1007 Vgl. *Jackson/Bekerian*, Offender Profiling, S. 135 f.

ist daher in einem späteren Zeitpunkt denkbarer, in dem die Erregung bereits nachgelassen hat.[1008]

Bereits in diesem Stadium – und damit vor der eigentlichen Aufforderungen zum Freien Erinnern – soll der Zeuge aufgefordert werden, alles aus seiner Erinnerung zu berichten. Der Vernehmende soll schließlich dem Zeugen seine Rolle als eine Art Vermittler erläutern, der ihm gerade nicht – wie oft von den Zeugen erwartet – als eine die Gesprächsführung dominierende Autoritätsperson gegenübertritt. Die Kontrolle der Gesprächsführung soll vielmehr in die Hände der Auskunftsperson gegeben werden, da schließlich *ihre* Erinnerung Gegenstand der Vernehmung ist.[1009]

(3) *Rekonstruktion des Wahrnehmungskontextes (Freies Erinnern)*

Daran anschließend erfolgt die schon in der Ursprungsform des Kognitiven Interviews enthaltene Aufforderung, sich mental in den Kontext der damaligen Wahrnehmung zu versetzen, in diesem Zustand alle Erinnerungen abzurufen und frei und umfänglich zu berichten. Der freie Bericht des Zeugen wird also durch eine Kombination von angeleiteter Kontextwiederherstellung und offenen Fragen mit der Aufforderung zur freien Gedächtniswiedergabe erlangt.[1010] Die Vernehmende soll sich währenddessen Notizen machen, um – ohne den freien Bericht unterbrechen zu müssen – klärende Fragen für die anschließende Befragung planen zu können. *Milne/Bull* formulieren als Vorschlag für die nach der Kontextwiederherstellung erfolgende Anweisung an den Zeugen:

> „Erzählen Sie mir alles, was Ihnen einfällt, selbst Kleinigkeiten, die Sie vielleicht für unwichtig halten. Denken Sie daran, dass ich nicht am Tatort war. Erzählen Sie mir also bitte alles und lassen Sie sich dabei so viel Zeit, wie Sie wollen."[1011]

Während der Wiedergabe des freien Berichts ist darauf zu achten, dass offene Fragen gestellt werden, die mit dem Suchmuster des Zeugen kompatibel sind und den Zeugen ohne inhaltliche Vorgaben dazu anregen sollen, über das Erlebnis zu berichten.[1012] Als instruktives Beispiel wählen *Paulo, Albuquerque*

1008 S. *Bekerian/Goodrich*, Recovered and false memories, S. 439 f.

1009 Als Formulierungsvorschlag führen *Milne/Bull*, Psychologie der Vernehmung, S. 54 für diese Interviewstadium an: „Ich war nicht während des Überfalls in der Bank, also weiß ich nicht, was geschehen ist. Aber Sie waren da. Sie wissen, was vorgefallen ist. Sie haben die Informationen, die wir so dringend brauchen. Erzählen Sie mir deshalb bitte alles, woran Sie sich erinnern können."

1010 S. *Paulo/Albuquerque/Bull*, IJPSM 2013, 193, 194.

1011 *Milne/Bull*, Psychologie der Vernehmung, S. 54.

1012 Zu den verschiedenen Frageformen s. *Dannenberg*, Das Kognitive Interview, S. 25 ff.

und *Bull* die Erzählung über einen Bankraub. Darin berichtet der Zeuge, wie er den Räuber beim Verlassen der Bank beobachtet. Hier darf der Vernehmende nicht gleichzeitig Fragen darüber stellen, ob der Zeuge den Bankräuber auch bei Betreten der Bank beobachtet hat, da dies die chronologische Erinnerung des Zeugen und damit sein aktuelles Wahrnehmungsbild durchbricht.[1013] Vielmehr soll der Interviewer immer Fragen wählen, die mit denjenigen Informationen, die der Zeuge aktuell beschreibt, kompatibel sind. Eine offene Fragestellung im Kontext der Wahrnehmung (z. B.: „Erzählen Sie mir von dem Räuber") bestärkt die Erinnerungsleistung des Zeugen und liefert dadurch mehr Informationen.[1014]

(4) *Befragung*

Bevor anschließend klärende Fragen gestellt werden, soll der Vernehmende die Aufforderung zur freien Gedächtniswiedergabe wiederholen. Bei den daraufhin gestellten Fragen ist wiederum darauf zu achten, nur diejenigen Umstände einzubeziehen, die der Zeuge in der vorangegangenen Phase der freien Erinnerung berichtet hat. Die Fragen müssen keinesfalls eine starre Form aufweisen, sondern können variieren und ebenfalls Anweisungen an den Zeugen beinhalten. So kann in dieser Phase auch mit der Produktion mentaler Bilder operiert werden, um der Auskunftsperson bei der Erinnerung spezifischer Details zu helfen.[1015] Eine maximale Abrufleistung wird erzielt, indem die Reihenfolge der Fragen an die Gedächtnisleistung des Zeugen angepasst und nicht anhand eines vorher konzipierten Befragungsschemas abgespult wird. Während des freien Berichts muss gedankliche bereits die nachfolgende Frage formuliert werden.[1016]

(5) *Variation des Abrufprozesses*

Je mehr Erinnerungsversuche der Zeuge unternimmt, desto mehr Wahrnehmungsdetails werden grundsätzlich produziert.[1017] Dabei ist jedoch zu

---

1013 S. *Paulo/Albuquerque/Bull*, IJPSM 2013, 193.

1014 S. *Paulo/Albuquerque/Bull*, IJPSM 2013, 193. Zu den gedächtnispsychologischen Vorzügen einer offenen Fragestellung s. *Guadagno/Powell*, PPR 2009, 61 ff.; *Powell/Hughes-Scholes/Smith/Sharman*, PPR 2012, 283 ff.

1015 Dazu erfolgt die Anweisung an den Zeugen, dass dieser sich vor seinem geistigen Auge ein klares Bild von dem Täter wachrufen soll. Sodann soll er beschreiben, aus welchem Blickwinkel er den Täter gesehen hat, was dieser getragen hat und wie er im Allgemeinen aussah. Erst wenn der Zeuge ein klares Bild vor Augen hat soll er so viele Details wie möglich aus der gerade abgerufenen Erinnerung schildern, vgl. *Milne/Bull*, Psychologie der Vernehmung, S. 54 f.

1016 Vgl. *Milne/Bull*, Psychologie der Vernehmung, S. 55.

1017 S. *Turtle/Yuille*, JAP 1994, 260 ff.

berücksichtigen, dass stets wiederkehrende Fragen bzw. Aufforderungen, eine negative Haltung des Zeugen zum Vernehmenden jedenfalls für den Fall hervorrufen können, dass der Zeuge selbst von der Vollumfänglichket seiner Aussage überzeugt ist, was wiederum den Informationsfluss hemmt. Erfolgsversprechender ist hier eine Variation der Suchstrategie, wozu der bereits beim ursprünglichen Kognitiven Interview beschriebene Perspektivenwechsel sowie die Aufforderung zum Erinnerungsabruf in umgekehrter Reihenfolge und der Einsatz verschiedener Sinnesorgane gehören.[1018]

(6) *Zusammenfassung*

In der (vor)letzten Phase des Interviews soll dem Zeugen eine kurze Zusammenfassung der ermittelten Informationen in seinen Worten präsentiert und ihm hierdurch die Gelegenheit gegeben werden, die eigenen Angaben auf ihre Genauigkeit und Vollständigkeit hin zu überprüfen. Auch dieser Abschnitt leitet den Zeugen zum Erinnerungsabruf bzw. zum Abgleich der präsentierten mit den gerade frisch im Gedächtnis befindlichen Informationen an.

(7) *Abschluss*

Abschließend soll das Interview mit einem ausdrücklich positiven Ergebnis formuliert und dem Zeugen Gelegenheit gegeben werden, selbst Fragen zu stellen.[1019]

III. Effektivität des (Erweiterten) Kognitiven Interviews

Das Erweiterte Kognitive Interview wird als die erfolgreichste Technik zur Verbesserung der Erinnerungsleistung des Zeugen[1020] eingestuft, weil seine Mnemonik-Techniken auf die zu Beginn dieses Kapitels beschriebene Funktionsweise des Gedächtnisses zugeschnitten sind. Zahlreiche experimentelle Studien, die in verschiedenen Ländern, mit unterschiedlichen Arten von Zeugen (Kinder, Erwachsene, Greise) und diversen Ereignis- bzw. Verbrechensarten durchgeführt wurden, belegen die Effektivität des Kognitiven Interviews. Die Studien zeigen durchweg, dass diese Interviewtechnik die Menge der korrekten Informationen, die von den Zeugen abgerufen werden, erhöht, während die Genauigkeit proportional zu allen abgerufenen Informationen beibehalten wird (sog. ECI

1018 *Milne/Bull*, Psychologie der Vernehmung, S. 56.

1019 S. *Milne/Bull*, Psychologie der Vernehmung, S. 56.

1020 S. *Köhnken*, PFP 1992, S. 85 („herausragende Stelle"); *Paulo/Albuquerque/Bull*, IJPSM 2013, 190.

Supperiority Effect).[1021] Teilweise können mit der Vernehmungsmethode bis zu ein Drittel mehr korrekte Informationen reproduziert werden als mit konventionellen Vernehmungsmethoden.[1022]

1. *Vergleichsmaßstab: Strukturiertes Interview*

Die positiven Ergebnisse bezüglich der Effektivität des Kognitiven Interviews resultieren aus empirischen Studien, in denen die Aussagen zu „Standardbefragungen" mit denjenigen Aussagen, die aus Befragungen nach den Regeln des Kognitiven Interviews gewonnen wurden, verglichen wurden. Bei diesen „Standardbefragungen" handelt es sich um das von üblicherweise nicht speziell in Gesprächsführung geschulten (Polizei-)Praktikern angewandte es. sog. Standardisierte oder Strukturierte Interview.[1023]

In der Angewandten Psychologie existieren im Wesentlichen zwei Ansätze zur Gestaltung von Befragungen:

1) Interview mit offenen Fragen und ohne Erinnerungshilfen (Standardisiertes bzw. Strukturiertes Interview)[1024]
2) Interview mit offenen Fragen und mit Erinnerungshilfen (Kognitives Interview)[1025]

Das Strukturierte Interview[1026] beginnt – nach einer kurzen Begrüßung und der Erklärung des Interviewverlaufs – mit einer freien Berichterstattung.[1027] Die

---

1021 Zu Deutsch: Überlegenheitseffekt. S. hierzu *Akehurst/Milne/Köhnken*, PCL 2003, 97 ff.; *Kocsis*, Applied Criminal Psychology, S. 158 f. *Memon/Wark/Bull/Köhnken*, BJP 1997, 179 ff.; *Paulo/Albuquerque/Bull*, PCL 2015, 366 ff.

1022 S. *Greuel/Offe/Fabian/Wetzels/Stadler*, Glaubhaftigkeit der Zeugenaussage, S. 71 m. w. N.

1023 S. *Aschermann/Mantwill/Köhnken*, ACP 1991, 489 ff.; *Dannenberg*, Das Kognitive Interview, S. 7, 20; *Geiselman/Fisher*, Cognitive Interview Technique, S. 191 ff.; *Mantwill/Köhnken/Aschermann*, JAP 1995, 68 ff.; *Saywitz/Geiselman/Bornstein*, JAP 1992, 744 ff.

1024 Der Leitfaden zum Strukturieren Interview geht zurück auf *Köhnken/Thürer/Zoberbier* ACP 1994, 13 ff. und *Mantwill/Aschermann/Köhnken*, Das Kognitive Interview und schemageleitete Erinnerung; s. *Dannenberg*, Das Kognitive Interview, S. 46, 125.

1025 S. *Dannenberg*, Das Kognitive Interview, S. 7, 125 f.

1026 Der Begriff geht zurück auf das Werk „Anamnese, Methodische Probleme, Erhebungsstrategien und Schemata" von *Lothar Schmidt* und *Bernd Keßler*, die den Begriff synonym für das sog. standarisierte Interview verwenden, s. *Dannenberg*, Das Kognitive Interview, S. 20.

1027 S. die schematische Darstellung bei *Dannenberg*, Das Kognitive Interview, S. 125.

Anleitung dazu soll lauten: „Bitte berichten Sie, was Sie erlebt und beobachtet haben, was Sie in Erinnerung haben." Zwischenfragen oder anderweitige Unterbrechungen in der Phase der freien Berichterstattung sind nicht legitim. Ziel ist es, „daß die Vp[1028], nur durch eine offene Frage angeregt, spontan berichtet[e],"[1029] Der Vernehmende macht sich Notizen für den sich hieran anschließenden Fragenteil. Dort werden einzelne Bereiche des Berichts angesprochen, „um Lücken zu schließen, Unklarheiten aufzuklären und ausführlichere Informationen zu sammeln".[1030] Die Abfolge der Fragen folgt dem sog. trichterförmigen Befragungsschema.[1031] Im Frageverlauf wird von offenen Fragen (z. B." „Sie haben von einem Geländewagen berichtet, was war mit dem Geländewagen"?) zu konkreten Detailfragen (z. B.: „Welche Farbe hatte der Geländewagen?") übergangen.[1032]

Das Strukturierte Interview bildet demnach exakt diejenige Ausgestaltung einer Befragung ab, die von der herrschenden Meinung im Strafverfahren zwingend für die Vernehmung des Zeugen zur Sache vorgeben wird, weil sie aussagepsychologischen Maßstäben entspreche.[1033] Die Überprüfung der Effektivität des Kognitiven Interviews zeigt indes, dass es sich bei der als Vergleichsmaßstab herangezogenen Befragungsgestaltung des Strukturierten Interviews gerade um die ineffektivere handelt.

2. *Effektivität des Kognitiven Interviews*

Als Beispiel für die Effektivität des Kognitiven Interviews sei zunächst eine im Jahr 1984 von einer Forschungsgruppe und *Edward Geiselman* durchgeführte Studie angeführt, in der sechszehn Studierende eines Einführungskurses für Psychologie an der University of California während der Vorlesung Zeugen eines inszenierten und für sie völlig unerwarteten[1034] Vorfalls wurden.[1035] In der darauffolgenden Befragung, in der eine Gruppe mit den Erinnerungsstützen des

1028 „Vp" meint Versuchsperson.

1029 *Dannenberg*, Das Kognitive Interview, S. 125.

1030 *Dannenberg*, Das Kognitive Interview, S. 126.

1031 S. hierzu *Mayntz/Holm/Hübner*, Einführung, S. 103 ff.

1032 S. *Dannenberg*, Das Kognitive Interview, S. 126.

1033 S. hierzu 1. Teil, B. III. 2.

1034 Die Studierenden wurden nicht im Voraus darüber informiert, dass ihr Gedächtnis für einen inszenierten Vorfall getestet wird, sondern sie wurden lediglich im Vorfeld gebeten, sich freiwillig an einem Experiment zur Gedächtnisverbesserung teilzunehmen.

1035 S. *Geiselman/Fisher*, JPSA 1984, 74 ff.

Kognitiven Interviews, die andere Gruppe ohne diese Elemente zu dem Ereignis befragt wurde, zeigte die Vergleichsgruppe des Kognitiven Interviews eine deutlich erhöhte Anzahl erinnerter (korrekter) Informationen, wobei kein Anstieg falscher Angaben verzeichnet wurde.[1036]

In einer weiteren, im Jahr 1985 von der Forschungsgruppe um *Geiselman* und *Fisher* durchgeführten Studie[1037] wurden insgesamt 89 Studierenden Filmsequenzen über ein Gewaltverbrechen vorgespielt. 48 Stunden später wurden sie in verschiedene Gruppe eingeteilt und von Polizeibeamten je auf unterschiedliche Weise befragt, nämlich mittels Kognitiven Interviews, Hypnose oder Strukturiertem Interview.[1038] Die Analyse konnte eine signifikant höhere Zahl korrekt erinnerter – ohne gleichzeitigen Anstieg falscher – Informationen für den Fall nachweisen, dass die Zeugen mit den Vorgaben des Kognitiven Interviews befragt wurden.[1039]

Eine darauffolgenden Studie zur Effektivität des Kognitiven Interviews spielte die in dem vorgenannten Experiment verwendeten Filmsequenzen 51 erwachsenen Personen im Alter von 20 bis 52 Jahren vor, um die Übertragbarkeit der Ergebnisse aus 1985 auf nichtstudentische Versuchspersonen zu untersuchen.[1040] Auch in dieser Untersuchung zeigte die Befragung mittels Kognitiven Interviews deutlich mehr korrekte Informationen als die Technik des Strukturierten Interviews, wobei wiederum kein Zuwachs falscher oder konfabulierter Angaben zu beobachten war.[1041]

Zahlreiche weitere Studien zur Effektivität des kognitiven Interviews belegen allesamt einen signifikanten Zuwachs korrekter Informationen durch die Anwendung des kognitiven Interviews im Vergleich zum Strukturierten Interview.[1042] Einen konstanten Zuwachs korrekt erinnerter Sachverhaltsmomente mit der Befragungstechnik des Kognitiven Interviews zeigte sich sowohl bei älteren Menschen[1043] als auch bei Erwachsenen und Kindern[1044] mit und ohne geistige Behinderung.[1045] Zudem wurden diese positiven Ergebnisse unabhängig

---

1036 S. *Geiselman/Fisher,* JPSA 1984, 77 f.
1037 S. *Geiselman/Fisher/MacKinnon/Holland*, JAP 1985, 401 ff.
1038 S. *Geiselman/Fisher/MacKinnon/Holland*, JAP 1985, 403 f.
1039 S. *Geiselman/Fisher/MacKinnon/Holland*, JAP 1985, 407.
1040 S. *Geiselman/Fisher/MacKinnon/Holland*, AJP 1986, 385 ff.
1041 S. *Geiselman/Fisher/MacKinnon/Holland*, AJP 1986, 396 f.
1042 S. den Überblick bei *Dannenberg*, Das Kognitive Interview, S. 48 ff.
1043 S. *Mello/Fischer* ACP 1996, 403 ff.
1044 S. *Saywitz/Geiselman/Bornstein*, JAP 1992, 744 ff.
1045 S. *Milne/Clare/Bull*, PCL 1999, 81 ff.

von der Person des Vernehmenden und seiner Erfahrung in Gesprächsführung erzielt. Ein merkbarer Unterschied zwischen der Befragung durch einen erfahrenen Vernehmungsbeamten oder einem Studierenden, der noch nie eine Vernehmung geleitet hat, konnte nicht konstatiert werden.[1046]

Weitere Forschungsarbeiten untersuchten zudem die Möglichkeit, mithilfe des Kognitiven Interviews zwischen richtigen und falschen Aussagen differenzieren zu können. So sollten Vergleichsgruppen in ihrer Vernehmung entweder eine wahre oder eine falsche Sachverhaltsdarstellung eines Kfz-Diebstahls angeben und anschließend mithilfe des kognitiven Interviews oder einer alternativen Technik wurde sie befragt.[1047] Die Erinnerungshilfen des Kognitiven Interviews hatten nicht nur den bekannten Effekt der Produktion umfassenderer Informationen, sondern ermöglichten auch eine stärkere Differenzierung zwischen wahren und falschen Berichten.[1048]

In einer Meta-Analyse aus dem Jahr 1999 analysierten die Psychologen *Köhnken, Milne, Memon* und *Bull* insgesamt 42 experimentelle Studien mit 55 Vergleichen des Kognitiven Interviews mit einem Strukturierte Interview und insgesamt fast 2.500 Probanden, um die Gesamtwirkung des Kognitiven Interviews auf den Rückruf korrekter und inkorrekter Details zu untersuchen.[1049] In allen analysierten Studien waren die erinnerten Sachverhaltsmomente deutlich höher als in anderen Befragungssituationen. Die Forscher konnten bemerkenswerterweise herausstellen, dass der gedächtnisfördernde Effekt des Kognitiven Interviews auf den Abruf korrekter Details noch größer ist in Studien, die – im Gegensatz zu Laborbedingungen – realistische experimentelle Verfahren anwandten. Die durchschnittliche Effektgröße in Studien, die inszenierte Ereignisse statt real zu erinnernder Episode verwendeten, lag deutlich unter derjenigen Effektstärke, die mit einer aktiven Beteiligung der Zeugen an dem Geschehen verbunden war.[1050]

3. *Effektivität des Erweiterten Kognitiven Interviews*

Auch die zum Erweiterten Kognitiven Interview ergangenen Studien illustrieren seine Effektivität. Ebenso wie die Studien zum Kognitiven Interview basieren die Untersuchungen zum Enhanced Cognitive Interview auf Feldstudienvergleichen

1046 S. *Geiselman/Fisher/MacKinnon/Holland*, AJP 1986, 385 ff.

1047 S. *Hernandez-Fernaud/Alonso-Quecuty*, ACP 1999, 55 ff.

1048 S. *Hernandez-Fernaud/Alonso-Quecuty*, ACP 1999, 65 f.

1049 S. *Köhnken/Milne/Memon/Bull*, PCL 1999, 3 ff.

1050 Für aktive Teilnehmer ergab sich im Vergleich zu passiven Beobachtern ein fast doppelt so hoher Wert; s. *Köhnken/Milne/Memon/Bull*, PCL 1999, 21.

mit der sog. Standardbefragung des Strukturierten Interviews oder vergleichbaren Interviewformen.[1051] Die Studien weisen nach, dass die Befragung mit dem Erweiterten Kognitiven Interview zu einer größeren Reproduktionsmenge an Informationen führt[1052] und die Erinnerungsleistung insbesondere des episodischen Gedächtnisses anregt. Das Erweiterte Kognitive Interview eignet sich zudem bei der Vernehmung von Kindern[1053] sowie bei Menschen mit Lernbehinderung und ist besonders effizient bei der Aktivierung der Erinnerungsleistung an komplexe Ereignisse (z. B. Verbrechen mit mehreren Täter, Zeugen oder verschiedenen Szenarien).[1054]

Weitere Studien wiederum, dass durch die Aufforderung an den Zeugen, die gleiche Geschichte mit unterschiedlichen Verfahren und unterschiedlichen sensorischen Modalitäten zu erzählen, die Genauigkeit der Berichterstattung durch Reduktion falscher Informationen (Minimierung der Gedächtnisverzerrung) erhöht.[1055]

Neue Forschungen stützen diese Ergebnisse.[1056] In einer Studie aus dem Jahr 2015 der Forscher *Paulo*, *Albuquerque* und *Bull*[1057] wurde das Erweiterte Kognitive Interview zudem um metakognitive Techniken[1058] zur Überwachung der Erinnerung erweitert, deren Verbesserungsleistung für die Genauigkeit von Zeugenaussagen durch experimentelle Studie nachgewiesen ist.[1059] Insgesamt 44 portugiesische Psychologiestudenten (36 Frauen und 8 Männer im Alter von 17 bis 16 Jahren) wurden in zwei Interviewgruppen zu je 22 Teilnehmern (18 Frauen, 4 Männer) eingeteilt. Beiden Gruppen wurde ein ca. dreiminütiger Film über eine bewaffnete Geiselnahme in einer Bank vorgespielt. Der Geiselnehmer

---

1051 S. *Paulo/Albuquerque/Bull*, IJPSM 2013, 196. S. auch den Überblick bei *Dannenberg*, Das Kognitive Interview, S. 55 ff.

1052 S. *Dando/Wilcock/Milne/Henry*, ACP 2009, 698 ff.

1053 S. *London*, PQ 2001, S. 123 ff.

1054 S. *Paulo/Albuquerque/Bull*, IJPSM 2013, 196 m. w. N.

1055 S. *Holliday*, ACP 2003, 443 ff.; *Holliday/Albon*, ACP 2004, 263 ff.; *Memon/Holley/Wark/Bull/Köhnken*, ACP 1996, 503 ff.

1056 S. *Kebbell/Milne/Wagstaff*, PCL 1999, S. 101 ff.; *Bensi/Nori/Gambetti/Giusberti*, JCP 2011, 311 ff.; *Dando/Wilcock/Behnkle/Milne*, PCL 2011, 491 ff.; *Paulo/Albuquerque/Saraiva/Bull*, ACP 2015, 536 ff.; *Paulo/Albuquerque/Vitorino/Bull*, PCL 2017, 967 ff.

1057 S. *Paulo/Albuquerque/Bull*, PCL 2015, 366 ff.

1058 Metakognition bezeichnet die Regulierung der Kognition durch eigenes Wissen sowie die Verbesserung der Gedächtnisleistung durch eigene Gedächtnisstrategien (Metamemory).

1059 S. *Koriat/Goldsmith*, PR 1996, 490 ff.; *Higham/Luna/Bloomfield*, ACP 2010, 324 ff.; *Roberts/Higham*, JEP 2002, 33 ff.

interagierte dabei verbal und physisch mit den Geiseln, dem Kassierer und einem Polizisten. Anschließend wurde die eine Gruppe nach den Phasen des Erweiterten Kognitiven Interviews befragt, die andere Gruppe unter Zuhilfenahme des Strukturierten Interviews. Das strukturierte Interview beinhaltet alle Bestandteile des Kognitiven Interviews mit Ausnahme der im engeren Sinn kognitiven Elemente. Anstelle einer Reproduktion in umgekehrter Abfolge werden die Probanden z.B. aufgefordert, das Ereignis noch einmal zu schildern. So wird der durch die bloße wiederholte Reproduktion bewirkte Effekt kontrolliert.[1060] Die im Film vorhandenen Details wurden kategorisiert[1061] und die von den Zeugen abgerufene Informationen entweder als richtig, falsch[1062] oder Konfabulation eingestuft.[1063] Ein Vergleich der beiden Befragungsmethoden zeigte hier, dass die mit dem Erweiterten Kognitiven Interview befragten Teilnehmer signifikant mehr richtige Informationen lieferten als die unter Anwendung des Strukturierten Interviews befragte Teilnehmergruppe.[1064]

D. Zusammenfassung und Vergleich der Ergebnisse mit § 69 StPO

Das Kognitive Interview gilt als besonders gesprächsaktivierend und liefert im Vergleich zu anderen Vernehmungsmethoden erheblich mehr erinnerte Informationen. Die Befunde verschiedener Forschungsgruppen über die letzten Jahrzehnte zur Effektivität des (Erweiterten) Kognitiven Interviews zeigen übereinstimmend, dass seine mentalen Erinnerungshilfen zu mehr Informationen über ein Ereignis in der Zeugenaussage führen als dies bei traditionellen Befragungstechniken – insbesondere dem Strukturierten Interview – der Fall ist. Dieser Erinnerungsvorteil konnte sowohl für das ursprüngliche Kognitive Interview als auch für die erweiterte Version belegt werden. Insbesondere die Ergebnisse der Vergleichsuntersuchungen zum Erweiterten Kognitiven Interview und Strukturieren Interview dokumentieren den Anstieg korrekt berichteter Details. Zwar wurde teilweise auch ein Zuwachs inkorrekter Details beobachtet. Diese

1060 *Paulo/Albuquerque/Bull*, PCL 2015, 371.

1061 Die Kategorien waren: (1) Person; (2) Aktion; (3) Objekt; (4) Ort; (5) Gespräch und (6) Ton, s. *Paulo/Albuquerque/Bull*, PCL 2015, 372 f.

1062 Genanntes Beispiel: Eine schwarze Pistole wurde vom Zeugen als braune Pistole erinnert.

1063 Konfabulation meint hier die Erwähnung eines Details, das nicht vorhanden war oder eines Ereignisses, das nicht stattgefunden hatte.

1064 S. *Paulo/Albuquerque/Bull*, PCL 2015, 374 ff.

falsch berichteten Details basierten im Wesentlichen jedoch auf schemakonsistenten Konfabulationen, die nicht spezifisch im Kognitiven Interview auftraten, sondern auch in den jeweiligen Vergleichsbefragungen.[1065] Ein spezifischer Fehlerzusammenhang zum Kognitiven Interview besteht mithin nicht.

Die Studien betonen zudem den hohen Wert des (Erweiterten) Kognitiven Interviews für die psychologische Glaubwürdigkeitsbeurteilung von Zeugen, sofern die Anwendung des Kognitiven Interviews nicht mit den Kriterien zur Unterscheidung von wahren und falschen Aussagen interferiert.[1066] Insgesamt legen die Studie allesamt nahe, dass die Erinnerungshilfen im Rahmen des Erweiterten Kognitiven Interviews unter der Bedingung der Einhaltung ihrer Strukturvorgabe zur Vollständigkeit der Schilderung des Tatvorgangs beitragen. Zudem führt die das Erweiterte Kognitive Interview bei Personen mit Vorwissen zu einem bestimmten Beweisthema dazu, dass dem Informationsverlust, der infolge des im Gedächtnisprozess angelegten Zurückhaltens redundanter Informationen entsteht, wirksam entgegengewirkt und eine größere Reproduktionsmenge erreicht werden kann.[1067]

Der Effektivitätsnachweis insbesondere des Erweiterten Kognitiven Interviews basiert auf einer Gegenüberbestellung mit dem sog. Strukturierten Interview, dessen Befragungstechnik exakt die an dem Wortlaut des § 69 StPO orientierten strukturellen Vorgaben der herrschenden Meinung in Literatur und Rechtsprechung zur Zeugenvernehmung zur Sache spiegelt. Gerade diese Befragungsstruktur erweist sich aber im Vergleich zu den Erinnerungshilfen des Erweiterten Kognitiven Interviews als ineffektiv. Die von dem herrschenden Meinungsspektrum aufgestellte Doktrin, § 69 entspreche aussagepsychologischen Grundsätzen, fragt schon nicht danach, ob nur „nötigenfalls" Fragen zu stellen sind (§ 69 Abs. 2 StPO). Im Wesentlichen wird nur auf die herausgehobene Bedeutung des unbeeinflussten freien Zeugenberichts (§ 69 Abs. 1 StPO) rekurriert. Zwar betonen auch die forensischen Untersuchungen die hohe Bedeutung der freien Berichterstattung für die Reproduktionsleistung des Zeugen. Herausgestellt wird gleichzeitig jedoch, dass der freie Bericht für sich allein genommen zu unvollständigen Aussagen führt und unterstützende Anstoßfragen zur Aktivierung der Gedächtnisrepräsentation unumgänglich sind. Im

---

1065 S. *Fisher/Quigley*, cognitive theory, S. 154 ff. *Mantwill/Köhnken/Ellen*, JAP, 1995, 68, 74 f.

1066 S. *Dannenberg*, Das Kognitive Interview, S. 61 ff. m. w. N. *Mantwill*, Das kognitive Interview, S. 116 m. w. N..

1067 S. *Mantwill*, Das kognitive Interview, S. 117.

Ergebnis werden durch einen freien Bericht dann möglichst viele Informationen erlangt, wenn der Befragte dazu angeregt wird, auf offene Anstoßfragen zusammenhängend zu berichten.[1068] Im Ergebnis dürfte die These der herrschenden Meinung damit als widerlegt gelten.

Insgesamt illustrieren die Untersuchungen zur Effektivität des (Erweiterten) Kognitiven Interviews das Erfordernis einer dynamischen Befragungssituation. Starre Gesprächsvorgaben sind nicht nur ineffektiv im Hinblick auf die Aktivierung der Gedächtnisleistung einer Auskunftsperson, sie können sogar zu falschen Gedächtnis- und Erinnerungsabrufen führen. Die Strukturvorgabe des § 69 StPO ist daher – entgegen seines scheinbar eindeutigen Wortlauts und der Trennung in freien Bericht und nachgelagerte Befragung – unter dem Gesichtspunkt aussagepsychologischer Erkenntnisse – sozusagen „kommunikationskonform" – als Symbiose der beiden Absätze auszulegen.

1068 S. *Köhnken/Kraus/Schemm*, Das Kognitive Interview, S. 234; *Loftus*, Eyewitness Testimony, S. 92 f.; *Milne/Bull*, Psychologie der Vernehmung, S. 56

4. Teil: Konsequenzen für das Fragerecht des Verteidigers

Das Erweiterte Kognitive Interview verknüpft – metaphorisch – die beiden ersten Absätze des § 69 StPO zu einer kommunikativen Befragungseinheit und ordnet die Anleitung zur freien Berichterstattung selbst als Form der Befragung ein. Dieser Befund lässt sich bereits aus dem Wortlaut des § 69 StPO herauslesen, der ebenfalls die Veranlassung zur freien Berichterstattung als Befragung einstuft, wie der Passus „weitere Fragen" in Abs. 2 verdeutlicht. Die historische Betrachtung des § 69 StPO stützt dieses Verständnis und zeigt, dass die zugrunde liegende Gesetzesgenese von einer entsprechenden Ausgestaltung der Befragung ausging. Die mit der Einführung der freien Beweiswürdigung einhergegangene Entformalisierung des Strafverfahrens findet sich in dem Wort „nötigenfalls" in Abs. 2 wieder, welches die vor der Einführung des § 69 StPO herrschenden Fragevorgaben zusammenfasst und die Art und Weise der Befragung in das Ermessen der Vernehmungsperson stellt. Wortlaut und historische Auslegung des § 69 StPO veranschaulichen somit, dass Abs. 1 und Abs. 2 in ihrem Zusammenspiel nicht mehr als das Konzept einer besonders strukturierten Zeugenbefragung einrichten.

Sinn und Zweck der Zeugenvernehmung zur Sache ist die Exploration des Zeugen zu einem wahrgenommenen Ereignis. Die Ausgestaltung der Exploration hat psychologischen Forschungserkenntnissen zu folgen. Aus gedächtnis- und aussagepsychologischer Sicht können die beiden ersten Absätze des § 69 StPO nicht isoliert betrachtet werden, sondern müssen – will man eine effektive Gedächtnisexploration erreichen – im Kombination Anwendung finden. Darüber hinaus zeigen die im vorangegangenen Kapitel dargelegten experimentellen aussage- und gedächtnispsychologischen Studien zu der Befragungstechnik des Erweiterten Kognitiven Interviews, dass eine starre Befragungsvorgabe, so wie sie in § 69 StPO hineingelesen werden *kann* – erst ausschließlich freier Bericht, dann Verhör – nicht nur ineffektiv ist, sondern vielmehr auch zur Verfälschung der Gedächtnisleistung beiträgt.

Die kommunikative, nicht formgebundene Interaktion zwischen fragender und befragter Person wirkt sich entscheidend auf die Gedächtnisleistung des Zeugen und damit auf die Produktion umfassenden Tatsachenmaterials aus. Eine an dem Ziel des Strafverfahrens orientierte Verteidigerbefragung muss diesen Erkenntnissen Rechnung tragen können.

Damit stellt sich die Frage, ob und wie der Verteidiger im Rahmen der mündlichen Hauptverhandlung eine effektive Befragungsform wie das Erweiterte Kognitive Interview umsetzen kann. Das Fragerecht nach § 240 Abs. 2 StPO ist hier das entscheidende Einwirkungs- und Mitwirkungsrecht des Angeklagten und seiner Verteidigung an der Zeugenexploration. Es räumt dem Verteidiger das Recht ein, „Fragen“ an den Zeugen zu stellen. Auf den ersten Blick legt bereits der Wortlaut die Möglichkeit einer derart konzipierten Zeugenbefragung nahe.

A. Auslegung des § 240 Abs. 2 StPO im Lichte des § 69 StPO

Die tradierte Auffassung in Literatur und Rechtsprechung interpretiert § 240 Abs. 2 StPO lediglich als Möglichkeit, einzelne, genau umrissene und auf einen bestimmten Sachumstand beschränkte Fragen zu stellen. Der Verteidiger sei nicht berechtigt, zusammenhängende Erklärungen über einen ganzen Tatsachenkomplex zu verlangen, denn eine Befragung sei keine Vernehmung i. S. d. § 69 StPO.[1069] Bei dem Erwirken von zusammenhängenden Zeugenerklärungen handele es sich um ein allein dem Vorsitzenden obliegendes Vernehmungsrecht. Mit Blick auf die Geschichte wird dem Verteidiger also im Wesentlichen gestattet, seine Defensionalartikel persönlich und verbal an den Zeugen zu richten.

I. Grammatikalische und historische Auslegung

Ein derartiges Verständnis ist erkennbar an einem Wortlautvergleich von § 69 Abs. 1 („Vernehmung“) und § 240 Abs. 2 („Befragung“) ausgerichtet. Die geschichtliche Entwicklung von Verhör und Vernehmung hat jedoch offenbart, dass die Verwendung des Begriffs „Vernehmung“ ihren Ursprung nicht in einer strukturellen Vorgabe für die Befragung oder einer Abgrenzung zum Fragerecht der Verteidigung hat, sondern den Übergang von der zwangsweise durchgesetzten Aussage- und Wahrheitspflicht des Beschuldigten hin zu einer einvernehmlichen Anhörung abbildet. Im Fahrwasser dieser Entwicklung hat der Gesetzgeber einen einheitlichen Begriff der Vernehmung gewählt und damit das ursprüngliche „Verhör“ der Zeugen entsprechend als „Vernehmung“ angeglichen.[1070]

1069 S. *Bär*, S. 33 ff.; Graf-StPO-*Gorf*, § 240 Rn. 8; LR-*Becker* § 240 Rn. 16; *Meyer-Goßner* § 240 Rn. 5; SK-StPO-Frister § 240 Rn. 9; SSW-StPO-*Franke* § 240 Rn. 6; KK-*Schneider*, 6. Aufl. 2008, § 240 Rn. 5, der aber in Aufl. 7 (2013) in Abkehr zur Vorauflage die Auffassung vertritt, dass zusammenhängende Erklärungen jedenfalls zu einem bislang nicht erörterten Themenkomplex möglich seien.

1070 S. hierzu 2. Teil, D.

Damit stellt sich im Wesentlichen noch die Frage, ob mit der Verwendung des Begriffs der „Befragung" in § 240 Abs. 2 StPO ein im Verhältnis zur Vernehmung restriktiveres Recht umschrieben werden soll. Insoweit zeigt aber bereits die historische Entwicklung, dass in den Gesetzgebungsprozessen bewusst auf den Passus „einzelne Fragen" in § 240 Abs. 2 StPO verzichtet wurde.[1071] Die Reformbestrebungen verfolgten das Ziel, der Verteidigung durch ein „ausgedehntes und unbedingtes" Fragerecht die Möglichkeit einzuräumen, auf den Inhalt der Beweiserhebung und den Verfahrensablauf Einfluss zu nehmen.[1072] Einzelne, genau umrissene Fragen, wie sie das ehemalige artikulierte Verhör bzw. die *defensio* beinhaltete, waren gerade nicht vorgesehen.

Auch wenn man hiernach an der erkennbar allein am Wortlaut ausgerichteten, inhaltlichen Unterscheidung zwischen § 69 StPO und § 240 Abs. 2 StPO festhalten wollte, wäre zu berücksichtigen, dass selbst dann, wenn der Wortlaut eindeutig ist, sich eine weitere Auslegung keineswegs erübrigt.[1073] Insbesondere kann eine Auslegung nach dem Sinn und Zweck einer Vorschrift der Wortlautauslegung vorgehen[1074], und eine vom Wortlaut abweichende Interpretation kann unter verfassungs- und europarechtskonformen Gesichtspunkten sogar geboten sein.[1075]

II. Teleologische Auslegung

Die teleologische Interpretation einer Norm fragt – unter Berücksichtigung der Rechtsgeschichte und der wandelbaren sozialen Gegebenheiten – nach dem Sinn und Zweck einer Norm, der sog. ratio legis.[1076] Die Auslegungsmethode trägt dem Umstand Rechnung, dass der Gesetzgeber bei Erlass einer Norm alle Veränderungen der regelungsbedürftigen Wirklichkeit – wie hier die noch relativ jungen Erkenntnisse der experimentellen Aussagepsychologie – regelmäßig nicht erfassen kann.[1077]

Das Fragerecht dient dem unbedingten Gebot, dem Angeklagten ausreichende Mitwirkungsmöglichkeiten im Prozessgeschehen zu garantieren[1078]

1071 S. *Hahn*, Materialien zur StPO II, S. 2230 f.

1072 S. hierzu 2. Teil, D.

1073 S. *Puppe*, Kleine Schule des Juristischen Denkens, S. 163 f.; *Mann*, Einführung, Rn. 234.

1074 St. Rspr. des BVerwG, s. nur BVerwGE 17, 74, 76; 40, 78, 81; 123, 1, 3 f.

1075 S. *Mann*, Einführung, Rn. 234, 273 ff.

1076 S. *Mann*, Einführung, Rn. 240.

1077 S. *Puppe*, Kleine Schule des juristischen Denkens, S. 142 f.

1078 Das BVerfG betont in st. Rspr., der Angeklagte dürfe nicht zum Objekt im Strafverfahren werden, s. BVerfG NJW 1978, 151; 1981, 1719; 1995, 1951, 1952.

sowie der umfassenden Sachaufklärung und damit dem übergeordneten Ziel des Strafverfahrens, der Ermittlung der Wahrheit.[1079] Als eine für ein rechtsstaatliches Verfahren grundlegende Befugnis[1080] soll es den Prozessbeteiligten ermöglichen, von sich aus aktiv den Verfahrensgegenstandes vollständig zu erörtern und auf die bestmögliche Ausschöpfung der persönlichen Beweismittel „in jede Richtung"[1081] hinzuwirken.[1082] Für den Verteidiger bildet sein Fragerecht die notwendige Voraussetzung, um die Verteidigung effektiv führen zu können.

Historisch gewachsen ist das Fragerecht aus der *defensio* der Verteidigung. Es war die im schriftlichen Verfahren eingeräumte Möglichkeit, über die Übersendung vorformulierter Fragestücke an den Richter den Zeugen durch den „Mund des Richters" befragen zu lassen, nachdem dieser die Zeugenbefragung – aus seiner Sicht – abgeschlossen hatte. Diese Beschränkung stieß schon zu Zeiten der Aufklärungsbewegung auf Kritik, die bereits in einzelnen Partikulargesetzgebungen in die Gewährung von direkten Fragen an den Zeugen noch während der Zeugenvernehmung einmündete. Spätestens mit der Einführung der öffentlichen und mündlichen Hauptverhandlung wandelte sich dieses Recht zu einem umfassenden, mündlichen Recht auf direkte und umfängliche Befragung des Zeugen, freilich nachdem der Richter seine Befragung beendet hatte. Während es früher der Verteidigung nur gestattet war, schriftlich vorgefertigte Fragen mittelbar über den Richter an den Zeugen zu stellen, also Fragen lediglich schriftlich einzureichen und stellen zu lassen, hat sich mit der Einführung der öffentlichen und mündlichen Hauptverhandlung auch die Erkenntnis um die Bedeutung des Fragerechts nach § 240 Abs. 2 StPO gewandelt.

Das in der vergangenen Rechtsentwicklung stetig gestärkte Fragerechts dient einer möglichst effektiven Teilhabemöglichkeit an der Zeugenexploration, welche die bestmögliche Ausschöpfung des persönlichen Beweismittels und damit die vollständige Erörterung des Verfahrensgegenstandes garantiert. Diesen Erfordernissen trägt gerade die Befragungsform des Erweiterten Kognitiven Interviews Rechnung. Sinn und Zweck des Fragerechts nach § 240 Abs. 2 StPO erfordert, dass dem Verteidiger die Möglichkeit eröffnet wird, seine Befragung des Zeugen an den Vorgaben des Erweiterten Kognitiven Interviews auszurichten.

1079 LR-*Becker* § 240 Rn. 1

1080 BGHSt 9, 24, 27 für das Fragerecht des Angeklagten.

1081 S. HK-StPO-*Julius*, § 240 Rn. 1.

1082 S. BayObLG NJW 1998, 1655; Graf-StPO-*Gorf*, § 240 Rn. 1; LR-*Becker*, § 240 Rn. 14; *Meyer-Goßner*, § 240 Rn. 9; SK-StPO-*Frister* § 240 Rn. 4; *Eisenberg*, Beweisrecht, Rn. 797. S. auch BGH NStZ 1985, 205.

III. Europarechtskonforme Auslegung

Die sukzessive Aufwertung des Fragerechts hat ihren Abschluss aber nicht mit der RStPO gefunden, was die Installation des prozessualen Grundrechts der Verteidigung auf Befragung von Belastungszeugen[1083] in Art. 6 Abs. 3 lit. d EMRK dokumentiert. Hervorzuheben ist hier deshalb insbesondere auch das Verständnis des Art. 6 Abs. III lit. d EMRK und dessen Einfluss auf die Interpretation des Fragerechts in § 240 Abs. 2 StPO. Die Rechtsprechung des Europäischen Gerichtshofs für Menschenrechte (EGMR) ist für die deutsche Diskussion von erheblicher Bedeutung.[1084] Die EMRK ist ein völkerrechtlicher Vertrag und bindet die Bundesrepublik Deutschland zunächst völkerrechtlich.[1085] Aufgrund der Transformation der EMRK in nationales Recht nach Art. 59 Abs. 2 GG steht diese nun auf der Ebene eines einfachen Bundesgesetzes.[1086] Nach der Rechtsprechung des Bundesverfassungsgerichts sind die deutschen Justizorgane jedoch aufgrund des verfassungsrechtlich verankerten Grundsatzes der Völkerrechtsfreundlichkeit gehalten, die EMRK der Auslegung deutschen Verfahrensrechts zugrunde zu legen und dabei auch die Rechtsprechung des EGMR zu berücksichtigen.[1087]Andererseits ist zu beachten, dass nicht nur einzelne Regelungen der EMRK selbst, sondern insbesondere auch die Rechtsprechung des EGMR von Grundgedanken des adversatorischen Strafverfahrens, wie es in den angloamerikanischen Rechtsordnungen üblich ist, geprägt sind. Daher kann es zu grundsätzlichen Spannungen zwischen der inquisitorisch geprägten deutschen Strafprozessordnung und den Prinzipien des EMRK-Rechts kommen, und eine unüberlegte Übertragung von EGMR-Entscheidungen auf das deutsche Strafverfahren kann – möglicherweise unbeabsichtigt – Sprengkraft für das Verfahrenssystem haben.[1088]

Die Reichweite des Fragerechts nach § 240 StPO wird wesentlich bestimmt durch die inhaltlichen Vorgaben des Art. 6 Abs. 3 lit. d EMRK und muss diesem in Auslegung und Praxis genügen.[1089] § 240 StPO dient der vollständigen

---

1083 Zum Begriff des Belastungszeugen s. *Krausbeck*, Konfrontative Zeugenbefragung, S. 65 ff.

1084 S. *Kühne*, StV 2001, 73, 75 ff.

1085 S. *Weigend*, StV 2000, 384, 386.

1086 BVerfGE 74, 358, 370; BVerfG NJW 1990, 2741, 2741; *Weigend*, StV 2000, 384, 386.

1087 S. BVerfGE 74, 358, 370; 111, 307, 320; s. hierzu auch *Krausbeck*, Konfrontative Zeugenbefragung, S. 34 ff. („normative Leitfunktion der Urteile"); *Schuska*, Art. 6 EMRK, S. 34 f.

1088 S. *Jung*, GA 2003, 191, 203; *Schuska*, Art. 6 EMRK, S. 20 f.

1089 S. *Gaede*, StV 2012, 51, 54.

Ausschöpfung der persönlichen Beweismittel[1090] und sichert vor allem das Recht des Angeklagten aus Art. 6 Abs. 3 lit. d EMRK, Fragen an Belastungszeugen zu stellen[1091] oder durch einen Verteidiger stellen zu lassen[1092]. Erst die Ausübung des Fragerechts in angemessener Form trägt entscheidend dazu bei, dass die Hauptverhandlung den Erfordernissen eines rechtsstaatlichen fairen Verfahrens im Sinne des Art. 6 Abs. 1 EMRK genügt, in dem alle Umstände angesprochen werden können, die einem Beteiligten wichtig erscheinen.[1093]

Art. 6 Abs. 3 lit. d EMRK im englischen Originaltext gewährt dem Beschuldigten das Recht „to examine or have examined the witness against him". Der Passus „to examine the witness" kann entgegen der deutschen Originalfassung auch übersetzt werden mit: „den Zeugen zu vernehmen"[1094]. Nicht ausgeschlossen ist daher, dass Art. 6 Abs. 3 lit. d EMRK – wörtlich – das Recht garantiert, den Zeugen „zu vernehmen und vernehmen zu lassen." Bereits die deutsche Übersetzung mit „Fragerecht" ist deshalb nicht zwingend.[1095] Allerdings sind derartige Übersetzungsüberlegungen nur relevant, wenn man davon ausgeht, dass der Begriff des „Examinierens" auf eine bestimmte Qualität der *Verfahrensrolle* verweist, die der Fragesteller wahrnimmt.[1096]

Ein solches Verständnis entfaltet seine Wirkung dann bei der Frage, ob Art. 6 Abs. 3 lit. d EMRK die Möglichkeit umfasst, den Belastungszeugen einem Gegenverhör im Sinne einer *cross-examination* zu unterziehen,[1097] wie sie das deutsche Recht als Kreuzverhör in § 239 StPO statuiert und der Frage, ob dieses Recht tatsächlich von einem übereinstimmenden Antrag mit der Staatsanwaltschaft abhängig gemacht werden sollte.[1098]

Das von § 239 StPO als „Vernehmungsrecht" etikettierte Kreuzverhör ist dem angelsächsischen Parteiprozess entlehnt und weist eine andere inhaltliche Dimension auf als der kontinentaleuropäische, von Amts wegen betriebene reformierten Offizialprozess.[1099] Die Motive zur Einführung der Regelung des § 239

1090 S. Graf-StPO-*Gorn*, § 240 Rn. 1; KK-StPO-*Schneider*, § 240 Rn. 1.

1091 S. EGMR, van Mechelen v. NL, Urt. v. 23.04.1997, 21363/93, Ziff. 49 ff.; EGMR NJW 2013, 3225, 3226; BGH NStZ 2004, 505, 506; 2005, 224, 225.

1092 S. BVerfG NJW 1996, 3408; BGHSt 46, 93, 97; 51, 150, 154.

1093 HK-StPO-*Julius*, § 240 Rn. 1.

1094 S. *Köbler*, Rechtsenglisch, S. 334.

1095 So auch *Gaede*, StV 2012, 51, 54.

1096 S. *Walther*, GA 2003, 204, 212.

1097 S. *Walther*, GA 2003, 204, 224; *Weigend*, ZStW 100 (1988), 741 ff.

1098 S. hierzu *Gaede*, StV 2012, 51, 56.

1099 S. SK-StPO-*Paeffgen*, Art. 6 Rn. 155.

StPO zeigen, dass in erster Linie das wechselseitige Stellen von scharfen Fragen durch Staatsanwaltschaft und Verteidigung bezweckt wurde,[1100] nicht hingegen eine durch offene Fragen angeleitete Entgegennahme zusammenhängender Zeugenerklärungen zu einem erörterungsbedürftigen Tatkomplex. Dagegen spricht auch nicht, dass § 239 StPO der Verteidigung explizit ein „Vernehmungsrecht" einräumt und damit denselben Begriff wie § 69 StPO gebraucht. Die Verwendung eines identischen Begriffs an verschiedenen Stellen eines Gesetzes hat nicht automatisch deren inhaltliche Übereinstimmung zur Folge; vielmehr kann ihnen auch ein divergierender Bedeutungsgehalt zukommen.[1101] So bezieht sich der Begriff der „Vernehmung" in § 239 StPO erkennbar auf die *cross examination* nach angelsächsischem Recht und nicht auf die „Vernehmung" nach § 69 StPO. Die Gewährung einer an § 69 StPO ausgerichtete Befragungsform ist daher nicht von einem übereinstimmenden Antrag von Staatsanwalt und Verteidiger abhängig.

Die Differenzierung zwischen „Vernehmungsrecht" und „Fragerecht" führt damit im Hinblick auf die Frage nach der Art und Weise der Zeugenbefragung auch auf konventionsrechtlicher Grundlage nicht weiter. Der EGMR und mit ihm Teile der Literatur interpretieren Art. 6 Abs. 3 lit. d EMRK als ein „Konfrontationsrecht",[1102] welches grundsätzlich und in der Regel die Möglichkeit zu einer „konfrontativen Befragung" eröffnen soll.[1103]

Viel mehr noch legt der EGMR das in Art. 6 Abs. 3 lit. d EMRK statuierte Befragungsrecht bereits seit längerem als „right to challenge and question" aus.[1104] *Gaede* leitet hieraus ein umfassendes Recht auf „Infragestellung des Zeugen bzw. seiner Aussage" ab.[1105] *Walther* wiederum erkennt in Art. 6 Abs. 3 lit. d EMRK ein Recht des Beschuldigten, den „Prüfling" (Zeugen) in „selbstständiger und zusammenhängender Weise – und von Angesicht zu Angesicht – auf die

---

1100 S. *Hahn*, Materialien zur StPO I, S. 189 f.

1101 Vgl. *Mann*, Einführung, Rn. 234

1102 S. EGMR, Jasper v. GB, Urt. v. 16.02.2000, 27052/95, Rn. 51; EGMR, Öcalan v. TR, Urt. v. 12.05.2005, 46221/99, ECHR 2005-IV, Rn. 140, 146; *Krausbeck*, Konfrontative Zeugenbefragung, S. 23 ff.

1103 S. EGMR, Kostovski v. NL, Urt. v. 20.11.1989, 11454/85, Ziff. 41 f.; BGH JR 2007, 300, 302 f.; BGH StV 2010, 57; *Renzikowski*, FS-Mehle, S. 536; *Schlothauer*, StV 2001, 127, 128.

1104 S. nur EGMR, Kostovski v. NL, Urt. v. 20.11.1989, 11454/85, Ziff. 42 ff.; EGMR, Ferrantelli u. Santangelo v. IT, Urt. v. 07.08.1996, 19875/92, Ziff. 51.

1105 S. *Gaede*, StV 2012, 51, 57.

Grundlagen seines Wissen abzuklopfen".[1106] *Sommer* leitet aus dem prozessualen Grundrecht der Verteidigung das Recht auf Durchsetzung eines eigenen Befragungskonzeptes ab, welches insbesondere auch die „inhaltliche Durchsetzung einer besonders kritischen Analyse" der Zeugenaussage garantiere.[1107]

Jedenfalls scheint nach alledem unbestritten, dass Art. 6 Abs. 3 lit. d EMRK insbesondere im Hinblick auf die Befragung von Belastungszeugen mehr gewährt als bloß ein schlichtes Recht auf Befragung im wörtlichen Sinn.[1108] Das Recht auf konfrontative Zeugenbefragung soll es der Verteidigung ermöglichen, die Zeugenreaktion auf direkt gestellte Fragen zu beobachten und dadurch eine Glaubwürdigkeitsüberprüfung vorzunehmen.[1109] Denn gerade bei Zeugen geht es auch um deren Glaubwürdigkeit, die sich am ehesten durch ein auch psychologisch durchdachtes Befragen von Auge zu Auge überprüfen lässt.[1110] Darüber hinaus muss die Befragung effektiv sein („adequate and proper opportunity to challenge and question a witness against him"[1111]). Wie eine „effektive" Befragung unter Berücksichtigung der Verfahrensziele der StPO ausgestaltet sein muss, haben die vorstehenden Erläuterungen zum (Erweiterten) Kognitiven Interview verdeutlicht.

Mithin lässt sich konstatieren, dass Art. 6 Abs. 3 lit. d EMRK ein über die bloße Herbeiführung einer schlichten Frage-Antwort-Situation hinausgehendes Recht zur Befragung gewährt. Unter Berücksichtigung von Art. 6 Abs. 3 lit. d EMRK ist § 240 Abs. 2 StPO europarechtskonform dahingehend auszulegen,

---

1106 *Walther*, GA 2003, 204, 212 fußt ihre Auffassung auf ihre Übersetzung von „examine" mit „prüfen".

1107 *Sommer*, StraFo 2010, 102, 105.

1108 S. *Gaede*, StV 2012, 51, 56; *Renzikowski*, FS-Mehle, S. 536 ff.

1109 S. EGMR, Kostovski v. NL, Urt. v. 20.11.1989, 11454/85, Ziff. 41; EGMR NJW 1992, 3088, 3089; EGMR, van Mechelen v. NL, Urt. v. 23.04.1997, 21363/93, Ziff. 49 ff.

1110 S. EGMR, Windisch v. A, Urt. v. 27.09.1990, 12489/86, Ziff. 28: „the nature and the scope of the questions that could be put (...) were (...) considerably restrictes by reason of the decision to preserve the anonymity of these two persons (...) Being unaware of their identity, the defence was confronted with an almost insuremountable handicap: it was deprived of the neccessary information permitting it to test the witnesses' reliability or cast doubt in their credibility"; s. auch EGMR, Delta v. F, Urt. v. 19.12.1990, 11444/85, Ziff. 37; EGMR, van Mechelen v. NL, Urt. v. 23.04.1997, 21363/93, Ziff. 49 ff.; SK-StPO-*Paeffgen*, Art. 6 Rn. 155 mit Fn. 1057.

1111 EGMR, Kostovski v. NL, Urt. v. 20.11.1989, 11454/85, Ziff. 41; EGMR, Ferrantelli u. Santangelo v. IT, Urt. v. 07.08.1996, 19875/92, Ziff. 51; EGMR, Mirilashvili v. RU, Urt. v. 11.12.2008, 6293/04, Ziff. 136.

dass dem Verteidiger (auch) die Durchsetzung eines eigenen Befragungskonzeptes im Rahmen der Zeugenvernehmung zur Sache zusteht.

B. Fazit

Mit den vorstehenden Erwägungen muss davon ausgegangen werden, dass dem Verteidiger das Recht zusteht, die ihm durch § 240 Abs. 2 StPO eingeräumte Befragungsmöglichkeit als Erweitertes Kognitives Interview auszugestalten und damit auch freie Zeugenberichte einfordern zu können.

Sinn und Zweck des Fragerechts nach § 240 StPO ist dem Angeklagten eine effektive Mitwirkungsmöglichkeiten in dem Prozessgeschehen zu garantieren,[1112] eine umfassende Sachaufklärung zu gewährleisten[1113] und das durch Art. 6 Abs. 3 lit. d EMRK ausgestaltete, eigenständig garantierte Recht zu sichern, persönliche Beweismittel vollständig auszuschöpfen,[1114] Belastungszeugen konfrontativ zu befragen[1115] und einer Glaubwürdigkeitsprüfung zu unterziehen. Dass Fragerecht der Verteidigung in § 240 Abs. 2 StPO muss als umfassendes Recht verstanden werden, eine an aussagepsychologischen Erkenntnissen ausgerichtete, lenkende Gesprächsdynamik zu entwickeln.[1116]

Das oben diskutierte Erweiterte Kognitive Interview verdeutlicht das Erfordernis dieser dynamischen Gestaltung der Befragungssituation unter aussage- und gedächtnispsychologische Gesichtspunkten. Das Fragerecht nach § 240 Abs. 2 StPO erschöpft sich gerade nicht in der Darbietung isolierter Fragen, sondern präsentiert sich unter Beachtung des in Art. 6 Abs. 3 lit. d EMRK gewährten prozessualen Grundrechts der Verteidigung als Möglichkeit zur Durchsetzung eines eigenen Befragungskonzeptes.

Damit eröffnet § 240 Abs. 2 StPO dem Verteidiger in der Hauptverhandlung die Möglichkeit, mit dem Zeugen ein Erweitertes Kognitives Interview durchzuführen und hierzu zusammenhängende Zeugenerklärungen einzufordern.

1112 Das BVerfG betont in st. Rspr., der Angeklagte dürfe nicht zum Objekt im Strafverfahren werden, vgl. BVerfG NJW 1978, 151; 1981, 1719; 1995, 1951 (1952).

1113 LR-*Becker* § 240 Rn. 1

1114 Graf-StPO-*Gorn*, § 240 Rn. 1; KK-StPO-*Schneider*, § 240 Rn. 1.

1115 EGMR, van Mechelen v. NL, Urt. v. 23.04.1997, 21363/93, Ziff. 49 ff.; EGMR NJW 2013, 3225, 3226; BGH NStZ 2004, 505, 506; 2005, 224, 225.

1116 S. hierzu *Sommer*, Effektive Strafverteidigung, Rn. 1377 ff.

Literaturverzeichnis

Abegg, Julius Friedrich Heinrich: Ist es rechtlich nothwendig und rathsam, daß der Richter einem zu Vernehmenden sofort den Grund der Untersuchung eröffne?, in: Archiv des Criminalrechts (AdCR), Neue Folge (NF), Jahrgang 1841, Zweites Stück, S. 206–229.

Albrecht, Peter-Alexis: Überzeugungsbildung und Sachverständigenbeweis in der neueren strafrechtlichen Judikatur zur freien Beweiswürdigung (§ 261 StPO), in: Neue Zeitschrift für Strafrecht (NStZ) 1983, S. 486 – 493.

Alsberg, Max: Der Beweisantrag im Strafprozess, begründet von Max Arlsberg, fortgeführt von Karl-Heinz Nüse und Karlheinz Meyer, 6. Auflage, Köln 2013 (zitiert: Alsberg/*Bearbeiter*, Strafprozess).

Amira, Karl von: Grundriss des germanischen Rechts, 3. Auflage, Strassburg 1913 (zitiert: Grundriss).

Anderson, John / Bower, Gordon: Recognition and Retrieval Processes in Free Recall, in: Psychological Review (PR), Volume 79 No. 2, 1972, S. 97 – 123.

Armbrüster, Klaus: Die Entwicklung der Verteidigung in Strafsachen. Ein rechtsgeschichtlicher Beitrag von den Anfängen einer Verteidigertätigkeit in Deutschland bis zum Ende der Weimarer Zeit, Berlin 1980 (zitiert: Die Entwicklung der Verteidigung).

Arntzen, Friedrich: Untere Altersgrenze der Zeugeneignung, in: Deutsche Richterzeitung (DRiZ) 1976, S. 20 ff.

Arntzen, Friedrich: Vernehmungspsychologie. Psychologie der Zeugenvernehmung, 3. Auflage, München 2008.

Arntzen, Friedrich: Psychologie der Zeugenaussage. System der Glaubhaftigkeitsmerkmale, 5. Auflage, München 2011 (zitiert: Psychologie der Zeugenaussage).

Arslan, Mehmet: Die Aussagefreiheit des Beschuldigten in der polizeilichen Befragung. Ein Vergleich zwischen EMRK, deutschem und türkischem Recht. Berlin 2015 (zitiert: Aussagefreiheit).

Aschermann, Ellen / Mantwill, Mona /Köhnken, Günter: An independent replication of the effectiveness of the cognitive interview, in: Applied Cognitive Psychology (ACP), Vol. 5 Issue 6, November/December 1991, S. 489 – 495.

Baecker, Dirk: Form und Formen der Kommunikation, 1. Auflage, Frankfurt a. M. 2005 (zitiert: Kommunikation).

Bär, Oliver: Das Fragerecht des Rechtsanwalts gemäß § 240 StPO: Inhalt, Umfang und Mißbrauch, Passau 2000 (zitiert: Fragerecht).

Barton, Stephan: Fragwürdigkeiten des Zeugenbeweises – Aussagepsychologische Erkenntnisse und strafverfahrensrechtliche Konsequenzen –, in: ders. (Hrsg.), Redlich aber falsch. Die Fragwürdigkeit des Zeugenbeweises, Baden-Baden 1995, S. 23 – 63 (zitiert: Fragwürdigkeiten des Zeugenbeweises).

Bartsch, Thorsten: Störungen der Gedächtnisfunktion. Ein Überblick, Berlin u. a. 2015. (zitiert: Gedächtnisfunktion)

Bekerian, Debra / Goodrich, Susan: Recovered and false memories, in: Berrios, German / Hodges, John (Hrsg.), Memory disorders in psychiatric practice, Cambridge 2000, S. 432 – 442 (zitiert: Recovered and false memories).

Bender, Rolf: Der Irrtum ist der größte Feind der Wahrheit vor Gericht. Bericht über die Durchführung eines Wirklichkeitsexperiments im Rahmen der Aus- und Fortbildung von Juristen in den Sparten „Aussage- und Vernehmungspsychologie", in: Strafverteidiger (StV) 1982, S. 484 ff.

Bender, Rolf / Nack, Amin / Treuer, Wolf-Dieter: Tatsachenfeststellung vor Gericht, Glaubhaftigkeits- und Beweislehre, Vernehmungslehre, 4. Auflage, München 2014 (zitiert. Tatsachenfeststellung).

Bensi, Luca / Nori, Raffaella / Gambetti, Elisa / Giusberti, Fiorella: The Enhanced Cognitive Interview: A study on the efficacy of shortened variants and single techniques, in: Journal of Cognitive Psychology (JCP), Volume 23 Issue 3, 2011, S. 311 – 321.

Biener, Friedrich August: Beiträge zu der Geschichte des Inquisitions-Processes und der Geschwornen-Gerichte, Leipzig 1827 (zitiert: Beiträge).

Biener, Friedrich August: Deutsche Rechtsgeschichte, Zweiter Band, Mit Register zu Band I und II, Leipzig 1892 (zitiert: Deutsche Rechtsgeschichte II).

Binding, Karl: Grundriß des deutschen Strafprozeßrechts, 5. Auflage, Leipzig 1904. (zitiert. Grundriß)

Blomeyer, Jürgen: Die Stellung der Staatsanwaltschaft. Der Staatsanwalt als Vorrichter?, in: Goltdammer's Archiv für Strafrecht (GA) 1970. S. 161 – 176.

Blum, Barbara: Gerichtliche Zeugenbetreuung im Zeichen des Opferschutzes. Eine rechtswissenschaftliche und sozialwissenschaftliche Studie zu Möglichkeiten und Grenzen der Zeugenbetreuung im Strafverfahren, Berlin 2005 (zitiert: Gerichtliche Zeugenbetreuung).

Boehm, Ernst: Der Schöppenstuhl zu Leipzig und der sächsische Inquisitionsprozeß im Barockzeitalter. Wichtige rechtskundliche Quellen in der Leipziger Universitäts-Bibliothek, Schluß (ab IV.), in: Zeitschrift für die gesamte Strafrechtswissenschaft (ZStW), 61. Band (1942), S. 300 – 403 (zitiert: ZStW 61 (1942)).

Bollmann, Klaus: Die Stellung des Inquisiten bei Carpzov. Eine Untersuchung über den Gemeinen Deutschen Strafprozeß des 17. Jahrhunderts, Düsseldorf 1963 (zitiert: Die Stellung des Inquisiten bei Carpzov).

Brainerd, Charles / Reyna, Valerie / Howe, Mark / Kingma, Johannes: The Development of Forgetting and Reminiscence, in: Monographs of the Society for Research in Child Development Vol. 55 (No. 3/4) 1990, S. 1 – 109 (zitiert: Development of Forgetting).

Brich, Christian: Criminalrecht und Criminaljustiz in Süd- und Neuostpreußen 1793 – 1806/07, Herbolzheim 2006 (zitiert: Criminalrecht).

Brunnemann, Johann: Übersetzung durch Johann Stryk. Anleitung zu vorsichtiger Anstellung des Inquisitions-Processes. Jetzo erstlich Allen Gerichts-Obrigkeiten und Verwaltern / welche der Peinlichen Rechte nicht genugsahm kundig / Zur nöthigen Information, Halle 1697 (zitiert: Brunnemann/Stryk, Anstellung des Inquisitions-Processes)

Brunner, Heinrich: Deutsche Rechtsgeschichte. Band II, in: Binding, Karl (Hrsg.). Systematisches Handbuch der Deutschen Rechtswissenschaft, Zweite Abtheilung, erster Theil, zweiter Band. Leipzig 1892 (zitiert: Deutsche Rechtsgeschichte II).

Brunner, Heinrich: Die Entstehung der Schwurgerichte, Neudruck der Ausgabe Berlin 1872, Aalen 1967 (zitiert: Schwurgerichte).

Brunner, Heinrich: Grundzüge der deutschen Rechtsgeschichte, 6. Auflage, München und Leipzig 1913 (zitiert: Grundzüge).

Brunner, Heinrich: Zeugen und Inquisitionsbeweis der Karolingischen Zeit. Aus dem Novemberhefte des Jahrganges 1865 der Sitzungsberichte der phil.-hist. Classe der kais. Akademie der Wissenschaften [LI. Bd. S. 343] besonders abgedruckt, Wien 1866 (zitiert: Zeugen und Inquisitionsbeweis).

Bruns, Silvin: Zur Geschichte des Inquisitionsprozesses: Der Beschuldigte im Verhör nach Abschaffung der Folter, Bonn 1994 (zitiert: Verhör nach Abschaffung der Folter).

Buckhout, Robert: Nearly 2.000 witnesses can be wrong, in: Bulletin of the Psychonomic Society (BPS) 1980, Vol. 16 (4), S. 307 – 310.

Burhoff, Detlef: Handbuch für die strafrechtliche Hauptverhandlung, 8. Auflage, München 2015 (zitiert: Hauptverhandlung).

Canter, David / Youngs, Donna: Beyond ‚Offender Profiling': The Need for an Investigative Psychology, in: Carson, David / Bull, Ray (Hrsg.), Handbook of Psychology in Legal Contexts, Second Edition, Chichester 2003, S. 171 – 205 (zitiert: Investigative Psychology).

Carpzov, Benedikt: Peinlicher Sächsischer Inquisition- und Achtsproces, Frankfurt am Mäyn 1653 (zitiert: Inquisition- und Achtsproces).

Carsten, Ernst Sigismund / Rautenberg, Erardo Christofero: Die Geschichte der Staatsanwaltschaft in Deutschland bis zur Gegenwart. Ein Beitrag zur Beseitigung ihrer Weisungsabhängigkeit von der Regierung im Strafverfahren, Baden-Baden 1932/2012. (zitiert: *Carsten/Rautenberg*, Geschichte der Staatsanwaltschaft).

Claproth, Justus: Einleitung in den ordentlichen bürgerlichen Proceß. Zum Gebrauche der practischen Vorlesungen, Erster Teil, Dritte vermehrte Auflage, Göttingen 1795 (zitiert: Einleitung in den ordentlichen bürgerlichen Proceß).

Claproth, Justus / Willich, Friedrich Christoph: Einleitung in sämmtliche summarische Processe zum Gebrauch der practischen Vorlesungen, Vierte vermehrte Auflage, Göttingen 1808 (zitiert: Einleitung).

Conrad, Hermann: Deutsche Rechtsgeschichte. Band I: Frühzeit und Mittelalter, 2. Auflage, 1962 (zitiert: Deutsche Rechtsgeschichte I).

Conrad, Hermann: Deutsche Rechtsgeschichte, Band II: Neuzeit bis 1806, 2. Auflage, 1966 (zitiert: Deutsche Rechtsgeschichte II).

Damásio, António: Selbst ist der Mensch. Körper, Geist und die Entstehung des menschlichen Bewusstseins, Wien u. a. 2011.

Dando, Coral / Wilcock, Rachel / Behnkle, Claudia / Milne, Rebecca: Modifying the cognitive interview: countenancing forensic application by enhancing practicability, in: Psychology, Crime & Law, Volume 17, Issue 6, 2011, S. 491 – 511.

Dando, Coral / Wilcock, Rachel / Milne, Rebecca / Henry, Lucy: A modified cognitive interview procedure for frontline police investigators, in: Applied Cognitive Psychology (ACP), Vol. 23 No. 5, 2005, S. 698 – 716.

Dannenberg, Ursula: Das Kognitive Interview als Methode zur Erfragung autobiographischer Erlebnisse. Eine Untersuchung zum Einfluß von Enkodierbedingungen und Interviewmethoden auf Erinnerungsleistungen, Kiel 1995 (zitiert: Das Kognitive Interview).

Danz, Wilhelm August Friedrich / Gönner, Nikolaus Thaddäus: Grundsätze der summarischen Prozesse, 3. Ausgabe, Stuttgart 1806 (zitiert: Grundsätze).

Deckers, Rüdiger: Aussage gegen Aussage – Zur Entwicklung der revisionsgerichtlichen Rechtsprechung und der Aussagepsychologie, in: Michalke, Regina / Pauly, Jürgen / Köberer, Wolfgang / Kirsch, Stefan (Hrsg.), Festschrift für Rainer Hamm zum 65 Geburtstag, Berlin 2008, S. 53 – 62 (zitiert: FS-Hamm).

Demko, Daniela: „Menschenrecht auf Verteidigung" und Fairness des Strafverfahrens auf nationaler, europäischer und internationaler Ebene, dargestellt anhand eines Strafrechtsvergleichs zum Konfrontationsrecht des Angeklagten gegenüber Belastungszeugen und unter Zugrundelegung von Erkenntnissen aus Philosophie und Psychologie, Bern 2014 (zitiert: Menschenrecht auf Verteidigung).

Dinges, Martin: Die Ehre als Thema der historischen Anthropologie. Bemerkungen zur Wissenschaftsgeschichte und zur Konzeptualisierung, in: Schreiner, Klaus / Schwerhoff, Gerd (Hrsg.), Verletzte Ehre. Ehrkonflikte in Gesellschaften des Mittelalters und der Frühen Neuzeit, Köln u. a. 1995, S. 29 ff. (zitiert: Ehre).

Döhring, Erich: Die deutsche Staatsanwaltschaft in ihrer geschichtlichen Entwicklung, in: Deutsche Richterzeitschrift (DRiZ 1958), S. 282 – 287.

Dölling, Dieter: Polizeiliche Ermittlungstätigkeit und Legalitätsprinzip. Eine empirische und juristische Analyse des Ermittlungsverfahrens unter besonderer Berücksichtigung der Aufklärungs- und Verurteilungswahrscheinlichkeit, Erster Halbband. Textteil und Verzeichnisse, Wiesbaden 1987 (zitiert: Polizeiliche Ermittlungstätigkeit I).

Döring, Wilhelm: Der Anklage- und Inquisitionsprozeß bei Carpzow, Emsdetten 1935 (zitiert: Anklage- und Inquisitionsprozeß).

Eisenberg, Ulrich: Beweisrecht der StPO. Spezialkommentar, 10. Auflage, München 2017 (zitiert: Beweisrecht).

Eisenberg, Ulrich: Vernehmung und Aussage (insbesondere) im Strafverfahren aus empirischer Sicht – Teil 1, in: Juristische Zeitung (JZ) 1984. S. 912 – 918.

Eisenberg, Ulrich: Persönliche Beweismittel in der StPO, München 1993.

Ersch, Johann Samuel / Gruber, Johann Gottfried: Allgemeine Encyclopädie der Wissenschaften und Künste - in alphabetischer Folge von genannten Schriftstellern bearbeitet, Zweite Section. H – N, Siebzehnter Teil, Leipzig 1840 (zitiert: Allgemeine Encyclopädie).

Fels, Hans: Der Strafprozeß der Preußischen Criminal-Ordnung von 1805, Urach 193 (zitiert: Strafprozeß).

Fisher, Ronald / Chandler, Carla: Dissociations between temporally cued and thematically cued recall, in: Bulletin of the Psychonomic Society 22 (1984), S. 395 – 397 (zitiert: Dissociations).

Fisher, Ronald / Chandler, Carla: Independence between recalling interevent relations and specific events, in: Journal of Experimental Psychology: Learning, Memory, and Cognition 17 (1991), S. 722 – 733 (zitiert: Independence).

Fisher, Ronald / Geiselman, Edward: Memory-enhancing Techniques for Investigative Interviewing: The Cognitive Interview, Springfield (IL) 1992 (zitiert: Cognitive Interview).

Fisher, Ronald / Geiselman, Edward / Raymond, David: Critical Analysis of Police Interview Techniques, in: Journal of Police Science & Administration (JPSA), 15 (3) 1987, 177 – 185.

Fisher, Ronald / Geiselman, Edward / Raymond, David / Jurkevich, Lynn: Enhancing enhanced eyewitness memory: Refining the cognitive interview, in: Journal of Police Science & Administration (JPSA), 15 (4) 1987, 291 – 297.

Fisher, Ronald / Quigley, Kathyrn: Applying cognitive theory in public health investigations: Enhancing food recall with the cognitive interview, in: Tanur, Judith (Hrsg.), Questions about questions: Inquiries into the cognitive bases of surveys, New York 1992, S. 154 – 169 (zitiert: cognitive theory).

Fischer, Carl Traugott: Abhandlung von der summarischen Vernehmung im peinlichen Prozeß, Leipzig 1789 (zitiert: Abhandlung).

Flin, Rhona / Boon, Julian / Knox, Anne / Bull, Ray: The effect of a five-month delay on children's and adults' eyewitness memory, in: British Journal of Psychology, Vol. 83, Issue 3, August 1992, S. 323 – 336 (zitiert: BJP).

Floegel, Johannes: Zur Geschichte der Staatsanwaltschaft in Deutschland, in: Deutsche Richterzeitschrift (DRiZ) 1935, S. 166 – 171.

Foreville, Raymonde: Lateran I – IV, in: Dumeige, Gervais / Bacht, Heinrich (Hrsg.). Geschichte der ökumenischen Konzilien. Band VI. Aus dem französischen Recht übersetzt von Nikolaus Monzel. Mainz 1970 (zitiert: Lateran I-IV).

Frevert, Ute: Ehrenmänner. Das Duell in der bürgerlichen Gesellschaft, München 1995 (zitiert: Ehrenmänner).

Funk, Albrecht: Polizei und Rechtsstaat. Die Entwicklung des staatlichen Gewaltmonopols in Preußen 1848 – 1914, Frankfurt am Main u. a. 1986 (zitiert: Polizei und Rechtsstaat).

Gaede, Karsten: Parteirechte der Verteidigung im deutschen Inquisitionsprozess – das Beispiel des Vernehmungs- und Fragerechts. Zur gebotenen Aufwertung des Fragerechts der Verteidigung insbesondere in der Hauptverhandlung eines nicht nur pro forma reformierten Inquisitionsprozesses, in: Strafverteidiger (StV) 2012, S. 51 – 59.

Geppert, Klaus: Der Zeugenbeweis, in: Juristische Ausbildung (Jura) 1991, S. 80 – 88 und S. 132 – 141.

Gercke, Björn / Julius, Karl-Peter / Temming, Dieter/ Zöller, Mark(Hrsg.): Heidelberger Kommentar zur Strafprozessordnung. 5. Auflage. Heidelberg, München, Landsberg, Frechen, Hamburg 2012 (zit.: HK-StPO-*Bearbeiter*).

Gerland, Heinrich: Der deutsche Strafprozess. Eine systematische Darstellung, Mannheim 1927 (zitiert: Strafprozess).

Geiselman, Edward: The Cognitive Interview Technique for Interviewing Victims and Witnesses of Wrime, in: The National Sheriff, 1987, S. 54 – 56. (zitiert: NS).

Geiselman, Edward / Fisher, Ronald u. a.: Enhancement of eyewitness memory: An empirical evaluation of the cognitive interview, in: Journal of Police Science and Administration (JPSA), 12 (1) 1984, S. 74 – 80.

Geiselmann, Edward / Fisher Ronald: The Cognitive Interview Technique for Victims and Witnesses of Crime, in: Raskin, David (Hrsg.), Psychological methods in criminal investigations and evidence, New York 1989, S. 191 – 215. (zitiert: Cognitive Interview Technique).

Geiselman, Edward / Fisher, Ronald / MacKinnon, David / Holland, Heidi: Eyewitness Memory Enhancement in the Police Interview: Cognitive Interview Versus Hypnosis, in: Journal of Applied Psychology (JAP), Vol. 70 No. 2 (1985), S. 401 – 412.

Geiselman, Edward / Fisher, Ronald / MacKinnon, David / Holland, Heidi: Enhancement of Eyewitness Memory with the Cognitive Interview, in: American Journal of Psychology (AJP), Vol. 99 No. 3, 1986, S. 385 – 401.

Geyer, August: Der Beweis im Strafprozeß (insbesondere der Beweis durch Augenschein, Sachverständige und Zeugen), in: Holtzendorff, Franz von (Hrsg.), Handbuch des deutschen Strafprozessrechts, Band I, S. 185 – 304, Berlin 1879 (zitiert: Beweis).

Glaser, Julius: Beiträge zur Lehre vom Beweis im Strafprozess, Leipzig 1883 (zitiert: Beweis).

Gley, Christa: Psychologische Grundlagen und Kriterien der Beurteilung von Zeugenaussagen bei Kindern und Jugendlichen, in: Strafverteidiger (StV) 1987, S. 403 – 410.

Globig, Hans Ernst von / Huster, Johann Georg: Abhandlung von der Criminal-Gesetzgebung, Zürich 1783 (zitiert: Abhandlung).

Gmür, Rudolf / Roth, Andreas: Grundriss der deutschen Rechtsgeschichte. 14. Auflage, München 2014 (zitiert: Grundriss).

Goercke, Hans-Helmut: Weisungsgebundenheit und Grundgesetz (Ein Beitrag zur Neuordnung des Staatsanwaltschaftsrechts), in: Zeitschrift für die gesamte Strafrechtswissenschaft (ZStW), Band 73 (1961), S. 561 – 613.

Görtz-Leible, Monika: Die Beschlagnahmeverbote des § 97 Abs. 1 StPO im Lichte der Zeugnisverweigerungsrechte, Tübingen 2000 (zitiert: Beschlagnahmeverbote).

Graf, Jürgen-Peter: Strafprozessordnung. Mit Gerichtsverfassungsgesetz und Nebengesetzen. Kommentar, 3. Auflage, München 2018 (zitiert: Graf-StPO-*Bearbeiter*).

Greuel, Luise: Wirklichkeit – Erinnerung – Aussage, 1. Auflage, Weinheim 2001 (zitiert: Wirklichkeit).

Greuel, Luise: Zeugenvernehmung, in: Volbert, Renate / Steller, Max (Hrsg.), Handbuch der Rechtspsychologie, Göttingen u. a. 2008, S. 221 – 231. (zitiert: Zeugenvernehmung).

Greuel, Luise / Offe, Susanne / Fabian, Agnes / Wetzels, Peter / Fabian, Thomas / Offe, Heinz / Stadler, Michael: Glaubhaftigkeit der Zeugenaussage. Theorie und Praxis der forensisch-psychologischen Begutachtung, Weinheim 1998.

Gross, Hanns: Criminalpsychologie, Graz 1898.

Gross, Hanns: Handbuch für Untersuchungsrichter als System der Kriminalistik, I. Teil, 7. Auflage, bearbeitet von Erwein Höpler, München u. a. 1922 (zitiert: Handbuch).

Guadagno, Belinda / Powell, Martine: A qualitative examination of police officers' questioning of children about repeated events, in: Police Practice and Research: An International Journal (PPR) 2009, S. 61 – 73.

Gundlach, Horst: Rechtswissenschaft und Psychologie – Versuch einer historischen Skizze, in: Schmoeckel, Mathias (Hrsg.), Psychologie als Argument in der juristischen Literatur des Kaiserreichs, Baden-Baden 2009, S. 13 ff. (zitiert: Rechtswissenschaft und Psychologie).

Hagemeister, Emanuel Friedrich: Erörterungen über General- und Special-Inquisition, Berlin 1804.

Hahn, Carl: Die gesammten Materialien zu den Reichs-Justizgesetzen. Dritter Band, Die gesammten Materialien zur Strafprozessordnung und dem Einführungsgesetz zu derselben vom 1. Februar 1877, Erste Abtheilung, Berlin 1880 (zitiert: Materialien zur StPO I).

Hahn, Carl: Die gesammten Materialien zu den Reichs-Justizgesetzen. Dritter Band, Die gesammten Materialien zur Strafprozessordnung und dem Einführungsgesetz zu derselben vom 1. Februar 1877, Zweite Abtheilung, Berlin 1881 (zitiert: Materialien zur StPO II).

Hall, Karl Alfred: Die Lehre vom Corpus Delicti. Eine dogmatische Quellenexegese zur Theorie des gemeinen deutschen Inquisitionsprozesses, Stuttgart 1933 (zitiert: Die Lehre vom Corpus Delicti).

Hamm, Rainer: Anmerkung zu BGH Urt. v. 6.7.1993 – 5 StR 279/93, in: Strafverteidiger (StV) 1993, S. 454 ff.

Hannich, Rolf (Hrsg.): Karlsruher Kommentar zur Strafprozessordnung, Mit GVG, EGGVG, EMRK, 7. Auflage, München 2013 (zitiert: KK-StPO-*Bearbeiter*).

Heitsch, Bernhard: Beweis und Verurteilung im Inquisitionsprozess Benedikt Carpzov's. Zur Geschichte d. Inquisitionsprozesses v. d. Constitutio criminalis Carolina bis zu Benedikt Carpzov's Practica nova imperialis Saxonica rerum criminalium, Göttingen 1964 (zitiert: Beweis und Verurteilung).

Henkel, Heinrich: Strafverfahrensrecht, 2. Auflage, Stuttgart 1968 (zitiert: Strafverfahrensrecht).

Henschel, Johann Friedrich: Die Strafverteidigung im Inquisitionsprozeß des 18. und im Anklageprozeß des 19. Jahrhunderts, Freiburg 1972 (zitiert: Strafverteidigung).

Hermanutz, Max / Litzcke, Sven: Vernehmung in Theorie und Praxis. Wahrheit – Irrtum – Lüge, Stuttgart u. a. 2006 (zitiert: Vernehmung).

Hernandez-Fernaud, Estefania / Alonsy-Quecuty, Marisa: The Cognitive Interview and Lie Detection: a New Magnifying Glass for Sherlock Holmes?, in: Applied Cognitive Psychology (ACP), Vol. 11 Issue 1, February 1997, S. 55 - 68.

Hettinger, Michael: Das Fragerecht der Verteidigung im reformierten Inquisitionsprozess, dargestellt am badischen Strafverfahrensrecht von 1845/51 im Vergleich mit anderen Partikulargesetzen, Berlin 1985 (zitiert: Fragerecht).

Higham, Philip / Luna, Karlos: Trace-strength and source-monitoring accounts of accuracy and metacognitive resolution in the misinformation paradigm, in: Applied Cognitive Psychology, Volume 24 Issue 2, 2010, S. 324 - 335.

Hippel, Robert von: Der deutsche Strafprozeß, Marburg 1941 (zitiert: Strafprozeß).

Hippel, Robert von: Deutsches Strafrecht. Erster Band, Allgemeine Grundlagen, Berlin 1925 (zitiert: Deutsches Strafrecht I).

Hirsch, Hans: Die hohe Gerichtsbarkeit im deutschen Mittelalter, Zweite unveränderte Auflage mit Nachwort von Theodor Mayer, Köln 1958 (zitiert: Gerichtsbarkeit).

Hirte, Markus: Papst Innozenz III., das IV. Lateranum und die Strafverfahren gegen Kleriker. Eine registerunterstützte Untersuchung zur Entwicklung der Verfahrensarten zwischen 1198 und 1216, Tübingen 2005 (zitiert: Strafverfahren gegen Kleriker).

Hodermann, Georg Heinrich: Lehrbuch des deutschen peinlichen Rechts. Mit Formularien verfasset und mit der peinlichen Gerichts-Ordnung Kaiser Karls des Fünften und des heiligen Römischen Reichs bestärket, Zweiter Theil, Leipzig 1801 (zitiert: Lehrbuch).

Holdefleiß, Erich: Der Augenscheinsbeweis im mittelalterlichen deutschen Strafverfahren. Dargestellt nach den Quellen des Magdeburger Rechtskreises, Stuttgart 1933 (zitiert: Augenscheinsbeweis).

Holdenstein, André: Die Huldigung der Untertanen. Rechtskultur und Herrschaftsordnung (800 – 1800, Stuttgart 1991 (zitiert: Huldigung).

Holliday, Robyn: The effect of a prior cognitive interview on children's acceptance of misinformation, in: Applied Cognitive Psychology (ACP), Volume 17 Issue 4, May 2003, S. 443 - 457.

Holliday, Robyn / Albon, Amanda: Minimising misinformation effects in young children with cognitive interview mnemonics, in: Applied Cognitive Psychology (ACP), Volume 18 Issue 4, April 2004, S. 263 - 281.

Hornung-Grove, Marianne: Beweisregeln im Inquisitionsprozeß Johann Brunnemanns, Johann Paul Kress' und Johann Samuel Friedrich Boehmers, Göttingen 1974 (zitiert: Beweisregeln).

Hudtwalcker, Martin Hieronymus: Actor. No. 4. Summarische Vernehmung des X. jun., Hamburg des 6. April 1826, in: Angeblicher Einfluß mystischen Unfugs auf den Tod eines Postbeamten in Hamburg, Berlin 1827, S. 14 - 16 (zitiert: Summarische Vernehmung des X. jun.).

Ignor, Alexander: Geschichte des Strafprozesses in Deutschland 1532 - 1846: Von der Carolina Karls V. bis zu den Reformen des Vormärz, Paderborn, München, Wien, Zürich 2002 (zitiert: Geschichte).

Jackson, Janet / Bekerian, Debra: Offender Profiling. Theory, Research and Practice, Chichester (UK) 1997 (zitiert: Offender Profiling).

Jagemann, Ludwig von: Sind die Zeugen im Strafprozesse vor oder nach der Vernehmung zu beeidigen?, in: Archiv des Criminalrechts (AdCr), Neue Folge (NF), Jahrgang 1835, Viertes Stück, S. 493 - 532.

Jahn, Matthias: Konzeptionen für ein gerechteres Strafverfahren: Konsens und Partizipation, in: Mehr Gerechtigkeit. Aufbruch zu einem besseren Strafverfahren, Loccumer Protokolle 09/11, Evangelische Akademie Loccum, Rehberg-Loccum 2011, S. 117 ff. (zitiert: Konzeptionen).

Jahn, Matthias: Das heutige strafprozessuale Ermittlungsverfahren aus Sicht von Wissenschaft und Justiz: Die Entwicklung in den letzten drei Jahrzehnten und die rechtspolitischen Baustellen, in: Barton, Stephan / Kölbel, Ralf / Lindemann, Michael (Hrsg.), Wider die wildwüchsige Entwicklung des Ermittlungsverfahrens. Baden-Baden 2015, S. 35 - 91 (zitiert: Das heutige strafprozessuale Ermittlungsverfahren).

Jansen, Gabriele: Zeuge und Aussagepsychologie, 2. Auflage, Heidelberg 2012.

Jerouschek, Günter: Die Carolina - Antwort auf ein „Feindstrafrecht"?, in: Hilgendorf, Eric / Weitzel, Jürgen (Hrsg.), Der Strafgedanke in seiner historischen Entwicklung - Ringvorlesung zur Strafrechtsgeschichte und Strafrechtsphilosophie, Berlin 2007, S. 79 ff. (zitiert: Carolina).

Johnston, William / Greenberg, Seth / Fisher, Ronald / Martin, David: Divided attention: A vehicle for monitoring memory processes, in: Journal of Experimental Psychology (JEP), 83 (1), 1970, S. 164 - 171.

Jung, Heike: „Funktionstüchtigkeit der Strafrechtspflege" contra „schützende Formen" - ein prozessualer „Klassiker" im Licht der Rechtsprechung des Europäischen Gerichtshofes für Menschenrechte, in: Goltdammer's Archiv für Strafrecht (GA) 2003, S. 191 - 203.

Jung, Heike: Über die Wahrheit und ihre institutionellen Garantien, in: Juristische Zeitung (JZ) 2009, S. 1129 ff.

Kamptz, Karl Albert von: Revidierter Entwurf der Strafprozeß-Ordnung für die Preußischen Staaten, Berlin 1841.

Kandel, Eric: Auf der Suche nach dem Gedächtnis. Die Entstehung einer neuen Wissenschaft des Geistes, München 2007 (zitiert: Gedächtnis)

Kassebohm, Nils: Zeugen richtig befragen, in: Neue Juristische Wochenschrift (NJW) 2009, S. 200 f.

Kassebohm, Nils: § 69 Abs. 1 S. 1 StPO und Verteidigung während der Zeugenvernehmung durch das Gericht, in: Bub, Wolf-Rüdiger / Mehle, Volkmar / Schumann, Ekkehard (Hrsg.), Recht und Politik, Festschrift für Peter Gauweiler, München 2009, S. 323 ff. (zitiert: FS-Gauweiler).

Kebbell, Mark / Milne, Rebecca / Wagstaff, Graham: The cognitive interview: A survey of ist forensic effectiveness, in: Psychology, Crime & Law (PCL), Volume 5, Issue 1-2, 1999, S. 101 – 115.

Klein, Ernst Ferdinand: Ueber den wesentlichen Unterschied der General- und Specialinquisition, in: Archiv des Criminalrechts, Ersten Bandes erstes Stück, Halle 1798, S. 70 – 94 (zitiert: AdCr 1978, 1. Bd. 1. St.).

Klein, Ernst Ferdinand: Wesentliche Punkte jeder guten Criminalproceßordnung, in: Archiv des Criminalrechts, Ersten Bandes erstes Stück, Halle 1798, S. 95 – 103 (zitiert: AdCr 1978, 1. Bd. 1. St.).

Klein, Ernst Ferdinand: Vergleichung des neuen Preußischen mit dem gemeinen Criminal-Processe, in: Archiv des Criminalrechts, Ersten Bandes erstes Stück, Halle 1798, S. 104 – 106 (zitiert: AdCr 1798, 1. Bd. 1. St.).

Kleinheyer, Gerd: Zur Rechtsgestalt von Akkusationsprozeß und peinlicher Frage im frühen 17. Jahrhundert, Ein Regensburger Akkusationsprozeß vor dem Reichshofrat, Anhang: Der Statt Regenspurg Peinliche Gerichtsordnung, Opladen 1971.

Kleinheyer, Gerd: Zur Rolle des Geständnisses im Strafverfahren des späten Mittelalters und der frühen Neuzeit, in: Mikat, Paul / Kleinheyer, Gerd (Hrsg.), Beiträge zur Rechtsgeschichte. Gedächtnisschrift für Hermann Conrad, (Rechts- und Staatswissenschaftliche Veröffentlichungen der Görres-Gesellschaft, Neue Folge, Heft 34), Paderborn 1979 (zitiert: Kleinheyer, GS-Conrad).

Kleinheyer, Gerd: Tradition und Reform der Constitutio Criminalis Carolina, in: Schroeder, Friedrich-Christian (Hrsg.), Strafrecht, Strafprozess und Rezeption, Grundlagen, Entwicklung und Wirkung der Constitutio Criminalis Carolina, S. 7 – 27, Frankfurt am Main 1984 (zitiert: Carolina).

Kleinschrod, Gallus Aloys Kaspar: Ueber General- und Specialinquisition, derselben Begriffe, Theile und Verhältniß gegen einander, in: Archiv des Criminalrechts, Dritten Bandes erstes Stück, Halle 1800, S. 20 – 37 (zitiert: AdCr 1800, 3. Bd. 1. St.).

Kleinschrod, Gallus Aloys Kaspar: Ueber den beweis durch Zeugen in peinlichen Sachen, in: Archiv des Criminalrechts, Sechsten Bandes drittes Stück, Halle 1805, S. 34 – 65 (AdCr 1805, 6. Bd. 3. St.).

Kleinschrod, Gallus Aloys Kaspar: Ueber den beweis durch Zeugen in peinlichen Sachen; Fortsetzung, in: Archiv des Criminalrechts, Siebten Bandes zweytes Stück, Halle 1808, S. 165 – 222 (AdCr 1805, 7. Bd. 2. St.).

Kleinschrod, Gallus Aloys Kaspar: Ist die Vernehmung über gewisse Puncte eine zulässige Proceßart in peinlichen Fällen?, in: Archiv des Criminalrechts, Dritten Bandes drittes Stück, Halle 1800, S. 1 – 7 (AdCr, 3. Bd. 3. St.).

Knapp, Wolfgang: Der Verteidiger – Ein Organ der Rechtspflege, Köln 1973 (zitiert: Der Verteidiger).

Knauer, Christoph / Kudlich, Hans / Schneider, Hartmut: Münchener Kommentar zur StPO, Band 1: §§ 1 – 150 StPO, München 2014 (zitiert: MüKo-StPO-*Bearbeiter*).

Köbler, Gerhard: Deutsche Rechtsgeschichte. Ein systematischer Grundriß, 6. Auflage, München 2005 (zitiert: Köbler, Deutsche Rechtsgeschichte).

Köbler, Gerhard: Rechtsenglisch. Deutsch-englisches und englisch-deutsches Rechtswörterbuch für jedermann, 8. Auflage, München 2011 (zitiert: Rechtsenglisch).

Kocsis, Richard: Applied Criminal Psychology: A Guide to Forensic Behavioral Science, Springfield, Illinois 2009 (zitiert: Applied Criminal Psychology).

Köhnken, Günter: Techniken zur Verbesserung der Erinnerungsleistung im Interview: Das Kognitive Interview, in: Praxis der Forensischen Psychologie (PFP), 2. Jahrgang Heft 2, 1992, S. 85 – 91.

Köhnken, Günter / Kraus, Uta / Schemm, Katja vom: Das Kognitive Interview, in: Volbert, Renate / Steller, Max (Hrsg.), Handbuch der Rechtspsychologie, Göttingen u. a. 2008, S. 233 – 241 (zitiert: Das Kognitive Interview).

Köhnken, Günter / Milne, Rebecca / Memon, Amina / Bull, Ray: The Cognitive Interview: A Meta-Analysis, in: Psychology, Crime & Law (PCL), Vol. 5 1999, S. 3 – 27.

Köhnken, Günter / Thürer, Claudia / Zoberbier, Dirk: The cognitive Interview: Are the interviewer's memories enhanced, too?, in: Applied Cognitive Psychology (ACP), Volume 8 Issue 1, February 1994, S. 13 – 24.

Koriat, Asher / Goldsmith, Morris: Monotoring and Control Processes in the Strategic Regulation of Memory Accuracy, in: Psychological Review, Vol. 103 No. 3., 1996, S. 490 – 517.

Krattinger, Peter Georg: Die Strafverteidigung im Vorverfahren im deutschen, französischen und englischen Strafprozeß und ihre Reform, Bonn 1964 (zitiert. Strafverteidigung).

Krausbeck, Matthias: Konfrontative Zeugenbefragung. Vorgaben des Art. 6 Abs. 3 lit. d EMRK für das deutsche Strafverfahren, Tübingen 2010 (zitiert: Konfrontative Zeugenbefragung).

Krauß, Detlef: Das Prinzip der Wahrheit im Strafprozeß, in: Grünwald, Gerald (Hrsg.), Festschrift für Friedirch Straffstein zum 70. Geburtstag am 28. Juli 1975, Göttingen 1975, S. 411 ff. (zitiert: Wahrheit im Strafprozeß).

Kries, August von: Der Beweis im Strafprocess des Mittelalters, Weimar 1878 (zitiert: Beweis).

Krieter, Hugo: Historische Entwicklung des „Prinzips der freien Beweiswürdigung“ im Strafprozeß, Hildesheim 1926 (zitiert: Historische Entwicklung).

Kube, Edwin: Beweisverfahren und Kriminalistik in Deutschland. Ihre geschichtliche Entwicklung, Hamburg 1964 (zitiert: Beweisverfahren).

Kühne, Adelheid: Die Position des Zeugen aus rechtstatsächlicher und psychologischer Sicht, in: Jakob, Raimund / Usteri, Martin (Hrsg.), Psyche – Recht – Gesellschaft. Widmungsschrift für M. Rehbinder, Bern 1995, S. 155 – 168 (zitiert: Position des Zeugen).

Kühne, Adelheid: Historisch-psychologische Betrachtung der Zeugenaussage: William Stern und die Folgen für die psychologische Forschung und die Rechtspraxis, in: Greuel, Luise / Fabian, Thomas / Stadler, Michael (Hrsg.). Psychologie der Zeugenaussage, Ergebnisse der rechtspsychologischen Forschung, Weinheim 1997, S. 5 – 12 (zitiert: Historisch-psychologische Betrachtung).

Kühne, Hans-Heiner: Der Beweiswert von Zeugenaussagen, in: Neue Zeitschrift für Strafrecht (NStZ) 1985, S. 252 – 255.

Kühne, Hans-Heiner: Die Instrumentalisierung der Wahrheitsfindung im Strafverfahren, in: Goltdammer's Archiv für Strafrecht (GA) 2008, S. 361 – 374.

Kühne, Hans-Heiner: Die Rechtsprechung des EGMR als Motor für eine Verbesserung des Schutzes von Beschuldigtenrechten in den nationalen Verfahrensrechten der Mitgliedsstaaten, in: Strafverteidiger (StV) 2001, S. 73 – 78.

Kühne, Hans-Heiner: Strafprozessrecht. Eine systematische Darstellung des deutschen und europäischen Strafverfahrensrechts, 9. Auflage, Heidelberg 2015 (zitiert: Strafprozessrecht).

Küper, Wilfried: Die Richteridee der Strafprozeßordnung und ihre geschichtlichen Grundlagen, Berlin 1967 (zitiert: Richteridee).

Linnemann, Kerstin: Fehlerhafter Zeugenbeweis und Revisionsrechtsprechung, in: *Barton* (Hrsg.), Redlich aber falsch. Die Fragwürdigkeit des Zeugenbeweises, Baden-Baden 1995, S. 113 - 137 (zitiert: Fehlerhafter Zeugenbeweis).

Lipton, Jack: On the psychology of eyewitness testimony, in: Journal of Applied Psychology, 62 (1), 1977, S. 90 – 95 (zitiert: eyewitness testimony).

Lisken, Hans: Befugnis zum Belauschen?, in: Zeitschrift für Rechtspolitik (ZRP) 1993, S. 121 - 124.

Liszt, Franz von / Schmidt, Eberhard: Lehrbuch des Deutschen Strafrechts. Allgemeiner Teil. 25. Auflage. Berlin und Leipzig 1927 (zitiert: Lehrbuch).

London, Kamala: Investigative Interviews of Children: A Review of Psychological Research and Implications for Police Practices, in: Police Quarterly (PQ), 2001, S. 123 - 144.

Loftus, Elizabeth: Eyewitness Testimony, London 1979.

Loftus, Elizabeth: Creating False Memories, in: Scientific American, September 1997, Vol. 277, S. 70 – 75. URL: https://faculty.washington.edu/eloftus/Articles/sciam.htm.

Loftus, Elizabeth / Palmer, John: Reconstruction of Automobile Destruction: An Example of the Interaction Between Language and Memory, in: Journal of verbal learning and verbal behavior, 13, 1974, S. 585 – 589 (zitiert: JVLVB).

Loftus, Elizabeth / Miller, David / Burns, Helen: Semantic integration of verbal information into a visual memory, in: Journal of Experimental Psychology: Human Learning and Memory, 4 (1) 1978, S. 19 – 31 (zitiert: JEP).

Löwe, Ewald: Die Strafprozessordnung für das Deutsche Reich nebst dem Gerichtsverfassungsgesetz und den das Strafverfahren betreffenden Bestimmungen der übrigen Reichsgesetze, mit Kommentar, 1. Auflage, Berlin u. a. 1879 (zitiert: *Löwe*-RStPO, 1879).

Löwe, Ewald / Rosenberg, Werner / Erb, Volker u. a. (Hrsg): Die Strafprozessordnung und das Gerichtsverfassungsgesetz, Großkommentar, Zweiter Band, §§ 48 – 93, 26. Auflage, München 2008 (LR-*Bearbeiter*).

Löwe, Ewald / Rosenberg, Werner / Erb, Volker u. a. (Hrsg): Die Strafprozessordnung und das Gerichtsverfassungsgesetz, Großkommentar, Vierter Band, §§ 112 - 150, 26. Auflage, München 2007 (LR-*Bearbeiter*).

Ludovici, Jacob Friederich: Einleitungen zum Peinlichen Proceß, Halle 1707 (zitiert: Einleitungen).

Mahler, Franziska: Das Recht des Beschuldigten auf konfrontative Befragung der Belastungszeugen, Frankfurt am Main 2011 (zitiert: konfrontative Befragung).

Mahlstedt, Tobias: Die verdeckte Befragung des Beschuldigten im Auftrag der Polizei, Informelle Informationserhebung und Selbstbelastungsfreiheit, Berlin 2011 (zitiert: verdeckte Befragung).

Malek, Klaus: Abschied von der Wahrheitssuche, in: Strafverteidiger (StV) 2001, S. 559 - 567.

Malek, Klaus: Verteidigung in der Hauptverhandlung, 5. Auflage, Heidelberg 2017.

Malpass, Roy: Techniken zur Verbesserung der Gedächtnisleistung, in: Köhnken, Günter / Sporer, Siegfried (Hrsg.), Identifizierung von Tatverdächtigen durch Augenzeugen, Stuttgart 1990, S. 135 – 156 (zitiert: Techniken zur Verbesserung der Gedächtnisleistung).

Mann, Thomas: Einführung in die juristische Arbeitstechnik. Klausuren, Hausarbeiten, Seminararbeiten, Dissertationen, 5. Auflage, München 2015 (zitiert: Einführung).

Mantwill, Mona: Das kognitive Interview. Evaluation eines Ausbildungskonzeptes und Überprüfung der Wirksamkeit von Erinnerungshilfen bei schematisch strukturiertem Stimulusmaterial, Kiel 1991 (zitiert: Das kognitive Interview).

Mantwill, Mona / Aschermann, Ellen / Köhnken, Günter: Das Kognitive Interview und schemageleitete Erinnerung; DFG-Bericht Ko 882/3-1, Kiel 1992.

Mantwill, Mona / Köhnken, Günter / Aschermann, Ellen: Effects of the cognitive interview on the recall of familiar and unfamiliar events, in: Journal of Applied Psychology (JAP), 80 (1) 1995, S. 68 – 78.

Marx, Michael: Aufgaben der Staatsanwaltschaft in der strafrechtlichen Hauptverhandlung, in: Goltdammer's Archiv für Strafrecht (GA) 1978, S. 365- 371.

Materazzo, Joseph / Wiens, Arthur: The Interview. Research on ist Anatomy and Strcture, Second paperback printing, New Brunswick 2009 (zitiert: The Interview).

Mauß, Detlef: Die „Lügenstrafe" nach Abschaffung der Folter ab 1740. Marburg 1974 (zitiert: Lügenstrafe).

Mayntz, Renate / Holm, Kurt / Hübner, Peter: Einführung in die Methoden der empirischen Soziologie, Köln 1969 (zitiert: Einführung).

Mazur, James: Lernen und Gedächtnis, München u. a. 2004.

Meinhold, Harald: „auß lieb der gerechtigkeyt vnd umb gemeynes nutz willen" – Die Constitutio Criminalis Carolina von 1532. In: ius.full 2006, S. 76 – 86.

Mello, Eileen / Fisher, Ronald: Enhancing Older Adult Eyewitness Memory with the Cognitive Interview, in: Applied Cognitive Psychology (ACP), Volume 10, Issue 5, October 1996, S. 403 – 417.

Memon, Amina / Bull, Ray: The cognitive interview: Its origins, empirical support, evaluation and practical implications, in: Community & Applied Social Psychology (CASP), Volume 1, Issue 4, November 1991, S. 291 – 307.

Memon, Amina / Köhnken, Günter: Helping witnesses to remember more: the Cognitive Interview, in: Expert Evidence: The International Digest of Human Behaviour, Science and Law (EE), Volume 1 1992, S. 39 – 48.

Memon, Amina / Holley, Angela / Wark, Linsey / Bull, Ray / Köhnken, Günter: Reducing Suggestibility in Child Witness Interviews, in: Applied Cognitive Psychology (ACP), Volume 10 Issue 6, December 1996, S. 503 – 518.

Memon, Amina / Wark, Linsey / Bull, Ray / Köhnken, Günter: Isolating the effects of the Cognitive Interview techniques, in: British Journal of Psychology (BJP), 88 (2), 1997, S. 179 – 198.

Meyer, Jürgen: Zur prozeßrechtlichen Problematik des V-Mannes, in: Zeitschrift für die gesamte Strafrechtswissenschaft (ZStW), Band 95 (1983), S. 834 – 861.

Meyer-Goßner, Lutz /Schmitt, Bertram: Strafprozessordnung. Gerichtsverfassungsgesetz, Nebengesetze und ergänzende Bestimmungen. Kommentar. 61. Auflage. München 2018.

Milne, Rebecca / Bull, Ray: Psychologie der Vernehmung. Die Befragung von Tatverdächtigen, Zeugen und Opfern. Mit einem Geleitwort von Max Steller. Aus dem Englischen übersetzt von Irmela Erckenbrecht. 1. Auflage. Bern u. a. 2003 (zitiert: Psychologie der Vernehmung).

Milne, Rebecca / Clare, Isabel / Bull, Ray: Using the cognitive interview with adults with mild learning disabilities, in: Psychology, Crime & Law (PCL), Vol. 5, Issue 1-2, 1999, S. 81 – 99.

Mitteis, Heinrich / Lieberich, Heinz: Deutsche Rechtsgeschichte. Ein Studienbuch, 19. Auflage, München 1992 (zitiert: Rechtsgeschichte).

Mittermaier, Carl Joseph Anton: Die öffentliche mündliche Strafrechtspflege und das Geschwornengericht in Vergleichung mit dem deutschen Strafverfahren, Landshut 1819 (zitiert: Strafrechtspflege).

Mittermaier, Carl Joseph Anton: Anleitung zur Vertheidigungskunst im deutschen Strafprozesse und in dem auf Mündlichkeit und Oeffentlichkeit gebauten Strafverfahren, mit den Eigenthümlichkeiten der Vertheidigung vor Geschworenengerichten mit Beispielen, 4. Auflage, Regensburg 1845 (Anleitung zur Vertheidigungskunst).

Möhl, Arnold: Ueber das Urtheilen rechtsgelehrter Richter ohne gesetzliche Beweistheorie, in: Zeitschrift für das deutsche Strafverfahren einschließlich des Gefängniswesens (ZfdS), Zweiter Band 1842, S. 277 – 309.

Much, Rudolf: Die Germania des Tacitus. Dritte, beträchtlich erweiterte Auflage. Herausgegeben von Wolfang Lange. Mit 24. Abbildungen auf 20 Tafeln und drei Faltkarten, Heidelberg 1967 (zitiert: Germania).

Müller, Fernando Suárez: Skepsis und Geschichte. Das Werk Michel Foucaults im Lichte des absoluten Idealismus, Würzburg 2004 (zitiert: Skepsis und Geschichte).

Musielak, Hans-Joachim / Voit, Wolfgang: Zivilprozessordnung mit Gerichtsverfassungsgesetz. Kommentar, 12. Auflage, München 2015 (zitiert: ZPO).

N. N.: Der neue Entwurf einer Strafprozeß-Ordnung für das Königreich Hannover, im Auszuge dargestellt, und mit einigen Bemerkungen begleitet, in: Neues Archiv des Criminalrechts (NAdCr), Zehnten Bandes erstes Stück, Halle 1828, S. 1 - 35.

Nehlsen-von Stryk, Karin: Die Krise des „irrationalen Beweises im Hoch- und Spätmittelalter und ihre gesellschaftlichen Implikationen, in: Zeitschrift der Savigny-Stiftung für Rechtsgeschichte (ZRG, Germanistische Abteilung (GA, Bd. 117 (2000), S. 1–38.

Niehaus, Michael: Das Verhör. Geschichte - Theorie - Fiktion, München 2003 (zitiert: Verhör).

Noon, Elizabeth / Hollin, Clive: Lay knowledge of eyewitness behaviour: A British survey, in: Applied Cognitive Psychology (ACP), Volume 1, Issue 2, April/ June 1987, S. 143 - 153.

Nottarp, Hermann: Gottesurteilsstudien, München 1956 (zitiert: Gottesurteilsstudien).

Obenaus, Walter: Die Entwicklung der preussischen Sicherheitspolizei bis zum Ende der Reaktionszeit, Berlin 1940 (zitiert: Preussische Sicherheitspolizei).

Oehler, Dietrich: Benedikt Carpzovs Practica Nova (1635) in heutiger Betrachtung, in: Weigernd, Thomas / Küpper, Georg (Hrsg.), Festschrift für Hans Joachim Hirsch zum 70. Geburtstag, Berlin 1999, S. 105 ff. (zitiert: Carpzovs Practica Nova).

Otte, Karina: Rechtsgrundlagen der Glaubwürdigkeitsbegutachtung von Zeugen im Strafprozess, Münster 2002 (zit.: Zeugen).

Parkin, Alan: Erinnern und Vergessen. Wie das Gedächtnis funktioniert - und was man bei Gedächtnisstörungen tun kann, Bern u. a. 2000 (zitiert: Erinnern und Vergessen).

Paulo, Rui / Albuquerque, Pedro / Bull, Ray: The Enhanced Cognitive Interview: Towards a Better Use and Understanding of This Procedure, in: International Journal of Police Science and Management (IJPSM) 15 (3), 2013, S. 190 - 199.

Paulo, Rui / Albuquerque, Pedro / Bull, Ray: The Enhanced Cognitive Interview: expressions of uncertainty, motivation and its relation with report accuracy, in: Psychology, Crime & Law (PCL) 2015. p. 366 – 381.

Paulo, Rui / Albuquerque, Pedro /Saraiva, Magda / Bull, Ray: The Enhanced Cognitive Interview: Testing Appropriateness Perception, Memory Capacity and Error Estimate Relation with Report Quality, in: Applied Cognitive Psychology (ACP), Volume 29, Issue 4, 2015, S. 536 – 543.

Paulo, Rui / Albuquerque, Pedro / Vitorino, Fabiana / Bull, Ray: Enhancing the cognitive interview with an alternative procedure to witness-compatible questioning: category clustering recall, in: Psychology, Crime & Law (PCL), Volume 23 Issue 23, 2017, S. 967 – 982.

Peters, Karl: Fehlerquellen im Strafprozeß. 1. Band – Einführung und Dokumentation, Karlsruhe 1970 (zitiert: Fehlerquellen Bd. 1).

Peters, Karl: Fehlerquellen im Strafprozeß. 2. Band – Systematische Untersuchungen und Forderungen, Karlsruhe 1972 (zitiert: Fehlerquellen Bd. 2).

Peters, Karl: Strafprozeß. Ein Lehrbuch, 4. Auflage, Heidelberg 1985 (zitiert: Strafprozeß).

Pfeifer, Wolfgang: Etymologisches Wörterbuch des Deutschen (1993), digitalisierte und von Wolfgang Pfeifer überarbeitete Version im Digitalen Wörterbuch der deutschen Sprache,https://www.dwds.de/wb, abgerufen am 29.06.2018.

Pfeiffer, Gerd: Strafprozessordnung. Kommentar, 5. Auflage, München 2005 (zitiert: StPO).

Planck, Julius Wilhelm: Das deutsche Gerichtsverfahren im Mittelalter. Nach dem Sachsenspiegel und den verwandten Rechtsquellen, Band 1, Braunschweig 1878 (zitiert: Gerichtsverfahren I).

Planck, Johann Julius Wilhelm von: Systematische Darstellung des deutschen Strafverfahrens auf Grundlage der neueren Strafprozeßordnung seit 1848, Göttingen 1857 (zitiert: Systematische Darstellung).

Planitz, Hans: Germanische Rechtsgeschichte, 3. Auflage, Berlin 1944 (zitiert: Germanische Rechtsgeschichte).

Pohl, Rüdiger: Das autobiographische Gedächtnis: die Psychologie unserer Lebensgeschichte, 1. Auflage, Stuttgart 2007 (zitiert: Das autobiographische Gedächtnis).

Powell, Martine / Hughes-Scholes, Carolyn / Smith, Rebecca /Sharman, Stefanie: The relationship between investigative interviewing experience and open-ended question usage, in: Police Practice and Research: An International Journal (PPR) 2012, S. 283 – 292.

Prüfer, Hans: Der Zeugenbericht (§ 69 Abs. 1 Satz 1 StPO), in: Deutsche Richterzeitschrift (DRiZ) 1975, S. 334 f.

Prüfer, Hans: Sachverhaltsermittlung durch Spurenauswertung und Zeugenbefragung am Beispiel des Schwurgerichtsprozesses – Chancen, Fehler und Versäumnisse der Verteidigung, in: Strafverteidiger (StV) 1993, S. 602 – 608.

Puchta, Wolgang Heinrich: Ueber zweckwidrige Beschränkungen der freien Thätigkeit des Inquirenten bei dem ersten Verhöre des Angeschuldigten, in: Neues Archiv des Criminalrechts (NAdCr), Vierten Bandes drittes Stück, Halle 1820, S. 436 – 458.

Puppe, Ingeborg: Kleine Schule des juristischen Denkens, 3. Auflage, Göttingen 2014.

Quistorp, Johann Christian: Grundsätze des deutschen Peinlichen Rechts. Zwey Theile. Zweyter Theil. Welcher den practischen Theil der peinlichen Rechtsgelahrtheit enthält, Vierte vermehrte und verbesserte Auflage, Rostock, Leipzig 1789 (zitiert: Grundsätze).

Quistorp, Johann Christian: Versuch einer Anweisung für Richter beym Verfahren in Criminal- und Straf-Sachen, wider solche, welche die Wahrheit nicht gestehen wollen, in Ländern, wo die Tortur abgeschafft worden. Leipzig 1789 (zitiert: Anweisung).

Radkte, Henning: Wahrheitsermittlung im Strafverfahren. Leitprinzipien, Methoden und Grenzen, in: Goltdammer's Archiv für Strafrecht (GA) 2012, S. 189 ff.

Ransiek, Andreas: Belehrung über Aussagefreiheit und Recht der Verteidigerkonsultation: Folgerungen für die Beschuldigtenvernehmung, in: Strafverteidiger (StV) 1994, S. 343 ff.

Reichertz, Jo / Schneider, Manfred (Hrsg.): Sozialgeschichte des Geständnisses. Zum Wandel der Geständniskultur, Wiesbaden 2007 (zitiert: Sozialgeschichte)

Renzikowski, Joachim: Das Konfrontationsrecht im Fokus des Anspruchs auf ein faires Verfahren, in: Hiebl, Stefan / Kassebohm, Nils / Lilie, Hans (Hrsg.), Festschrift für Volkmar Mehle zum 65 Geburtstag am 11.11.2009, Baden-Baden 2009, S. 529 – 548 (zitiert: FS-Mehle).

Rexroth, Frank: Deutsche Geschichte im Mittelalter, 2. durchgesehene Auflage, München 2007 (zitiert: Mittelalter).

Rieck, Patrick: Audiovisuelle Konfrontations-Vernehmung gem. § 247a StPO, in: Strafverteidiger Forum (StraFo) 2000, S. 400 – 406.

Rieper, Georg August Wilhelm Bechtold: Quellen des Criminal-Processes bei den Civil-Gerichten des Königreichs Hannover, mit Aussschluß des Fürstenthums Ostfriesland, des Harlingerlandes und der niederen Grafschaft Lingen nebst den so genannten Münsterschen Absplissen, Hannover 1841 (zitiert: Quellen des Criminal-Processes).

Roberts, Wayne / Higham, Philip: Selecting accurate statements from the cognitive interview using confidence ratings, in: Journal of Experimental Psychology: Applied, Vol 8 (1), March 2002, S. 33 – 43.

Rogall, Klaus: Der Beschuldigte als Beweismittel gegen sich selbst: Ein Beitrag zur Geltung des Satzes „Nemo tenetur se ipsum prodere" im Strafprozeß, Berlin 1977 (zitiert: Beweismittel gegen sich selbst).

Rogers, Carl: Counseling and Psychotherapy. Newer Concepts in Practice, Cambridge 1942 (zitiert: Counseling).

Rogge, Karl August: Ueber das Gerichtswesen der Germanen, Ein Germanistischer Versuch, Halle 1820 (zitiert: Gerichtswesen der Germanen).

Roggenwallner, Bernd / Pröbstl, Kathrin: Vernehmungscoaching, Münster 2008.

Rostek, Holger: Die ständige Missachtung des § 69 StPO, in: Strafverteidiger Forum (StraFo) 2011, S. 386 – 389.

Roxin, Claus: Rechtsstellung und Zukunftsaufgaben der Staatsanwaltschaft. Vortrag anläßlich einer Feier zum 100jährigen Bestehen der Hamburger Staatsanwaltschaft, in: Deutsche Richterzeitung (DRiZ) 1969, S. 385 – 389.

Rüping, Hinrich: Das Strafrecht im Zeitalter des Rechtsstaats und seine Reform, in: Simon, Dieter (Hrsg.), Akten des 26. Deutschen Rechtshistorikertages, Frankfurt am Main, 22. bis 26. September 1986, Frankfurt am Main 1987, S. 155 ff. (zitiert: Strafrecht).

Rüping, Hinrich / Jerouschek, Günter: Grundriss der Strafrechtsgeschichte, 6. Auflage, München 2011 (zitiert: Grundriss).

Ruth, Rudolf: Zeugen und Eideshelfer in den deutschen Rechtsquellen des Mittelalters. 1. Teil. Klagen wegen strafbarer Handlungen. Breslau 1922 (zitiert: Zeugen und Eideshelfer).

Salditt, Franz: Grundlagen des Zeugenbeweises im Strafprozess, Überlegungen aus Anlaß einer Befragung von Strafverteidigern, in: Strafverteidiger Forum (StraFo) 1990, S. 54 – 62.

Satzger, Helmut / Schluckebier, Wilhelm / Widmaier, Gunter (Hrsg.): Strafprozessordnung. Mit GVG und EMRK. Kommentar, 3. Auflage, Köln 2018 (zitiert: SSW-*Bearbeiter*).

Savigny, Carl Friedrich von: Über Schwurgerichte und Beweistheorie im Strafprozesse, in: Archiv für das Preußische Criminalrecht (APrS), Band 7 (1859), S. 577 ff.

Saywitz, Karen / Geiselman, Edward / Bornstein, Gail: Effects of cognitive interviewing and practice on children's recall performance, in: Journal of Applied Psychology (JAP), 77 (5), 1992, S. 744 - 756.

Schemm, Katja vom / Köhnken, Günter: Voreinstellungen und das Testen sozialer Hypothese im Interviews, in: Volbert, Renate / Steller, Max (Hrsg.), Handbuch der Rechtspsychologie, Göttingen u. a. 2008, S. 322 - 330 (zitiert: Voreinstellungen).

Schild, Wolfgang: Der große Leipziger Ordinarius Benedikt Carpzov (1595 - 1666), in: Mitglieder der Juristischen Fakultät (Hrsg.), Festschrift der Juristenfakultät zum 600jährigen Bestehen der Universität Leipzig, Berlin 2009, S. 3 ff. (zitiert: Benedikt Carpzov).

Schlüchter, Ellen: Das Strafverfahren, 2. überarbeitete und ergänzte Auflage, Köln u. a. 1983.

Schlothauer, Reinhold: Die Flucht aus der Justizförmigkeit durch die europäische Hintertür, in: Strafverteidiger (StV) 2001, S. 127 - 131.

Schmidt, Andrea: Grundsätze der freien richterlichen Beweiswürdigung im Strafprozeßrecht, Frankfurt 1994 (zitiert: Grundsätze).

Schmidt, Eberhard: Inquisitionsprozess und Rezeption. Studien zu Geschichte des Strafverfahrens in Deutschland vom 13. bis 16. Jahrhundert. In: Leipziger Juristenfakultät (Hrsg), Festschrift für Heinrich Siber, Band 1. S. 97 - 181. Leipzig 1941 (zitiert: FS-Siber).

Schmidt, Eberhard: Strafrechtspflege und Rezeption, in: Zeitschrift für die gesamte Strafrechtswissenschaft (ZStW), Band 62. Berlin 1944. S. 232 ff.

Schmidt, Eberhard: Von Sinn und Notwendigkeit wissenschaftlicher Behandlung des Strafprozeßrechts, in: Zeitschrift für die gesamte Strafrechtswissenschaft (ZStW), Band 65, Berlin 1953, S. 162 ff.

Schmidt, Eberhard: Lehrkommentar zur Strafprozeßordnung und zum Gerichtsverfassungsgesetz, Teil II: Erläuterungen zur Strafprozeßordnung und zum Einführungsgesetz zur Strafprozeßordnung, Göttingen 1957 (zitiert: Lehrkommentar II).

Schmidt, Gebhard: Sinn und Bedeutung der Constitutio Criminalis Carolina als Ordnung des materiellen und prozessualen Rechts, in: Zeitschrift der Savigny-Stiftung für Rechtsgeschichte, Germanistische Abteilung, Bd. 83 (1966) S. 239 - 257.

Schmidt, Eberhard: Strafrechtliches Material in karolingischen Geschichtsquellen; in: Zeitschrift für die gesamte Strafrechtswissenschaft (ZStW). Band 85. Berlin 1973. S. 1 - 6.

Schmidt, Eberhard: Einführung in die Geschichte der deutschen Strafrechtspflege. Zweiter, unveränderter Nachdruck der dritten Auflage, Göttingen 1995 (zitiert: Einführung).

Schmidt, Jens-Roger: Die Rechte des Zeugen im Strafverfahren. Erlangen 1986. (zitiert: Die Rechte des Zeugen).

Schmitt, Bertram: Die richterliche Beweiswürdigung im Strafprozeß. Eine Studie zu Wesen und Funktion des strafprozessualen Grundsatzes der „freien Beweiswürdigung" sowie zu den Möglichkeiten und Grenzen einer Revision in Strafsachen; zugleich ein Beitrag zum Verhältnis von Kriminalistik und staatlicher Rechtspflege. Lübeck 1992 (*zitiert*: Beweiswürdigung).

Schmitt, Sebastian: Die Herausbildung der freien Gerichtsbarkeit in Deutschland. Berlin 2014 (zitiert: Gerichtsbarkeit).

Schmitz, Christian: Die strafrichterliche Beweiswürdigung außerstrafrechtlicher Vorfragen, Hamburg 2011 (zitiert: Beweiswürdigung).

Schmoeckel, Mathias: Humanität und Staatsraison. Die Abschaffung der Folter in Europa und die Entwicklung des gemeinen Strafprozeß- und Beweisrechts seit dem hohen Mittelalter, Köln u. a. 2000 (zitiert: Humanität und Staatsraison).

Schneider, Egon: Beweis und Beweiswürdigung. Unter besonderer Berücksichtigung des Zivilprozesses, 5. Auflage, München 1994 (Beweis und Beweiswürdigung).

Schneider, Lothar: Nonverbale Zeugnisse gegen sich selbst. Zur Bedeutung nichtsprachlicher Begleiterscheinungen der Aussage für die forensische Glaubwürdigkeitsbeurteilung, Tübingen 1991 (zitiert: Nonverbale Zeugnisse).

Schneider, Reinhard: Das Frankenreich. 4. Auflage. München 2001 (zitiert: Frankenreich).

Schneider, Rolf: Der Rechtsanwalt, ein unabhängiges Organ der Rechtspflege, 1. Auflage, Berlin 1976 (zitiert: Der Rechtsanwalt).

Schoetensack, August: Der Strafprozess der Carolina, Leipzig 1904 (zitiert: Carolina).

Schorn, Hubert: Der Strafverteidiger. Ein Handbuch für die Praxis, Frankfurt a. M. 1996 (zit.: Strafverteidiger).

Schreiner, Klaus / Schwerhoff, Gerd: Verletzte Ehre. Überlegungen zu einem Forschungskonzept, in: Schreiner, Klaus / Schwerhoff, Gerd (Hrsg.). Verletzte Ehre. Ehrkonflikte in Gesellschaften des Mittelalters und der Frühen Neuzeit, Köln u. a. 1995. S. 29 ff. (zitiert: Verletzte Ehre).

Schröder, Richard / Künßberg, Eberhard Freiherr von: Lehrbuch der deutschen Rechtsgeschichte, 7. Auflage, Berlin u. Leipzig 1932 (zitiert: Rechtsgeschichte).

Schubert, Werner / Regge, Jürgen: Gesetzesrevision (1825 – 1848), I. Abtheilung Straf- und Strafprozeßrecht, Band 1 Strafrecht (Ministerium Danckelmann; 1827 – 1830), Vaduz (Lie) 1981 (zitiert. Gesetzesrevision Abt. I Bd. 1).

Schulte, Friedrich von: Lehrbuch der deutschen Reichs- und Rechtsgeschichte, 6. umgearb. Auflage, Stuttgart 1892 (zitiert: Lehrbuch).

Schumann, Antje: Verhör, Vernehmung, Befragung. Zu Geschichte und Dogmatik des Rechtsbegriffs der Vernehmung im Strafprozess und seiner Auflösung im 20. Jahrhundert, Tübingen 2016 (zitiert: Vernehmung).

Schünemann, Bernd: Zeugenbeweis auf dünnem Eis – Von seinen tatsächlichen Schwächen, seinen rechtlichen Gebrechen und seiner notwendigen Reform –, in: Eser, Albin / Goydke, Jürgen / Maatz, Kurt /Meurer, Dieter (Hrsg.), Strafverfahrensrecht in Theorie und Praxis. Festschrift für Lutz Meyer-Goßner zum 65. Geburtstag, München 2001, S. 385 – 407 (zitiert: Zeugenbeweis auf dünnem Eis).

Schünke, Wolfgang: Die Folter im deutschen Strafverfahren des 13. und 16. Jahrhunderts, Osnabrück 1953 (zitiert: Folter).

Schuska, Frederek: Die Rechtsfolgen von Verstößen gegen Art. 6 EMRK und ihre revionsrechtliche Beanstandung, Frankfurt a. M. 2006 (zitiert: Art. 6 EMRK)

Schwerin, Claudius Freiherr von / Thieme, Hans: Grundzüge der deutschen Rechtsgeschichte, Vierte Auflage, Berlin u. München 1950 (zitiert: Rechtsgeschichte).

Seebode, Manfred: Anmerkung zu BGH Urt. v. 28.4.1987 – 5 StR 666/86 (BGHSt 34, 362, in: Juristische Rundschau (JR) 1988, S. 426 – 432.

Sellert, Wolfgang / Rüping, Hinrich: Studien- und Quellenbuch zur Geschichte der deutschen Strafrechtspflege, Band 1: Von den Anfängen bis zur Aufklärung, Aalen 1989 (zitiert: Studien- und Quellenbuch I).

Sellert, Wolfgang / Rüping, Hinrich: Studien- und Quellenbuch zur Geschichte der deutschen Strafrechtspflege, Band 2: Von der Aufklärung bis zur doppelten Staatsgründung, Aalen 1994 (zitiert: Studien- und Quellenbuch II).

Sickor, Jens Andreas: Das Geständnis, Tübingen 2014 (zitiert: Geständnis).

Siegel, Heinrich: Geschichte des deutschen Gerichtsverfahrens. Erster Band. Gießen 1857 (zitiert: Geschichte).

Siegel, Heinrich: Gefahr vor Gericht und im Rechtsgang, Wien 1866 (zitiert: Gefahr).

Siegel, Heinrich: Deutsche Rechtsgeschichte, Berlin 1886.

Siewert, Friedrich Gotthilf: Noch einigen Bemerkungen über den Unterschied der General- von der Specialinquisition und der letzteren Form und Nutzen, in: Archiv des Criminalrechts (AdCr), Fünften Bandes zweytes Stück, Halle 1803, S. 95 – 118.

Sommer, Ulrich: Maßnahmen des Strafverteidigers in der Hauptverhandlung, in: Zeitschrift für die Anwaltspraxis (ZAP), F. 22 (1994), S. 101 – 116.

Sommer, Ulrich: Fragen an den Zeugen – Vorhalte an das Recht, Rechtliche Baustellen auf dem Weg zur Konturierung eines Fragerechts, in: Strafverteidiger Forum (StraFo) 2010, S. 102 – 111.

Sommer, Ulrich: Effektive Strafverteidigung. Recht – Psychologie – Überzeugungsarbeit der Verteidigung, 3. Auflage, Köln 2016 (zitiert: Effektive Strafverteidigung).

Sellert, Wolfgang: Studien- und Quellenbuch zur Geschichte der deutschen Strafrechtspflege, In 2 Bänden. Band 1, Von den Anfängen bis zur Aufklärung (von Wolfgang Sellert). Aalen 1989 (zitiert: Studien- und Quellenbuch).

Stenglein, Melchior: Die Strafprozeß-Ordnung für das Deutsche Reich vom 1. Februar 1877 nebst dem Gerichtsverfassungs-Gesetz vom 27. Januar 1877 und den Einführungsgesetzen zu beiden Gesetzen, Nach den Bedürfnissen der Praxis und unter besonderer Berücksichtigung der reichsgerichtlichen Rechtsprechung, Nördlingen 1885 (zitiert: *Stenglein*-StPO).

Stern, William: Zur Psychologie der Aussage, in: Zeitschrift für die gesamte Strafrechtswissenschaft (ZStW), Band 22 (1902), S. 315 ff.

Stolleis, Michael: Geschichte des öffentlichen Rechts in Deutschland. Erster Band. 1600 – 1800, München 1988 (zitiert: Geschichte I).

Stübel, Christoph Carl: Das Criminalverfahren in den deutschen Gerichten, mit besonderer Rücksicht auf das Königreich Sachsen, wissenschaftlich und zum praktischen Gebrauche dargestellt, Zweyter Band, Leipzig 1811 (zitiert: *Stübel*, Bd. 2).

Sundelin, Paul: Sammlung der neueren deutschen Gesetze über Gerichtsverfassung und Strafverfahren, Berlin 1861 (zitiert: Sammlung).

Täschner, Karl-Ludwig: Probleme der Aussagetüchtigkeit bei Drogenabhängigen, in: Neue Zeitschrift für Strafrecht (NStZ) 1993, S. 322 ff.

Tittmann, Karl August: Grundlinien der Strafrechtswissenschaft und der deutschen Strafgesetzkunde, Leipzig 1800 (zitiert: Grundlinien).

Treuer, Wolf-Dieter / Schönberg, Katrin-Elena / Treuer, Thomas A.: Leitfaden zur Zeugenvernehmung, Vom Beweisangebot bis zur Bewertung der Zeugenaussage, München 2011.

Trusen, Winfried: Der Inquisitionsprozeß. Seine Grundlagen und frühen Formen, in: Zeitschrift der Savigny-Stiftung für Rechtsgeschichte (ZRG). Kanonistische Abteilung (KA). Band 74, Wien 1988, S. 168 ff. (zitiert: ZRG KA 74 (1988)).

Tulving, Endel / Thomson, Donald: Encoding specificity and retrieval processes in episodic memory, in: Psychological Review (PR), 80 (5) 1973, S. 352 - 373.

Turtle, John / Yuille, John: Lost but not forgotten details: Repeated eyewitness recall leads to reminiscence but not hypermnesia, in: Journal of Applied Psychology (JAP), Vol. 79 (2), April 1994, S. 260 - 271.

Undeutsch, Udo: Beurteilung der Glaubhaftigkeit von Aussagen, in: Undeutsch, Udo (Hrsg.): Handbuch der Psychologie, Band 11, Forensische Psychologie, Göttingen 1967, S. 26 - 181.

Undeutsch, Udo: Exploration, in: Feger, Hubert / Bredenkamp, Jürgen (Hrsg.), Enzyklopädie der Psychologie, Themenbereich B: Methologie und Methoden, Serie 1, Band 2: Datenerhebung, Göttingen 1983, S. 321 - 361.

Vargha, Julius: Die Vertheidigung in Strafsachen. Historisch und dogmatisch dargestellt, Neudruck der Ausgabe Wien 1879, Aalen 1994 (zit.: Vertheidigung).

Vogt, Alfons: Die Anfänge des Inquisitionsprozesses in Frankfurt am Main, in: Zeitschrift der Savigny-Stiftung für Rechtsgeschichte, Germanistische Abteilung, Bd. 68 (1951) S. 234 - 307. (zitiert: ZRG GA).

Volkert, Wilhelm: Kleines Lexikon des Mittelalters: von Adel bis Zunft, 4. Auflage, München 2004 (zitiert: Lexikon).

Vormbaum, Thoma: Einführung in die moderne Strafrechtsgeschichte, 2. Auflage, Berlin 2011 (zitiert: Einführung).

Wächter, Karl Georg von: Beiträge zur Deutschen Geschichte. Insbesondere zur Geschichte des deutschen Strafrechts, Tübingen 1845 (zitiert: Beiträge).

Walter, Gerhard: Freie Beweiswürdigung, Eine Untersuchung zu Bedeutung, Bedingungen und Grenzen der freien richterlichen Überzeugung, Tübingen 1979 (zitiert: Freie Beweiswürdigung).

Walther, Susanne: Zur Frage eines Rechts des Beschuldigten auf „Konfrontation von Belastungszeugen", in: Goltdammer's Archiv für Strafrecht (GA) 2003, S. 204 - 225.

Wang, Shih-Fan: Einsatz Verdeckter Ermittler zum Entlocken des Geständnisses eines Beschuldigten. Ein Prüfstein für das Täuschungsverbot des § 136a StPO und den nemo-tenetur-Grundsatz aus Art. 6 EMRK, Baden-Baden 2015 (zitiert: Einsatz Verdeckter Ermittler).

Wassermann, Rudolf (Hrsg.): Kommentar zur Strafprozeßordnung, Reihe Alternativkommentare, Band 1, §§ 1 - 93, Neuwied, Kriftel, Berlin 1988 (zitiert: AK-StPO-*Bearbeiter*).

Wassermann, Rudolf (Hrsg.): Kommentar zur Strafprozeßordnung, Reihe Alternativkommentare, Band 2, Teilband 2, §§ 213 - 275, Neuwied, Kriftel, Berlin 199 (zitiert: AK-StPO-*Bearbeiter*).

Weigend, Thomas: Wechselverhör in der Hauptverhandlung?, in: Zeitschrift für die gesamte Strafrechtswissenschaft (ZStW), Band 100 (1988), S. 733 – 757.

Weigend, Thomas: Die Europäische Menschenrechtskonvention als deutsches Recht – Kollisionen und ihre Lösung, in: Strafverteidiger (StV) 2000, S. 384 – 390.

Weißler, Adolf: Geschichte der Rechtsanwaltschaft, Leipzig 1905 (zitiert: Geschichte).

Wesel, Uwe: Geschichte des Rechts. Von den Frühformen bis zur Gegenwart, 4. Auflage, München 2014 (zitiert: Geschichte).

Westera, Nina / Kebbell, Mark / Milne, Rebecca: Interviewing witnesses will investigative and evidential requirements ever concord?, in: The British Journal of Forensic Practice (BJFP), Vol. 13, No. 2, 2011, S. 103 – 113.

Westhoff, Ursula: Über die Grundlagen des Strafprozesses mit besonderer Berücksichtigung des Beweisrechts, Berlin 1995 (zitiert: Grundlagen).

Widmaier, Gunter: Anmerkung zu BGH Urt. v. 6.7.1993 – 5 StR 279/93, in: Neue Zeitschrift für Strafrecht (NStZ) 1993, S. 602 ff.

Wilda, Wilhelm Eduard: Das Strafrecht der Germanen, Halle 1842, (zitiert: Strafrecht der Germanen).

Willenberg, Nicola: Lügen- und Ungehorsamsstrafen, in: Altenhain, Karsten / Willenberg, Nicola (Hrsg.): Die Geschichte der Folter seit ihrer Abschaffung, Göttingen 2011, S. 115 ff.

Willmann, Joseph: Die Hauptbeweismittel im Strafverfahren der Stadt Freiburg i. Br. von ihrer Gründung (1120) bis zur Einführung des neuen Stadtrechts (1520), in: Goltdammer's Archiv, Band 65 (1918). S. 484 – 525.

Wittchen, Hans-Ulrich / Freyberger, Harald / Stieglitz, Rolf-Dieter: Interviews, in: Stieglitz, Rolf-Dieter / Baumann,Urs / Freyberger, Harald (Hrsg.), Psychodiagnostik in Klinischer Psychologie, Psychiatrie, Psychotherapie, Stuttgart 2001, S. 107 – 117.

Wohlers, Wolfgang: Entstehung und Funktion der Staatsanwaltschaft. Ein Beitrag zu den rechtshistorischen und strukturellen Grundlagen des reformierten Strafverfahrens, Berlin 1994 (zitiert: Entstehung der Staatsanwaltschaft).

Wolter, Jürgen (Hrsg.): Systematischer Kommentar zur Strafprozessordnung, Mit GVG und EMRK, Band I: §§ 1 – 93 StPO, 5. Auflage, München 2016 (zitiert; SK-StPO-*Bearbeiter*).

Wolter, Jürgen (Hrsg.): Systematischer Kommentar zur Strafprozessordnung, Mit GVG und EMRK, Band II: §§ 94 – 136a StPO, 5. Auflage, München 2016 (zitiert; SK-StPO-*Bearbeiter*).

Wolter, Jürgen (Hrsg.): Systematischer Kommentar zur Strafprozessordnung, Mit GVG und EMRK, Band X: Art. 1 – 8 EMRK, 5. Auflage, München 2017 (zitiert; SK-StPO-*Bearbeiter*).

Zachariae, Heinrich Albert: Grundlinien des gemeinen deutschen Criminal-Processes mit erläuternden Ausführungen und mit besonderer Rücksicht auf die neuern deutschen Legislationen. Göttingen 1837 (zitiert: Grundlinien).

Zachariae, Heinrich Albert: Die Gebrechen und die Reform des deutschen Strafverfahrens, dargestellt auf der Basis einer consequenten Entwickelung des inquisitorischen und des accusatorischen Prinzips, Göttingen 1846 (zitiert: Gebrechen).

Zacharias, Klaus: Der gefährdete Zeuge im Strafverfahren, Berlin 1997 (zitiert: Der gefährdete Zeuge).

Zagolla, Robert: Im Namen der Wahrheit, Folter in Deutschland vom Mittelalter bis heute, Berlin 2006 (zitiert: Wahrheit).

Zoepfl, Heinrich: Das alte Bamberger Recht als Quelle der Carolina. Nach bisher ungedruckten Urkunden und Handschriften zuerst herausgegeben und commentirt, Heidelberg 1839 (zitiert: Bamberger Recht).

Zopfs, Jan (Hrsg.): Quellen zur Aufhebung der Folter. Die Aufhebung der Folter in Baiern (1806) von Paul Johann Anselm Feuerbach sowie die Verordnungen Friedrichs II. aus den Jahren 1740 – 1756 zur Abschaffung der Folter in Preußen, Berlin 2010 (zitiert: Quellen zur Aufhebung der Folter).

Zwengel, Otto: Das Strafverfahren in Deutschland von der Zeit der Carolina bis zum Beginn der Reformbewegung des 19. Jahrhunderts, Nierlauken/Taunus 1963 (zitiert: Strafverfahren).